中国社会科学院文库
哲学宗教研究系列
The Selected Works of CASS
Philosophy and Religion

中国社会科学院文库·哲学宗教研究系列
The Selected Works of CASS · Philosophy and Religion

思语迹
——李铁映自选集
TRAIL OF THE MIND

上 册

李铁映 著

中国社会科学出版社

图书在版编目(CIP)数据

思语迹:李铁映自选集/李铁映著.—北京:中国社会科学出版社,2017.4
ISBN 978-7-5161-6505-8

Ⅰ.①思… Ⅱ.①李… Ⅲ.①社会科学—文集 Ⅳ.①C53

中国版本图书馆CIP数据核字(2015)第159907号

出 版 人	赵剑英
责任编辑	王 茵
责任校对	韩天炜
责任印制	戴 宽

出 版	中国社会科学出版社
社 址	北京鼓楼西大街甲158号
邮 编	100720
网 址	http://www.csspw.cn
发 行 部	010-84083685
门 市 部	010-84029450
经 销	新华书店及其他书店
印刷装订	北京君升印刷有限公司
版 次	2017年4月第1版
印 次	2017年4月第1次印刷
开 本	710×1000 1/16
印 张	53.75
字 数	686千字
定 价	198.00元(上、下册)

凡购买中国社会科学出版社图书,如有质量问题请与本社营销中心联系调换
电话:010-84083683
版权所有 侵权必究

全国人大常委会

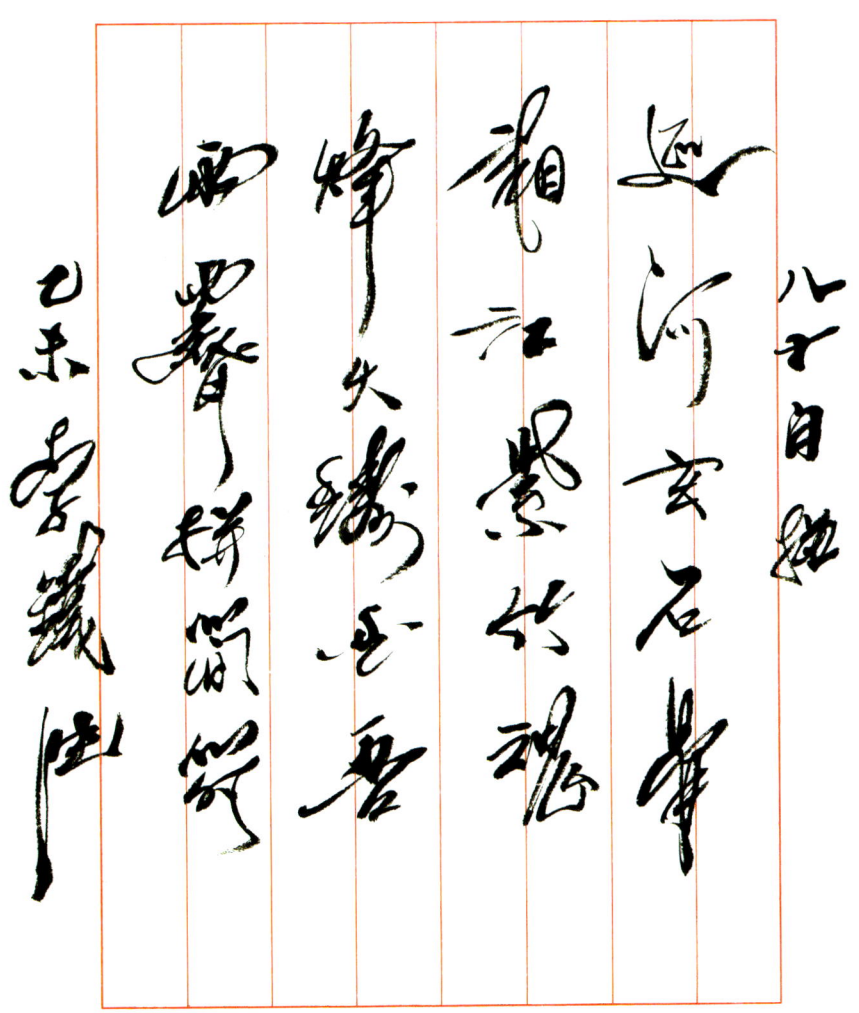

全国人大常委会

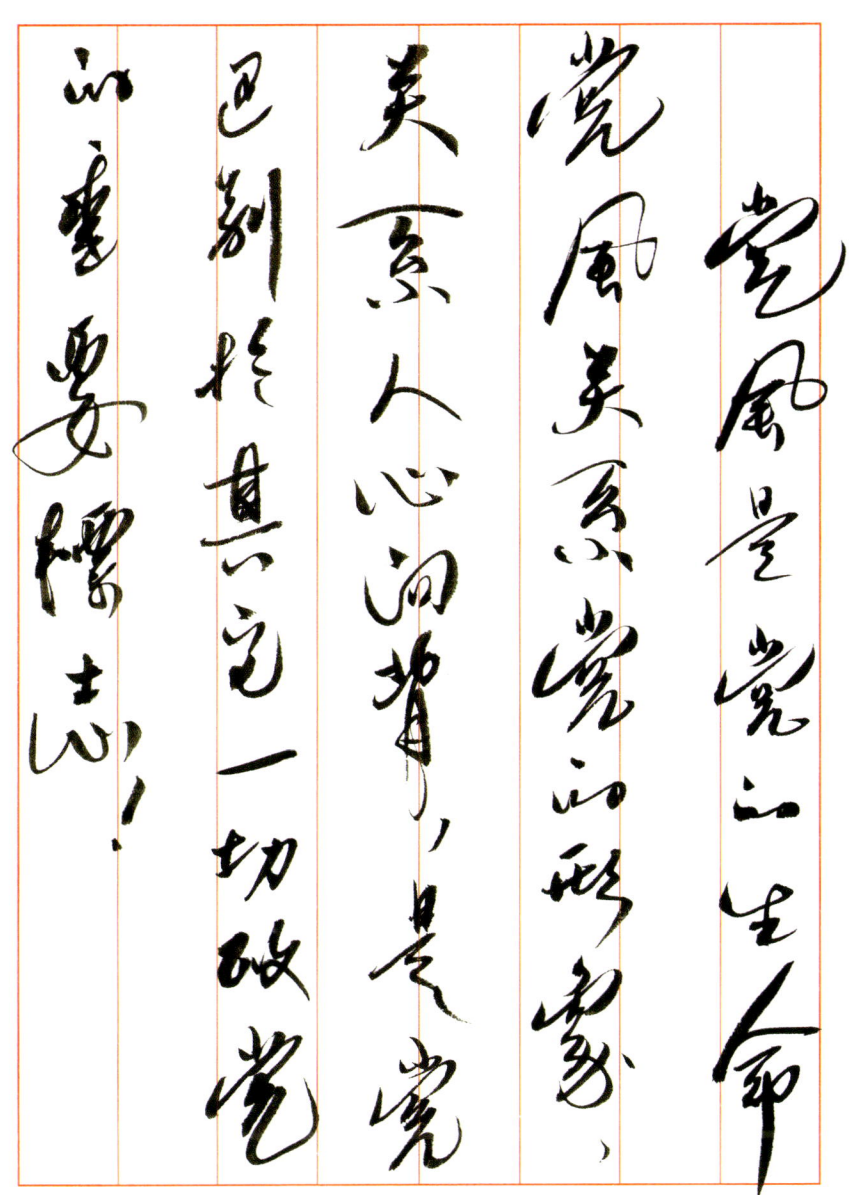

党风是党的生命，党风关系到群众、关系人心向背，是党和国家兴亡的一切成败之关键，要树立志！

李铁映手迹

全国人大常委会

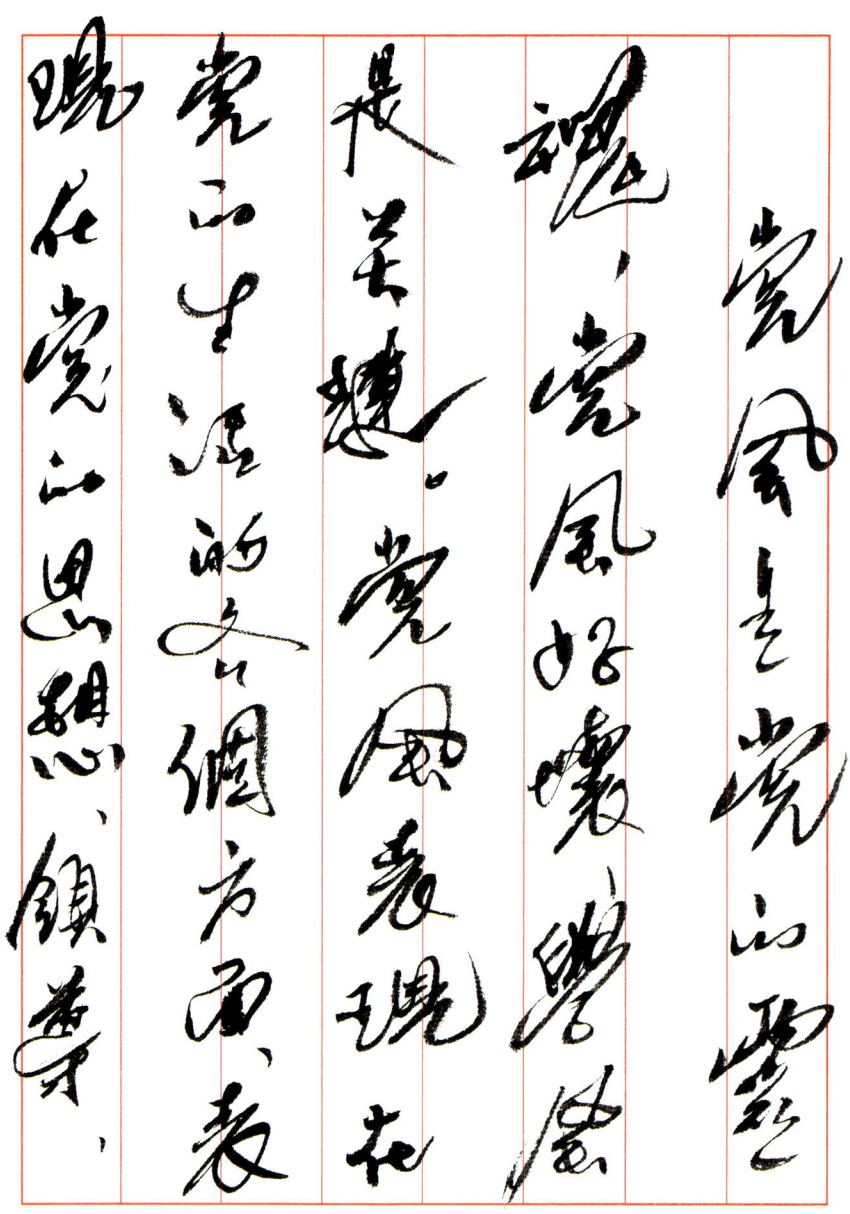

党风是党的形象,党风反映党魂。党风好,像党魂,党风表现在长英雄、党风表现在党的生活的各个方面,表现在党的思想、领导

李铁映手迹

全国人大常委会

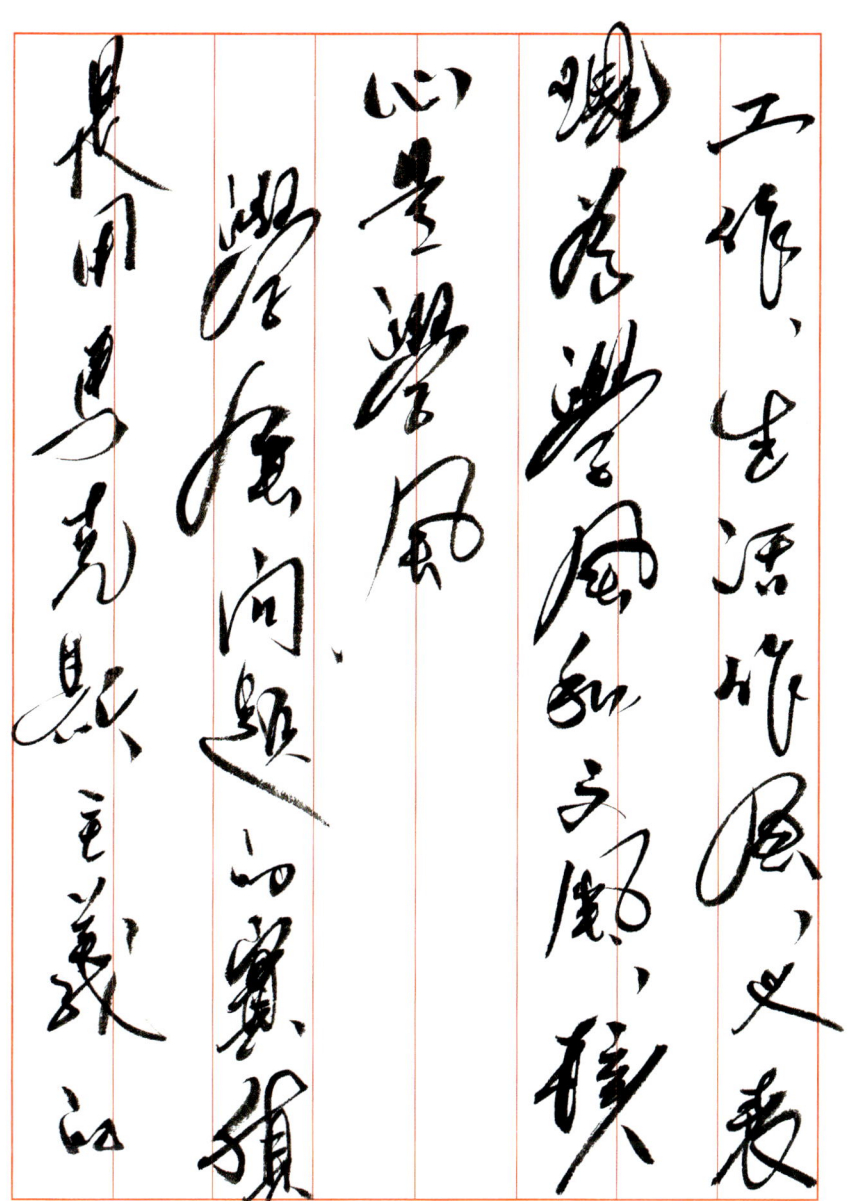

工作、生活作风、文表现党的学风和习惯，改心学学风，学好问题，学风问题，是用真正克服主观主义。

李铁映手迹

全国人大常委会

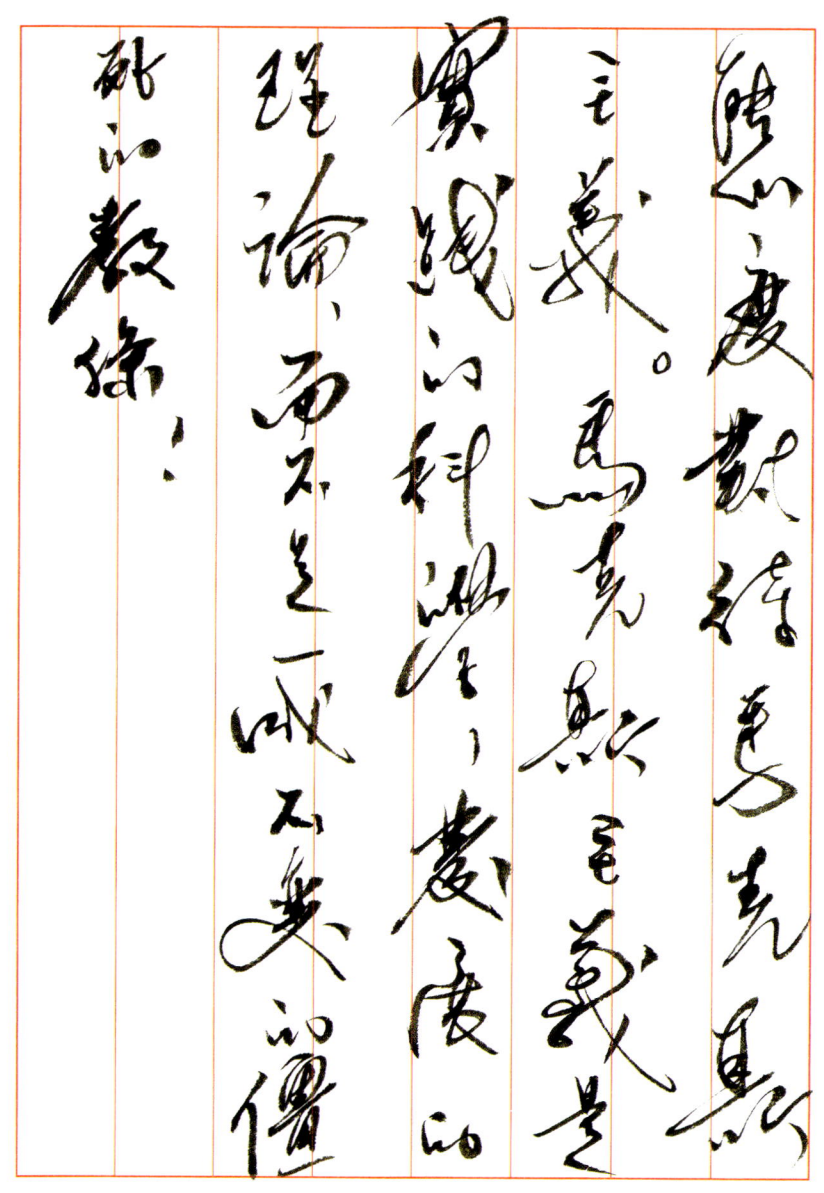

李铁映手迹

全国人大常委会

理论是对客观规律、经验的概括,是对实践经验的概括,是对实践的总结,是对真理的认识。

李铁映手迹

《中国社会科学院文库》出版说明

《中国社会科学院文库》（全称为《中国社会科学院重点研究课题成果文库》）是中国社会科学院组织出版的系列学术丛书。组织出版《中国社会科学院文库》，是我院进一步加强课题成果管理和学术成果出版的规范化、制度化建设的重要举措。

建院以来，我院广大科研人员坚持以马克思主义为指导，在中国特色社会主义理论和实践的双重探索中做出了重要贡献，在推进马克思主义理论创新、为建设中国特色社会主义提供智力支持和各学科基础建设方面，推出了大量的研究成果，其中每年完成的专著类成果就有三四百种之多。从现在起，我们经过一定的鉴定、结项、评审程序，逐年从中选出一批通过各类别课题研究工作而完成的具有较高学术水平和一定代表性的著作，编入《中国社会科学院文库》集中出版。我们希望这能够从一个侧面展示我院整体科研状况和学术成就，同时为优秀学术成果的面世创造更好的条件。

《中国社会科学院文库》分设马克思主义研究、文学语言研究、历史考古研究、哲学宗教研究、经济研究、法学社会学研究、国际问题研究七个系列，选收范围包括专著、研究报告集、学术资料、古籍整理、译著、工具书等。

中国社会科学院科研局
2006 年 11 月

自　　序

"夕阳照耀着山头的塔影，月色映照着河边的流萤，春风吹遍了坦平的原野，群山结成了坚固的围屏。啊！延安，你这庄严雄伟的古城，到处传遍了抗战的歌声……"每当这首《延安颂》在耳边响起的时候，我都不禁会向西北方向眺望，延安，是我出生的地方，是生我养我的故乡。1936年是中国工农红军长征的胜利之年，这一年10月，我出生在保安（志丹县）。延河的水哺育了我，延安也是我80年来魂牵梦绕、割舍不断的故乡。

"艰难困苦，玉汝于成。"在童年的记忆中，延安的物质生活尽管艰苦异常，却内在地生发出精神生活的生机盎然，练就了我乐观向上、追求真理的精神，不怕鬼，不怕神。我经过了一次又一次的历史变革，继承了革命先辈的精神，在革命的大熔炉中、在人民的怀抱中茁壮成长。先辈对革命的坚定信仰，对党和人民的忠诚，对国家和民族的英勇牺牲，深深地影响了我。

1961年，我毕业于捷克斯洛伐克卡理士大学物理系，回国参加工作，直至1981年，主要从事物理学应用研究。二十年的技术研究，练就了我一切以事实为依据、严谨求实、尊重规律、服从真理的作风。

之后二十余年的公务员生涯，我热衷于哲学社会科学理论研究，尤喜哲学，几近痴迷。我喜欢沉醉在思想的世界里，探赜索隐；喜欢与有才识的学者倾心畅谈，无论是独自思考，还是与他人的对话，都是一次次心灵的远行和智慧的碰撞。正是不断的思考，使得我对哲学社会科学的重要性，对马克思主义以及中国特色社会主义等问题有了更加科学和深刻的认识。

"情动于中而形于言"，思考的东西多了，渐渐地形成了一些文字。《思语迹》一书所选即是1984—2008年我的一些讲话、论文，是我在不同时期、不同工作岗位上的代表性文章，是我对中国的改革、经济、教育、文化、中国特色社会主义理论、哲学社会科学等进行思考的成果。本书取名"思语迹"，意谓我多年来思考和言说的轨迹。

哲学是中华民族振兴的灵魂，是中国社会变革和发展的先导。不得不说，哲学深刻影响了我的思维方式，于我的工作也大有裨益。20世纪80年代，我国改革开放大潮涌动、高歌猛进。我对工作中遇到的问题进行哲学思考，在当时廓清了思想的迷雾，对改革起到了推动作用。

我于1988—1993年担任国务委员兼国家教育委员会主任，1993—1998年担任国务委员兼国家经济体制改革委员会主任，主持了教育体制、社会保障体制、经济体制等领域的改革，可以说是改革的亲历者、参与者、实践者。中国的改革是"摸着石头过河"，这就需要一方面积极推进改革的进程，同时又不断地总结经验，进行理论思考、理论提炼。"思想是行动的先导"，是我这些年深刻的体悟。

反省历史，我深知理论对一个国家和民族发展的重要性。我们党要始终站在时代的潮头领导人民前进，我们国家要繁荣富强，中华民族要全面振兴，必须有自己的理论。1998年以后，我到中国社科院工作，思考的重心渐渐转向更为客观的重大理论问题，特别是总结中国共产党领导和推进的中国特色社会主义的实践经验，提炼中国理论。"三人行，必有我师。"出身自然科学领域的我，须倾心向社会科学研究领域的专家学习。先后学习和梳理了社会主义市场经济、社会主义民主政治、劳动价值论等攸关改革和发展的重大问题，大大地提高了自己的理论水平和辨别社会思潮的能力。

在坚持不懈的思考中，我将有中国特色的社会主义发展道路概括为实践和理论的双重探索。探索的目的是为了发展，发展既是实践的发展，又是理论的发展。而今天中国人需要的哲学，就是为中华民族的全面振兴提供精神力量的哲学，就是解放中国人民的思想、凝聚中国人民的精神、激励中国人民走向未来的哲学。中国的哲学需要中国特色、中国风格、中国气派，需要为中华民族的伟大复兴提供精神力量的哲学。

在对待不同文化的态度上，我主张尊重文化的多样性，构建中华民族价值观。在全球化日益加深的时代，不同文化、不同价值观的交相碰撞不可避免。"君子和而不同"，交流是中华文明贡献给世界的智慧，不同的文明之间应进行思想的对话。只有对话，才可以增进了解，扩大共识，共同进步。在不同文化的对话中，我们要有充分的文化自信。中华民族传统文化能兼始博、有容乃大的品格，是一笔重要的精神财富，对于提高人类生存竞争和知识创新的境界，具有重要的价值。

而今，已进耄耋之年。"延河玄石骨，湘江紫竹节。烽火铸金吾，雨斋拼简符。"这是我写给自己的《八十白描》，是我80年人生的写照。

我生在延安，喝着延河水长大，从自然人到社会人再到精神人，都是延安母亲养育了我。我愿像延河边的玄石（黑硬的石头）一样，铮铮铁骨，坚强不屈。《荀子·礼论》上说："先祖者，类之本也。"我的祖籍湖南长沙，在湘江之滨，那是我的湖南老家，是父亲和祖辈世世代代繁衍生息的地方。我不能忘记湘江，那是父亲和先祖世代生活之地，也是我身体和灵魂的故乡。湘江边上的紫竹"出土之时便有节，待到凌云总虚心"，我愿像紫竹一样，涵养气节，壮志凌云，虚怀若谷。

生于战火的硝烟，长于中国社会的大变革大转型时期，80年的人生，正是中国历史上烽火连绵又最辉煌壮丽、波澜壮阔的80年，是中国共产党带领全国人民争取民族独立、解放和改革发展的80年。"烽火铸金吾"，历史的烽火铸就了现在的我。"金吾"，是古代的武职官员，是坐在君主旁驾车的人，是充满力量之人。经历了革命年代的炮火，见证和参与了改革开放的伟大历史进程，而今的自己，当以"老当益壮"自勉。

"雨斋拼简符"，我愿与文字为伴，与思想为伍，在书斋里写写画画，"独与天地精神往来"，不亦乐乎？《易》曰："乐天知命，故不忧。"与思想为伍，我无所忧虑，永不孤独。我知道，精神的旅程是无止境的，我将永远在思想探索的路上。

是为序。

目　录

上　册

决策研究
　　（1984 年）……………………………………………………（1）
关于县级综合改革
　　（1984 年 6 月 21 日）…………………………………………（28）
论二十二个关系
　　（1986 年）……………………………………………………（43）
奠基工程
　　——在首都学习、宣传和贯彻《中国教育改革和发展纲要》
　　　　报告会上的讲话
　　（1993 年 3 月 2 日）…………………………………………（102）
社会保障制度
　　（1995 年 10 月 26 日）………………………………………（137）
当代中国的政治经济学
　　——学习邓小平经济思想体会
　　（1996 年 11 月）………………………………………………（168）
市场经济法律体系
　　（1997 年 4 月）………………………………………………（183）
市场经济是法制经济
　　（1997 年 7 月 9 日）…………………………………………（205）

改革要有新突破
　　——贯彻十五大精神，开创改革新局面
　　（1997年12月22日） ································· （210）
伟大的实践　成功的经验
　　——纪念中国共产党第十一届三中全会召开20周年
　　（1998年12月24日） ································· （229）
关于社会主义市场经济理论
　　——纪念中国共产党第十一届三中全会召开20周年
　　（1998年12月） ····································· （247）
伟大的时代　辉煌的成就
　　（1999年9月27日） ·································· （271）
总结五十年　走向新世纪
　　（1999年10月18日） ································· （292）
炎帝祭
　　（1999年12月20日） ································· （307）
哲学社会科学
　　——在国防大学的讲演
　　（2000年5月25日） ·································· （309）
关于发展科学社会主义
　　（2000年6月13日） ·································· （338）
关于价值观念体系
　　（2000年6月30日） ·································· （356）
研究社会主义理论
　　（2000年10月17日） ································· （360）
"解放的头脑"
　　——写在《大众哲学》重新出版之际
　　（2000年10月18日） ································· （366）
共创人类美好未来
　　（2000年11月2日） ·································· （371）

机遇与挑战

（2000年11月10日） ………………………………………（378）

人权对话与交流

（2000年11月20日） ………………………………………（392）

决策研究[*]

(1984年)

编者按：决策科学作为一门新兴学科，正在引起各级决策者和理论工作者的密切关注。社会主义现代化建设提出的各种复杂而艰巨的新课题，社会活动的结构和规律日趋复杂化等特点，使决策的科学化和现代化成为迫在眉睫的问题。由此也产生了对决策问题进行哲学分析的必要性和迫切性。诸如科学决策和客观规律（包括自然规律、社会规律和思维规律），科学决策和实践与认识，科学决策和科学预见，科学决策中的科学方法和价值准则等一系列课题，都需要从哲学的高度给予回答。同时，现代决策科学正显示出综合地运用各种科技新成果、新手段的趋势，这种综合性的运用也为应用马克思主义哲学世界观和方法论解决各种复杂问题，开辟了广阔的天地。为寻求把哲学应用于现代化建设的有效途径，密切注意像决策科学这类新学科的发展，可能有助于找到哲学和各门具体科学、哲学和现实、哲学的应用研究和基础理论研究之间的"联结点"，进一步打开哲学研究的新局面。

这篇文章运用马克思主义的立场、观点和方法，联系古今中外的一些经验教训，探讨和分析了决策研究的意义、决策的过程及其机制、决策科学的发展等问题，提出了具有启发意义的见解，值得

---

[*] 本文刊于《哲学研究》1984年第7期，作者以"玄析"为笔名发表，当时的工作单位为中共辽宁省委。

一读。

决策是人类社会实践活动的一个重要环节。决策问题涉及人类生活的各个领域，如军事上的指挥、医疗上的诊断、戏剧上的编导、创作上的构思、企业里的经营管理、交通运输中的调度、工艺技术上的革新、科研上的发明……从日常生活、工作到改造自然、改造社会的巨大变革，都离不开决策。尽管不同领域的决策在具体内容上有着质的差别，但就其共同本质来说，都是一个从思维到做出决定的过程。而科学的决策过程作为人的一种创造性思维过程，是从调查研究开始，经过思维劳动，达到对事物客观规律的正确认识，直到做出决定的动态过程。我们所说的科学决策，是建立在尊重客观规律基础上的决策，是强调从实际出发，综合运用现代科学的新成果和新手段，客观地把握决策对象的变化规律和条件，实事求是地进行具体分析，对未来提出预测、判断和抉择。

决策是领导者的主要职能，领导就是搞决策和管理的。领导也是一门科学，一门艺术。领导者的一切重大的决策都是创造性劳动，都是创造。因而需要掌握辩证的逻辑思维规律和使用概念的艺术。特别是随着现代社会结构日益庞大交错、社会发展日益复杂多变这些特点的出现，在当代激烈的政治、军事斗争中，在经济、科学的竞争中，大大缩小了直观决策成功的可能性，决策的科学化对于领导者更为重要。

当前，我们所需要的决策，特别是一些重大的决策，要建立在科学地预测未来的基础上，要对未来行动、行为、结果进行科学研究、判断和选择，从而制定当前行动的指令。例如，对当前新技术革命的对策研究，开放十四个海滨城市的重大现代化建设的决策，进行城市综合体制改革的重大决策，等等，这些决策的确定，都不是靠简单地拍脑袋，而是经过比较全面的、综合的、历史的研究分析后，做出的抉择。世界当前出现的新技术革命，就是一个重要的信息，是一个追赶先进的机会，也是面临的严重挑战。我们必须深入地研究这个挑战的性质、前景及其历史意义，研究我国国情，从我国经济、科技潜力的实际出发，适应今后发展的需要，正确地把握住世界技术发展趋势，提出我们的对策。这类决策，本身是一项巨大的科学工程。研究和制定这种应付挑战和利用机会的战略决策，不仅要了解自己，而且要掌握对方的社会、经济、科学等发展趋势，预测双方未来的各种可能性，而绝不是靠主观臆断、揣测所能办到的。回顾历史，不论"左"的错误还是"右"的错误，都是属于重大决策的失误，这些历史的教训必须记取。总之，越是涉及一些大的全面的战略问题，就越要进行深入的科学研究，反复进行定性定量分析和科学论证，进行科学决策。

决策需要科学化。随着社会科学的发展和自然科学的深化，以及两者的互相渗透，作为人的创造性思维活动的决策过程，也在不断地向科学化的方向发展。因而如何更自觉地按照科学的方法进行决策，就成为一个迫切需要研究的重大现实课题。

事实上，决策科学作为一门新兴学科，正在逐步形成一个科学的体系。决策科学具有特定的方法和内容，既有定性的分析又有定量的分析，要解决的问题很多，包括：研究人的逻辑思维过程，创造性思维活动，研究决策系统的程序性和非程序性的决策过程，研究决策正确性的原因和失误原因的内在关系，寻求实现思想方法和决策系统体制科学化的途径，以及研究决策的产生、实施、反馈、追踪、控制等问题。目前，先进的科学知识和技术，包括经济学、社会学、科学学、系统论、控制论、信息论、预测科学以及电子计算机等先进的技术手段，为决策者适应决策目标多、准而快的客观要求，提供了许多新的科学方法和新的工具。因此，我们的决策研究可以而且应该在马克思主义的立场、观点和方法的指导下，吸收现代科学技术的新成就，使之成为紧密地为社会主义现代化建设服务的崭新科学。这些问题的研究和解决将进一步丰富辩证唯物主义的认识论，反过来又会增强决策研究的世界观、方法论基础。

一　决策过程的分析

客观世界和主观世界是千变万化的，呈现复杂、多变的形态。因此，决策作为创造性思维过程也是纷繁复杂的，决策类型是多种多样的。例如，1791年深秋，拿破仑进军荷兰，荷兰打开各运河，用洪水阻拦法军统帅夏尔·皮舍格柳（拿破仑的老师）的大军，皮舍格柳无法前进，准备撤军。但当他得知树上蜘蛛大量吐丝结网时，马上发出了停止撤退、准备进攻的命令。不久寒潮即到，一夜间江水封冰，法军踏过瓦尔河一举占领了要塞乌得勒支城。这个决策是由于皮舍格柳具有丰富的军事知识和科学常识，在这个基础上，经过蜘蛛吐丝是干冷天气的前兆，气候变冷，河水能结冰，江河冰封，部队就可踏冰而过等等一系列的推理而做出的。这样的决策一般称为经验决策或直观决策。从此例可知：1.决策是对未来事物所做出的决定；2.丰富的知识、经验、聪明才智、对客观事物的全面深刻的了解是做出正确决策不可或缺的条件；3.正确的决策是要经过分析、判断、推理等一系列的逻辑思维才能最后做出的。

另一种决策则是由非常规的科学思维方法做出的。有名的"背水一战"就是一例，韩信故意背水布阵，用此冒险做法引诱赵歇军队，作战时部队因背水无处可退，只能返身猛扑，最终赵军抵挡不住而大败。古代作战，背水布阵乃兵家大忌，韩信身为大将为什么一反常理呢？用《孙子》的话说就是"投之亡地而后存，置之死地而后生"。这一决策的英明之处正是违反了常理，而恰恰进行了创造性思维，采用了人们不敢用的作战方法，而这种方法的得出却又是遵从辩证逻辑思维规律的结果。

不管哪种类型的决策，决策最终是要执行的；不执行的决策是没有意义的。决策既然要付诸实施，那一定是有目标的；毫无目标的实施同样也是没有意义的。

决策目标首先是由问题产生的，而目标又会给决策提出新的问题。什么是问题呢？问题表现为差距、困境、需求、危机、机会、挑战、竞争、理想、愿望等，实质就是矛盾。问题是在社会实践中产生的，是客观世界中的矛盾及其在主观世界中的反映。主客观世界中矛盾的复杂程度决定了决策中问题的复杂程度。我们把主客观世界称为问题源。

问题有时只是现象，还必须把问题凝聚、筛选、加工成目标，目标要能明确反映问题的属性、时间、空间和范围。如果说问题与目标有差异的话，那么问题是客观的，而目标是在一定的实践基础上经过了思维，即客观问题进入了决策者的意识领域之后才形成的，因而反映了一定的价值观念，反映了决策者的世界观。问题并不反映决策思维的特点，而目标的确立则意味着问题进入了决策思维阶段，目标的性质是问题和思维特性的反映。

例如，1957年苏联发射了第一颗人造卫星，紧接着在1961年又第一次把人送入了宇宙空间。这一举动震惊了美国朝野。苏、美在宇航上的差距尖锐地摆在美国面前。经分析，差距是美国的教育制度和尖端科研脱节之故。根据保持美国战略优势的决策目标，制订了举世闻名的"阿波罗计划"，以此为起点，经过一番努力，在1969年实现了人类第一次踏上月球的壮举。从此例中可以看出，发现问题，经过思维加工，就可确定目标，而目标的实现就是问题的解决。

任何事物，都有它存在的形式、内部结构，都有它发展和运动的方式，即所谓"模式"。决策作为一种创造性的思维过程，也是可以通过模式来认识的。决策模式是反映决策过程内部所固有的矛盾性、运动的形式和规律、形态和结构，从而可以把它作为决策研究的一种认识工具。

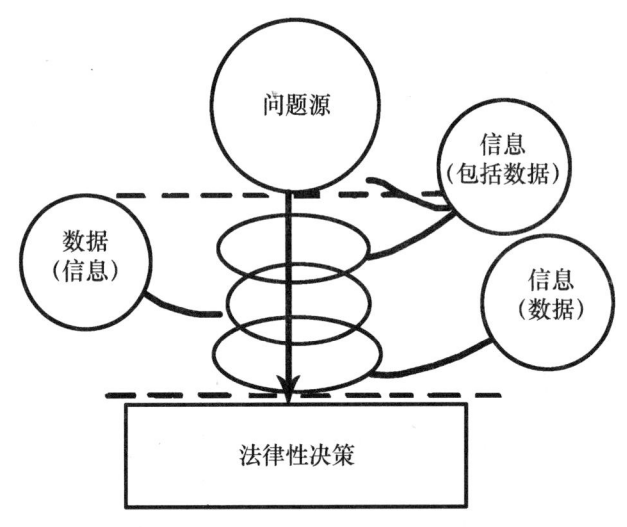

图 1　决策模式

图 1 就是表示决策过程的决策模式简图。因为问题源是客观存在的，并不受任何限制（图中用圆表示它的不确定性，具有 360 度的自由度），它本身不反映决策思维的特点，不属于决策思维过程。但发现问题、提出问题已是决策中思维过程的开始。决策结果作为思维的产物而形成的法律性决策，已是精神产品，是决定、结论（图中用方框表示它的确定性），需要执行，是这一思维过程的结果。

在问题源与法律性决策之间包括着一系列的中间环节（图中用椭圆表示），它是由动态的过程链组成的。每一个链可以理解为一个层次，它在功能上、位置上体现了决策过程的内在属性。

这个过程链就是一个主观反映客观的动态认识过程，因此需要不断输入信息。现代认识论、控制论认为思维就是一个信息的收集、储存和加工、传递的过程，没有信息流就不能有思维，而创造性思维更是需要大量的信息。信息是决策的必要条件，也是不可缺少的依据。也可以说决策就是对必要信息的分析、综合、推演的一系列处理过程。信息既包括定性的信息也包括定量的信息（如数据）。不同的层次因其功能不同，需要的信息也不同。

决策者在认识了固有模式以后，通过类比、归纳等逻辑加工，对其结构、形态、发展、性质等方面加以定性或定量的分析，采用形象描述所建立起来的一种模式的人工仿真，就是所谓的决策模型。决策模型因为是人工仿真，所以带有主观性。而由于认识和理解的角度不同，模型又可以是各种各样的。对决策而言，可以有数学模型，可以有物理模型，也可以有结构模型、组织模型、概念模型等。从这个意义上讲，图1实际上就是决策过程的概念模型简图。所以，严格地说，图1表示的已是决策模型而不是模式了。

决策程序则是根据模式、模型的特征，人为地编制出的实施决策的步骤顺序。例如制定一条法律，要经过研究、论证、审批等手续，就是程序的体现。它带有更强烈的人的能动因素；它的繁简程度、前后秩序、步骤多少均可根据需要变化。研究决策模式的意义就是把决策理论、方法与实践结合起来，形成一个可实施的决策流程图，即法律性的决策程序。它的特点是：把决策理论、方法格式化、标准化、工程化，使决策有统一的语言、符号、规格，以此限制和缩小决策者主观随意性的自由度，减少决策失误，保证决策的科学性，保证决策实施的速度和质量。这样，决策过程就显示出层次性。

既然决策过程可以分层次来研究，那么它有几个层次，是如何递进发展的，彼此间又有什么关系呢？

我们知道，一个比较完整的认识过程可分为从实践中获得理论的认识，再使认识回到实践、指导实践、受实践检验这样两个大的阶段。决策的过程可看作是前一个阶段过渡到后一个阶段的中间环节，即从实践中获得规律性的认识并形成概念以后，再从概念、原则到具体，从定性到定量，从战略到战术，从高级到低级，从全局到局部，形成决策以付诸实践的过程。这个过程如图1所表示的，可分为三个层次。分析这些层次及其相互关系，将有助于揭示决策过程的本质。

第一层次：客观存在的问题反映到决策者头脑中是各种各样、千变万化的。但绝非任何问题都要决策。决策者还要经过一系列思维活动（运用概念）进行筛选、归纳和排队，即将问题质的规定性和量的规定性搞清楚，就是调查研究，搞清事实，明确问题，形成目标的过程。

"对问题的认识和理解是用概念的形式来表达的。"因此，对决策问题中所涉及的概念，必须抓住它所反映的本质、内部联系（内涵）和全体、有效范围及外部关系（外延），必须把握住概念的转化和发展。决策者面临的问题所反映出的概念不可能是单一的，往往是一个相互关联的集合。正如恩格斯所说："世界不是一成不变的事物的集合体，而是过程的集合体。"对客观事物的认识和理解形成的概念集，就是决策对象所含的客观现实中的现象、过程的一般特性、关系和规律的汇总。如前所述的阿波罗计划，就不单是从对科技发展的认识而做出的，而且还是根据政治、教育、军事等一系列的客观发展需要而做出的。再如，一个国家发展交通运输，以什么方式为主，以什么方式为辅，这个决策不单要从目前水运、公路、铁路、航运和管道运输五种交运方式的规律、特点出发，还要从地理条件、经济格局、客货运量、污染、管理、科技水平等一系列规律性的认识出发。日本就是通过这样一个概念集的研究，认为铁路能够挽救汽车和飞机所造成的混乱状态，减少环境污染，改变经济区发展疏密不均的情况，确定在发展公路、水运和航运的同时，开拓铁路运输，从而不惜耗费二兆亿日元之巨，花了十年时间建成东北铁路新干线。

没有对事物本质的、整体的认识，没有对客观事物运动规律的认识，没有建立起要解决的主要问题本质的概念集，用"只见树木，不见森林"的思想方法来决策，就不能找到方向。所以建立概念集本身就是一种创造性思维，而一个重大决策或一个新问题的定性分析，又必然会产生一些新的概念。人的概念并不是不动的，而是永恒运动的，相互转化的，往返流动的，否则，它们就不能反映活生生的生活。我们应该从这点上理解建立概念集，搞清概念的重要性。如果概念漏了，决策目标就漏了；概念错了，决策目标就错了；分析、推理、判断等一系列思维就全错了，必将导致决策的失误。就如同几何学中的原理错了，推论就必然错；物理学中把质量和重量的概念搞错了，计算就要错误，会得出荒谬的结论。这是第一层次中重要的一环。

为保证概念开发的正确，必须对问题所涉及的各方面，进行去粗取精、去伪存真的筛选、淘汰、归纳和分类等深入细致的加工制作，从而获得决策目标，即搞清问题的本质，确定要解决的矛盾。对决策目标需要排队，这是因为目标除了本身具有定性、定量、时间和空间范围的四个因素外，还受多种因素的影响，是由多个目标组成的复杂系统，又常常是动态的。因此必须从其可能性、可靠性、重要性、伸缩性等方面出发，比较、分析、综合、归纳、演绎，按有先有后，有主有次，进行排队，有取有舍。以社会主义建设为例，"建设社会主义"是个总目标，可分为物质文明建设和精神文明建设两个大目标，之后又可分成科技现代化、工业现代化、农业现代化、国防现代化四个子目标，经过这样的排队才可在本质上抓住这一战略决策的根本。目标排队是否符合客观实际，是否反映了决策问题的主要矛盾及矛盾的主要方面，是衡量决策者在第一层次中的思维是否得到深化的标准，对于决策的成功非常重要。大文豪托尔斯泰说过："要有生活目标，一辈子的目标，一段时期的目标，一个阶段的目标，一年的目标，一个月的目标，一个星期的目标，一天的目标，一个小时的目标，一分钟的目标，还得为大目标牺牲小目标。"决策目标的确立和舍取也应是这个道理。

很明显，以上所述的决策第一层次的功能，就是将问题源产生的问题反映到决策者的头脑里，经过一系列思维而形成决策目标。这个目标往往是观念性的、非具体的、既非长篇大论也非数学模型，但却带有定性的、战略的、方向性和整体的意义。

第二层次：决策目标的确立，即第一层次解决了决策问题中"为什么"（目的）、"是什么"（性质）的问题，为第二层次提供了内容。第二层次所要解决的是"做什么"、"谁做"、"什么时间"、"什么地点"、"怎么做"等一系列的问题。这个阶段的思维特点是对决策目标的性质、数量、时间、范围等方面进行深入的、具体的、细致的假设、分析、推理和判断，进行一系列的科学分析、可行性分析、科学预测和定量计算，为实现决策目标准备一系列的选择方案。这是技术决策阶段，也是方案设计阶段。为了保证在可能条件下，有最好或满意的决策结果，在拟订方案前，必须有预测。

既然决策是为即将到来的事物而制订的行动指令，所以未来既是决策的对象又是决策的依据。未来研究是指预测、未来分析和对策研究等。正确决策就是一种未来研究的科学结论。未来研究是决策的前提。一切计划、规划，都是一种未来研究。决策是对未来而言，因此任何科学的决策都必须以科学预测、未来研究为前提，为依据。20世纪70年代末，日本与美国之间展开了一场"汽车"战，几经激烈较量，日本获胜。因为日本早已注意到能源危机爆发周期缩短，冲击强度日益加大，势必影响到汽车市场和消费者的生活习惯及生活水平，所以决定设计价廉省油的小汽车，并打进了美国市场，结果获胜。而美国则失利于没有预测。"凡事预则立，不预则废。"

从程序上讲，预测是决策的前提、基础，决策者是根据预测结果来设计方案的。因此，世界各国都很重视预测，纷纷建立各种各样的预测机构。到20世纪70年代初，世界上已有各种预测机构2500家，预测专著达到1500多种，预测方法超过了20种。预测是创造性思维在科学决策中的具体应用，主要表现为设想、假说、想象等思维形式，是在思维中塑造未来的"艺术"。它使我们看到有可能产生的后果。我国历史上著名的"草船借箭"之所以取得极大的成功，就是由于决策者看到"可能产生的后果"，进行了科学预测的结果。

通过预测做出了一系列供选择的方案后，决策者还必须对这些方案进行价值分析、效益分析、可行性分析、风险度（可信度）分析，必要时还应建立相应的物理模型和数学模型作为这种分析的辅助手段。这些工作是复杂的、大量的，如影响城市管理的规划参数就有一亿个（10^8）以上，所以不得不借助于数学知识、计算机技术和许多现代自然科学方法的帮助，从而形成"决策技术"这门科学。

拟定应变对策，进行对策研究，也是第二层次中的重要内容。顾名思义，这是应付已定决策在实施中失误而备用的决策方案，有没有应变方案是对决策思维是否全面、完整和周全的考验。苏联盲动地在古巴设置中程导弹而又无应变对策，所以当美国封锁古巴以施加压力时，便一筹莫展拱手求饶。而美国在封锁海面之后为应付苏联反应又有准备动用两千架次飞机、九万名入侵部队等军事应变计划，处于主动地位。

当代社会经济、政治生活的动态多变、日趋复杂化的特点，要求我们在拟订决策方案时留有充分的余地，牢牢把握积极适应事态各种可能变化的主动权。既然事物是过程的集合体，它就不会是单一因素或少数因素起作用，而总是错综联系综合起作用的复杂过程。尤其应当看到，社会发展过程是通过活生生的人们的活动来实现的。在准确地把握在历史过程中起决定作用的客观必然性的同时，还应尽可能充分地估计到为这种必然性开辟道路的、作为必然性补充的各种偶然因素的作用。因循缺乏辩证思想的机械决定论，把对未来的预测仅仅建立在一种可能性上，自封自己的决策方案唯一正确，绝不是一个成熟的决策者。因此，在拟订方案时不但要有应变的备用方案，而且要估计到实际存在的多种可能性，主要决策人要大力倡导提出可供选择的、原则上不同的多种方案，以便能随时对付各种事变，特别是出其不意的事变，确保在各种复杂困难的情况下，都能立于不败之地。

与第一层次相比较，第二层次工作的特点是具体、定量、战术性的、方法性的、带有局部意义的，是决策进入了把逻辑思维和数学工具作为自己的有效手段的阶段。目前，随着社会的发展和科学的进步，需要更多更全面更准确的信息和更科学更完善的数学方法以及更多方面更深刻的知识来保证这阶段工作的质量。

第三层次：对第二层次中所获得的若干方案作选择和审定是第三层次的主要工作。这一层次的思维特点，是在比较的基础上，进行判断和选择。所谓比较，就是既不忽略几个方案间的共同点，又要着重比较诸方案间的差异，专注于研究它们的异同点以及影响。

方案比较，就必然会引出"较佳""不佳""优""劣"等结果，但这不能作为方案选择的最终标准，因为单纯方案的最优不一定是方案在可行中或执行上的最优。必须把方案的优劣、可行性的大小与决策目标三者统一起来，建立满意的标准，再进行选择。这个选择、择优过程本质上又是一个决策过程。这种选择反映了决策者的世界观、价值观，反映了决策者的经验、胆识和品德。当然，这在一定程度上要受时代的局限性和个人特色局限性的影响。因此在这里发挥集体智慧的作用尤为重要。

为了判断和选择的正确，要常用"反思"，即从不同角度、不同要求、不同场合、不同结果对已拟订的方案提出不同的看法。"兼听则明"就是说在不同的意见中往往有可取之处。不同的意见可以启发深入思考，而不同的意见本身又可能是决策的另一方案，以此来保证方案的科学性、可靠性和严密性。通常我们称这种提出不同看法、选择方案的过程为"逆向决策"或"反向决策"。就是用批判、分析的态度再一次论证、审定。

决策方案在选择之后面临审定（审查、评定），即从战略到战术，从客观到主观，从宏观到微观，从全局到局部，从目标到方法，从经济价值到社会效果等方面对方案进行周密的论证。审定是需要标准和准则的。例如，技术决策就要考虑技术的先进性、经济的合理性、对环境的危害性、实现的可能性等。据我国一个省的统计，1958—1977年的20年间竟报废了81个较大的建设项目，其中厂址选择不好报废的41个，建成后因产品已被淘汰而不能生产的4个，长期达不到生产能力而报废的27个，因设计不配套而报废的9个。造成如此损失，固然有许多原因，对大型建设项目的决策缺乏科学的审定准则和审定步骤，是一个重要方面。做出石油工业上"有十来个大庆"的决策也是一例。

要完成审定，同样也需要一系列科学化、定量化的方法，如边际分析，费用—效益分析、价值分析，可行性分析和其他技术。但必须考虑到在定量分析和数学模拟过程中会舍去的虽不能定量但又十分重要的因素。在审定过程中要把决策的政治、经济、科学、社会等问题综合分析、权衡，决定取舍。科学上可行，不等于经济上可行，经济上可行，不等于政治上可行。

科学决策的目的是减少行动上的失误，而审定的目的是减少决策的失误。对于不经常出现的而又有多变、不肯定因素的决策，审定显得更为重要。从这个意义上来说，审定是一个作用非常重大的层次。因为它要在决策实施前作正确的判决，同时赋予决策以法律的性质，保证它的实施。因此经过审定的决策，是有权威的，称为法律性决策。

审定的结果有三种可能性。一是生效。经过审定后的决策，生效就具有法律效力，可以付诸实施并要对后果负责，此时决策成为法律决策。例如，会议讨论得出决议，方案得到批准。二是否定或终止。这意味着决策有所不足，需要修正或需要重新决策。即废除原设想，停止执行方案或规划，不开始动工兴建，不行动，不实施等。三是不确定。既不生效执行，也不否定终止，而是等待事态的进一步发展，再做决定，或生效、实施或终止、否定。没有明确的决定结论，让事物自己发展，看一看再说，或者主观上无能为力，无法做出决策。

英国对增殖反应堆计划的审定就是一个例子。英国能源部分析认为在20世纪末北海油田将会枯竭，而英伦三岛煤的储藏量又有限，届时国外石油输入也会不足，但能源需要量每年将增长2%，其中电力的需要到20世纪末要翻一番，而增殖堆能产生普通反应堆50倍的能量，对今后的能源供应十分重要，因此主张发展。反对意见认为能源部的定量计算不准确，分析也与实际情况不符，理由不足，如果增殖堆失控就会导致严重事故，考虑到增殖堆的建造地点、废弃物处理、泄漏污染和昂贵的建造费用等因素，能源部方案难以接受。总之，建造增殖堆能满足英国的能源需求，但又可能产生不容忽视的副作用。虽有其他取代方案，但也有各自的局限和弊病，需要通过反复的评价、比较方能做出最终抉择。所以截至目前，英国还未就发展增殖堆最终做出决定。这个过程不仅可以简要说明第三层次的功能，更可以说明在审定输出中有不确定态的存在。因此，决策审定的输出应是三态的，即是三元逻辑的。

决策过程的三个层次不仅逐一递进，步步深入地接近决策目标，而且缺一不可，相互制约，相互反馈，相互嵌套。它们的顺序正是人类思维活动的反映，不能缺少遗漏，不能颠倒，这是逻辑思维规律所决定的。

没有第一层次，决策无方向，无目标，决策是盲目的。因此也就没有战略，没有本质，没有全局，其决策行动将会发生根本性错误，后果是严重的。

没有第二层次，不进行定性定量分析，就会导致仅凭愿望、热情拍板，"心中无数决心大，脑袋一热就拍板"的现象，把需要当作事实，把愿望当作可能。想什么就做什么，不进行可行性分析、不进行预测，会陷于莽撞冒险、盲动。这两个层次的关系是，有一无二，"犹巧匠无梗楠斧斤，弗能成室"；有二无一，"犹愚贾操金，不能殖货"。失误是难以避免的。

没有第三层次，决策不受审定，决策就成为一言堂——专断性的帝王决策。封建社会皇帝的决策，是专断的、独裁的，我行我素，想干什么就干什么，不需要审定。

决策的思维过程，是多层次的反馈过程。任何一个层次，在向下一层次发出指令的同时，如果发现本层次的决策与上一层次指令发生矛盾，以及上一层次的指令不完备时，就必须反馈到上一层次，也可反馈到更高的层次，或重新决策。所以决策过程中信息的传递是一个双向的反复反馈的思维过程。

反馈是三个层次的联系方式之一。它反映了思维活动的反复、螺旋上升深入的过程。中断反馈，就中断了判别、比较；取消了反馈，就无法进行正确决策。图 2 示意出各层次间的指令和反馈关系以及层次性质。这些复杂的反馈线，正是思维活动的各种联系的一种表示。

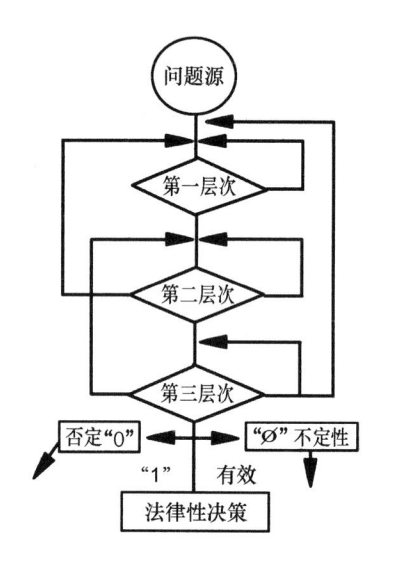

决策层次性质	决策者职责区分
高级决策 战略决策 定性决策	高级决策者职责
战术决策 定量决策 技术性决策	专家集团的职责
决策选择 决策评价 决策审定	审定专家 高级决策者 执行者的职责

图 2　决策层次模型

由于认识和实践是一个相互交错、不断反馈的过程；战略决策是一种定性的、方向性质的分析，战术决策是一种定量的、技术上量的分析，两者也是互相反馈、渗透的。因此，每个决策层次的功能也不是单一的、孤立的，而是相互交错的。在每一层次中都包含着定性决策、定量决策和决策审定三个部分。每一层次中的高级部分是战略性的，低级部分则是战术性和审定性的。第一层次中的主体内容是战略性的，但也会有战术性和审定性的内容。第二层次中定性和定量部分是该层次的重点，但还有对于量和方法性质的判别、比较工作，这是该层次的战略性内容，只有明确方法和量的性质才能着手定量分析和计算。同样，在审定层次中也有定性、定量的工作成分。总之，在每一个决策层次中又都含有这三个子层次，三个层次互相依存，相互反馈和嵌套。这种反馈和嵌套正是复杂的逻辑思维活动的特点，对于创造性思维、突破性思维，这种反馈和嵌套密集成网状。

二　决策的结构和机构

计算机是由硬、软件组成，其中软件指计算机的计算程序和语言，硬件是指物理的电子系统。软件是要在硬件中运行才能完成计算机的一系列智能功能的。决策也是如此，它也是由软、硬两大部分组成的，一部分为决策的硬结构，一部分为决策的软结构，信息流是在一系列的物理的结构中进行的，思维是在人的大脑中运行的。它们各自组成如图3所示。

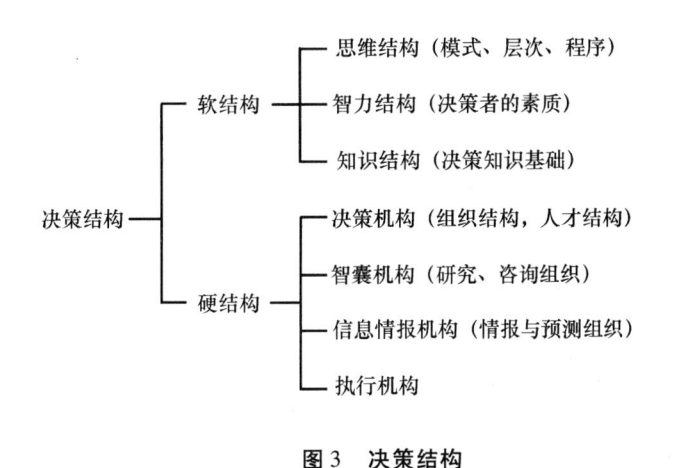

```
                  ┌─ 思维结构（模式、层次、程序）
         ┌─ 软结构 ─┼─ 智力结构（决策者的素质）
         │        └─ 知识结构（决策知识基础）
决策结构 ─┤
         │        ┌─ 决策机构（组织结构，人才结构）
         │        ├─ 智囊机构（研究、咨询组织）
         └─ 硬结构 ┼─ 信息情报机构（情报与预测组织）
                  └─ 执行机构
```

图3　决策结构

思维结构体现在决策层次中不仅包括了形式逻辑的思维方式，还包括了辩证逻辑的思维特点。因为决策是一个循环而又反复深入的动态过程，而辩证逻辑又正是运用发展变化的思维概念的；唯物辩证法既是决策科学的理论基础，也是决策的哲学方法，所以思维结构是决策科学中最核心的部分。

决策是领导者的一项基本而又重要的职责，因此它又是一整套领导能力的表现。如分析综合能力、逻辑判断能力、创新能力、管理能力、直觉能力、战略眼光、胆略、远见、勇气等。决策成功的可能性是与决策能力结构的完善程度及强弱成正比的。

任何决策都是以专门的知识来作为其基础的。决策之所以形成一门科学，也正是基于这点。如现代的科学决策就需要：哲学及经济学等社会科学，系统论、信息论、控制论、预测学等科学，因此实际上决策科学是综合自然科学、社会科学和思维科学的科学群的新成果的一门大科学。

凭一孔之见的思想方法、一鳞半爪的知识和一技之长的才能是无法组成完整有力的决策软结构的。

软件为主，硬件为辅，硬件服从软件，软件与硬件相一致。在其相互关系上，决策硬软结构与计算机的硬软件也是很相似的，因为计算机恰是人的大脑的模拟。决策的硬机构则还是应软结构要求和发展而设置的。

为解决客观世界飞速变化与主观认识之间的矛盾，为丰富决策者思想，为强化决策者思维功能，从事决策和决策研究的人们有了分工，相应产生了决策机构和智囊组织（由研究机构和咨询机构组成，研究机构是以解决理论、方法等问题为主，咨询机构则是为解决一些现实的课题，提出方案、措施）。决策是以信息为基础、作依据的，在所谓"知识爆炸"、"信息爆炸"的今天，没有对信息收集、存储加工、整理、分析、研究的专门机构为决策者及智囊服务，决策就如无米之炊，难以完成。决策是信息流，无信息就无决策。

这些相应的决策硬机构组成了如图4所示的关系，它保证科学决策的进行，有利于保证决策的质量、速度和可靠性。

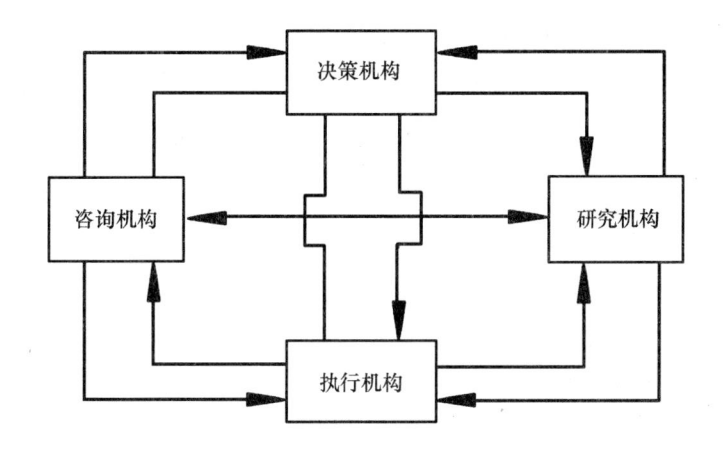

图4 决策硬系统的结构

三 如何做出正确的决策

第一，决策者要具备良好的素质。决策者在决策中起什么作用，处于什么地位呢？首先，他作为决策机构里的专家、内行，应始终都处在决策过程的中枢地位，他不断地给出指令，同时又不断地获得反馈信息。总之，他是决策的组织者和指挥者，决策行为中的核心。决策模式不仅没有取消、否认决策者的这些作用，恰恰相反，非常明确地规定了决策者的职责。决策者在思维层次中的作用，同时也反映了决策者在组织机构的层次中的权力。因为决策机构层次和思维层次有相似之处，前面的图2反映了决策者在不同的层次所具有的不同职责。

第一层次的工作应由决策机构中的最高决策者来完成。作为一个最高决策者，他应该是一个彻底的唯物主义者，是辩证唯物主义者，能够从实际出发，实事求是，具体问题具体分析，坚持从马克思主义的辩证唯物主义立场出发研究问题。最高决策者的职责是概念开发、方向选择、目标确定等带有战略性质的全局性工作。要做到这一点，必须注重调查研究，掌握全面情况。陈云同志早就提出，领导者应用90%的时间调查研究，10%的时间进行决策。当然，在这个阶段也必须由各方面的专家参加，充分发挥他们集体智慧的作用。做决定容易，抓住本质、把握决策的正确性难。拿破仑拒绝美国发明家罗伯特·富尔顿的汽船发明而丧失渡海打胜英国的机会。美国总统罗斯福采纳了希拉德、爱因斯坦等科学家的建议，决策了"曼哈顿计划"而研制出了第一颗原子弹。这就是智囊在第一层次发挥作用很有说服力的例证。

一大批专家是完成第二层次工作的主力和骨干。他们的职责是接受上一层次决策者指令后，经过一系列深入、复杂的预测、分析和计算，拟订可供选择的若干方案。这个层次的作用，随着社会、科学的发展越来越重要，因为定量分析使决策科学进入了一个新阶段。计算机技术、系统论、控制论不仅能提出可进行数学分析的定量分析，也可以通过专家系统、人工智能等对一些非数学问题提供决策分析，从而保证这些方案的可靠性、科学性。

在第三层次中，工作是由决策者、专家和执行部门共同完成的。决策者选择方案，但应和专家们、执行机构共同审定所选定的方案，充分听取各方面的意见，权衡利弊，再拍板定案。他们的主要职责是通过选择、审定，减少决策的失误。他们的权力是客观地审定方案，保持工作的相对独立性，保持决策方案的科学性，而不受任何方面的倾向性、片面性、主观意图等的影响。这个层次就是最高权力机构，例如党代会、人代会、常委会、董事会、法院等。他们的工作赋予了审定通过的决策以权威和法律性。

图5说明了在组织机构中，不同层次对决策者的不同素质要求。

在组织机构内，上层决策所面临决策问题的性质大量是随机的而又带有全局性战略性的，是不断处于发展变化的系统运动，也就是说，组织内层次所要进行的决策大量的是非程序性决策。要求决

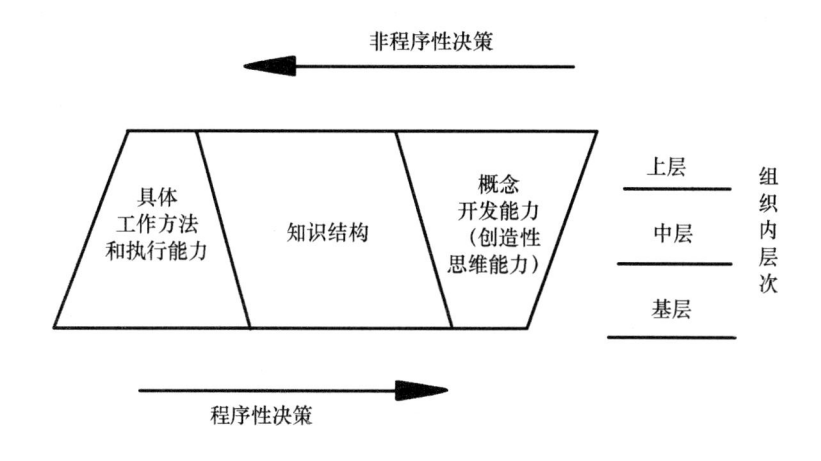

图 5　决策者在不同层次的素质要求

策者有很强的认识整体的战略眼光，有较强的综合分析能力，对信息敏感，思维敏捷辩证，有变革精神，独特的领导艺术，有"不唯书、不唯上，只唯实"的科学态度和实际工作经验等素质和能力。所谓领导的魄力，就是处置事情所具有的胆识和果断的作风，这是领导必备素质的一个重要方面，而魄力大小主要取决于本人所具备的决策能力，多谋才能善断。一句话，就是要有较高的科学思维能力。

在组织机构中，中层的决策者则经常遇到的是程序性决策，决策问题带有常见、重复、例外和规范等性质，所以他们应有敏锐的领悟能力，善于掌握科学的工作方法，有较强的总结归纳能力，等等。中层的决策者有时也参与非程序性决策，所以他们要实事求是，讲究科学，敢于表态。

不管在组织机构内的哪一层次，不管处于决策过程中的哪一层次，都要求决策者有比较完整和坚实的知识结构与运用这些知识的能力，掌握综合的科学知识，有丰富的知识储备（包括经验）以及各方面的能力（分析能力、判断能力、创新能力和学习能力等），总之，博学多才应是决策人员的最重要的特点。

因为决策过程是一个动态过程，决策者在层次中都是处于相对动态的位置。越是运动变化快的系统，决策的变化、调整就应越快，无论对质和量的分析都应加快。决策者都必须不断接受新事物，研究新问题，掌握新概念。同时，在这个系统中的高层次决策者可以是另一个系统里低层次的决策者，而这个系统中的低层次决策者又可能是另一个系统中高层次的决策者。所以对决策者的品质、素质要求应该是全面的、动态的，任何片面孤立的理解都会限制决策者自身的发展和影响到决策的质量。

第二，要注重研究决策的科学和艺术。决策的科学基础：一是它的科学程序，即科学的思维程序和决策过程中体现的严肃的法律性程序。二是科学方法，强调"定量化"的数学方法、计算机应用和科学的创造思维方法。三是可靠的信息（数据），包括收集、加工、传递的方法和手段。但这三者是以创造性的思维活动为核心的。决策的"艺术"表现在丰富的想象力，推陈出新的创造力，敏锐的洞察力，善于在瞬息万变中抓住时机，强烈的应变本领和直觉判断力等。决策"艺术"的实质是创造性。

"赤壁之战"距今一千七百多年，把这一决策的成功看成是将军谋士的个人领导艺术，是片面的。从孙刘集团的联合抗曹方针的制定，正确的形势分析，双方各自长短的认识和以长击短的较量，到火攻破曹的战术确定，无不包含着丰富的科学哲理和辩证法思想，可以说是决策中创造性思维的一个范例。

决策在方法上除了数学方法外，还有逻辑方法、系统方法、信息方法、控制和反馈方法等。在程序上，要建立一整套的法律性程序，特别强调审定的作用和意义，并予以严格的法律化。在结构上，组建有专家、科学家参加的参谋部（决策机构）和信息—决策体制，这都是决策在科学性上的巨大进步。

第三，正确处理决策和实践的关系。科学的决策是正确行动的前提，目的是实施即有效的实践。

决策是信息过程、思维过程，是个软过程；而实践是物质过程，是个硬过程。实践是检验真理的唯一标准。软过程要在硬过程中得以最后实现和检验。决策只有经过实践才具有意义，才能检验其正确性。

实践是容不得异想天开、不切实际、违背社会规律和经济价值的决策产生或执行的。为此，决策者应始终站在主动的地位不断收集决策实施过程中产生的信息和问题，不断提高决策质量和丰富决策内容，并根据方案执行情况进行必要的调整，随时进行应变决策，研究执行应急方案。

实践和决策是相互影响，相互反馈，彼此作用，循环往复，螺旋发展的。实践给决策者再认识事物的条件，通过再认识，修正决策之不足，提出新的决策。这正是人的实践—认识—再实践—再认识的往复和深入过程。它们的关系如图6所示。问题源在中间，任何因素都可以产生决策问题。问题向高级决策层次输入第一级信息，这一层次输出的是目标选择指令。技术决策层次根据目标选择指令，制订详尽的决策方案，输出审定决策指令。决策审定层次对目标和决策方案进行定性定量的审议，输出要付诸实施的法律性决策。实施过程和社会实践又再产生第二级信息，或者直接反馈到决策的各个层次对决策进行修订和补充，或者成为新的问题向高级层次提出，由高级层次开始重新进入一层新的决策过程。以此循环，不断深入。

第四，重视决策技术的研究。决策技术是人们用以进行决策的科学方法和必要工具。随着科学技术的发展，数学方法日益成为进行科学决策的一个有用工具，并由此派生出不同领域、不同层次、不同方面决策的专门方法。如在经济决策方法中的宏观经济数学模型、计量经济学，在微观经济决策中的经营决策、市场决策等，都

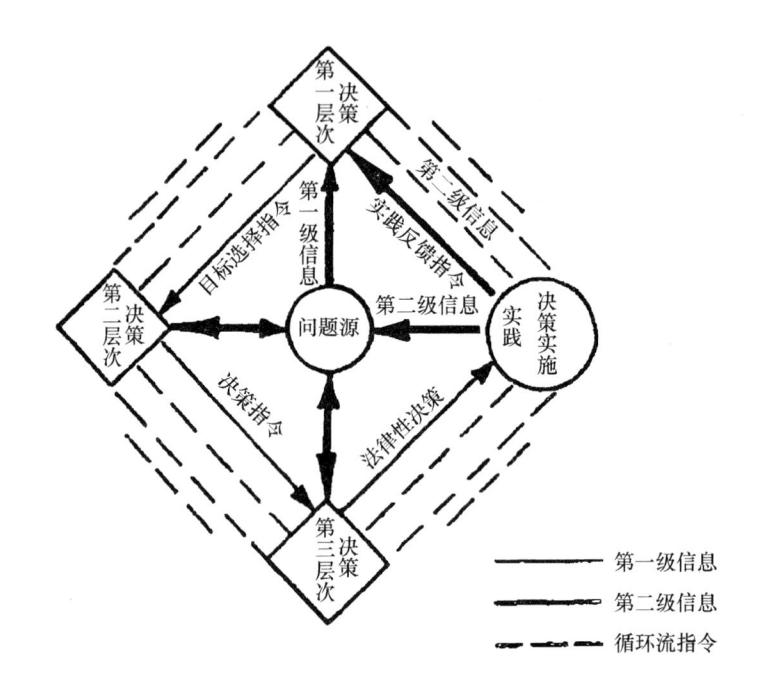

图 6　决策与社会实践的关系

采用了数量化方法。决策的数学化反映了决策的科学化，但绝不能把决策科学化，单纯理解为就是数学化。因为对于许多非常规性的决策，决策中的各种社会、政治、心理的因素来说，数学方法有一定的局限性。各种因素外界条件的变化对决策的约束，数学方法的反应既不敏感，又缺乏自适应能力，而且有许多问题是不能用数学来解决的。如第12届世界杯足球赛中，巴西、西德、意大利分别开动了计算机将参加比赛的24个球队的历史、队员技术条件、气候、环境、过去比赛记录、营养，甚至极为精细的信息情报进行运算，对各阶段和决赛结果进行预测。结果对第一轮比赛，计算机判断的误差达41.7%；至于决赛结果，计算机的预测与实际更是相差十万八千里。可见，电脑要和人脑结合起来才能发挥作用。因此在20世纪50年代和60年代出现决策数学化热之后，在20世纪70年代人们开始在软、硬两个平行系统中对决策方法进行了研究，在不断完善数学化、模型化、计算机化的硬技术同时，又充分注意人的能动因素、创造性思维的因素等在决策中的作用，在运用心理学、社会心理学等社会科学成就的基础上形成了一套决策软技术的原理、原则和方法。硬、软两大类方法齐头并进，同时发展，交替运用，将有力地推动决策科学的发展。可以说，当今的重大政治、外交、经济、军事决策，也都是人的创造性思维的结果。

因此，不能轻视和忽略现代决策技术的发展，这些技术都为决策提供了新的工具。例如，线性规划、非线性规划、动态规划、图论、排队论、库存论、运筹学、系统论、控制论、模糊数学以及专家调查法等，都是非常有用的决策技术。

四 加快决策科学化的步伐

回顾人类历史，决策的方式和能力是不断发展和进步的，从简单的拍板定案到必须遵循一定的法律决策程序，从封建家长式的个人决断到形成决策集团，从幕僚、食客到建立智囊团、思想库，从掐指心算到使用高度复杂的电子计算机，这个发展过程反映了社会、经济和科学的进步，人类实践能力的不断增强。

今天，随机因素由于层次分明、纵横交错的社会结构的发展将不断增加，大工业、大农业、大科学、大工程等大系统的出现加剧了决策问题的复杂性，所以要把握住事物发展的深度、广度、速度和复杂度，必须加快决策科学化的步伐，才能推进两个文明的建设。"三论"（系统论、控制论、信息论）的创立和发展，使决策在思维方式上有了重大的创新，也使决策在科学方法上有了新的发展：突破了从分析到综合的传统思维方式，立足于整体，立足于发展，统筹全局；对信息变化采用了统计理论，从研究对象所有可能的状态把握系统的变动趋势，撇开对象的具体形态从信息变换和控制这一运动的特点上认识和处理事物。这一切都为决策的科学化提供了有利条件。

这个新形势也对决策者的素质提出了更高的要求。首要的问题是树立无产阶级世界观，坚持辩证唯物主义和历史唯物主义的思想路线。这是最基本的决策思想，也是一个决策者应具备的最基本的政治思想素质。同时，还要用现代科学技术的新成果武装自己，不断开拓知识的新领域，健全知识结构和能力，掌握系统方法、信息方法、控制和反馈方法，抵制和破除唯心主义和形而上学，不断增强决策的科学性。

提高决策者素质就会强化决策集团，使它的构成和结构更完善，同时对智囊团的要求也就日益提高。在世界上一些发达国家，利用智囊团协助政府、企业及其他机构制定政策、处理重大问题等已成为一种惯用的做法。第二次世界大战后，世界上涌现了不少智囊性质的机构，如著名的兰德公司、福特基金会、普林斯顿大学国际问题研究中心、小阿瑟公司、赫特森政策研究所、当代问题研究所、以美苏为主的国际应用系统分析研究所、巴特尔研究所、罗马俱乐部、国际战略研究所、日本野村综合研究所、经济团体联合会、三菱综合研究所、亚洲经济研究会等。像这样性质的机构美国有5000多家，日本有20多家。这些研究所大都有雄厚的研究力量，而且投入了大量的资金。例如兰德公司，成立于1918年，地点在加州圣莫尼克，前身是美国空军附设的研究与开发机构，现有1100多人，在500多名专业研究人员中博士占34%、硕士占35%，每年的研究费用多数来自政府和美国三军，数额高达1000万美元；他们曾预测苏联第一个人造卫星的发射时间，误差仅两周，因而震惊了美国朝野。

我国近年来也建立了许多智囊机构，如计委的经济研究中心、国务院的技术经济研究中心以及各种政策研究室等，作为智囊团而发挥作用。可以预料，作为处在各决策层次的"智囊团""思想库"，在数量上将日趋增多，专业分工日趋鲜明，作用影响日趋扩大。

决策的"牵一发而动全身"的作用在未来也将越来越大。从发展的观点看，未来的决策将更是举足轻重，它失误所造成的影响和危害非同小可。决策如下棋，棋高一招，局面就能控制住；而一步失误，就可能满盘皆输。在算术运算中的错误，有整数位错误和小数位错误，决策错误类似算术运算中的整数位错误，是本质性错误，补救是困难的。随着时间的推移，决策科学的地位只能越来越重要，越来越加强；决策者和决策的水平只能越来越提高，越来越发展。

最近，陈云同志提出："我们现在还是需要有人来踱踱方步。"胡耀邦同志指出："我们的战术家太多，战略家太少。"这是值得各级领导同志注意的。踱方步，潜心于决策特别是各层次上的战略决策，认识自己所处的地位和肩负的历史责任，开创各条战线的新局面，是实现四化伟大目标的关键。为适应这一要求，一方面，各级领导应该学习决策科学的知识，填补知识不足的缺陷，把经验上升为科学的、系统的理论；另一方面，在各级干部学校、有关大学的某些系和专业应开设决策理论的选修课，系统地讲授各种决策知识和技术，培养造就未来的各级决策者，使他们能够在马克思主义认识论的基础上，运用现代决策科学技术不断提高决策水平，从根本上改变我国决策层次中知识结构的不合理和人才结构的不合理状况。特别要使第三梯队的干部队伍，不仅在思想品德方面、组织才能方面，而且在重大决策能力方面，都能具有较好的素质。为开创一个社会主义的伟大新时代，培养大批经过严格决策训练和长期决策实践锻炼的各行各业的战略家，已经成为一项刻不容缓的战略任务，应把它作为一项事关党和国家前途的大事，摆在重要地位，进行深入的科学研究并加以切实的解决。

关于县级综合改革[*]

（1984年6月21日）

关于下一步的综合体制改革，我主要讲五个方面的问题。

一　什么叫改革？

什么叫改革？改革的实质就在于探索具有中国特色的社会主义新农村的发展道路，就是探索如何在中国实现社会主义现代化的道路。没有改革，就没有社会主义现代化建设；没有改革，也就不可能走出一条中国式的现代化道路。

我们要进行的改革，实际上就是在社会主义制度下的一场革命，只不过这场革命不是采取流血的、暴力的方式。经过新民主主义革命，我们已经夺取了政权，现在最主要的就是如何建设和发展社会主义的问题。

不管是物质文明建设、精神文明建设，还是民主政治建设、党的建设，实际上都是涉及整个人类进步和发展问题的探索。我们的经济工作要更大胆地放开，即要精简、放权，党和政府各部门的职责是领导和帮助人民群众致富，而不是考虑如何使自己首先富起来。党政机关不能搞企业、捞外快。这是端正党风最起码的要求。

我们进行改革，就是要还权于民，还利于民。这必然要牵扯到

---

[*] 与海城县部分领导同志谈综合体制改革。

一些人的既得利益。但是，处理既得利益问题，我们不是采取扩大矛盾和冲突的办法，而是主要采取教育和引导的办法。

当前，改革所面临的突出问题是解放生产力，即对不适应生产力发展要求的生产关系进行改革。在一定意义上说，这是一场革命。我们现在探索的就是如何按照经济规律来解决经济问题。经济学是一门非常复杂的科学，不仅涉及社会科学，还涉及自然科学，如目标控制、全面质量管理、计量等问题。我们这一代人要探索中国现代化道路，就要改革和更新小农经济时代许多陈旧的观念。

没有改革，就没有中国的现代化建设，就没有中国特色的社会主义，也就走不出今天这样一条路子。世界上没有什么灵丹妙药或现成模式可以供我们去仿制。中国社会主义现代化建设的道路不是可以照抄照搬的，只能是在探索中逐步前进。这是一项前无古人的事业，到哪里去模仿呢？小平同志讲，要从实际出发，实事求是，和群众一起商量，依靠人民群众的创造性来解决这个问题。我们不给人民划太细致的框框，应该是"仙人指路"，而不要去当"婆婆"，什么都管。

我们没有什么现成的模式，社会主义本来就没有什么现成的模式，如果再去搞什么模式套在人家身上，那无非是这个"婆婆"换了那个"婆婆"而已。我们要多摸索，多向实践学习。我们现行的工作方法很不适应现代化建设的需要。

中国的现代化道路是靠全体党员、全国人民一步一步地摸索出来的，不是哪个先知先觉搞出来的。

这次乡镇改革是内紧外松，先慢后快。内紧外松，就是白天都干工作，该干什么干什么，晚上开会。先慢后快，就是做思想政治工作要细、要慢，后面的改革要加快。内紧外松，就是为了不让群众议论纷纷。我们要开好三个会：第一个是党委会，一定要先让党委成员的思想全通了；第二个是乡镇干部会；第三个是改革会。当然，最好把人代会也开了，然后翻牌子。党政企要分开，该谁管的事就由谁来管。农业工作不要拿到经委去研究，经济组织就叫经委，不要叫"农工商总公司"，经委就管工商和副业。

经委的工作要放开，要突出重点，坚决把工业搞上去。

农业和工商业是两种生产模式，两种生产类型，要使工商业成为现代中国农村新崛起的经济力量。现在农村的产业不叫农业，而叫农村经济。农村经济应该包括工商业的发展。

大城市和小城镇怎样区别呢？我们的城市化、工业化道路，是要把农村小集镇发展起来，联结成为一个散布在全国的工商业体系，而这个工商业体系以小集镇为中心，逐渐向外辐射，最终形成规模效益。农业的发展只有形成小集镇，工商业的发展才能走向现代化；如果工商业不发展，小集镇不形成，大家都在土里刨食吃，那就没有希望。只有许多人离土离乡，进入小城镇搞工商业，搞服务业，土地才会集中起来，才能形成规模经济，形成家庭农场、家庭经济，农业才能进一步发展。小集镇就成了周围种植业、养殖业的供销和服务中心。

农村和城市的分离是一次大的分工，是一次进步，而城乡之间的矛盾，只有在生产力高度发展的基础上才能逐步解决。无论从知识结构水平讲，还是从产值利润水平讲，工业的生产方式都高于农业生产方式，工业水平都高于农业水平。所以，长期以来，世界各国大都采取以工补农的政策。但是，农业的深加工就不是农业了。大农业是指一切依靠自然生态环境生长出来的东西，包括林、果、蚕、畜牧业、肉、蛋、鱼、奶、菜、米、茶等，一切可吃的都是大粮食。一切经过人的劳动加工的，叫作第二自然、第二产业。除此之外，还有第三产业，即服务业。经济学界还提出了第四产业——精神产品生产部门。我们的农业现代化道路要靠工商业的发展，靠科学技术的发展。只有在工商业现代化的道路上，才能最终解决农业的发展问题。农业是基础，但并不是先导。从我县的情况来讲，分开有利，要强调专业化分工。将来有一天，农工商可能还会合起来，而现在合在一起，则会顾此失彼，农业会削弱工商业，工商业会削弱农业。

二 经济体制改革是改革的首要任务和核心问题

过去我们搞社会主义，吃了不少苦头，走了不少弯路。其中一个重要原因，就是我们没有集中精力搞经济建设，没有按经济规律办事。

60多年来，我党有许多创造。建党以后，我们开展了军事斗争、政治斗争，甚至文化斗争，在国际上也展开了与敌对势力的较量。实践证明，其中有许多是非常有成效的。当然也有一些挫折和失误。我们党经过20多年的摸索，弄清了民主主义革命的道路，正确地解决了民主革命的问题，领导人民推翻了"三座大山"，建立了社会主义新中国。在建设社会主义方面，我们从1956年到十一届三中全会和十二大，又经过了几十年的实践，才摸索到了目前我们走的这个路子，即走有中国特色的社会主义道路。

社会主义革命胜利后，必须马上转入社会主义建设。所谓社会主义建设，也就是两个文明建设，当然核心是物质文明建设、经济建设。改革首先是经济体制改革。经济体制改革是改革中的核心问题，要抓紧解决。这个问题不解决，其他改革就无法进行。无论是党的工作、机构改革，还是政府工作、干部"四个梯队"的建设等等，一切工作都要围绕经济体制改革进行，围绕如何振兴中华、加快四化建设进行。这样，才能促进社会主义中国生产力的高度发展。离开了这一点，就没有重点，就要出问题。

生产力是否高速发展，是我们经济体制改革的试金石和判断标准。而生产力是不是发展了,生产力是不是得到了解放,就要看商品经济是不是发展了,产值是不是增加了,利润是不是上升了,劳动者的积极性是不是发挥了,劳动工具是不是改善了。人、生产工具、劳动对象构成了生产力,现在还包括科学知识。社会主义的优越性不就是表现在生产力的大解放、生产力的高速发展吗?高速发展是社会主义优越性的标志,社会主义的生命力就在高速发展上。因此,我们的一切工作必须紧紧围绕解放生产力、发展生产力,为经济建设这个中心服务。

大家必须明确,上层建筑的职责就是为生产力的解放和发展服务。要改"婆婆"为服务员,让他们当"啦啦队",造声势,搞服务。所有县直机关都要从管理部门向服务部门转变。服务就是一种管理,而且是一种必要的管理。现代化的管理就是要始终处于一种服务状态。只有生产力获得极大解放和高速发展,才能叫作社会主义。落后、愚昧、低速,能叫社会主义?

经济改革中还有一些问题也要研究一下。像什么叫计划经济,什么叫市场调节,什么叫多种经济结构,多种经济成分等。对于这样一些问题,国家在宏观方面都会考虑。那么,在像我们海城这样一个县里,怎么看这些问题呢?在我们县里,什么是宏观决策,什么是微观决策?什么是计划经济,什么是市场调节?这就首先需要明确县经济是干什么的。要进行经济改革,首先要把县经济这个概念搞清楚,把县经济、乡经济、村经济、家庭经济四个层次的概念建立起来。县是一个相对完整独立的系统,有政治、有经济、有文化、有人、有生产、有劳动、有消费,是一个经济区域组织。

三中全会以后,我们国家在经济领域中有许多突破。一个是城市经济,把它作为经济学的一个研究部门。除了国营经济、市场经济、个体经济外,还出现了部门经济和城市经济。所谓城市经济,意思是以城市为中心组织经济,进行横向联系。后来还有经济区，如上海经济区，最近又出现了特区。这都是经济理论上的发展。我们承认经济发展的不平衡性，承认有多种经济区域，多种经济成分，多种经济结构，有宏观经济，有微观经济。那么，县经济是什么呢？所谓县经济，意思就是县不仅是政治实体、文化实体，同样也是经济实体，它有内外物资交流，有生产，有商品流通，有资金流通。如果把县看成一个系统的话，那么这个系统有对外的物资、信息交流，也有对内的物资、信息交流。全党的工作重心要转移到经济建设上来，对一个县的工作来讲，主要就是解决县经济系统的问题。

一个县的经济就是四个层次：家庭经济、村经济、乡经济、县经济。也可说是三个层次：县、企业、个人（家庭）。个体经济可以看成是家庭经济的一个部分。

懂得经济，适应经济竞争的新形势，就能取胜。不懂得经济，违背经济规律，就会在竞争中垮下去。所以，对一个县的经济发展来说，对国家的主要贡献就是人民的富裕。人民的富裕程度进入国家整个工农业总产值的翻番中去，税收进入国家财政，就是对国家的贡献。一号文件讲，专业户对国家贡献最大，因为他提供的商品最多。如果我们不能对国家提供大量商品，国家还要给补贴，那么贡献在哪儿呢？这几年我们没有财政上交任务，关键是多产出商品，大搞商品生产，把一切可能的东西都纳入商品生产计划，使之进入流通和搞活。有人不大同意在震兴路①建市场，说是影响市容，影响交通。交通是为了什么？是为了繁荣，为了商品流通，繁荣是市容最重要的标志。我们不能限产，要为商品流通找销路，限制商品流通就是打击生产，就是阻碍生产力的解放和发展。

当前，对我们县来讲，搞清县和国家之间的关系，我们就可以

---

① 震兴路，是海城县城的一条街名。

保证在国家得大头的情况下，放手发展大规模商品经济，国家、集体、个人都可以进入商品生产领域，进入流通，还可以进入金融。所以，今后五年我们要解决这样一个问题：在保证国家利益，即保证国家宏观计划实现的前提下，可以因地制宜，实事求是，从实际出发，从产、供、销、人、财、物、权、责、利等九个方面入手，赋予县以经济实体的权利。但这个经济实体又不完全等同于企业，它的主要职责是组织商品生产。所以，要把县政府和经济实体分开。如果不分开就是官商，所谓官商仍然是以行政办法管理经济，仍然是行政说了算，而不是按照经济规律和经济手段管理经济。

指令性计划就是行政计划，是按照经济规律确定的宏观决策通过指令下达的。我们县里只有对国家这一部分是采取指令性计划的办法，而且统到每一个生产者。对商品生产这部分，对市场机制调节这部分，应完全放开，货不分南北，人不分公私，物流通四方，财源达三江。县办县事，乡办乡事，村办村事，家庭办家庭事，各自决策。横向由党委、纪委、公检法、财政、税务来监督，但不是通过行政的手段，而是通过法律法规，通过经济杠杆来监督它。

我们的各个部门都要转变观念，如物资局主要是和乡、企业订立协作关系，为其解决煤、油、电、钢材、木材等。税务局不仅是替国家收税，也是替县里收税。税务局要研究如何培养税源，把企业养肥了，放"三"收"二"。财政局根本没有财政拨款任务，主要是理好财，然后建立投资公司，把拨款变成投资。工商局就是指导帮助所有的个体工商户发展，不能管卡。粮食部门也不要当仓库保管员了，主要是搞粮食经销加工。计量局要变成计量公司，代行国家计量职能，就不要再拿国家行政经费了。供电所应变成电业公司，变配电为卖电。邮电局可以变成电话公司，谁要装电话都可以，国家、集体、个人一起上电话。电业也可以国家、集体、个人一起办，政府没有必要大包大揽。文化局应变成事业单位，实行企业化管理。关于文化发展的方针政策，则由宣传部掌握，不需要什么局来管。至于晋升、评职称等等，可以由协会来管。胡乔木①同志讲，精神产品可以作为精神产品出售，但是并不因为它具有商品性质而改变了精神产品的质的规定性。体委也可以搞事业单位企业化管理，组织比赛，发展事业，赚钱养活自己，国家再给你点儿补贴，你就可以把体育事业发展起来了，方针政策问题可以由宣传部掌握。农业局、林业局不改变自己的观念还怎么发展？劳动局、人事局要不要改成人才服务交流公司和劳动服务公司？科协就应该搞成信息、技术、咨询服务公司，然后给它点补助，使它成为名副其实的群众团体，自己搞钱自己花，那样它的编制也可以扩大，就没有限制了。

列宁说要向会管经济的资本家学习管理经济。毛主席在新中国成立初期就讲，我们进城后，熟悉的东西可能不需要了，不熟悉的东西要重新学习，特别是要学习管理经济。机构改革以后，我们所有党委书记的头条任务就是学习管理经济，研究经济问题。要成为农村经济书记，而不仅仅是农村粮食书记、农村农业书记。

有人弄不懂什么是实事求是。解放思想就是实事求是，实事求是就是解放思想。从实际出发就是解放思想，不从实际出发就是思想僵化。最近财政包干，财政局长的方案还是很好的，是思想解放、实事求是的。我们解决了四层经济概念问题，建立了"千百十"②的方案，大家各自干各自的事情，然后拉开档次，在一个县里允许某些乡、某些厂先富起来。

三 关于机构改革

在整个现代化进程中，机构改革始终面临着有分有合的问题。

---

① 胡乔木，时任中共中央政治局委员、中央书记处书记。
② "千百十"是指县财政一千万元，乡级一百万元，村级十万元。

什么时候都会有新机构产生、旧机构撤销。现在，大幅度的机构改革还没有完成。但是，我们在机构设置上的原则是，要因事设人，因事设机构，而不是因机构来设事、因人设事，必须改变这个观点。有人说撤销某些机构是不合理的。什么叫合理？什么叫不合理？需要才是合理的。有事情才设，没事情就不设。机构改革是调整生产关系和上层建筑，体制改革也是调整生产关系和上层建筑。生产力发展了，生产关系和上层建筑就一定要调整，有分有合。

我们进行机构改革，就要确立这样一个观念：随着生产力的不断发展来调整生产关系和上层建筑，使之同生产力的发展相适应。

我个人认为，县委就管几家：组织部、宣传部、统战部、纪委，还有一个政策研究室，一个办公室，有这六摊子就够了。党委有两个书记就够了，一个管党务的事，管县委大院，一个总揽全局。

四　关于文化和教育改革

有一些文化有阶级性，是讲马列主义，还是讲资本主义，讲迷信；有一些文化却不存在这个问题，数学、物理、体育锻炼、书法，它们本身不具有阶级性。还有医术，它是哪个阶级的？宗教，还不完全是资产阶级的东西，只有经济、科学、社会高度发展以后，它才有可能消失。

是否可以破除独家办文化事业的模式？使文化、教育、科学、卫生事业得到繁荣？国家不可能把文化、教育、科学、卫生这些事业全部包过来？我的看法是：国家、集体、个人都可以办文化事业，可以办学校，可以办体育，可以办卫生，可以办文化馆，可以办书店，可以办培训班，可以办书法社、武术馆等等，甚至可以搞博物馆，替国家管文物，介绍矿物，介绍海城地质情况，这都没有什么问题。个人可以办学校，只要对口管理，照章纳税就行了。集体也可以办学校。

随着物质生活水平的提高，人民的精神文化需求也增加了。我们不是为人民服务的吗？让人民高兴，让人民快乐起来，这是我们的责任。

九月份召开全县体育运动会时，我建议所有的县委、县政府干部都去当服务员，维持交通秩序，和大家一起乐，这就是我们的职责。我想，如果比赛时我去当裁判，吹吹哨，恐怕好多人要议论：你看，县委书记给人当裁判？！好像有失尊严。县委书记的尊严是什么？人民爱护他就是尊严，和群众在一起就有尊严，人民怕他就不叫有尊严。县委书记的尊严和威信，是你在人民群众心目中的地位。离开了这个东西，你还有什么尊严？县委书记是人民群众中普普通通的一员，他有乐也有愁，有饱也有饥，和人民群众是一样的。为什么现在党群之间、干群之间总有隔膜？文教改革就是要解决这样一个问题：精神文明建设要放手让国家、集体、个人一起上，既要加强管理，又要放开让人家去搞，以充分满足人民群众的精神文化需要。

文化改革、文教改革是改革中很重要的一条。最近文教口进展较慢。例如医院，我们讲医院是为人民服务的，但并不是只要在医院里工作就能为人民服务。有医术才能为人民服务，无医术就不能为人民服务。你治不好人家的病，国家还要拿钱养活你，那不成了人民为你服务吗？不承包，医术提不高，为人民服务这个问题就不能解决。剧团演的戏没人看，每年县财政拿那么多钱养活它，那是它为人民服务，还是人民为它服务？文化不改革，既不能满足人民的精神文化需要，也解决不了提高艺术质量和为人民服务的问题，而且也解决不了政治和艺术统一的问题。你出的书没人看，你倒拿了稿费，这是谁为谁服务？

五　关于干部、人事、工资制度改革

　　我们在现实经济生活中采取的一些办法，可能也是资本主义国家在经济管理上行之有效的办法。列宁曾经讲过，管理有双重性，既有阶级性，又有科学性。管理本身也是一门科学，资本家可以用，无产阶级也可以用。列宁在讲泰勒的管理理论时，早就讲过这个问题。我们现在有"恐资病"、"恐富病"和"恐怕犯错误病"。不少人就怕富起来，而偏偏不怕穷。穷日子过惯了，不怕穷，就怕富。一旦富了，就不知该怎么办了。我们的一切工作都是以坚持四项基本原则为前提的，都没有脱离党的领导，没有脱离马克思主义理论，也没有脱离社会主义道路——公有制。我们坚持人民民主专政，遵守国家的法令，政治上和中央保持一致。通过改革，我们调整了生产关系，使生产力获得解放和发展，使得国家强盛，人民富裕起来，走出一条建设有中国特色社会主义的路子，也就是解决了中国现代化建设的道路问题。

　　当前关于改革的议论很多。什么是改革，为什么要这么改革，它是姓"社"还是姓"资"？有些人知道是怎么回事，有些人是知其然而不知其所以然，反正"放"就是潮流，至于为什么要松绑，该松哪一条我也不知道。其实，有些绑要彻底松，有些要松一多半，有些松一少半，有些就根本不能松，有些还要重新捆紧。如果认为什么都要松，什么权都要放，只要松就对，那就是形而上学。现在我们就收了几个权，像考核、审查"三种人"这个权就不能放。整党，实际上是对党员的要求更严格了，根本不是放，把党员放开，而是要提高党员素质，实际上是加强了党的纪律，提高了党的素质。

　　认识事物的目的是改造事物。但如果对事物没有一个正确的认识，怎么改造事物呢？理论性的探讨，就是为了从思想上搞清楚问题。没有理论基础的改革，就会背离马克思主义的基本原则，就会迷失方向。离开了理论的行动，只能是盲目的行动，而不付诸行动的理论则是空洞的、脱离实际的理论。所以，我们既不要做经验主义者和盲目的实践者，也不要做脱离实际的空洞的理论家。

附录：关于二十项改革的决定（试行）

（1984年6月25日）

中共海城县委员会　海城县人民政府

一、县属国营工商企业（粮食、物资除外），按集体企业办法管理。即全民所有，集体经营，遵章纳税，自负盈亏。税后利润由县财政部门实行定额调节。

二、企业实行厂长（经理）负责制。厂长（经理）由选举或招聘产生，不胜任者可以自动辞职或免职。由厂长（经理）"组阁"，任免中层干部，调度企业的人员、资金和物资。企业的生产经营、行政管理由厂长（经理）全权负责，企业党组织发挥检查、监督和保证作用。检查、监督厂长（经理）贯彻党的方针政策情况，发挥党组织的战斗堡垒作用和党员的先锋模范作用。职工代表大会在审议企业重大决策、保障职工权益等方面有民主监督的权力。

三、企业根据生产需要，在劳动部门的指导下，有招聘能人、招收合同制职工的自主权和对职工实行奖惩、辞退的权力。企业在保证上缴税利逐年增长20%以上的前提下，有选择工资奖金形式和决定工资奖金金额的权力。除政策性安置仍由劳动人事部门统一分配外，任何单位和个人均不得向企业滥派人员。

四、下放财权。县对乡镇在1983年的基数上实行总收总支挂钩。根据不同情况，实行包干或大包干，一定三年不变，县对企业的主管部门实行税后利润递增包干或大包干，一定三年不变。

五、乡村企业（包括镇属村办企业）所得税，可适当减征；新办企业可免征二年至三年的所得税。减征或免征的税金只能用于企业扩大再生产，不得参与职工分配。任何单位和个人均不得以任何名义平调或借占企业资金，侵犯企业利益。

六、进一步疏通流通渠道，搞活商品流通。改革批发体制，办好贸易中心。国营、集体和个体要一起上。货不分南北，人不分公私，都可以进入市场，相互竞争。国家计划内分配的商品，平价进平价销；计划外和非计划的商品，议价进议价销，以产促稳，以活促多。

七、改革农村供销社的管理体制，还社于民，还利于民，独立经营，自负盈亏。供销社要努力扩大经营范围和资金来源，为"两户一体"①的发展服务，为农村生产、生活服务，真正办成民办、民管、民利的综合服务中心。供销社由大股东组成董事会，由社员选举董事会。由董事会任命或选聘供销社主任。职工实行选聘合同制，能进能出，对老职工，或聘用留职、或停薪留职、或劳保待聘给予生活费。供销社人权归乡镇管理，业务受县联社指导，不许平调。

八、恢复农村信用社的民办金融组织的性质，独立经营，自负盈亏。可以向乡镇企业、经济联合体及农民个人贷款，也可以对外投资。干部职工的任用和安排与农村供销社相同。农业银行对信用社进行业务领导，支持信用社的经济活动。

九、改变国家设在农村基层单位的隶属关系。撤销地区税务所、工商所，成立乡镇财税所、工商所。基层供销社、食品站、文化站、电影站、广播站、卫生院、兽医站、粮管所、交通管理站、信用社、工商所、财税所等单位的人权、财权、物权全部下放给乡镇管理。供

---

① "两户一体"，是指我国农村普遍实行农业生产责任制后涌现出来的专业户、重点户和经济联合体，简称"两户一体"。

电所、邮电所、道班、农业银行等单位，人权下放给乡镇管理，财权、物权陆续下放给乡镇管理。

十、继续搞好乡镇机构改革，实行党、政、企三分设。党、政机关要力求精干，严格控制行政经费总额。要建设乡镇经济委员会，选聘有能力、会管理的干部加强经济工作。

十一、实行政企分开。县政府所属的经济工作部门（冶金公司、化建公司、二轻公司、轻纺公司、物资总公司、外贸公司、农机总站、县联社、商业局、粮食局、农林局、畜牧局、乡镇企业局、交通局、城建局、矿山管理所等）尽快由行政部门改为经济实体，按企业对待，实行企业化管理。原则上退出行政编制，不拨行政经费。有的改为经济实体后，根据工作需要，可以保留局的名义，挂两个牌子，行使部分行政职能。

十二、改革干部管理制度。实行业务管到哪干部也要管到哪的分级管理办法，上级只管到下一级正职。县委、县政府各部门中层以下干部的任用，由本部门决定，分别报组织、人事部门备案。

破除干部职务终身制。在职在位，离职离位。党群机关干部实行选举任免制，上级任下级，副职由正职提名。胜任者可连任，不胜任者可辞职或免职。政企部门干部实行选举与聘用合同制，胜任者可续签合同，不胜任者可终止或解除合同，选聘对象不分干部与工人、全民与集体、城市与农村的界限，选贤任能，不拘一格起用人才。未被聘用的干部实行待聘，不称职的新干部回原岗位工作。

十三、改革乡镇和企业干部工资制度。乡镇和企业干部实行基本工资、岗位工资、效益工资加奖励制，上不封顶，下不保底。

十四、县直机关干部现在实行基本工资加奖励的办法。党政群干部实行百分考核岗位责任制，上级考核下级，正职考核副职，联工计分，以分计奖，逐级发放。

十五、政府、群众团体和企事业的干部、职工，经本人申请，组织批准，可以辞职或停薪留职，或带职到基层企业搞承包，或搞个体经营（停薪留职后按规定缴纳劳保基金）。允许政府各部门和群众团体在搞好本职工作的基础上办企业，以安排剩余人员，所办企业按集体企业对待。

十六、采取优惠政策，促进人才资源的开发和流动。在本县城内工作的大中专毕业生和中级以上知识分子，根据本人贡献大小，责任轻重，能力高低和工作年限，可以浮动一级至三级工资。所需资金由县、乡镇和企业自行解决。愿意到农村工作的科技人员，在工资、生活待遇上给予优惠。从外地招聘的科技人员，除享受上述待遇外，其他条件由聘用单位自行决定。

十七、实行县、乡、村三级办学，三级党委一把手管教育。鼓励社会团体和个人办学。学校实行校长负责制，教师招聘制。医院实行院长负责制，医护人员招聘制。采取优惠待遇，吸引和支持城市医生到农村行医。社会上闲散的有技术职称的医药人员，经县卫生部门批准，可以开办个体诊所和药店，允许收徒传技。

十八、改革文化工作。县、乡剧团实行团长负责制，演员招聘合同制，联演计酬承包责任制。农村文化室可以承包给有文化、会管理的农民。提倡鼓励集体和个人办各种文化事业。由宣传文化部门领导和管理，注意防止精神污染。这些单位实行独立核算，遵章纳税，自负盈亏。

十九、加强农村的政法机构，在各乡镇建人民法庭，设公证律师所。开展对"两户一体"的公证业务和法律保护，解决农民告状难问题。开办费由乡镇解决，正常开支在公证费和法律咨询收入中列支。

二十、扩大农村保险业务。县保险公司在乡镇建立保险营业所，广泛开展对乡镇企业、"两户一体"和农民个人财产、人寿保险业务，保护农民的利益。

论二十二个关系[*]

（1986年）

一 快与慢

到部里后，首先就遇到了处理快与慢之间的关系的问题。快与慢不光是速度问题，实际上也是一个观念问题、工作方法问题。

刚到部里，头一件大事就是企业下放。中央、国务院已经定了，前任部长已经表了态，立下了军令状。中央、国务院领导同志希望电子工业部先走一步，摸索出经验。

有的同志说，这是我的一大难题。企业下放我没搞过。

我的基本调子是，尽快放下去。

快，当时大家不太容易接受。在与同志们的谈话中，及党组办、秘书收集上来的情况反映，都说明了这一点。也有一部分同志这样说："现在搞企业下放，条件不太成熟，这么快下放，太仓促；是不是先看一看，匆忙放下去，将与以往历次下放一样而走过场。"

这次企业下放，是全新意义上的下放，可是光议论，不迈步、不行动，只能增加大家的忧虑。我主持党组会研究这个问题，统一

---

[*] 这是李铁映同志到电子工业部任职一年多之后，针对部分机关干部对电子工业的发展与改革存在的一些思想认识问题进行的一次哲学思考。这些意见曾分别与有关司局领导同志交换了看法，对转变干部职工的思想观念、推动电子工业的发展与改革起了积极的作用。

思想，做了些调查研究。最后决定，还是尽快按原定计划放下去。

大家说东说西，如果不迈步子，议论是不会停止的。我的想法是，尽快迈出步子，在迈步当中统一大家的思想。

1985年10月份之前，部里先后与四川省和北京市签订了下放协议。11月份，派出9个工作组，新老部长带队，到各省、市去搞下放；12月底，部属企业基本全部放完。

步子迈得是比较快，不仅我们部，别的部也有这样的说法。在迈步子当中逐渐统一了大家的思想，统一了全部的思想，认为"快"的议论也少了。

在另外一个问题上，我主张步子迈得要慢，这就是机关体制改革问题。机关体改问题，刚到部里也听到一些议论。有的同志认为两级管理变为一级管理，既然已成定案，还是快点动好；有些司局干部也这样想。"快动"的风向我吹了不少。开始采取的办法是先避开不谈，后来大家吹风吹得多了，我说："这个问题今年年底以前不谈。"我想先拖一拖。

好多问题还没有搞清楚，就去向干部、群众作解释，是没有力量的，是不能说服人的。

企业下放的步子迈出去以后，我开始慢慢地向大家透露这个问题。基本想法是：机关体制改革要在企业下放、行业管理工作到一定程度，摸索出一些经验之后再考虑。盖多大的庙要看有多少和尚，请多少和尚要看有多少经可念。不知道，就要在企业下放、行业管理工作中研究、探索这个问题。这次我们搞机关体制改革，不凭主观臆想来决定设局、设处。走这样一个过程，就需要慢。行业管理、企业下放工作还没有多少眉目，就搞机关体制改革，那是无目标的行动；无目标的行动是没有好结果的。

慢，并不等于不搞。在企业下放、行业管理的工作中，我就和部分同志研究探索这个问题了，但节奏是慢的，只能逐步摸索。

企业下放是快的，机关体制改革是慢的。一快一慢，快慢是由什么决定的呢？慢和快不能凭主观决定，而是要由客观来决定。快有快的道理，慢有慢的道理。

企业下放工作开始一年以后，在成都搞财务划转时，几位司局长跟我说："如果我们当初不是那么快把企业放下去，拖到现在，我们就太被动了。"这几位司局长是根据今年的各方面形势而深有体会说这些话的。

机关体改问题是显得慢了，但是由于我们在行业管理工作的实践中，慢慢地捋出一些头绪，慢慢地出了一些想法，从而，在构想机关体制改革时，也就慢慢地有些眉目了。

如果快，当时只有一个办法，凭主观想象，设庙请和尚，等企业下放、行业管理工作有些眉目的时候，还得拆庙，还得变。与其变来变去，劳民伤财，不如一步一步慢慢走，探索并获得好结果。

快与慢的问题要根据客观事物的规律来考虑、处理。该快就快，该慢就慢。不是哪一个人想快就快，说快就快的。

该快的一定要快，该慢的，想快也快不了。主观不依照客观规律去办事，事就办不成。

这个问题就像打仗一样，快速出击，慢慢迂回，都是一种战术，采用哪一种，要根据战役的实际需要。否则，就要打败仗。

怎样掌握快、慢？领导者应该在事业的发展中，在工作的进程中，在事物的变化中，学会控制、掌握快与慢。

企业下放，当时党中央、国务院的要求，经济体制改革的趋势等方面，都决定企业下放必须做，那就要快，不能等待群众的议论。在企业下放的进程中，当群众认识清楚了，轰轰烈烈、蓬蓬勃勃行动起来的时候，就要掌握住，控制住。该慢的就要慢下来。掌握不好，控制不好，让群众的热情和积极性无目标地发挥，也会搞糟事情的。要快的，一定要尽快启动、加速；要慢的，要及时控制。

二　公平与不公平

来到部里，感觉到有些同志有一种不正确的观念。部里的一些工作正受到这种观念的影响。这就是对公平与不公平、善与恶怎样认识的问题。

公平不公平都不是绝对的，既没有绝对的公平，也没有绝对的不公平。公平不公平要放到历史的、实践的结果中去检验，不能只凭某件事来判定。

部计划司、财务司掌管钱、财、物的大权，就是管分钱、分物的。情况很复杂：给谁多少，按谁最穷、谁最困难做标准；谁叫得欢，就给谁；哪个企业没搞好，就给谁；发不出工资就多给，搞救济，"雪中送炭"……在新形势下，这样的做法是电子行业发展的一个观念上的障碍，更关乎到指导思想的问题。

那样做是善，是在做善事，不公平！结果怎样？只能是我们的电子工业水平与先进发达国家比差距正在拉大。要把电子行业的发展搞上去，搞发展还是搞救济？

今年9月份，计算机局在山东烟台召开了计算机发展专家研讨会。会议开的几天里，总在一个圈子里绕不出来。大家总想做一点"公平"的事情，没有把头脑中的包袱甩到大海里去，对"七五"计算机行业究竟怎样发展，议不出个理想结果。

石岛会议我去了，讲了几句话。没太多讲计算机行业的发展，主要讲了如何对待观念问题。我谈了关于公平不公平的观点。我说，我们要对实践和历史负责，我们是搞发展，不是搞救济；是给党、国家、人民做工作，不是来摆什么公平的。谈了这些观点，大家认为很好，会议气氛变了，专家和与会同志讨论得很热烈。观点、观念转变了，思路开阔了很多。

最后，石岛会议开得很好，有的同志把会议看成我国计算机事业发展的一个转折点。会议确定了"七五"期间开发第四代计算机、集中资金、重点投放的战略，搞出了一个结果。

公平与不公平的认识问题，我没少对计划司的同志讲。

"七五"期间，国家决定每年给电子工业部增加1亿元发展基金。注意，是发展基金，而不是救济资金。计划司拿出一个使用分配方案给我看，我没批。那是一个救济方案，怎么批？不好批，不能批！还是在搞救济，"雪中送炭"，兜圈子！

我对他们讲，今后应该搞发展，不能再搞救济了。计划司应该是电子行业的发展司，不是救济司，也不是民政司。不能再把自己搞成一个"施粥僧侣"，你一勺我一勺地撒胡椒面了。关键是不能解决问题。我让把计划司的"救济"方案拿回去，重新研究，搞一个发展方案拿上来。今年8月份，怀柔会议期间，我让几位司局长再讨论研究发展基金的使用分配问题，他们讨论到深夜，拿出一个结果，比过去前进了一步。

搞发展不搞救济是指导思想的一个变化，是工作方针的一个变化。

确实有一些工厂、研究所很困难，渴望救济一下。可救济就能解决问题吗？解决不了。去年年末，部里搞了一次"救济"，把一些厂所库存积压产品核销了，没过半年，还是这些厂所，甚至增加了一些厂所，又陷入了困境，还是来要钱，要救济。作为一个工厂、研究所，不应该靠救济、靠施舍来打发日子，应该在商品经济的大潮中去游泳、去竞争，自立起来。现在看，一些工厂、研究所的"软骨病"与我们发"拐棍"、发"救济"的做法是不无关系的。

我认为，应该过感情关，否则我得到了一个"善"的名号，而工厂、研究所的"软骨病"却越来越重了。全国电子行业没有发展上去，有什么用处！

今年9月份，我从山东回北京，计划司司长由北京去烟台参加计划工作座谈会，我们在济南相遇，谈了很多。从谈的情况看，计划司对公平与不公平、搞发展还是搞救济的认识比较清楚了，提出很多很好的搞发展的意见和建议。回京后，让办公厅登了信息快报，发到全部。

地方电子厅局的同志向我反映说，计划司工作方法转变了很多，新风气很浓，讲的和做的与过去不大一样了。

三　实与虚

什么叫作实？什么叫作虚？

在部机关干部大会上第一次讲话以后，我注意收集了一下情况反映，有的同志就提出了这个说法："李部长的讲话道理讲得透，哲理深，纲领也清楚，要点突出。可是，感觉实际内容有点少，有点虚。"有些人听完我的第二次讲话以后，仍然有这样的感觉。

党组办、办公厅的同志也都向我反映这个问题。

有些同志对我讲话有这个认识，反映出干部群众都希望领导者要务实。领导者应该务实，但实和虚的概念不搞清楚不行。

"讲话的时候，应该讲一些具体数字、情况，不能只讲些大问题。"一个司局长这样向我建议。认为这样才叫实，讲得实。不仅他一个人，有一些人也是这样认为的。讲得细，讲得具体，讲小事情就叫实。

我曾多次讲过：部长要干部长的事，局长要干局长的事，处长要干处长的事。如果部长不干部长的事，而去干局长的事、处长的事，那就叫实？我认为，不能按这个观点来认识。实不实应该以一个领导者该做什么、该重点做什么、关键抓了什么而论。抓该做的、抓关键的、抓重点的就是实，不然就是虚。不能以具体内容、形式来区分实或不实。

今年 8 月份，我在怀柔主持召开了一个抓重大工程项目的会议。会议解决了一些问题，对部机关干部认识实与不实问题也有很大帮助。

怀柔会议[①]从 8 月 8 日到 28 日，共开了 20 天，每 4 天一个议程，分别是录像机、程控交换机、彩管、计算机。会议安排节奏很紧，内容细致。其间，我对彩管的荫罩构造等，都作了详细了解。会上，部成立了重大工程项目领导小组，我任组长，各位副部长分兵把口，各负责一摊。这实不实呢？抓实还是抓虚呢？

今年 7 月，在上海、成都相继开了四个基地会议和西部会议。[②]两个会议我都去讲了话。上海会议刚结束，还没喘口气，又飞成都。这叫实，还是虚？这是不是实事？

怀柔会议，上海和成都的会议，一个是重大工程项目，一个是基地建设，这两件事都是部里的大事，我这样抓，是实还是虚？我觉得应该是实。因为，这是大事，是部里工作应该抓的重点和关键。作为一个领导者，尤其是主要领导者，抓重点，抓关键，抓大事就是务实。讲大事，讲重点问题，讲关键问题，也就叫实，是务实。

大家的心情我是理解的，谁不希望领导者务实、讲实、抓实呢？我是部长、党组书记，是领导者，抓不抓实事是大家更关心的重要问题。

我的讲话是实还是虚，从哪个角度看？讲得很细，很具体，把各个司局、各管理局的工作都讲了，时间不允许，也没有好处。讲得越细、越具体，就把司局长、处长的工作给代讲了。一个人不能

---

① 怀柔会议，即在北京市怀柔县（现为怀柔区）召开的部机关司局级干部会议，这次会议的主题是研究我国电子行业各专业的发展方向及规划。

② 西部会议，即在四川省成都市召开的部分省市主管电子工业的领导干部会议，这次会议的主题是研究西部四省（四川、贵州、甘肃、陕西）的电子工业发展问题。

把全部司局长、处长的工作都讲清楚。讲得越细就越被动。代替了司局长、处长该讲的话，代替了他们所行使的职权，是极不利于工作的，不能效仿，更不能去做。

实与虚应该以实际需要，以客观的实践检验来判定；以每个层次、每个具体的领导者该不该做、该讲与不该讲来判定哪些讲的是实，哪些是不该讲，是虚的。

过去，我们习惯于看谁抓得具体不具体来评价实与虚。一个部长抓某项产品的具体工作，抓厂房的筹建、盖锅炉房、修厂房及批些具体指标，是具体的，是实的。这些问题的确该研究，应该解决，但由哪个层次的干部，哪些干部做比较适宜？由适宜的同志来做就是抓实。

如果部长把该司局长、处长说的、做的，都讲了、做了，工作层次、程序就错乱了，更谈不上抓实事了。

部长工作抓得实不实，要看全国的电子行业的发展是否搞上去了，是否有比较大的突破，这是最终评价实与不实的标准。若干年后，如果电子行业的山河依旧，没有发展，那就是虚，那是最大的虚。

四　不要牌子，要天下

要牌子，还是要天下？我说要天下，不要牌子。

天下，即全国电子行业的发展。牌子，即电子工业部的牌子。我们的目标是国家电子行业的大发展，不是为了得到电子工业部这块牌子。

刚到部里的时候，感到有一种倾向，部分干部，包括司局级干部，在维护电子工业部这块牌子上下功夫。时常说，某某部把电子工业部的权夺了，"侵占"了我们的"地盘"，再不抢救，我们这片

"桑叶"就要被蚕食掉了。

电子工业部的牌子有多大,全国电子行业的发展又是什么分量,我让谁来对比这两个问题?

企业下放以后,搞行业管理,我们不再是一个部门经济的形象了。可怎样树立行业管理形象,打开局面呢?是像过去那样与其他部门在国家计委那里争项目、抢指标、要投资,还是怎样搞?

有一天,轻工部部长杨波同志给我打来电话说,轻工系统在北京的一个工厂想搞电子表的生产,请电子工业部在集成电路等方面给予支持。我回答,支持,需要电子工业部哪方面帮助都提供,我们可以派人去帮助你们搞。

电子工业部就是要为其他部服务,与其他部搞合作。我一来就吹这样的风,这样讲。今后企业放下去了,要逐步树立起行业管理的形象,高举合作和服务的旗帜。国家的其他部门加上地方,将有相当大的一块电子工业。怎样管行业?像有的同志理解的那样,把它拉过来,并入我的版图一起管。这不能叫行业管理,还是部门经济思想,这是拿电子工业部这块牌子压人家。

刚到部里时,边在部内搞调查研究,边往国务院其他部门跑,挨个门槛子去拜访,并一一拜到,谈合作、谈服务。

我拜访了邮电部、航天部等18个部委,有的同志说我到别的部给人家服务,与人家合作,把电子工业部的地盘让出去了。这个意思就是不要坚持电子工业部统管天下电子工业,还是要固守过去地盘,还是翻部门经济的皇历。这个问题的要害是得与失,要牌子还是要天下的问题没有认识好、处理好。

只想电子工业部这块牌子,斤斤计较,而对国家电子工业的发展却想得少,等于捡了芝麻丢了西瓜。

在没到各个有关部门拜访之前,部里有的同志对我说:有电子工业的那几个部,过去对我们根本不理睬。我去拜访时,结果是大家都很欢迎我，愿意与我们合作。

去年11月份，我同一位副部长、办公厅主任和科技司司长到国家科委去拜访，想请他们在科研规划等方面给予支持。他们非常热情，主动提出帮助我们搞规划，拟方案。我们为别的部门服务，对方也可以为我们服务。只有这样，天下大同、共同发展电子行业的局面才有可能形成。有的同志说，没想到科委有这种态度。没有去，怎么就知道人家不配合？过去汇报少了，去的也少，把自己圈在大院子里，还想包打天下，实际上你包打不了！

有些事情我们干不了，可以和别的部门一起干。仅仅维持一块电子工业部牌子是维持不了多久的。

对地方，也应举起合作与服务的旗帜。过去部领导到各省市去，都先到省市了解电子工业局、部属企业，而地方的积极性不高，因为你不与他们联系，不提供服务，不搞合作，不和他们商量问题。搞电子工业，要几个方面军联合起来，拧成一股绳。国务院的几个部门是几个方面军，一个省市也是一个方面军。各方面军大会师、大联合，就是开创全国电子行业新局面的基础。用什么来拧这股绳？就是搞服务，促合作。

我每次到各省市，先去省市委、省市政府，第一个要拜访的是省市委书记、省长、市长，见面就说："我是来服务的，先向你们汇报汇报情况。"我建议，其他部领导和司局长到地方时，也要拜会地方的党政领导机关。各省市的电子工业厅局，在部与省、部与市合作中起桥梁、纽带作用，当红娘。

我给部省、部市合作商谈的方式取了名，叫部省对话、部市对话。"对话"不能仅仅是一种外交辞令、外交手段，内部合作也行之有效。从去年企业下放开始，部与北京市先后举行了多次对话，平均两个月一次，解决了很多部市合作的重大问题，结果北京市满意，我们也满意。

我到地方首先到省市委、省市政府去报到，去汇报，后到省市电子厅局，不是部门经济、条条思想。省市非常欢迎我们这样做，搞电子工业的积极性高涨了，也为地方电子工业主管部门的工作创造了有利条件。

我要的是国家电子工业发展的天下大同，不要电子工业部的一家独尊。

我还有另外一个想法。地方很缺搞电子的人才，部机关大院、各管理局又有一批人才，机构改革时，有的同志说：电子工业部人多了。我不同意，不是多了，是少了。这些宝贵的人才圈在大院里，难以发挥作用，应该让这些人飞出去，到各省市去生根、开花、结果。这是全国电子行业大发展的一个很重要的条件。

我对省市党政领导说："电子工业部的人到这里工作、服务，你们要不要？"他们都很高兴说："要，多多益善。"有的很快就派组织、人事部门的同志来找干部司商谈。今年年初，我们一个管理局的处长到广东珠海市任副市长，就是我有一次到珠海出差同市委书记谈的。你要什么干部，要谁我都给，只要他本人愿意去。我不怕伤我的筋，动我的骨。有的同志说我开明，还是那句话，我要的是天下电子工业的发展，不是为维护电子工业部的这块牌子。人才出去了到了地方，到了其他部门，为电子行业的发展做贡献，还能带动那里的一批人，调动起那里的积极性。这就不是一个点，而是一个面了。光电子工业部单枪匹马干，干不出这样的结果。只有桃李结满天下，才有天下一片红。

要牌子，我只能调动一个积极性；不要牌子，我调动了几个积极性。

五　内与外

内与外的关系应该摆好。

部里的国际经济合作司，原来叫外事司。内与外的关系问题怎样摆？有一段时间，外事司在处理"内事"与"外事"的关系上，引起了我的注意。

"内事"即国内的事情，"外事"即对外关系。内应该为主，内是根本，是核心。外应该服从内，次于内。"外事"应该服从"内事"，为"内事"服务。应以"内事"为中心，而不能相反。皮之不存，毛将焉附？无内也就无外。

刚到部里不久，我被卷到频繁的外事活动中。秘书有时一天收到好几个请柬，外事司一个星期给我安排二三次外事活动，有时每天都有外事活动，中午一次，晚上还一次。还说"内事"服从"外事"。这样，使得定好的"内事"会议、"内事"工作常常被推迟。这种情况不正常，不对劲。安排次数多了是一个问题，更主要是空洞，没有实际内容，虚的，礼节式的，只是讲友谊，互相拜一拜，没有什么结果，达不成什么协议，在转让技术、投资方面没有什么收获。搞得精疲力竭，又没有什么成效，"内事"让给了"外事"。杯碰了，友谊谈了，可无实效。内外颠倒了位置。我开始做外事司的工作，说到底，"外事"应该以"内事"为中心，服从服务于"内事"。"外事"应该为电子行业的发展服务，外事司也是发展司，不能搞成友谊司、对外友协。

过了一段时间，我提出建议：外事司改为国际经济合作司，简称国际司，搞对外的经济合作工作，以国际经济技术合作为中心开展外事活动。改名的目的，是想使部里的外事工作指导方针、指导思想转变过来，纳入搞电子行业改革与发展的轨道。

过去，一些驻华大使来拜访，都拉上部长出面会见。当我到部里一段时间后，一个东欧国家的大使馆参赞到部里来要拜访部长，外事司安排我仓促上阵，事先毫无准备，谈什么，怎么谈，我们有什么预案，有什么对策，都没有准备。谈话后，人家突然提出邀请我去访问，并提出一个事先我毫无准备的问题要我表态，搞得措手不及，很被动。怎么答复，怎样表态？

外事工作也要有像做内事工作时那样的策略、艺术和方法。"外事"不能外行，要内行，要像打仗一样，不能打无准备、无把握之仗。

对外宾，要以礼待之。对国内专家、同志怎么对待法？我认为不能以外贬内，以外压内，以外冲内。对外国的大使、政府官员、公司的董事、经理，每次谈完见完后，我要送出门外；国内专家来，我每次送下楼，请上车，让司机送回去。一次，清华大学两位教授来访，我这样送他们，他们说不用，不要把我们当外宾看。外宾我只送出一步，内宾我才这样送呢！这也叫内外有别。

国内的专家们，国内电子行业干部、职工是我们电子行业发展与改革的中坚力量，是主力军，是我的靠山，是电子工业部的靠山。孰轻孰重？当然，这里并不等于有排外情绪，关键的问题是要摆正内与外的关系。

在内事上，我们可以用焕发民族情感，用思想政治工作等方法去调动干部群众发展电子工业的积极性。对外，则不能讲什么感情的问题。外宾到中国是寻求对他们有利的东西来了。经理、商人就是来赚钱的，是看中了你的市场，看中了你的劳动力，看中了你的资源。有的是打着友谊的旗号来的，但实质目的不变。只凭看旗号确定外事活动的方针方法是失策的。

对外，我们要过感情关。国内搞横向经济联合，搞合作、竞争，是社会主义国家对内的一种发展经济的措施，是在社会主义制度下进行的。对外的经济技术合作与竞争是打经济仗，是残酷的经济斗争，不能讲感情。友谊是要讲的，但主要看是否有利于我。碰杯是碰杯，做生意是做生意，碰杯不能代替其他。

我认为，失去了"内事"目标的"外事"做得越多，成效越小。

一段时间后,我给国际司定了这样的一条:对我们有利的,能搞合作的,有技术转让的,有投资的,我就去见,去和他们谈,不管他官大官小,公司规模如何;否则,就不见。

六　新与旧

老的与新的相对称,过去的与现在的相对称,历史的和现实的相对称。怎样认识和摆正这些方面的关系,涉及处理工作中一些现实问题的方法。

部里有十几位老部领导,在近几年相继退居二线。这些老同志是革命事业的宝贵财富,有丰富的工作经验,对中国革命,对社会主义事业,对电子工业的发展,有着卓越的贡献。历史已经把他们的功绩写上了。我是新任部长,怎样对待这些老领导呢?

机关进行体制改革,变二级管理为一级管理。二级管理局是三年前设置的,是老部长在任时设置的。现在要撤销,要改革,都在观察,看我怎样对待历史与现实这个问题?新的部领导能否处理好这些问题,是能否工作好的一个重要方面。

我看过一幅漫画,一棵老树干上发出了一棵新芽,新芽对树干说:"你这老朽!"这幅漫画表现出一种哲理认识。本来是在老树干上长出来的,却说老树是老朽,忘记了自己根植于何处。我们国家有今天,电子工业部有今天,是老领导、老干部、老同志努力的结果;新任部领导的成长与老领导、老部长、老同志的培养分不开。没有根,哪里还有芽!

我对老领导、老干部、老同志的做法坚持两条:一是做好生活上照顾工作;二是发挥他们的作用。

曾经有人说,部里人事关系很复杂。我认为,不是部里复杂,是有的人头脑复杂，才把关系搞复杂了。人事关系复杂，这是过去搞阶级斗争，搞极"左"的结果。扭转这种情况的办法就是新任部领导以身示范，做出样子。我们不复杂，处理问题得当，人事关系就复杂不起来。

一次，有人向我反映说某某老干部如何，我当时就说：还要在老干部、老同志问题上做文章，有什么文章好做的？就是看我们自己做得怎么样，照顾得怎么样。老干部的问题是我们党的历史上一个特殊历史问题，应该以高度的事业心、历史责任感认识这个问题，处理这个问题。

老干部局召开颁发老干部退休证的会议时，我提出了这样的要求：能否做好干部工作是检验领导班子，以及一个领导同志工作水平的重要标准。做好工作，老干部工作是重点。各级党政领导班子都要亲自抓老干部工作。

部成立老干部工作领导小组，我担任了组长。

《中国老年》几次向我约稿，我拒绝不了，就写了一篇稿子，把前面的观点写了进去。稿子发表之后，我收到部系统一些老干部的信，写得很诚恳，并说："部领导有这样的观点，非常感动，在有生之年要尽量多做点事。"

部里买了一批新车。我到部里一位老领导家里去时，他说希望能解决一下用车的问题。随即我就让秘书与办公厅联系。老同志用好一点的车，有的比现职部领导的还要好一些。怎么看这个问题，也要以一定的高度来认识、处理。

每逢节假日，我都要去看望部里的老领导，实在没时间去时，就让办公厅、党组办或秘书代我去看望。

生活上提供照顾，仅是老干部工作的一部分。发挥干部的作用也是重要的一个方面。

凡是部里遇有重大问题，拍板决策之前，我都先到老领导家里去，请他们参谋参谋，出出主意，提出建议和意见。他们非常热情诚恳地提出很多建议意见，对我的工作有很大帮助。

最近，海军的一位老同志讲："李铁映到电子工业部，把老干部抓住了，很会做。"不是我抓住了老干部，是我应该求得这些老同志的支持。他们有丰富的经验，有益于我的工作。

多做些工作也是老同志心底里的愿望。在生活上照顾他们，他们并不求安逸，若再给一些适宜的工作做，正符合他们想做些贡献的愿望。部里的几次重大工作任务，我都请老部长、老同志出山助一臂之力。去年"十一"，同时向各省市派出9个企业下放工作组，4位现职部领导分别率一个组，其余都由部里老领导任组长。在企业下放工作中，他们不辞辛苦，干得很漂亮，圆满而归。还有企业下放回访工作，重大工程项目的某一项任务，企业下放财务划转工作等，我都请他们出马。"老将出马"，结果很好。企业下放工作那样的任务，没有老将上阵，要想取得那样成果是难以想象的。

在去年下半年和今年上半年逐渐开始接触机关体制改革问题的时候，对二级管理变成一级管理，出现了一种说法：当初搞二级管理，增设管理局就是错误的。再变一级管理造成困难很大。我不同意这种认识。不能认为凡是过去搞的事情，现在要变化就是过去搞错了。以"对错论"评论过去，是不正确的认识。当时搞二级管理有需要搞二级管理的原因，随着时间的推移和形势的变化，二级管理需要变一级管理，但丝毫不能说明二级管理就是错误的。客观事物是在运动中不断发展变化着的，但需要变化的那些事情并不等于过去就是错误的。有个观念说，某个事物需要变化就说明变化之前是错误的。事物是永远处在发展变化之中的。要用唯物主义的态度对待过去的东西。现在的相对于未来而言，也是过去的。现在撤销管理局，变二级管理为一级管理，是根据目前的客观情况定的，将来情况变化了，事物发展了，那时可能就不是现在这种一级管理了。

启发大家这样认识的目的，是使大家在机构改革中能正确认识，正确对待过去的人和机构，不能用简单的否定方法对待。

今年下半年开始的体制改革，对管理局的变化、人员安排等问题，我用的方法是共同研究、商量，不搞简单的否定、取消。

大家很高兴地认为：这样做不是在错误与正确之间选择，在否定中搞体制改革，而是在对事物的发展变化中探索研究体制改革方案，心情舒畅。所以大家都以负责的态度对待这项工作。

七 茶凉与茶热

从辽宁到部里工作，一年半的时间里，辽宁省里的同志，包括沈阳、海城市的同志，不断打电话，想到我这里来，有省市领导干部，也有乡镇长来找我商量工作，有的办一些事情，有的来看看我。每个星期，甚至有时每天都有辽宁的同志来找我。我的秘书都感到应接不暇。前几个月是这样，一年半的时间总是这样，络绎不绝。

现在有句口头禅，叫作"人走茶凉"。我看，人走了以后，茶凉不凉的关键是看你在那个地方工作期间，你端给大家的茶是热的还是凉的。当初你的茶就没热过，现在你走了，要求人家的茶是热的，可能吗？

我在辽宁海城县（现在改为县级市）任过县委书记，离开快两年了，市里从市委书记、市长、委办局长、乡镇干部到村里的老百姓，都来看我。今年10月，海城市委的同志到中央有关部门汇报工作，到了北京，去汇报之前，先跑到我这儿征求我的意见。我说："我人不在市里，不在其位，就不谋其政。"本想婉言谢绝，可是又推不掉。他们非要我以老领导，或者以老同志的角度谈谈意见。

我离开辽宁，茶不但没有凉，反而越来越热了。

到部里以后，我面临的也有茶凉、茶热的问题。这个问题实际反映的是领导者怎样处理与下级干部，与群众的关系问题。我认为对待群众最重要的一点是不能把他们视为自己的包袱。

我到下面去，听到有的厂长、所长讲，他们同群众的关系不太好处，尤其对于那些能力差一点，有点这样那样的想法的群众。认为这些简直就是厂里、所里的包袱。把群众当成包袱的想法是极不正确的。实践证明，你把群众当成包袱，群众也必然把你当成包袱，让群众把你抛弃。

唐朝皇帝唐太宗很聪明，他把老百姓比作水，把自己比作舟，说："水可载舟，亦可覆舟。"对群众，对老百姓，古代的帝王尚有这样的认识，我们更应该处理好这个问题。

有些厂长、所长搞翻了船。我看应先从自身上查找原因，自己是如何对待群众的。自己在那个岗位上的时候，捧给群众的是一杯滚烫的热茶，当你不做那份工作时，离开那里，群众捧给你的也必然是一杯热茶。

对待下级干部和群众，我主要还是用讲道理、进行启发的办法，不能强其所难，用指使命令的办法。要为他们切身利益考虑。通过讲道理，将其头脑中的认识问题解决了就会焕发出巨大的积极性。这样的积极性就是一种发自内心的原动力。有了这种原动力，他们就会自己去创造、发挥。这样做要比总是认为下级和群众不行，将他们的事都包办代替好。你既不为他们的事情着想，还搞包办代替，自然就不得人心，茶也就凉了。

海城的农民跑到北京来看我，有的给我寄信，如果从工作关系上说，我早就不在辽宁工作了。他们说，我一去海城就提出了"开发海城，致富人民"的思想，我做的事情都是对农民致富、搞活经济有利的。海城的各级干部愿意找我商量工作。他们说，我在海城的时候，每遇有问题，就同他们一同研究、探讨，没有一家独断。

今年8月怀柔会议的时候，正是盛夏，每到休息的时候我便和大家一起游泳、散步、聊天，一起商量、探讨会议的一些问题或其他事情。游泳、散步、聊天的时候，他们的想法我了解了，我的一些观点、认识他们也接受了。计划司有两位处长，自始至终参加了怀柔会议。我和他们一起游泳、散步、聊天，他们就计划司的工作向我提出了一些问题，谈了些想法。我把我的认识、想法谈了。两个处长利用会议的间隙时间，跑回部里把我的想法、意见向司长做了汇报，又在干部中传播。计划司很快拿出了一个计划司工作改革方案，有些东西马上就在怀柔会议上贯彻了。我想，这种做法，比板起面孔训人、灌输、讲授的效果要好得多。工作做了，还增进了感情。领导与群众，不能总是处在教育与被教育，讲授与接受的关系中，应该是共同研究、共同探索。领导者的认识、意见、想法，也不是天生的，大部分来自群众的实践。这个问题涉及到以唯物主义的历史观，看待人民群众在历史和现实中的地位和作用的问题。

人民群众行动起来了，人民群众的积极性焕发出来了，才是领导者工作的根本目的。想单枪匹马，当救世主，独断一切是办不到的。

我到部里以后，坚持不做孤家寡人，不搞孤家寡人政策。服务公司的一位同志说我随和，不像部长。为什么非要端出部长那种居高临下的姿态呢？下级干部和群众与你距离很远，自己即使前进得再远，没有群众跟随，成了孤家寡人、光杆司令，又有什么用处呢？

计划司的那两位处长，怀柔会议以后跟我的秘书说，希望今后多创造些机会能与我接触接触。这说明了一些问题。

对待群众，还有一个问题，那就是敢不敢与群众直接接触，善不善于同群众直接接触。机关体制改革的时候，有一个管理局的问题多一些，群众有些想法和情绪。这个情况反映上来后，我先后几次去局里，直接同群众见面、座谈、商量。对改革有些想法是正常的，如果怕正面接触群众，不让他们把想法抒发出来，我们依然按原定想法去做，势必群众就会在下面议论，效果更糟。我同群众见面的结果是，意见谈了，情绪逐渐稳定了。

今年 7 月份，我同原部属在京的 13 个企业的厂长座谈。他们把自己的想法、意见、工作中的一些问题一股脑地都端给了我，一共 51 条。我一个一个地与他们协商、探讨。从上午一直谈到晚上近九点，最后，我给他们出了个题目：整理一个搞活经济的"新五十一条"，进而我再与他们面对面来谈。

八　同步与不同步

我到电子部不长时间，就迈开了企业下放的步子，步子迈开，很多问题就跟着上来了。有些同志感到，部里搞企业下放，但国家其他部门的工作方针，相应的政策、办法、原则没有变，与我们不同步。有的同志由此产生了埋怨情绪，怪人家与我们不同步。

同步与不同步是一个现实的问题，而怎么看它则是问题的关键。企业下放，是国家经济体制改革的一个步骤。但国家经济体制改革的总体形势的进展不一致。国家的其他部门在一些工作方针、政策、原则、办法上还没有做相应的改变，这是不同步的重要原因。

经济体制改革，电子工业部先走了一步，在进行具体工作时，感到有不同步的问题，这是正常的。电子工业部先走一步，本身就与其他部门不同步。不同步不仅是正常的，而且是客观事物发展、运动、变化的带有规律性的现象。一个人走路的时候，走得越快，双肢处在一条直线上的时间就越少，有时仅是一瞬间；双脚处在一条直线上是同步，叉开，一前一后是不同步。我看过百米赛跑。决定跑步速度的快慢有两个因素：一是步子迈得大小，二是跑步步频的快慢，这是主要因素。双肢在同一直线上的时间越短越好。时间越短，频率就越快，跑得就越快，走得也越快。同步的时间越短越好。同步时间长，人就不前进了，就停止了。事物的发展变化，进行经济体制改革、政治体制改革也是这个道理。同步只是很短的时间。我们已经迈出了经济体制改革的步子，如果非要求国家其他部门与我们同步不可，那就只有我们退回到原来状态。那样可以求得暂时的同步，但事物就不能发展了。

到部里这段时间，我和其他同志往国家计委、经委、财政部等部门跑得比较多。这些部门的有关政策、原则、办法等与我们进行经济体制改革、下放企业的要求是不同步的。我们要求同步，只想到了、认识到了是不行的，还要靠我们自己的努力去争取同步，去争取支持。同步不是坐等来的。在我们努力的过程中，在寻求同步的过程中，经济体制改革、企业下放的工作就向前发展了。

企业下放后，在怎样进行行业管理上，遇到了很多问题。有些问题在我们的努力过程中已经暂时同步了，但事物向前发展了，企业下放后的行业管理工作向前发展了，因而有些又不同步了。企业下放工作进行到财务划转阶段，需要我部与财政部共同协商、研究处理一系列问题，需要财政部采取一些与我部相应的同步措施，但同样不能达到同步。我和其他部领导、司局领导到财政部、国家计委等部门去了几次，共同商量研究问题，得到了很大的支持。他们采取了一些相应的政策、措施，调整了一些原则、办法，以达到同步，而这个同步是暂时的。

一个事物，当其达到尽善尽美、完全同步的时候，就是该变化或消亡的时候了。产生不同步，本身说明事物处在发展变化之中。一切都同步了，事物就不能再发展了。要使事物能够发展，就要打破同步状态。

部里的工作，同步和不同步的问题也经常出现。我采取同大家商谈、共同探讨的办法，解决大家对同步与不同步问题的认识问题。我认为，主要的问题是大家对同步和不同步这种事物发展的规律不太适应。我主要引导同志们向这个方向努力,即当工做出现不同步的时候,靠自己的努力去寻求、争取同步。在工作中达到同步的时候,又敢于果断地迈出新步子,使工做出现新的不同步,把工作推向前进,促使事物发展。

部机关搞机构改革的时候,一位同志说我到部里以后,工作节奏快,变化快。今天这个在前,明天那个在后,后天又这个在后,那个又在前了。交错、交叉的事情多,这个刚刚同步,那个又不同步了。大家感到很忙,总觉得有好多事情等着研究,等着办。我说,这是好事。如果大家不是在不同步中求得发展,而总是处在一种同步工作状态之中,工作就停滞了。

财务司的一个处长说,我们刚刚把一些问题解决了,李部长又提出新的问题,又不同步了,我们又去跑,去协商解决,又使大家的思想不适应了。我就是通过掌握、控制这种同步与不同步、适应与不适应的态势促进部里一些工作向前发展。旧的问题解决了,同步了,我再提出一个问题,又不同步了,和大家一起去探索解决。到了又同步的时候,我再让它不同步。

部机关体制改革也是一个同步与不同步的变化发展的过程。今年8月份,部机关综合司局开始合署办公,一下子不同步了。经过一段时间的调整、适应,合署办公开始同步了,工作关系逐渐开始捋顺了。这是同步到不同步,又到同步的过程。机关机构改革,合署办公仅仅是第一步,下一个步骤的展开,又要打破合署办公的同步状态。如果只停留在同步上,机构改革就不能前进了。

像军队作战一样,不能幻想有一天夜里,各路大军全部准备好,箭在弦上,弹在膛中,第二天早上,一颗信号弹升空,大军全路出击,万箭齐发,万炮齐鸣。经济体制改革,我们的大部分工作不可能这样办。改革,总是有单位先迈一步,有先有后,不同步自然就出现了。

九　平衡与不平衡

有的同志说，我来以后，部里事情比过去多了很多，一个事情接一个事情。部里的工作刚处于平衡状态，各方面关系刚刚顺一些，就又不顺了，又不平衡了。

平衡好，还是不平衡好？一般的想法认为平衡、稳是好的；不平衡、不稳是不好的。求得平衡、求稳不是目的，目的应该是事业的发展。部里工作的开展，求发展，就不能总是处于平衡状态。平衡是相对的，不平衡是经常的。这才是事物发展的一个规律。

今年10月份，部里开了第一次在京直属单位的运动会。项目进行时，有的同志说，会场秩序乱了些，有的人跑到运动场里去了，有人在台上来回跳动，雀跃欢呼。我的想法不同，运动会有一定的秩序和纪律是对的，这是为了安全。但是运动会就是运动的，在不影响正常进行的前提下，越活跃越好。我喜欢动的局面。大家死死板板、循规蹈矩，不会有创造，不会有发展。

耗散结构理论说明，远离平衡状态下的开放系统可以实现更高水平的稳定有序结构。一个远离平衡状态的开放系统，在外界条件的作用下达到一个临界值时，能够发生突变，有可能从原来的混沌无序状态变为一种稳定有序状态。不平衡是实现高水平稳定的最基本条件和前提。这个道理很深刻。把工作推向前进，达到更高水平，是大家的共同愿望。到部里之后，全部干部的行动使我坚信，搞好经济体制改革，搞好企业下放，探索行业管理工作是大家的共同愿望。但是，喜欢稳，不希望不平衡的观念对大家有相当大的束缚。平衡就是好的，不稳就是不好的，这是多年来形成的观念。

我们的目的是要把电子工业部的工作推进到一个更高的水平上去。稳和平衡是维持局面，使事物处于停止发展的状态。

我喜欢体育运动。在工作上，我也喜欢一个动的局面，而不是稳、不是平衡的状态。静，是需要的，也是事物在发展过程中的一种状态。但我喜欢的是动中求静，也就是在不平衡状态下寻求达到新的、更高水平的平衡状态。没有运动，就没有平衡。

到部里以后，了解到一些世界电子行业发展的情况，大大出人意料。如果我们不奋起直追，落后距离将不是几年、十几年的问题，那时落后的距离可能要成数量级地拉大。面对这样的情况，还有什么理由维持我们的目前的平衡状态！在部里每次讲话我几乎都讲一讲世界电子行业的发展形势，目的就是想使大家产生震动，打破低层次的平衡状态，破除维持低水平稳步的发展观念，使全国电子行业的干部、职工树立起想打破平衡，寻求在国际先进水平上的平衡的信念。

关于打破平衡，使事物处于不平衡状态，寻求更高层次的稳定与平衡，也是一个工作方法问题。到部里以后，我一直在寻找打破平衡的关节点。这个点打破了，我又去寻找另一个，打破另一个。

十　不能走一二一

有一个奖励是谁也拿不到的，那就是：找出客观世界中完全一样的两个事物。世界上根本不存在完全相同的两个事物，拿这个奖，比登天还难。

今年2月8日，全国电子工业领导干部会议进行到第四天，新华社记者把写部里企业下放的情况和做法的"样稿"送我审稿，次日就要登在《国内动态清样》上。在总结企业下放做法一段后，我加上了两行字："在企业下放工作中，我们采取的做法是，不一步走，不一刀切，不一个模式。"在此前四天的企业领导干部会议上，我已经代表部党组宣布，电子工业部直属企业已基本下放完毕。做法就是"三个不"。

大千世界，客观事物本来就是多样的、多彩的、千变万化的。你要搞一个模式，一刀切，根本行不通。企业下放坚持"三个不"是成功的。成功就成功在坚持了实事求是，根据实践中遇到的具体情况灵活多样地处理问题，而不是机械地执行某一条原则或事先拟好的方案、计划。开始，先在北京、四川搞试点，这两个省市先迈了一步，形成北京模式和四川模式。虽然都是企业下放的具体做法，但不能搞一律、一个模式。

北京、四川的企业下放的时候，全国其他地方还没开始。当时，考虑北京部属企业比较集中，四川部属三线企业集中，这两个地方放下去，对探索整个企业下放、推动全局工作具有典型意义。北京、四川两省市部属企业下放完之后，即 11 月份，部里组织大队人马多路出击，分赴全国各地下放企业。如果一步走，都在 10 月份之前放下去，或者都在 11 月份下放，都不会达到后来的效果。

在下放过程中，遇到了很多具体问题。企业放下去是一个阶段性结果，用什么方式下放？多模式下放，模式根据什么？根据实践中具体情况、具体问题来定。在贵州搞企业下放时，产生了振华模式。贵州的部属三线企业比较多，振华公司的几十个企业都在"夹皮沟"里，本来就很困难，分散开来就更不利了。从有利于这些企业发展的角度，我们与贵州省协商决定，振华公司整体下放贵州省，叫先联合后下放。振华模式即由此产生。有的是先下放后联合。南京的 7 个部属企业下放后，在一个月内的相互接触，就相当于过去 20 年时间里的接触。他们正在筹建一个电子集团公司。先下放后联合的模式也即由此产生。还有其他几个模式。下放是前提，采取什么方式则要根据具体情况来定。客观世界是不统一、不一致，各有特点的。下放中强求统一，用一个模式来要求，势必完成不了这项工作。

部队搞训练，排成一个队列式，一声口令下，大家整齐地伸出腿，一二一，向前走。在工作中就不能这样做，也做不到。就愿望而言，大家都希望一同去做某件事，一同去解决某个问题，同时开展某个步骤。但这是不现实的愿望。客观世界不可能是齐步走、一二一的。

部机关体制改革也存在着不能齐步走、一二一的问题。今年8月，部体改办根据部党组的决议，布置了二级管理变为一级管理的方案，撤销5个管理局，每个管理局一分为三，变为部职能局、研究所、公司。大家的愿望是，5个管理局能同时铺开。在调查了解中，我和部党组的同志意识到，5个管理局情况各异，复杂程度不一，难度不一，同时迈步，同时走，不现实，也做不好。例如，有的管理局的群众工作好做些，有的管理局由于有历史上的特殊情况，群众的工作难做些。对这样的机关改革谁也没有搞过，缺乏经验。五路军同时出击，恐难以获胜。

我主抓计算机局的改革。一天，我把体改办、办公厅、计划司、科技司、财务司、干部司等部的综合局领导拉到计算机局，开一个现场办公会，同计算机局的同志边协商，边研究，边拍板，搞了一整天，基本上达到了目的。计算机局先走了一步。我抓了个试点，取得了一些经验，发现了一些问题。为其他管理局的体制改革提供了一些可借鉴的东西。其他4个管理局，在不长时间内，也由另外几位部领导主持，相继召开现场办公会研究、协商、解决问题。5个管理局的体制改革工作现场办公会有先有后，虽然相差时间不长，但由于采取了非一步走的做法，效果好得多了。事实说明，齐步走、一二一，客观事物不允许，走不通，硬要齐步走，非摔跤不可。齐步走是比较痛快的，但客观世界不允许，想痛快，也痛快不了。

不齐步走，不一刀切，不采取一个模式，这是个工作方法问题，但主要反映的是对客观事物规律性的认识问题。实质就是要坚持实事求是、实践第一的原则，不凭主观，不凭幻想，不受事先的计划、规划的束缚，灵活地、实事求是地处理工作，解决问题。

十一　抓住机会

今年四五月间，我率团到美国出访，回来又顺道在日本小作逗留。看到了美日两国的电子技术、产品的先进发达之处，觉得我在国内时便萌生的一个想法更加成熟了。没出去之前，世界经济形势，由于日元升值，正在产生新的变化，很多国家正在研究寻求相应对策。同国际合作司的同志研究、探索之后，感到：日元升值造成的国际经济形势的变化，对发展我国的电子工业，开创大进大出的局面恰好是一个机会。当时由于日元升值等原因，美日等电子技术先进发达国家正在调整电子行业的产业结构，将消费类电子产品的生产向其他国家扩散，电视机、录音机、录像机等产品的接力棒已开始伸向其他国家。把接力棒抢过来，对我国电子行业的大发展是一个千金难买的机会。接力棒不可能总是在那里，我们不抢，让人家接过去，我们就要失去机会，成为"千古遗恨"。机会的特点是不轻易出现，一现即逝，只有瞬间。

出国回来，我就讲这个机会问题。在向国务院上报的出访报告中，我写了这个问题；在部机关干部大会上，我讲了这个问题；司局长会议上我也讲了；到南京参加江苏电子振兴领导小组成立大会，我讲了；在出口战略研讨会上我又讲了。今年9月份，石岛会议后，我在山东的十几个市县做了些调查研究。在各市县，我讲了这个机会问题；到了省里，我向山东省委、省政府的领导同志谈了这个问题，并建议山东省利用沿海开放的城市多、港口多、游资多、地方资金雄厚的优势，抓住机会，建立一个录音机出口基地、办公自动化产品出口基地，形成规模经济，打一个"新孟良崮战役"。山东省很重视，很快就派人到部计划司来协商。此事在进行之中。当然，我只是认识到了一个机会，提出了抓住这个机会的问题，能否做好，还要看我们的工作。

抓工作要善于抓住机会。机会是客观事物在运动过程中出现的关节点，抓住这个关节点，就抓住了事物发展、变化、前进的重点，抓住了"龙头"。抓住机会，利用机会，就抓住了关键。机会出现的时间上，有的几秒钟、几天、几个月，有的几年。像美日消费类电子产品生产"接力棒"这个机会，我分析，也就两年时间。要根据不同机会的时间长短，紧紧抓住，尤其是一瞬即逝的机会。

具体工作中也有机会问题，也需要善于抓住机会。

首先要看出机会，怎么能看出机会？成都武侯祠内有一副对联，下联是："不审势即宽严皆误，后来治蜀要深思[①]。"意思是说，不观察形势，不管做法如何，都要失误。因为看不出门道，抓不住关键。看出机会，更需要学习。

平时的具体工作中，有很多机会，抓不住，就误事。天上正在飞翔的雄鹰捕捉地上奔跑的兔子一般都猎击得很准，主要原因是发现了机会就扑上去，绝不迟疑。

今年7月，部里在上海、成都开了东、西部两个基地会议。会上的决定是在2月份企业领导干部会议上提出的。企业领导干部会议后，基地有关省市进行了相当的准备，但有些问题只是摆出来了，下一步工作如何开展，还不清楚。到了7月份，这些问题再不解决，就要影响大局了。计划"十五"期间基地工作要抓出一定的成效，部党组讨论定了一个指标。早开会也不行，因为问题没有摆出来，时机尚不成熟。时机问题就是机会问题。上海基地会议刚完，我就马不停蹄飞到成都，参加西部基地会议。东西两条"战线"几乎同

[①] （清）赵藩题成都武侯祠联："能攻心则反侧自消，自古知兵非好战；不审势即宽严皆误，后来治蜀要深思。"

时"开火"。上海基地会议开得紧张而热烈，很疲劳，也想喘息一下。趁热打铁，东西部基地会议前后召开，可以互相借鉴，最主要的还是不能丧失机会。

统一组织重大工程项目的对外承包，应该说是国家给了电子工业部一个树立行业管理形象的机会。抓住了，抓好了，一是给电子工业部行业管理创造经验，二是给电子行业的发展做出具有战略意义的贡献。抓不好，丢掉了这个机会，就是"愧对国人"，我当部长的也无法向国家、向人民交账，就要造成历史性的失误。

有了机会，并不是一抓就灵。国家给电子工业部抓重大工程项目的机会，同时我们也接到一大堆难解的方程式。统一对外，各省市有各自的具体情况、各自的难题，承包单位有各自的打算，电子工业部就像一只秤砣，要平衡几个方面的重量，很难，而且挨骂的时候也有。

彩管项目的谈判进展很艰难，很慢，几乎是一寸一寸地向前拱。有的省市一方面很支持，另一方面也在埋怨。心情可以理解，这是关键项目呀！怎么说，才能把我们的艰难程度向他们解释呢？国家和各省市要的是一个圆满的结果，不是对如何困难的解释。出路只有一条，抓住机会推进，尽快推进，搞成功。拖下去，办不好，那不仅是埋怨的问题，而且是愧于国家，愧对历史。

从今年开始，我叫彩管小组每天送一份进展情况简报给我和主管副部长，以便掌握情况，观察形势，捕捉机会。到了8月份，我抓住时机在怀柔主持开了重大工程项目会议，当时正是盛夏，是休假时节。机不可失，抓住机会要紧！

在抓机会的会上又发现了一个新的机会。法国和日本在程控交换机问题上对我举足轻重，我们需要打一张法国牌震慑一下日本。我看当时战机很好，即拍板决定，迅速组团飞赴法国，以实现我们的意图。怀柔会议刚结束，计划司薛永寿副司长一行就踏上了飞赴巴黎的行程。

怀柔会议将录像机、程控交换机、彩管、集成电路、计算机一系列重大工程项目的问题理清楚了，确定了下一步的谈判方针策略，明确了需要立即开展的具体工作。有的同志评价说，怀柔会议开得很及时、适时。及时、适时，就是抓住了机会。

今年11月份，企业下放财务划转工作进入高潮。11月1—10日期间，我的行程安排是1—3日广交会；4—6日四川财务划转会；7—8日重庆财务划转会；9—10日贵州财务划转会。11日参加在厦门召开的微电子专家研讨会。行至成都，在与四川的财务划转工作中发现了一些问题，也总结了一点儿经验。这些问题带有一定的全局性，需要在其他省市的财务划转工作中引起注意。一点经验也有必要提供给大家。当时，部里分赴各地的财务划转工作小组即将出发。我决定临时改变行程，11月7日中午飞返北京，下午召开了财务划转工作组组长会议，通报了情况，商讨了一些对策。第二天，各路人马即分赴各地。

从成都回北京后，我认为应迅速扩大财务划转工作战果。当时已临近年底，越过年关，事情就不好办了。11月8日早晨，我赶赴天津，用一天时间完成了天津的财务划转工作。

此时，彩管项目又出现了机会问题。北京市的方案再拖下去已无意义。11月14日，部将要与北京市举行对话。11月10日晚，彩管小组的同志聚到我家，连夜商讨。11月13日从厦门开会回来，中午从机场直接赶到部里，开党组会议决定彩管问题。第二天，与北京市举行部市对话，北京的财务划转问题也获得解决。

时机一旦丧失，机会一旦错过，就不会再出现。有的同志说我的工作节奏快，殊不知快是抓住机会的一个重要方面。机会常常是转瞬即逝，不快不行。很多工作，机会一旦失去，我们做得再好也没意义了。

抓机会的能力要在实践中培养、锻炼，没有抓机会的实践，谁也不会赐予你这种能力。

十二　自我否定

否定之否定是客观事物发展变化的一个规律。一次，在讨论干部问题的党组会上，我说，今后选拔干部，无论司长、局长，还是部长，都比我们现任部长、司长、局长强才行。有的同志说我这是大胆的自我否定、开明的自我否定，但是比现任部领导强的干部不好找。这是个观念问题。当然，说比我们强，也不是说现在就比我们强。要注意培养、栽培，他们未来的前途一定比我们强。我们习惯于在天然的田野里选苗壮的苗，相对不错就可以了，事实上，我们更要搞好种植园、花圃、苗圃，浇水施肥，培养好苗，选好苗。

坚持选干部要选比我们强的这个要求，是客观的需要。否定之否定是客观事物发展变化的一个规律。后一事物对前一事物的否定、新事物对旧事物的否定是客观事物变化、发展、进化的规律，必然是后一个高于前一个，新事物高于旧事物。每完成一次否定都要使事物在新的水平上、新的层次上向前发展。简单地否定只能使事物退回到原来的水平，就是事物的退化。

我喜欢在江河和大海里游泳。江河和海洋中，后一个浪比前一个浪大，水流才能被推向前进。选拔的干部如果和我们差不多，甚至不如我们，事业怎么能前进呢？

经过相当长一段时间的考察，部党组对一部分司局级干部进行了调整，调整了几位司局长。开始有些议论，说新任几个司局长，外表都文气，不一定能挑起担子。没过两个月，说法几乎都变过来了，说选得好，很有前途。有的说某某是当部长的材料。

对待自己，对待选拔干部问题要有敢于否定自己的气魄。对自己的小天地，对自己的局部利益，也要敢于否定。所谓否定，就是能有个正确认识，不一叶障目。

刚来时，在一次司局长会议上，大家以企业下放后部里如何才能进行行业管理，怎样进行行业管理，用什么手段、办法为题讨论起来。有的同志提出，如果企业放下去，部里没有实权了，电子工业部就是一个空架子，怎么管法？我插话说："将来随着全国电子行业的发展，电子工业部还有可能没有存在的必要了，干脆没有这个机构了。客观需要那样的话，是好事，不是坏事。"当时在企业下放就要开始的情况下讲这个话，一石激起千层浪，议论很大。有的同志说我的气魄大，敢于否定自己，否定电子工业部。我到广东出差，和珠海市的党政领导也讲过这个意思。他们听了也向部里的同志这样说。

应该有这样的气魄。我们是共产党人，更应该有这样的气魄。当然，不是无目的的否定，而是有目的的否定，是为了事物的发展、变化、前进。在事物的发展过程中，自己被否定掉了，我们的部不存在了，但事业发展了。这种否定是前进状态的否定，应该顺应这个趋势。我有这样的思想垫底，做起事来觉得很轻松。怕否定的根源是有个乌纱帽的问题。不能让一顶乌纱帽压得喘不过气来，甚至腰都弯了，做事放不开手脚。在大范围的干部会上，我讲过几次这样的话："过去我们老一代革命家把脑袋拿在手里，别在裤腰上，随时准备奉献出去。现在搞改革，做工作，要把乌纱帽拿在手上，随时准备交上去。有这样的气魄，才能做点事情。就是这样的气魄，比老一代革命家也还差得远哪！"

我讲一个孙中山的故事。孙中山题过"天下为公"四个字。他处理问题就是如此。1911年辛亥革命成功，在南京成立了中华民国临时政府，他就任临时大总统。当时革命力量很弱，民国政府处境艰难。袁世凯当时势力雄厚，提出民国政府要易主于他。孙中山并不是不知道袁世凯是怎样一个人，但袁世凯答应保留共和名义，就任的是中华民国大总统。孙中山以"天下为公"的气魄退位让给了袁世凯。孙中山要的是共和，不是总统。

我们是共产党人，更应该有这种气魄。

到部里以后，我和部党组的同志及全部干部共同探讨、研究、施行了一些经济体制改革的措施，其中有的也令我担心，有时手里也捏着一把汗，或者怕自己翻船，担风险。讲到底，我的目的是全国电子行业的发展，不是这顶乌纱帽。大家说这是胆略也好、气魄也好，我们都应该有。

另外一个问题，就是不能以为被否定了的东西就是错的。否定是客观事物发展、变化的一种要求。

十三　投石问路

有句俗话叫作：骑毛驴看唱本——走着瞧。这句话讲的并不是实践问题，我只想借用这句话说明一个意思：走着瞧，走着看，边走边看，强调的是一个"走"字。

一天晚上，电视里播放描写红军长征的故事片《四渡赤水》。我对身边的一位同志说，长征当时目标是有的，但怎样达到这个目标，怎么走，是走二万五千里，还是三万里，或是更短，都不是在瑞金就能解决的问题。只能走着看，在探索中走，在走中探索。我对他讲，不但长征是这样，我们任何工作都是这样，无一例外。任何一件事情，现成的答案、现成的路子根本就没有。"地上本没有路，走的人多了，也便成了路。"路是人走出来的。

到部里后，和大家共同探索，做了一点儿事情，像企业下放、行业管理、制定"七五"电子行业发展纲要、搞重大工程项目、抓基地建设问题等。这些不是我脑子里原来就有的、就想好的，而是在工作实践中同大家共同探索出来的。我在工作中强调的是一个"走"字，是人的行为。

刚到部里，大家对企业下放问题议论纷纷，工作十分困难。四票当中我只得一票半。国务院支持，部党组思想统一，但部机关很多干部有疑虑。当时，省市积极性不高，企业不愿意下放。企业下放怎么搞？我是通过"走"，在企业下放的实践中寻找企业下放问题的办法去工作的。企业放下去以后，行业管理怎么搞，谁都没有搞过。议论、设想能解决吗？解决不了。行业管理都没搞过，但还要搞，必须搞。怎么办？空议论，提意见，谈想法？意见、想法是必要的，但主要的和关键的还是要"走"，在"走"的过程中探索，在实践中探索行业管理怎么搞，在行业管理的实践中研究、探索行业管理的问题。没有别的高招，有的就是实践。

不走，总在议论，有没有路哇？光有议论是不会解决任何问题的。扔块石头过去，把双脚迈向前，脚下是水还是草丛，便可知晓，再想办法解决垫土或铲草的问题。这样，路就出来了。站着不动空议论，回答不了任何问题，不论想法是好是差，都没有意义。不实践，也无法检验你的想法是否行得通。我国魏晋时代的士大夫空泛议论成风，崇尚清谈，玄而又玄，最后连国家都灭亡了。关键的问题是不愿意去行动，只在那里空谈。

实际上，抓住机会也需要"走"。"走"的过程中，事物的运动中，才能出现机会，也才能发现机会。静止的事物中哪来的机会！

我在机关干部大会上第一次提到行业管理这个概念时，很多同志问我行业管理概念的内涵是什么？我说，现在回答不了这个问题，实践中才能回答。

现在部机关的同志对企业下放还有没有疑虑？没有了！是因为我讲没有的吗？是大家议论没有的吗？都不是，是在企业下放的实践中解决了问题，是"走"没的。今年四五月间，我出访美国期间，部里又搞了一次企业下放回访。我回来后听说，安徽、江西等省市非常欢迎我们企业下放，争着提供优惠条件，希望把厂搬迁到他们那里去。我听了很高兴，企业下放，不实践不会有这种局面。

现在，如果你问部机关的同志，什么叫作行业管理？每个人都能说上一二三来，再不是一无所知了。是我讲的？大家议论的？都不是，是通过我同大家共同探索，搞企业下放，制定"七五"规划纲要，抓重大工程项目，抓基地建设，搞机构改革的实践中得到的，是"走"出来的。当然，行业管理的题目是个大题目，刚刚开始做。要想完成好就只有靠实践，这是一个实践的过程。

还说《四渡赤水》那个电影。红军不走到遵义，不走到赤水河边，不与蒋军遭遇，怎么能显现那幕悲壮胜利的情景！红军一渡赤水就走完了那段路才好呢，可是客观情况不允许，是在"走"的过程中渡了四次赤水河。

在工作中遇到一些问题，我不是先想如何，其实想也想不出来。我是先"走"，先干起来再说。

11月份搞财务划转，在北京已与国家有关部门协商了意见。到四川一谈，碰到了一些具体问题。不去具体做工作，不去实践，也就发现不了问题，解决问题的方法也就无从谈起。

部机关综合司局刚开始搞合署办公的时候，有的同志问我效果会怎样？我说不能估计，也估计不出来，只能在探索中看，在合署办公中看，在"走"中看。

有的司局领导向我汇报工作的时候说，某项工作估计问题比较多，不好办。我就告诉他："你去办了没有？没有办。你先去行动，先去走几步，先去做。做的当中你才能真正了解那个事情，才能知道怎样去做，怎样做好。没有做就说做不好，只能说是主观想法。没有经过实践检验的都是主观的东西。"

我在工作中强调的是行为，不管你怎样说，你不去做，就无所谓干成干不成。我只给观点、思想，让人去实践探索，去研究，不教具体方法。

部里二级管理变为一级管理，五个管理局，那么多人，那么多机构，怎么搞啊？是很棘手的工作，是件难事。然而，复杂、艰难的问题通过议论并不能变简单、变容易了，唯一的办法就是通过实践，通过"走"来解决。我找体改办的同志谈，找管理局的同志谈，先迈步，发动大家边做边探讨。接着，机关便动起来了，上下行动起来了。再难的事情，一动，就好办了。大家在动的过程中把体制改革变为自己的事情，难度逐渐小了，工作渐渐好开展了。任何事情，只有在实践中才能获得群众的理解。

十四　一个与几个

我是部里的一个决策者，决策要有方案。自从到部里后，在大多数情况下，我的助手和各司局提供给我的方案只有一个。决策是选择方案。只拿一个方案，没有选择的余地，那是"只此一家，别无分店"。或者定这个方案，或者不定，这样，就把决策搞死了。

1982年，我写过一篇文章《决策研究》，刊登在《哲学研究》上。我谈了决策的观点，其中关于决策方案的选择，我认为只有一个方案是无法决策的。到部里来后，我一直强调，凡是要我决策的，要部党组决策的，一定要拿出几个方案。你要我的一个决策定案，我就要你的几个供选择的方案。古人遇事还讲上中下三策，三个可选择的方案，我们只搞一个方案，无法决策。比如讨论干部，要拿几个选择方案，不能不是他就没有别人了。

"一个"与"几个"是客观事物中比较常见的现象。原则是一个，原则不能有几个；实现原则目标的方法有几个，不能只一个。如果只有一个方法，这个方法实现不了原则的目标怎么办呢？不是原则不合适，而是因为我们拿不出达到原则目标的方法，办不成事，这是很遗憾的。

企业下放是一个阶段性目标，达到这个目标有几条道路。我们搞了北京办法、四川办法等，有的是在部市对话、部省对话中解决的，有的是在司局与省厅局之间对话中解决的。到了贵州，振华的情况就不同了。振华公司整个是一个三线企业的公司，把振华拆散逐个下放给省，问题太多，太分散力量。

鉴于这种情况，我们就搞了振华模式，即整体下放贵州省。实践证明这个做法是好的。企业下放过程中，我们还采取了其他几种方法，都是一个原则、几种方法。振华公司的厂当时处于亏损和危境的比较多，现已扭亏为盈，其他情况也很好。这证明，下放时采取的整体下放的方法是正确的。

我给助手和司局长布置工作时，按这样的方法：交待一个原则，定一个目标，要一个结果。用什么样的方法，几个方法去做，走几条路，主动权下放。一个原则，一个目标，一个方法，一条道路，一个结果是行不通的，是达不到目的的。一个与几个，这是一种客观要求、客观规律。

军事作战，除了突击队，还有预备队，或几个梯队。做工作要多准备几个方案，多想几个办法，多准备几招。此路不通，我另有他途。客观世界是多彩的、复杂的，我们的工作对象是复杂的、各异的，我们工作的具体方法也不能单一。

在彩管统一对外的谈判问题上，开始时我们的谈判方案往往只有一个，只有一个策略。只要这一个方案谈不成，这一个策略行不通，就要转入下一轮谈判，旷日持久。如果准备几个方案去谈，情况就会不一样。这个梯队不行，拿上另一个梯队。只有一个突击队，冲上去被吃掉，就定局了，就要打败仗。

怀柔会议明确了一条，尽快把重大工程项目抓出实效。我采取了几个办法去完成：一是给国务院和国务院有关部委写报告，二是发表在《情况反映》上，三是给国务院领导同志和计委主任、财政部长写亲笔信，四是到国务院领导那里以及计委、财政部、经委汇报，五是责成部有关司局到计委、财政部、经委的有关部门去汇报等。我没有只用其中一个办法去完成怀柔会议明确的任务。目标是一个，争取让重大工程项目引起国务院和有关部委的重视和支持。

十五　形式与内容

任何事物的内容都以一定的形式来体现。做工作也要用一定的形式。形式是客观事物的外在体现，内容是客观事物的实质。动机只是我们的一种愿望，效果是对愿望的最终检验。愿望是不是实际的，是不是正确的，要看最终效果。我在工作中，坚持按照形式与内容统一，动机与效果统一，用效果检验愿望的办法。怎样掌握这个问题，其中大有学问。

今年年初，我搞了一个形式，也可以叫一种工作方法。搞了一个系统工程表，发到各司局、管理局。系统工程表把全年部里抓的主要工作任务、项目，谁主持负责，什么时间到什么程度，什么时候完成，什么时间开始等，都一一作了明确。我收集了一下反响，大家认为是可行的。这对全部工作效率的提高，调动机关干部的工作积极性，明确职责，反映干部的政绩、能力有很大作用。有的同志评价说，这虽然是一个形式，一个工作形式，但体现了抓实际工作，抓实的内容。没有这个形式，大家想起来什么干什么，工作的程序、目标、时间、负责人都不太明确。通过这种形式，对解决上述问题有很大帮助。

我讲工作中必须要采用一定的形式，但形式要有实际内容，行之有效。不能为了形式而形式。检验助手和司局长的工作成效，我主要注重形式和内容的统一、动机和效果的统一。做好工作的动机大家都有,但最后的效果却大有不同。看效果还是看动机呢?动机好并不说明什么问题;结果好,有成效,才能说工作是有政绩的,你是有能力的。对下级工作的检验,我主要坚持这一条。

有时候,助手、司局长向我汇报工作,谈对某项工作采取了什么形式,经历了多少辛苦等,我主要听最主要的一部分,效果怎样。采取了那么多形式,经历了很多辛苦,用了那么多时间,没有效果,那又有什么用呢?没有效果,说明对客观事物的发展,对工作的开展、推进没有起到任何作用,是徒劳无益的,是没有实际意义的。动机一定要和实际效果挂钩来看。辛苦、时间、疲劳、中间过程根本不用看。我不看中间过程,只看最后的结果。彩管问题进展很艰难,难度很大,有关同志做了很多工作,是辛苦的,我是知道的。但不能把工作只停留在看部下的辛苦上。每一项工作,下级承办人员都能端上一本辛苦账。客观的确复杂,工作也确实有难度。然而,是接这本辛苦账,还是要成果?如果只看辛苦账,不管成果如何,我们的工作成效就无从谈起了。

出访东欧前,我给彩管小组的同志下了军令状,12月中旬前彩管统一对外谈判工作拿出最后成果。我就看最后的输出,中间过程我不管。怎样达到目标,采用什么具体办法,我不管。我认为,这是作为一个领导者应该采取的科学的工作方法,是聪明的做法。要看最后成果,不看中间过程,也有利于发挥助手和下级的聪明才智和积极性。

今年8月份,在怀柔研究重大工程项目时,我发现一个问题。关于程控交换机的计划任务书,截至当时还没有上报国家计委。一问情况,原因很多,甚至有国务院有关部门的原因。但不管怎样说,结果是我们的报告没有报上去。我当时提出了批评,让计划司和通信广播电视局马上把报告报上去。我没有过多听原因的解释。我们的领导者都去接辛苦账，不管工作成果如何，事业还怎么发展？工作没有进展，不能取得成效，那么多的原因和辛苦有什么用？

有的同志对这一点反映说：光看效果，不看中间过程，别人那么辛苦也不考虑。辛苦不是一点不看，但主要是看效果。

我是部里的一个决策者。在这一段时间里采用了很多办法，和全体干部群众一起做了一些事。做的这些事，采取的办法和措施究竟怎样，要以"十五"和今后我国电子行业是否有一个大发展为最终的检验。

强调效果，看最终的结果，不看中间过程，主要想法是以实践作为检验政绩、能力的标准。不记辛苦账，这是不是无情呢？提倡看效果，看最终检验的结果，是一种观念的转变，也是一种工作方法。通过这个方法，可以促进大家在怎样完成任务，用什么方法、手段达到目标上做文章，在效率上做文章，而不是单纯计算工作量，计算辛苦。长期这样，就会锻炼培养出一种讲究实效、完成任务的能力，就会出成绩，工作就会有进展，收到成效。

我深信这一点：如果把主要精力放在有成效的地方去工作，去办事，办法总会有的。

刚到部里那段时间，我没主持开党组会。会议只是一种形式，开会要解决问题。我刚来还不了解情况，主持党组会我怎么发表决策意见呢？既然如此，就不要走形式，其他部领导有问题，可以开办公会解决。需要碰头的，召开部长碰头会，不走形式，注重实效。

办公厅的同志知道，很多拟定开的会议，我一看没有什么必要，不能取得成效，不能输出结果，就建议不开了。

对工作没有实效的那种繁忙是做无用功，无用功不能做，做得越多，越没有益处。

十六　进与出

广交会传来喜讯。10月份的一天，秘书兴奋地告诉我，秋季广交会进行的第7天，电子产品出口成交额已达到1.3亿美元，创造历史最高水平。我很高兴。一会儿进出口总公司总经理李德广同志也打来电话，报告这一喜讯。听得出来他是很高兴的。

我从进电子工业部大院的第一天起，就讲出口问题。几乎每次讲话，都讲出口问题。

我刚到部里来的那个时候，对"六五"期间引进的消化工作刚提到日程上来。有的同志对我讲："六五"期间搞引进，现在大家还在谈引进，你刚来，头一炮就是出口，对全部震动很大。我一来就喊出口，很多同志是不理解的。当时部计划司有了引进办，而没有出口办，电子进出口总公司也只有"进"的机构，没有专门"出"的机构。工作重点，干部的工作量，售货员的配置，也都是"进"以绝对的优势大于"出"。这反映一个问题：进与出的关系摆得不合适。

怎样摆好进与出的关系，是关系到全国电子行业怎样发展和能不能搞上去的大问题。当时，对出口在发展中所处的地位作用，很多同志的认识差距比较大。

但是，当时电子产品出口到了必须摆到日程上来的时候了。进一步说，电子行业应该从更早的时间起大抓出口。

我建议计划司成立出口办，不能只有引进办。我找李总[①]及其他同志谈，希望他们把出口问题的认识再提高一步，在机构、人员上尽快调整一下。我刚来的时候就吹过这个风。

[①] 李总，指李德广，时任电子工业部进出口总公司总经理。

我给计划司、进出口总公司下了指令，压了任务。尽快把出口工作抓上来，尽快扭转只进不出、大进小出、大进微出的局面。

外事司改为国际经济合作司，我给他们定了一项重要的，也可以说是主要的职能，就是抓出口。只进不出，只买人家的，人家不买我们的，就谈不上合作。

进与出的问题值得很好地探讨。只进不出就把路走死了；只进不出就是一个封闭的系统，没有输出加工能力系统就衰亡了，就维持不了系统的更新和寿命，将是一个死的系统。一个开放的系统必须有进有出。搞经济讲进出平衡，持平才能使经济活动进行下去，否则，难以为继。一个行业，只吃汇不创汇，或吃大汇创小汇，是没有前途的，是不能持久的。电子工业在"六五"期间大规模引进用的外汇都是其他行业创的，这种情况不改变，电子工业将走进一条死胡同。开放、引进，这是不变的方针，要引进必须有外汇。我讲出口，就是要在电子行业内形成以出养进、良性循环的局面。另外，电子行业与有些传统行业不同，已成为一个国际性极强的行业，不参与国际市场的竞争，关起门来，是无法发展的。现在，部里的同志对这些认识是很明确的。当时，还确有一部分同志不太清楚，紧迫感、危机感少。

从到部里后，每次见到李总，我就让他汇报出口工作。国际司、计划司、进出口公司三家感到压力很大，很着急，尤其是进出口总公司。这是好事，没有这个压力是不正常的。有压力，我还时常加压。

计划司设立专门的出口处室，国际司每个领导都压出口的担子，进出口总公司在人员机构上也进行了调整，向出口靠拢。

过去有个观念，很少想出口，认为出不去，不敢参与国际竞争。都不去想出去，怎么能出得去？开始，我主要在破除出不去的观念上做工作。轻工中的服装行业有专门做出口服装的工厂，很多出口转内销的服装就是这样出现的。为什么电子产品不能这样做呢？电子产品也有微量的出口，是把在国内销不出去的剩余产品拿去出口。先内后外，拿自己的劣势参与国际竞争，不打败仗才怪呢！

到 11 月 1 日，秋季广交会电子产品成交额已达 2.6 亿美元，是历年最高水平的 3.4 倍。在世界电子市场中，这个数字小得很，但我们毕竟开始迈了一步，一线曙光露出来了。这个好消息把我引到广州。进出口总公司的罗副总①在那里，他满面喜悦，在广交会的电子行业的工作人员都很高兴。经贸部的一位领导告诉我，今年广交会电子产品取得这样的成果，是一些同志没料到的。以前电子产品的成交额是无名小辈，今年一跃成了大户，这是好兆头。

十七　进与退

进与退是一对矛盾。进是事物运动、发展、变化的方向；退，一般认为退是错误的，退是没有办法的，退就是倒退，退是没有出路的。进否，退否，关键的问题还是要看客观形势，看实践过程中的具体情况，看实际需要。客观形势需要进就进，需要退就退，绝不能凭主观、凭设想、凭事先计划来决定。当客观形势不允许进的时候，不能硬进。

今年 8 月份，按照部党组的布置，部机关综合司局开始合署办公，初步想年底合并。这一步是机关体制改革的重要一步。合署办公后发现了一些问题，看到合并的有些条件还不很成熟，干部、群众还有很多想法。是坚持进，把合署办公再向前推进一步，合并机构，合二为一呢？还是退一步，合署办公采取松散形式，搞一个过渡时期，时间再延长一些？

---

① 罗副总，指罗抗。

我们采取了后者，退了一步。有的同志以为，这不是妥协吗？不是什么妥协的问题。退，辩证地看也是一种进。退是为了进，为了更大的进，更深入的进。现在进，把事情办糟了，走向了愿望的反面，何谈进？列宁有句话，叫作"退一步，进两步"，很好地说明了这种辩证关系。客观事物就是这样发展的，永远保持进的态势，但其中有迂回，有曲折。

部机关体制改革时，全国经济体制改革、政治体制改革形势是客体，我们的工作对象，部机关的全体干部是客体。说尊重客观实际不是空的，机关干部的这个实际，这个客体的情况，就应是我们考虑的主要因素。条件还不成熟，干部群众接受目前的方案还有一定困难。正是这种客观实际需要我们退一步，不能硬性地进。合署办公采取松散的形式，原来的职能、职责暂时不变，公章保留；先在处理问题上共同研究，"合作"办理，理顺关系。过渡时间交给了大家，大家利用这段时间提高认识，适应新形势、新体制。如果硬性进，形式上是进了，机关体制改革的速度加快了，但实际效果不好。在干部的思想认识、组织人事工作都准备不足的情况下硬性进，不符合部党组定的"双轨运行，平滑过渡"的精神。我在机关体制改革工作上采取的是机车岔道入轨的办法，不是对接电焊的办法。岔道入轨是渐趋靠近目标，平滑、平稳的"并线"。电焊对接要产生电火花，要在轰鸣和震颤中完成。

最近，部机关综合司局中，有的主动按照行业管理的要求和实践，在内部做了些调整合并。如干部司，将原来几个处室调整为五个处，重新划分了职责，有的加强，有的削弱，为机关体制改革的下一步开展准备了条件。退的结果是机关体制改革在干部群众的头脑中、思想上、实际上向前推进了一步。进与退、退与进的辩证关系就是如此。

最近，有的司局领导在机构改革问题上，主动找部体改办研究、协商、提看法、谈意见。有的还要求机构改革应该快一点，不能老是松散合署。这是内在的一种愿望。"平滑过渡"正需要这种动力，很可喜。如果不是退了一步，而采用坦克推进轰轰隆隆的做法，不会有这样的效果，群众不会有这样的说法，各个司局也不会有这样的行动。

退和进是辩证的，相对的。退也是为了进。从客观事物的整体来看，进的势态向前发展、变化、进化，是不可逆转的趋势。退是在这个总趋势内的调整。事物曲线向前发展，螺旋式上升，波浪式前进，就包含这个道理。波浪从波峰到波谷，实际就是一个退；从波谷到波峰又进了。没有波峰到波谷，波谷再到波峰，就显示不出事物的进。想象一个事物只有波峰，没有波谷，一个平面地向前发展，是不可能的。

十八　纯与杂

纯与杂的问题，从认识上讲，首选是一个哲学的概念。纯与杂之间的关系是个什么样子，怎样认识？到部里工作这一段时间里，涉及到很多对纯与杂的认识问题。为摆正纯与杂的关系，处理纯与杂方面的具体工作问题，我采取了边做边和大家探索、认识的办法。

最近，计划司在处理几个事情上表现出的策略艺术，说明对纯与杂的认识与过去不同了。

客观世界中，纯而又纯的事物是没有的。实验室里做的提纯实验也达不到100%的纯度。况且我们工作、处理问题，不可能在实验里进行。对客观事物来说，杂是绝对的，纯只是相对而言。客观世界是多彩的世界、复杂的世界，不是单一的世界。纯就是单一。越复杂的事物是越高级的事物。成分单一，比如单细胞生物，是事物的低级形态。具体工作、处理问题也是如此，也是这个道理。

去年 10 月，部里开了三线单位领导干部会议，几十个部属三线厂、所的领导都来了。大家来的时候是满怀希望，走的时候也满怀希望，不过中间有个变化转化的过程。来的时候希望部里、国家拿出大量投资帮他们搬出山。当得知真实情况，知道短期内不能如愿时，觉得像被泼了一瓢冷水，凉了一大截。在最后一次会议上，我同大家谈了一次。我的说法就是：发财出山，谁先发财，谁先出山。不能等国家给投资出山。怎样发财？一业为主，多种经营，五业兴旺，多业兴旺。充分利用自己的条件，只要能赚钱，能积累资金，什么都可以干。我的这种说法引起了议论。有的同志说："这样办不就杂了吗？电子工业企业、研究所不搞电子，搞农牧渔业、轻工、建材，对路吗？"一个厂长说："电子工业部的工厂不生产电视机、录音机，养老母鸡，这行吗？"有的同志很风趣说："过年再开会，我们拿老母鸡到北京汇报工作。"

我当时说，你要拿来，我们就吃。

电视机与老母鸡的议论，就是对纯与杂的认识问题。电子工业的工厂养老母鸡，就砸了电子工厂的牌子，似乎只有维持电子工厂的名义，宁肯亏损，发不出工资才算纯。这是不顾客观实际状况，无目的的纯。我认为，一是客观世界不存在这种纯的东西，二是这种纯没有任何价值和实际意义。

振华公司在企业下放过程中以整体下放给贵州省，按照客观的需要办成了一个产业集团。产业集团就是一业为主，多业经营。它区别于产品集团，也区别于像振华电子集团公司的行业集团。产业集团通俗一点说，就是杂，是"大杂烩"。振华公司现在除生产电子产品外，还生产经营建材、轻工、农牧业产品。振华的大理石就造得不错。振华公司由过去的亏损局面变为现在盈利的情况，很说明问题。维持纯，不杂，振华公司不会有现在这个样子。实事求是，一切从实际出发，这是振华公司赢得现在这个局面的关键所在。

每次出差到地方去，同省市党政领导交谈时，我都跟他们说，希望地方的同志到电子工业部来工作，可以采取多种形式，兼职也好，派观察员也好，作为正式干部也好，都可以，时间不限。部里的同志，你们相中哪一位，只要他本人愿意，就可以到地方来工作。我的想法是地方有同志到部里工作，部里有同志到地方去工作，形式交叉、交流，互相渗透。你中有我，我中有你。有的同志会说，这不又杂了吗？这种杂的局面是客观需要。

地方是地方，电子工业部是电子工业部，这样的"纯"，对电子行业的发展是不利的。有些同志常说要避免造成中央和地方条块分割的局面，反对条块分割的现象。一遇到具体问题，还是没有解决。转变观念是重要的。

部省、部市交流干部，将地方的工作经验、情况带到部里，将部里的信息、工作经验、工作关系、渠道带给地方，这对于发展全国电子行业，锻炼培养干部，造就电子行业天下大同的局面是莫大的好事。经过这一段时间，这些道理现在不但干部司接受了、理解了，管理局也有越来越多的干部接受了、理解了。机构改革中，搞意向调查时，有些人就写了到地方去的志愿。

我详细看过录像机的内部构造，很大一部分是精密机械。如果讲纯而又纯、纯电子，那录音机、录像机等都不能存在了。这些都不是由纯电子的东西构成的。就是电子元器件，生产过程也需要光学等手段。现代科学技术越发达，电子技术与其他专业门类科学技术的交叉就越多，杂交就越多。杂交出优势，讲纯而又纯根本不可能。机电一体化，本身就是这个道理。

我第一次到雷达局去听汇报、搞调查时就讲，雷达局军工企业比较多，很多工厂这些年一直专吃军工这碗饭，要赶紧改变纯军工形象，搞军民结合，军转民，行动要快。

有的工厂行动得慢，今年开始吃了大亏。有的工厂就是怕砸了纯军工牌子。当然还有其他因素。吃了多年的军工的饭，弯子一下转不过来，是重要原因。想维持纯军工，结果是发不出工资，饭碗都快丢了。吉林省长春市有个半导体厂，多年来走"杂"的路子，什么产品有经济效益就搞什么。经济效益上去了，资金积累起来了，搞拳头产品就有了能力。他们的"拳头"打出去很有力。过去，一些部属企业在指令性计划体制下，靠国家包投资、包供销，成为某些产品的专业厂。近几年，这些厂对新的经济形势很不适应，还总在保留他那个纯设备厂上打算盘。我到部里，有机会就讲搞活。搞活就要正确对待纯与杂的问题。11月份我到成都，看了几个原部属厂，发现他们的想法、做法有了很大转变。

处理纯与杂的问题，要以实际需要、实践作为准绳。应该追求纯和杂的客观存在和需要，不能追求纯而又纯的空想，那是不存在的。

十九　走与停

今年9月份的一天，我到办公室在黑板上写了16个字，"走走停停、停停看看、看看想想、想想走走"。有些同志看到很感兴趣，认为很好。有的说这是我的座右铭。虽说不一定是，但这16字可以反映出我对工作行为的基本认识和做法。

有的同志说，这16个字可以叫工作"四步曲"，每4个字一步。对一个领导者的工作，对一个人一生的事业，恐怕不止这四步，八步、十六步、二十四步，甚至更多步都是可能的。但"走、停、看、想"应作为四步。"走、停、看、想"是一个过程。一个"走、停、看、想"衔接下一个"走、停、看、想"，循环往复，一个接一个，直至目标达到，工作完成，生命终结。具体说，实践的过程就是一个"走、停、看、想"的过程。

写这16个字的时候，我到部里工作已有一年半时间。可以简单概括地讲，这一年半与大家共同实践、探索的过程，也就是一个"走、停、看、想"的过程。

"走、停、看、想"的主要两个字是"走、停"。多数时候可以在停的过程中看，在停的过程中想。

"走与停"是16个字精华中的精华。

走，就是去做工作，去实践，去探索，去实施具体步骤。停下来做什么？观察、分析、总结走过的一段路的经验和教训，大脑冷静地思考，然后再走。这样就可能越走越好。

停，相对走，是静的状态。走是运动，是动的状态，一静一动，一动一静，基本是两种状态。两种状态是客观存在的，是客观需要的，是人们实践需要的。一个人不能总是处在走的状态当中。走到什么地步，自己正处在一个怎样的环境、状态中，需要停下来，看看前后，想想左右，在这之前的历程中，足迹有没有偏离总的目标，需要做哪些调整和矫正，对防止偏离"航线"，发现新的达到目标的途径都大有益处。

具体工作中，我就用走与停相结合的办法，走走停停，停停走走，而不是采取一味走的办法。走，大家是能够接受的，只是要看走的方法，即怎样走。停的说法有些同志不太接受。当然，停，不可能是一味地停，总停在那里，工作就不能向前推进了。关键的问题是客观实际的需要和有利于事物的发展两条。总是走的状态会偏离逼近目标的"航线"，不利于事物的发展，因此需要停停；总是处于停的状态，事物的发展就停止了，因此需要走。怎样走，怎样停，何时走，何时停，没有什么"秘方"可以传授，就是根据客观需要，根据实践的需要。这个能力要在实践中培养。

刚到部里，就和大家一起做企业下放的工作，可以说，企业下放的工作，从去年至今一直没有停止过。这是总的进行状态。中期也有停一停的几个阶段。去年七、八月，部里先后与北京市、四川省举行了若干次对话，把企业放了下去。然后，我同部党组的其他同志研究、商定了如下意见：企业下放工作的进度缓一缓，先看两个月。何谓缓，缓当时就是停一停，停下来看了两个月。在这两个月里，又同北京、四川的同志和下放的企业共同探索研究，解决企业下放中的问题，摸索经验。11月份，部里企业下放工作组分赴各地，企业下放工作全面铺开。不停下来看一看行不行？不行！看，既可以停下来看，也可以在"走"中看，并不是绝对地非要停下来看。但是，这样的企业下放谁都没搞过，是一个新事物。企业下放在整个经济体制改革这盘棋中又是一着很重要的棋，需要稳妥，初战告捷，停一停，非常必要。

去年8月以后，在"停"的期间，有的同志是有想法的，曾间接地向我反映，认为停是不合适的。似乎走就好，停就不好。不能这样认识，不能脱离客观实际和实践的需要，简单地认为走好、停不好。走是运动，是客观事物发展、变化的形式；停也是运动中不可能缺少的形式。我主张的停，并不是消极地静止不动。辩证地讲，停中看和想也是运动，是另一种形式的运动。

到部里来以后，一些同志说我工作节奏比较快。其实，工作节奏本身就有走与停的问题。音乐的节奏由音乐的休止、停顿、高变低、低变高、快速与慢速及强与弱的变化构成。休止、停顿是停；高调到低调、低调到高调的变化中也都有停。只有走，没有停，只有停，没有走，都不会有工作节奏。说我的工作节奏快，其实应当是该走则走、该停则停。该走不走，该停不停，不死不活，就没有工作的节奏。

走中的间歇停顿，也是一个反馈信息、跟踪目标的过程。

停，还有一个重要问题，就是看看群众跟没跟上来。走，不是目的，我们的目的是和群众一起走。只顾自己走，不管群众跟没跟上来，就会成为孤家寡人。等一等，向群众做做工作，使他们跟上来，共同前进。否则，走得再前再远，身后没有群众，就失去了走的目的。走得再前再远，距离群众很远，成了孤家寡人，什么事情也做不成。

实际上，达到任何一个目标，没有一气呵成的，都是一个阶段一个阶段地前进，逐渐逼近目标。每个阶段的任务不同，特点不同。阶段与阶段的连接处，表面形式上就是停。

概括地说：体现在工作的阶段性上，有走与停；体现在领导者与广大群众的关系上，有走与停；体现在办事情、解决问题的节奏上，也有走与停。客观需要有走与停，实践需要有走与停。

二十　"演戏"与"看戏"

无论意识到还是没有意识到，每一个人在社会和历史这个舞台上都充当着一名演员。社会这个舞台提供给每个人的活动范围有大有小，时间有的长一些有的短一些。人的工作面的大小，基本上就是人的舞台的大小。无论舞台大小，人人都可以"演"出一幕幕话剧。领导干部负责某一方面或某一地区的工作，往往充当着一个角色比较重要的演员，更应该"演"好自己的"戏"。

我认为，"演戏"与"看戏"是相辅相成的。要"演"好"戏"必须时常看"戏"，在"看戏"当中对照、比较自己演得怎样，吸取经验。我作为部长，负责一个方面的工作。我的"戏"演得好不好，主要由群众评价，由实践的结果检验。要知道自己的"戏"演得怎样，只能在"看戏"中才能找到答案。

到电子工业部这段时间，与大家共同探索、研究、实践，做了些工作，也可以说与大家同台"演"了几幕"戏"。演得怎样，且先不论。重要的是我在这段时间处理"演戏"与"看戏"的关系，坚持了一些做法。

我通过"看戏"检验自己"演戏"的效果，通过"看戏"把自己的戏一步步"演"下去。"看戏"的收益有两条：一是知道了自己"演"得怎样，二是知道了下一步自己该怎么"演"。到电子工业部以来做的这些工作是不是我事先心里就有了谱儿？根本不是。做一个演员，无论是戏剧演员还是电影演员，演戏时都按脚本演，有东西可依照。在革命事业和工作这个舞台上，没有现成的"脚本"提供给你"演"，"演戏"的过程就是一个研究、探索、实践、摸着石头过河的过程。到电子工业部工作已经定下来，还没正式到任的那段时间里，我除了反复研读《中共中央关于经济体制改革的决定》之外，把国务院领导同志对电子工业作的指示和电子工业部上一次的厅局长会议文件找来，学习和研究。电子工业厅局长会议的文件里面就包含着一些电子工业部部领导和干部群众"演戏"的经验，也包含着对下一步"演戏"的指导。研究之后，也等于间接地看了"戏"。

　　边研究文件，我边找部领导交谈，一是了解情况，二是听他们介绍怎样在电子工业部工作，怎样"演戏"。老部长离任，我正式到任。我一面到各司局去调查研究，听汇报，一面到已经退到二线的老部领导家里去拜访。从到任第一天起，每天都安排时间去一两位老部领导家里拜访。这些老同志都是多年来一直在电子工业部这个舞台上"演戏"的"老演员"，有丰富的宝贵的工作经验，也可以说是"演戏"的经验。我向他们请教学习，他们也不吝赐教，使我获益匪浅。

　　看"戏"，我主张要看"活剧"，这是很重要的。每次到各省市出差，搞企业下放，调查研究，或是完成一项任务，我都注意"看戏"、"听戏"。一是与地方的党政领导同志共同研究、协商处理问题时，看他们怎样处理一些问题，在历次部省对话、部市对话中，我都学了一些"演戏"经验；二是向他们请教对某些问题的处理方法，听他们怎样"演戏"；三是花一些时间到其他行业的企业去参观，了解情况。

　　我不主张我们的干部到下边，只到本系统、本行业的企业去。我每次下去，都去看纺织行业、轻工行业、建材行业的企业。有些同志不很理解。我曾几次告诉部里的同志，下去时多到其他行业的企业看看。本行业的企业是自己这个舞台的一部分，想"演"好"戏"，就要跳出自己的圈圈，看看别人怎样"演"，有利于自己"演"好。只看自己这一块，时间长了，总是那一套，好坏都很难辨别了。

我到烟台时，看过一个地毯厂，工人三班倒，机器昼夜运转，经济效益很高。紧靠地毯厂有一个很小的电子工厂，二三百人，管理人员的数目很大，车间像机关一样，每人一个办公桌，工人像数家珍一样搞那么几个元器件，单班生产，根本谈不上批量，产量小得可怜，还拼命提价。我建议厂的干部到地毯厂看看。原来他们还看不上地毯厂，人家是轻工行业的，不如电子厂高级。不看别人"演戏"，便难以知道自己"演"得怎样。

去年9月到陕西去，参观国棉一厂、七厂时，我就把咸阳显像管厂的厂长、书记都拉上一起去。

另外一个办法是看书，通过看书看"戏"。看书能获得知识，很重要的是能看到别人（不管是历史的，还是现代的人）"演戏"的经验。有点间隙时间我就找来书看，出差也带上书。曾经有些同志问我，到电子工业部以后的一系列战略思想、观念、工作方法是从哪来的？不是天上掉下来的，不是脑子里固有的，是看来的，学来的。刚开始谁也不会"演戏"。看了"戏"，试着"演"，边看边"演"，逐渐就会了。有句俗语，叫"现买现卖"。能达到现买现卖，现学现演，现看现演，就是很不错的。工作经验、知识都有时效性，不能总拿过去的一套来"演"，因为早过时了。"现买现卖"，"买"最新的，"卖"最新的，学最新的，看最新的，"演"最新的，是现代社会的一种客观需要。

在辽宁工作时，我兼任过一年时间的海城县委书记。我没搞过农村工作，当时就用"看戏"与"演戏"的方法开始了我在县委的工作。同时，也把这个方法传给县委一班人和县里其他干部。刚到海城，看到会议室里挂满了锦旗、奖状。我请他们把锦旗、奖状都撤掉，然后同他们到全国各地的县去学习、去"看戏"。有的干部，二十几年没出过省，没到别的县去过，没离开过自己这个小舞台。学习一段时间后，海城的干部找出了自己很多"演"得不好的地方，下一步怎样"演"也有了谱。可是，不去"看戏"，就会自认为"演"得不错。我在县里，在到全国各地"看戏"、"学戏"中知道了怎样"演戏"。我曾经到过全国二百多个县"看戏"、"听戏"，"看戏"看得多了，自己的"戏"也就会"演"了。

在海城的时候，我还采取把干部派到全国其他县的办法，让他们集中相当一段时间详细看戏。这些同志回去后，才干大长。

"看戏"的主要作用是借鉴。鉴是镜子，借鉴就是对照镜子看自己。看别人"演戏"，对照自己，才知道缺少什么，应补什么，怎么"演"好。看自己的形象，看自己的脸要照镜子，看自己的工作怎样，就要"看戏"。

到部里一段时间后，有些记者要采访我，有的把采访提纲都拟好了，其中就有：你到部以后的这些想法、做法是怎样形成的？

哪有自己想出来的呢？电子工业部在全国经济体制改革中先迈了一步，这些做法是我同部里的同志一起"演"出来的，是在不断地"看戏"与"演戏"的实践中形成的构想、步骤和措施。

二十一　提纲与挈领

从今年3月份到现在，我把到电子工业部这段时间内，同大家工作实践中研究、探讨的关于加速中国电子工业振兴问题上的一些想法系统地整理了一下，形成了《关于电子工业发展与改革问题的思考》一文。我的想法是供同志们研究探讨的，修改了十几遍。前一段时间送给部党组的同志、部里老领导和各司局长们征求了一下意见。大家提出了很好的意见。我又按大家的意见进行了修改。现在又发到更大的范围去征求意见。

我主张，一个领导者，在自己的工作实践过程中，每隔一段要进行总结，在理论上提高，这样有利于指导进一步的工作。我的《思考》一文就是在这种思想支配下写出来的，这也是一种工作方法。

领导是什么呢？领导就是进行决策和控制的人。决策是很好理解的，那么控制呢？控制也是一种调节。控制就是对工作的进展、干部群众的积极性进行促进、引导。领导与干部、群众的沟通基本有两种渠道，一是面对面地交谈，这种情况毕竟是少的；二是通过领导者提出的思想、文章、纲领，使干部群众领会领导者的意图。对总的工作局面、形势、进展的领导、控制，主要靠领导者适时地提出指导全局的纲领性意见。这应该是领导者的一个极为重要、关键的工作方法。拿不出指导全局工作的纲领、思想，干部群众的热忱、积极性、工作行为就会成为无目标、无规则的活动，就无法控制，无法领导，也谈不上领导。这样的领导就会成为一个忙忙碌碌的事务主义者，最多是个精明的事务主义者。没有纲，也就没有关键和重点，也就没有大事可抓，只能去抓具体事务。这样的领导者也难以保持清醒的头脑。

形象地讲，一个领导者手中应该有一面大家能醒目可见的旗帜在前引导。在这方面我的做法是：用一两句话，用几个字，把一个时期、一个阶段、一段时间的工作中心、问题的关键、重点提出来，使大家明确掌握。

去年7月份，我第一次在部机关干部大会上讲话，将电子工业部、电子行业的总任务用四个字概括提出，这就是："改革"与"发展"。改革与发展就作为我那次讲话的题目。

企业下放工作开始，我用"出家自立，出家创业，不是换'婆婆'"这几个字作为对这次企业下放目的的概括。

企业下放与行业管理的关系，我用"企业放下去，行业管起来"作为概括。

企业下放的具体工作开始，我提出"三不"，即不一步走，不一刀切，不一个模式。

对电子工业部与其他部门和地方在新形势下的关系问题，我提出"举起服务、合作的旗帜"。

部机关体制改革开始，我提出"双轨运行，增新减旧，平滑过渡，逐步完善"的方针。

二十二　理性与非理性

筹建政策法规司，在谈选配干部的时候，我谈了个想法，搞电子技术的同志要进，学经济的同志要进，同时要进学社会科学的，比如，学哲学的，甚至学美术的也要进。

电子工业部的政策法规司，选配学社会科学的，有的同志感到很新鲜。

一般情况下，学自然科学的思维中纯理性的因素多一些，喜欢用实验室里的方法、形式逻辑的推导。学社会科学的思维中"软"的东西多一些，研究问题多从社会、历史的大宏观角度，从人的情感、心理等方面入手。政策法规司研究电子行业的发展战略、政策、法规，有的虽然是纯经济问题，但仅从电子技术本身是无法搞清楚的。一个人想看清一座大厦的面貌，坐在大厦的一个房间里是无法办到的，应该走出大厦去看，"戏"中人不知"戏"。任何战略规划、政策、规章，没有人去落实、贯彻执行是无用的，不考虑人的思想不行。

领导干部是搞管理的。在辽宁的时候，我写过一篇论述管理的文章。什么是管理？我认为，管理是对有人参与，人能干预社会系统的控制。再具体一点，就是对以人类为主体的，以人的利益为主要目的系统运动的控制。人，一个社会的人，是一个理性与非理性的集合体。管理的主体是人，管理的客体也是人。仅用理性的思维、理性的方法，能不能管理？可以，但还应考虑人非圣贤，怎能没有情感、个性呢？

刚到电子工业部，有的同志跟我说，机关的同志有些惰性。这惰性的含义无非就是说有些同志不爱动，积极性不足。一年半以后，办公厅的同志说，我来了以后他们的工作量明显增大，上上下下很繁忙，以文档处为例，他们的打印室就经常加班。大家繁忙，一是说明工作量大了，二是说明积极性高了。积极性怎么调动？

从管理的角度讲，领导者对人参与、人干预的系统运动的控制，主要任务就是调动人的积极性。人不同于机器。计算机你输入一个"因"，就必须会得到一个相应的"果"。人的生理、情感等都是非理性的东西。你输入一个"因"，就不见得能得到那个相应的"果"。到部里以后，我在同全部同志共同探索、共同实践中提出了一些发展电子行业的建议、意见、办法，其实都是集思广益、众谋而已。其中很多意见大家认为是可行的。是不是一年半以来的电子工业部在企业下放、行业管理、抓重大工程项目等方面取得的成效，就是因为我提出的意见可行，出的意见妥当？不是。我提出的意见、建议是理性的东西，要由人来实现。在平时的工作中，提出意见、建议以后，我把落脚点放在做人的工作方面，把研究、探索非理性的东西作为工作的一个重要方面。

去年11月份企业下放，我代表部党组到部里老领导家里，请他们出山一同搞。老领导都欣然同意。几位老领导都独当一面，不辞辛苦，不顾身体需要休养的状况，为顺利完成企业下放工作发挥了重要作用。之所以如此，仅仅用"他们事业心强"来解释是不全面的。到部里后，我比较注意同老同志进行交流。现在，年轻人喊"理解万岁"。对老同志，我看，他们也是极其重要的方面。中央有关于老干部工作的政策，但文件的条文是理性上的东西，每个具体贯彻的人是很重要的因素。执行政策的人是有情感的，政策的对象也是有情感的。同一个剧本，两个演员演，效果会相差很大，主要就是情感因素的作用。人的情感是非理性的东西。老干部工作方面，一些具体问题的处理、一些具体的做法，我除了遵照中央的精神办以外，还注入了情感因素。

今年4月，老干部局开了一个离退休老同志的座谈会，我去参加了。颁发离退休证时，气氛热烈，场景感人。我想，这种场合，老同志应该留个影啊！马上找来了摄影的同志，拍下了很多难忘的场面。只要从心里理解他们，那么，类似的一些小事就能及时地想到了。

我在论述管理的文章中讲到这样一个观点：领导是一种科学和艺术的综合。这里讲的科学，主要是指理性方面的知识、技术等；艺术，就是指非理性的一些方法、策略等。由人组成的社会系统妙就妙在有非理性的因素。讲究艺术就在于这部分非理性的因素，人的因素。

说管理是一门艺术，我认为艺术性就体现在非理性方面。计算机能够代替人的一些管理技能，但它不能把管理的艺术性体现出来。

在具体的工作中，有些事情可以用系统的理性思维方式、方法和简单的逻辑推理方法去处理，有些事情用非理性的思维方式、方法、辩证逻辑的方法去看就比较复杂。比如处理一个问题，按主要矛盾和次要矛盾的理论，只要取主舍次就行。可是，由人组成的社会系统中，有些问题并不是由主要次要这一对矛盾组成，而是由几对、几十对，甚至上百对矛盾构成的，无法取主舍次；有时即使有主次矛盾，主要矛盾在量上可能只有1%—2%，而几个次要矛盾之和在量上却占98%—99%，如何取，如何舍？有时主要矛盾在量上呈现51%，次要矛盾在量上呈现49%，如何取，如何舍？这就是有人参与、人能干预社会系统的复杂性。处理这些问题，需要讲艺术性。

机关体制改革中，由于历史上的一些因素，雷达局部分干部对机构改革中的某些具体问题在认识上曾存在着一些差距。我叫党组办和办公厅的同志去了解情况，我也去了多次，与局领导座谈，和中层干部座谈，并到各办公室看看，听一听，聊一聊。体改办的同志也去谈。我的想法是，不能简单对待这个问题，以免挫伤部分干部的感情。在了解到雷达局干部的情绪一度不太高之后，有一天下午，我和部党组其他同志到局里开了现场办公会，然后，几位部长和局里同志赛了一场篮球。那天打球的时候还下起了毛毛雨，但球赛没受影响，场内场外气氛都很热烈，效果较好。有一位局领导说："部长们来和我们赛球，也是给我们鼓励，也是对我们很大的支持。"

奠基工程

——在首都学习、宣传和贯彻《中国教育改革和发展纲要》报告会上的讲话

（1993年3月2日）

最近，中共中央、国务院颁布了《中国教育改革和发展纲要》（以下简称《纲要》）。这是贯彻落实党的十四大精神，加快改革开放和现代化建设的一项重大举措，是全党全社会的一件大事。

一 邓小平同志关于教育工作论述

党的十一届三中全会以来，我国教育事业发生了历史性的变化，取得了令人瞩目的成就。回顾这一历程，我们深深感到，这是贯彻邓小平同志关于建设有中国特色社会主义理论和关于教育工作一系列论述的结果。我们要贯彻落实好《纲要》，也必须认真学习领会邓小平同志建设有中国特色社会主义理论和关于教育工作的论述。

邓小平同志以无产阶级革命家的远见卓识，从社会主义的历史命运和发展道路的高度，始终十分重视和关心教育，在国民经济和社会发展的每个重要阶段，都对教育工作做出了重要指示。邓小平同志认为实现现代化的基础在教育。他指出社会主义的根本任务就是大力发展生产力，科学技术是第一生产力，科学技术人才的培养基础在教育。教育搞上去了，劳动者的科学文化水平

提高了，就能创造出比资本主义更高的劳动生产率。我们国家要赶上世界先进水平，就要从科学和教育着手。不抓科学、教育，四个现代化就没有希望，就成为一句空话。他规划了著名的"三步走"的发展战略，认为实现这个战略第一步就是发展教育和科技，从娃娃时代起就要打好基础。在去年年初视察南方的谈话中，他还特别指出，经济发展得快一点，必须依靠科技和教育。邓小平同志指出，教育事业必须同国民经济发展的要求相适应，教育事业的计划应成为国民经济计划的一个重要组成部分。教育要面向现代化，面向世界，面向未来。他以深邃的目光洞察人才问题在现代化建设中的重要性，一再强调尊重知识，尊重人才，认为这是经济体制改革和社会主义现代化建设事业成败的关键。他提出全党全国工作重点转移的重点本来就应该包括教育在内。一个地方，一个部门如果只抓经济，不抓教育，那里的工作重点就是没有转移好，或者说转移得不完全。并且尖锐地指出，忽视教育的领导者，是缺乏远见的，不成熟的领导者，就领导不了现代化建设。要求各级领导要像抓经济工作那样抓好教育工作。邓小平同志从优先发展教育的战略思想出发，提出必须增加教育投入。要千方百计，在别的方面忍耐一些，甚至牺牲一点速度，把教育问题解决好。他提出教育发展关键在教师，必须提高教师待遇，研究教师工资制度，这是整个国家的重大政策问题。他特别提出要提高中小学教师的工资，鼓励人们终身从事自己的职业。要求把提高教师待遇作为一个方针，一个战略措施着手解决。邓小平同志强调学校应该永远把坚定正确的政治方向放在第一位，加强思想政治工作，为社会主义建设培养合格人才。要加强各级学校的政治教育、形势教育、思想教育，包括人生观教育、道德教育，抓紧艰苦创业教育，培养青年"有理想、有道德、有文化、有纪律"，造就具有社会主义觉悟的一代新人。坚持四项基本原则，维护安定团结。邓小平同志一系列关于教育问题的论述，是建设有中国特色社会主义教育体系、发展和改革教育的指导思想。

《纲要》所论述的关于建设有中国特色社会主义教育体系的八条主要原则，就是这一系列论述的体现，是在总结我国40多年来特别是改革开放以来教育工作经验的基础上形成的。这些原则对我国教育事业的发展具有重要指导作用。

二　必须把教育摆在优先发展的战略地位

坚持把教育摆在优先发展的战略地位，是我国现代化建设指导思想上的一个重大转变。党的十二大把教育和科技列为社会主义现代化建设三大战略重点之一。十三大提出"把发展科学技术和教育事业放在首要位置，使经济建设转到依靠科技进步和提高劳动者素质的轨道上来"。十四大再次强调，"必须坚持把教育摆在优先发展的战略地位，努力提高全民族的思想道德和科学文化水平，这是实现我国现代化的根本大计"。当今世界，教育发展状况如何，在很大程度上影响着一个国家和民族发展的进程。我们是在一个人口众多、资源相对不足、经济还比较落后的国家里进行社会主义现代化建设的。要实现现代化建设的宏伟目标，进一步解放和发展生产力，必须优先发展教育，提高劳动者素质，把沉重的人口负担转化为人才资源优势，舍此没有别的选择。世界正在发生着深刻的变革，各国都面临着激烈的国际竞争和新技术革命的挑战。国际间的经济竞争、综合国力竞争，在很大程度上是科学技术的竞争、民族素质的竞争，归根到底是教育的竞争。从这个意义上说，谁掌握了面向21世纪的教育，谁就能在21世纪国际竞争中处于战略主动地位。教育落后，意味着在未来国际经济技术竞争中没有立足之处。现在世界上许多国家和地区都在审度教育在本国本地区经济和社会发展中的位置，纷纷研究对策，制订计划，改革教育。我们也必须保持清醒的认识，把握当前有利时机，加快教育的改革和发展，迎接21世纪的挑战。

我国教育事业已经有了一定基础，但从总体上看还比较落后，不能适应社会主义现代化建设的需要，不能适应人民群众对教育不断增长的需求。尽管邓小平同志和党中央一再强调教育的战略地位，但在实际工作中，我们有些同志仍重视不够，还存在一些不正确的认识，把教育看成纯消费性事业；有的同志认为，教育已经发展得差不多了，应该"停一停"、"让一让"了，甚至出现了挤压、挪用教育经费的现象。全党同志，特别是各级领导干部要充分认识：社会主义建设必须依靠教育是我国现代化建设的一个基本指导思想。百年大计，教育为本。我们不能等经济发展了再来发展教育，这样的话，经济也永远不会有大的发展。在温饱问题已经基本解决的情况下，更应优先发展教育。优先发展教育，是民族振兴，国家繁荣富强，人民富裕幸福，实现四化的根本大计。如果不是这样去认识和落实教育在现代化建设中的战略地位，就会丧失时机，拖现代化建设的后腿，我们就要负历史的责任。

三　加快发展教育事业

教育事业的发展要与社会主义现代化建设的客观需要相适应。邓小平同志去年视察南方的谈话和党的十四大，确定了20世纪90年代我国社会主义现代化建设的任务，提出了加快改革开放和现代化建设步伐，使国民经济上一个新台阶的要求，我国现代化建设进入了一个新阶段。这是规划20世纪90年代我国教育发展目标和任务的基本依据。可以预见，随着经济建设由粗放型向集约型转变，经济体制由计划经济向社会主义市场经济转轨，人民生活由温饱型向小康型发展，社会各方面和人民群众对教育将会提出多方面的、越来越高的要求。一些新兴工业化国家和地区的发展经验表明，在经济起飞阶段，大致都有一个适度超前的加速教育发展的过程。教育的适度超前发展，为经济的高速发展奠定坚实的基础。因此，经济的加快发展，社会的全面进步，必然要求也必须包含教育的加快发展；教育的发展必须适应与服务于经济的加快发展和社会的全面进步。

《纲要》从战略高度对本世纪末、下世纪初我国教育发展做出了总体谋划，赋予教育发展以丰富的内涵，不仅规划了发展规模、速度方面的目标，也明确了结构、质量和效益方面的要求；不仅对基础教育、职业技术教育、高等教育、成人教育分别制定了发展方针，还对民族教育、残疾人教育、远距离教育、国际合作教育（互派留学人员）明确了发展任务。20世纪90年代，我国教育发展的基本要求可以概括为："两基"（基本普及九年义务教育、基本扫除青壮年文盲）、"两全"（全面贯彻教育方针、全面提高教育质量）、"两重"（建设100所左右重点大学和一批重点学科），使全民教育水平有明显提高，形成有中国特色的、面向21世纪的社会主义教育体系的基本框架。在结构选择上，以九年义务教育为基础，大力加强基础教育，积极发展职业技术教育、成人教育和高等教育，把提高劳动者素质，培养中初级人才摆到突出的位置。

大力加强基础教育是我国教育发展的一个重要战略思想，也是提高民族素质的根本措施。贫穷不是社会主义，愚昧不能建设社会主义。在一个文盲充斥、人民得不到基本教育的国家里，现代化显然只能是一句空话。正是基于这种认识，党和国家一贯致力于提高全民教育普及程度。经过40多年特别是近十多年的努力，总人口中的文盲率已降到15%左右，在91%人口的地区普及了小学教育，师资和校舍等办学条件得到明显改善。这是中华民族振兴的历史进程中的一项伟大事业。但是，要在今后八年实现"两基"的目标，仍然要做艰巨的努力。农村地区尤其是山区、边远地区和贫困地区，要采取适合本地实际的政策措施、办学模式和工作步骤，以坚决积极的态度因地制宜地实施九年义务教育。大城市市区和沿海发达地区积极普及高中阶段教育，在办学体制和办学模式上实行多样化，更好地为当地经济建设服务。

我国现代化建设事业和社会主义市场经济的发展，不仅需要相当数量的科学家、理论家和各类专家，也需要大量的应用技术人才、经营管理人才和熟练操作人才。职业技术教育、成人教育和高等教育要从各自承担的任务和特点出发，培养经济建设和社会发展实际需要的人才。当前，要大力培养农村、企业、基层所需要的人才。同时，国家要有计划地实施"211"工程，集中各方面力量办好100所左右重点大学，建设一批重点学科，为我国科学技术达到国际先进水平发挥更大的作用。

在扩大教育规模、优化教育结构的同时，要不断提高教育质量和效益。人才是教育的最终产品，培养的人才是否符合社会发展的实际需要，应当成为检验教育质量和效益的标准。我国的教育方针是："教育必须为社会主义现代化建设服务，必须与生产劳动相结合，培养德、智、体全面发展的建设者和接班人。"我们必须按照教育方针的要求，切实提高教育质量，特别注意研究和提高基础教育的质量。在经济技术文化水平不断提高和社会主义市场经济日益发展的条件下，教育部门和教育工作者要增强质量观念、效益观念和服务观念，按照社会需求和教育规律，制定各级各类教育的质量目标和效益指标，逐步完善与社会密切结合的人才培养体系和评估体系，以有限的投入取得最佳的效益。

在新的历史条件下，我国教育事业的发展面临的一个重大问题是国家包办教育的体制已经不能适应新的发展需要了。《纲要》提出了以政府办学为主体，社会各界共同办学的新体制，积极鼓励企事业单位、社会团体和个人，按照国家政策、法规的要求，实行多种形式办学，使教育真正成为全社会的事业，充满生机和活力。

我国幅员辽阔，经济和教育发展很不平衡。这决定了发展教育的结构选择、地区布局和实施步骤等，都要因地制宜、分区规划、分类指导，既要有全国统一的方针、政策和基本要求，又要根据各地的情况实行多样化。城市、沿海和其他发达地区，教育发展要更快一些，并要积极帮助后进地区；不发达地区规划教育发展时，既要因地制宜，又要坚决积极；民族地区要根据各自的特点，逐步走出符合本民族、本地区实际的办学路子。要鼓励各级各类学校在贯彻教育方针的前提下，办出特色，办出水平。

四　深化教育体制改革

教育发展的出路在于改革。只有通过改革才能走出发展教育的新路子。当前我国的教育改革受到来自两个方面的强有力推动：一方面，世界经济、科技的迅速发展和综合国力的激烈竞争，迫切要求教育进行全面改革，以迎接未来的挑战；另一方面，我国社会主义市场经济体制的建立和政治、科技体制改革的深化，也要求加快教育体制改革，要求教育增强主动适应经济建设和社会发展的能力，因此必须加快教育的改革开放。教育改革应该在教育体制、教育教学制度、教育思想、教学内容和方法四个方面全面展开。要以体制改革为重点，同时进行其他方面的综合配套改革。《纲要》从这种整体改革的思路出发，确定了我国20世纪90年代教育改革的目标和任务是，改革原先那种与计划经济体制相适应的教育体制，建立与社会主义市场经济体制、政治体制和科技体制相适应的新教育体制。

教育体制改革主要是改革高度集中统一的管理体制和政府包办

学、包学费（包括医疗费和一部分生活费）、包就业、包当干部的制度，处理好政府与学校、中央与地方、教育部门与政府其他业务部门的关系，建立起政府宏观管理、学校面向社会自主办学的体制。基础教育继续完善地方负责、分级管理的体制；地方政府对经济、科技、教育实行统筹规划，对基础教育、职业技术教育、成人教育实行统筹管理；高等教育实行中央和省（自治区、直辖市）分级管理、分级负责的体制，扩大省、自治区、直辖市的教育决策权和包括对中央部门所属学校的统筹权。要确保学校依法办学的自主权，使学校真正成为面向社会自主办学的法人，同时建立起自我发展、自我约束的机制。政府要改革办学机制、计划体制、投资体制和招生、毕业生就业制度，改变管理职能和管理手段，由直接的行政管理，转变为运用法律、经济、信息、督导、评估等手段和必要的行政手段，加强和完善宏观管理。我们希望经过若干年的实践探索，建立起适合我国国情的、统一性和多样性相结合、政府宏观管理和学校自主办学相结合的教育管理体制。

要遵照邓小平同志"面向现代化，面向世界，面向未来"的战略思想，深入进行教育教学改革。教育体制改革的成效如何，在一定意义上要看是否推动了教育教学改革的深化，保证多出人才，出好人才。教育教学改革要全面贯彻教育方针，全面提高教育质量。基础教育要转向全面提高国民素质；职业技术教育实行产教结合；成人教育实行多种形式办学；高等教育实行教育、科研、生产相结合。要鼓励教育工作者大胆进行各种改革试验。

要通过改革实现教育的现代化。教育现代化不仅指校舍和设备的现代化，首先是教育思想、教育观念的现代化以及教学内容、教学方法和教学手段的现代化。实现教育现代化是一个改革、创新的过程。要解放思想，改革一切不适应现代化需要的观念和制度，努力扩大对外开放，大胆吸收和借鉴人类社会的一切文明成果，探索我国教育现代化的路子。

在加快改革开放、建设有中国特色社会主义教育体系的过程中，必须加强党的领导，坚持教育的社会主义方向，加强和改进思想政治工作。邓小平同志指出过，有一段时间最大的失误是教育，主要是思想政治教育，要引以为戒，务必不能重新发生这种问题。我们的学校是为社会主义建设培养人才的地方。学校教育也要坚持两手抓，两手都要硬。要保证学校的政治稳定。要重视研究改革中出现的新问题，见微知著，把问题解决在萌芽状态。对有些地方和学校出现的乱收费，中小学生课业负担过重，少数学生经商、校园管理涣散等问题，要认真研究、妥善处理，并做好深入细致的思想工作。

五 增加教育投入，加强教师队伍建设

教育经费和教师队伍是实现教育发展和改革目标的基本条件，也是当前人们普遍关注的热点。从一定意义上说，大政方针确定之后，保证足够的教育投入和建设一支合格的教师队伍，就成为教育事业兴衰的关键。

"振兴民族的希望在教育，振兴教育的希望在教师。"经验证明，教师的水平在一定程度上决定着教育的水平。谁拥有优秀的教师队伍，谁就会有高水平的教育。建设一支素质优良、结构合理、相对稳定的教师队伍，始终是教育战线一项根本性任务。充分信任、切实依靠、热情关心、努力提高教师队伍，应成为教育部门十分重要的职责。

我国已经拥有一支1000余万人的教师队伍。他们辛勤劳动，教书育人，为培养大批建设人才做出了可贵的贡献。尤其是那些终生为教育事业呕心沥血，并且做出了卓越成绩的优秀教师，赢得了人们普遍的尊敬，我们应该向他们表示崇高的敬意。但是，必须看到，

教师队伍的现状还存在一些令人忧虑的问题，例如教师经济待遇偏低的状况仍未真正改变，他们的工作、学习和生活条件还存在不少困难，有些地方拖欠教师工资、侵犯教师权益的现象时有发生，教师队伍不稳，影响了整体素质的提高。20世纪90年代正处于教师新老交替的关键时期，大批的骨干教师将要退休。上述问题如不及早解决，将会贻误整个教育事业，影响子孙后代。必须认识到，教师的低待遇必然造成教育的低水平。提高教师的地位，首先要提高教师的经济待遇。我们要牢固树立"尊重知识、尊重人才"的观念，下决心抓好教师队伍建设，提高教师经济待遇和社会地位。在"八五"期间使教育系统平均工资在国民经济12个行业中居中等偏上水平，高等学校平均工资高于全民所有制企业职工平均水平。要大力改善教师的工作、学习和生活条件，努力使教师成为全社会最受人尊重的职业。

努力增加教育投入是落实教育战略地位的根本措施，是教育发展的物质基础。近十多年来，中央和地方各级政府以极大的努力增加教育投入，教育经费有了明显的增长。1991年我国教育经费总额为731.5亿元，比1980年增长4倍，其中财政预算内教育经费支出482.2亿元，比1980年增长3.3倍。尽管如此，由于我国经济落后，教育规模大，基础薄弱，教育投入仍然处于较低水平。1991年教育经费总额占国民生产总值的3%，占预算内财政总支出的12.7%，均低于发展中国家的平均水平（1988年发展中国家公共教育经费占国民生产总值的比重是4.1%）。这种状况不仅不能适应教育加速发展的需要，也难以满足现有教育事业的需求。我国是穷国，办了一个世界上规模最大的教育。教育经费紧缺始终是发展教育的一个难题。

在制定《纲要》的全过程中，如何增加教育投入，如何解决我国教育经费紧缺问题，始终是我们反复研究的一个关键课题。《纲要》从社会主义市场经济体制要求出发，提出"逐步建立以国家财政拨款为主，辅之以征收用于教育的税费、收取非义务教育阶段学生学杂费、校办产业收入、社会捐资集资和设立教育基金等多种渠道筹措教育经费的体制"。办教育是国家和各级政府的职责。在这个投资体制中，国家财政性教育支出是增加教育投入的主渠道，要求到20世纪末达到占国民生产总值的4%，各级政府财政支出中教育经费所占比例，"八五"期间达到全国平均不低于15%。即便这样，仍然不能满足社会日益增长的教育需求。在国家增加教育投入的同时，还需要社会各方面都增加对教育的投入，动员社会各方面的力量共同办学。这里的关键在于转变观念，在增加国家主渠道投入的同时，多渠道筹措教育经费。要改变那种把教育投资当作社会福利、消费性投资的观念。开发人力资源的投资是生产性投资，是比物质资源投资更有效益的投资，要舍得把有限的资金优先投向教育。在社会主义市场经济条件下，劳动者的收入本身就包含着一定量的教育费用，家庭的教育投入是应尽的社会义务，也是父母给子女最宝贵的财富。家庭要承担起应尽的责任。"养不教，父之过。"使子女受到良好的教育，是中华民族的优良传统。今天我们已经有了一定的物质基础，只要坚持改革开放，大胆探索，就可以逐步找出一条在中国的具体条件下解决教育经费、发展教育事业的路子来。

六 解放思想、真抓实干、组织好实施

"现在纲领有了，蓝图有了，关键是要真正重视，组织好施工。"这是1985年党中央制定《关于教育体制改革的决定》的时候，邓小平同志向我们发出的号召。《纲要》进一步绘制了我国教育改革和发展的蓝图，现在的关键仍然是要真正重视，扎扎实实组织好实施。各级领导和教育工作者都要认真学习，深刻领会，切实按照《纲要》

的思路和要求指导教育的改革和发展。

解放思想、实事求是，是建设有中国特色社会主义理论的精髓，也是加快教育改革和发展的法宝。对《纲要》的实施也必须坚持解放思想、实事求是。我们有许多观念是在过去计划经济体制下形成的，与建立新的经济体制和新的教育体制不相适应，应该大胆更新。要坚持从实际出发，与当地实际情况相结合，不要不顾条件地互相攀比。要注意研究经济和社会发展的要求，也要努力按教育规律办事。

贯彻落实《纲要》的关键，就要像小平同志所要求的那样"抓头头，抓方针"。各级党政一把手要亲自抓教育。要根据《纲要》制定本地区教育改革和发展的具体规划以及相应的法规、措施。要努力发现和大胆选拔既懂经济又懂教育的优秀人才来领导教育工作，造就一大批适应我国现代化建设要求的新一代教育家。对各级主管教育的领导干部，要以《纲要》为教材进行培训，使他们适应新形势的要求。从事教育工作的领导干部要懂经济、知全局。各级政府和教育行政部门要转变职能，转变工作作风，少说空话，克服形式主义。要坚持走群众路线，使改革和发展教育的重大措施成为广大干部和教职工群众的自觉行动。

《纲要》提出了教育改革和发展的基本思路，是一个重要的指导性文件。贯彻执行《纲要》的过程是一个在实践中继续探索和完善的过程。各地要勇于创新，看准了的就大胆去试，扎扎实实抓好一批示范性工程。实践中出现的一些问题要及时总结经验，避免大的失误。通过实践，使《纲要》提出的基本原则不断得到丰富和发展。

教育是人类社会永恒而神圣的事业。由教育振兴而推进中华腾飞是邓小平同志和老一辈无产阶级革命家共同的心愿。1977年，邓小平同志就高瞻远瞩地指出："我希望从现在开始做起，5年小见成效，10年中见成效，15年20年大见成效。"从那时起过20年，正是20世纪末的时候，我们必须有强烈的紧迫感、责任感、使命感。十多年来我国教育工作已经有了较大的发展，党中央、国务院十分重视教育，群众中蕴藏着的办学热情越来越高。悲观的思想是没有根据的。我们这一代人一定要树立雄心壮志，振奋精神，脚踏实地，努力工作，坚持不懈，真抓实干，在我国教育史上绘出一页最新最美的图画，迎接21世纪的到来，无愧于这个伟大的时代！

附录：中国教育改革和发展纲要

（中发〔1993〕3号）

中国共产党第十四次全国代表大会在建设有中国特色社会主义理论的指导下，确定了90年代我国改革和建设的主要任务，明确提出"必须把教育摆在优先发展的战略地位，努力提高全民族的思想道德和科学文化水平，这是实现我国现代化的根本大计"。为了实现党的十四大所确定的战略任务，指导90年代乃至下世纪初教育的改革和发展，使教育更好地为社会主义现代化建设服务，特制定本纲要。

一　教育面临的形势和任务

（1）当前，我国改革开放和现代化建设事业进入了一个新阶段。建立社会主义市场经济体制，加快改革开放和现代化建设步伐，进一步解放和发展生产力，使国民经济整体素质和综合国力都迈上一个新台阶。这对教育工作既是难得的机遇，又提出了新的任务和要求。在新的形势下，教育工作的任务是：遵循党的十四大精神，以建设有中国特色的社会主义理论为指导，坚持党的基本路线，全面贯彻教育方针，面向现代化，面向世界，面向未来，加快教育的改革和发展，进一步提高劳动者素质，培养大批人才，建立适应社会主义市场经济体制和政治、科技体制改革需要的教育体制，更好地为社会主义现代化建设服务。

（2）建国40多年来，我国教育工作取得了显著成就。社会主义教育制度已经基本确立；教育事业有了很大发展，为社会主义建设培养了大批人才；形成了上千万人的教师队伍；办学的物质条件程度不同地有所改善。特别是党的十一届三中全会以来，教育改革逐步展开；九年义务教育开始有计划、分阶段地实施，全国已有百分之九十一人口的地区普及了小学教育；职业和技术教育得到相当程度的发展，中等职业技术学校招生和在校学生人数占高中阶段学生人数的比例，均已超过百分之五十，改变了中等教育结构单一化的局面。高等教育发展较快，普通高等学校和成人高等学校在校学生已达到376万人，初步形成了多种层次、多种形式、学科门类基本齐全的体系；形式多样的成人教育和民族教育也得到很大发展；农村基础教育实行地方负责、分级管理的体制取得了明显效果。教育同科技、农业的统筹结合开始显示出生命力；涌现出一批尊师重教并取得较大成绩的地区、部门和单位。国际教育交流和合作也得到广泛开展。我国教育工作取得的成就。是坚持改革开放的结果。体现了社会主义制度的优越性，是我国教育进一步改革和发展的基础。

同时，必须看到，我国教育在总体上还比较落后，不能适应加快改革开放和现代化建设的需要。教育的战略地位在实际工作中还没有完全落实；教育投入不足，教师待遇偏低，办学条件较差；教育思想、教学内容和教学方法程度不同地脱离实际；学校思想政治工作还需要进一步加强和改进；教育体制和运行机制不适应日益深化的经济、政治、科技体制改革的需要。对教育工作中存在的这些问题，必须随着经济的发展和改革的深化，认真加以解决。

（3）40多年来，我国教育经历了曲折的发展历程，为发展社会主义教育事业积累了宝贵经验。初步明确了建设有中国特色社会主义教育体系的主要原则：第一，教育是社会主义现代化建的基础，必须坚持把教育摆在优先发展的战略地位。第二，必须坚持党对教育工作的领导，坚持教育的社会主义方向，培养德智体全面发展的建设者和接班人。第三，必须坚持教育为社会主义现代化建设服务，与生产劳动相结合，自觉地服从和服务于经济建设这个中心，促进社会的全面进步。第四，必须坚持教育的改革开放，努力改革教育体制、教育结构、教学内容和方法，大胆吸收和借鉴人类社会的一切文明成果，勇于创新，敢于试验，不断发展和完善社会主义教育制度。第五，必须全面贯彻党和国家的教育方针，遵循教育规律，全面提高教育质量和办学效益。第六，必须依靠广大教师，不断提高教师政治和业务素质，努力改善他们的工作、学习和生活条件。第七，必须充分发挥各级政府、社会各方面和人民群众的办学积极性，坚持以财政拨款为主、多渠道筹措教育经费。第八，必须从我国国情出发，根据统一性和多样性相结合的原则，实行多种形式办学，培养多种规格人才，走出符合我国和各地区实际的发展教育的路子。这些主要原则，需要在今后的实践中进一步丰富和发展。

（4）邓小平同志指出，实现四个现代化，科学技术是关键，基础在教育。为了完成党的十四大确定的90年代的主要任务，必须把经济建设转到依靠科技进步和提高劳动者素质的轨道上来。我国企业经济效益低、产品缺乏竞争能力的状况之所以长期得不到改变，农业科学技术之所以得不到普遍推广，宝贵的资源和生态环境之所以不能得到充分利用和保护，人口增长之所以不能得到有效的控制，一些不良的社会风气之所以屡禁不止，原因固然很多，但一个重要的原因是劳动者素质低。发展教育事业。提高全民族的素质，把沉重的人口负担转化为人力资源优势，这是我国实现社会主义现代化的一条必由之路。

当今世界政治风云变幻，国际竞争日趋激烈，科学技术发展迅速，世界范围的经济竞争、综合国力竞争，实质上是科学技术的竞争和民族素质的竞争。从这个意义上说，谁掌握了面向21世纪的教育，谁就能在21世纪的国际竞争中处于战略主动地位。为此，必须高瞻远瞩，及早筹划我国教育事业的大计，迎接21世纪的挑战。

面对加快改革开放和现代化建设的新形势，各级政府、广大教育工作者和全社会，必须对教育的改革和发展具有紧迫感，真正树立社会主义建设必须依靠教育和"百年大计，教育为本"的思想，采取切实有力措施，落实教育的战略地位，加快教育的改革和发展，开创教育事业的新局面。

二　教育事业发展的目标、战略和指导方针

（5）根据我国社会主义现代化建设"三步走"的战略部署，到本世纪末，我国教育发展的总目标是：全民受教育水平有明显提高；城乡劳动者的职前、职后教育有较大发展；各类专门人才的拥有量基本满足现代化建设的需要；形成具有中国特色的、面向21世纪的社会主义教育体系的基本框架。再经过几十年的努力，建立起比较成熟和完善的社会主义教育体系，实现教育的现代化。

90年代，在保证必要的教育投入和办学条件的前提下，各级各类教育发展的具体目标是：

——全国基本普及九年义务教育（包括初中阶段的职业技术教育）；大城市市区和沿海经济发达地区积极普及高中阶段教育。大中城市基本满足幼儿接受教育的要求，广大农村积极发展学前一年教育。

——高中阶段职业技术学校在校学生人数有较大幅度的增加，

未升学的初中和高中毕业生普遍接受不同年限的职业技术培训,使城乡新增劳动力上岗前都能得到必需的职业技术训练。

——高等学校培养的专门人才适应经济、科技和社会发展的需求,集中力量办好一批重点大学和重点学科,高层次专门人才的培养基本上立足于国内,教育质量、科学技术水平和办学效益有明显提高。

——全国基本扫除青壮年文盲,使青壮年中的文盲率降到百分之五以下。通过岗位培训、继续教育和在职学历教育,提高广大从业人员的思想文化素质和职业技能。

各地区、各部门根据实际情况,制定本地区本行业的分阶段教育发展目标和任务。

(6) 为了实现上述目标,应采取深化教育改革,坚持协调发展,增加教育投入,提高教师素质,提高教育质量,注重办学效益,实行分区规划,加强社会参与的发展战略。

——在教育事业发展上,不仅教育的规模要有较大发展,而且要把教育质量和办学效益提高到一个新的水平。

——在结构选择上,以九年义务教育为基础,大力加强基础教育,积极发展职业技术教育、成人教育和高等教育,把提高劳动者素质,培养初、中级人才摆到突出的位置。

——在地区发展格局上,从各地经济、文化发展不平衡的实际出发。因地制宜,分类指导。鼓励经济、文化发达地区率先达到中等发达国家80年代末的教育发展水平,积极支持贫困地区和民族地区发展教育。

(7) 基础教育是提高民族素质的奠基工程,必须大力加强。各级政府要认真贯彻执行《中华人民共和国义务教育法》及其实施细则,以积极进取的精神,从本地区的实际出发,把普及九年义务教育的目标落到实处。要建立检查、监督和奖惩制度,确保义务教育法的贯彻执行。政府、社会、家长要认真履行自己的义务，保证适龄儿童入学，制止学生的辍学。对招用学龄儿童和少年就业的组织和个人，必须坚决依法制裁。

发展基础教育，必须继续改善办学条件，逐步实现标准化。中小学要由"应试教育"转向全面提高国民素质的轨道，面向全体学生，全面提高学生的思想道德、文化科学、劳动技能和身体心理素质，促进学生生动活泼地发展。办出各自的特色。普通高中的办学体制和办学模式要多样化。

（8）职业技术教育是现代教育的重要组成部分，是工业化和生产社会化、现代化的重要支柱。各级政府要高度重视，统筹规划，贯彻积极发展的方针，充分调动各部门、企事业单位和社会各界的积极性，形成全社会兴办多种形式、多层次职业技术教育的局面。到本世纪未，中心城市的行业和每个县，都应当办好一、两所示范性骨干学校或培训中心，同大量形式多样的短期培训相结合，形成职业技术教育的网络。

发展职业技术教育要与当地经济发展的需要相适应。基本普及九年义务教育的地区，应以发展初中后职业技术教育为重点；尚未普及九年义务教育的地区，对不能升入初中的小学毕业生应实行职业技术培训；各地要积极发展多样化的高中后教育，对未升入高等学校的普通高中毕业生进行职业技术培训。普通中学也要分别不同情况，适当开设职业技术教育课程。

各级各类职业技术学校都要主动适应当地建设和社会主义市场经济的需要。要在政府的指导下，提倡联合办学，走产教结合的路子，更多地利用贷款发展校办产业，增强学校自我发展的能力，逐步做到以厂（场）养校。

要认真实行"先培训、后就业"的制度。优先录用经常职业技术教育和培训的学生就业，专业性、技术性较强的岗位，应在获得岗位资格证书后上岗。对未经培训已就业的，要进行岗前培训。

（9）高等教育担负着培养高级专门人才、发展科学技术文化和促进现代化建设的重大任务。90年代，高等教育要适应加快改革开放和现代化建设的需要，积极探索发展的新路子，使规模有较大发展，结构更加合理，质量和效益明显提高。

高等教育的发展，要坚持走内涵发展为主的道路，努力提高办学效益。要区别不同地区、科类和学校，确定发展目标和重点。制订高等学校分类标准和相应的政策措施，使各种类型的学校合理分工，在各自的层次上办出特色。要大力加强和发展地区性的专科教育。特别注重发展面向广大农村、中小企业、乡镇企业和第三产业的专科教育，努力扩大研究生的培养数量。要基本稳定基础学科的规模，适当发展新兴和边缘学科，重点发展应用学科。为了迎接世界新技术革命的挑战，要集中中央和地方等各方面的力量办好100所左右重点大学和一批重点学科、专业，力争在下世纪初，有一批高等学校和学科、专业，在教育质量、科学研究和管理方面，达到世界较高水平。

高等学校科学技术工作要认真贯彻国家对科学技术工作的方针，坚持"科学技术是第一生产力"的思想，坚持面向经济建设，坚持同教学相结合。要根据不同条件，大力开展技术开发、推广应用和咨询服务，兴办科技产业，使科技成果尽快转化为现实生产力。要加强基础科学和应用科学的研究，组织精干力量承担国家科技攻关项目和发展高新技术任务。要有计划地建成一批国家重点实验室和工程研究中心，促进相关学科的科研水平进入世界先进行列。

哲学社会科学的教学与科学研究，必须以马克思主义和建设有中国特色社会主义的理论为指导，紧密联系实际，努力研究和解决社会主义现代化建设中的理论和实际问题，为繁荣哲学社会科学，建设有中国特色的社会主义做出贡献。

（10）成人教育是传统学校教育向终生教育发展的一种新型教育

制度，对不断提高全民族素质，促进经济和社会发展具有重要作用。90年代，要适应经济建设、社会发展和从业人员的实际需要，积极发展。要本着学用结合、按需施教和注重实效的原则，把大力开展岗位培训和继续教育作为重点。重视从业人员的知识更新。国家建立和完善岗位培训制度、证书制度、资格考试和考核制度、继续教育制度。

大力发展农村成人教育，积极办好乡镇成人文化技术学校。全面提高农村从业人员的素质。抓紧扫除青壮年文盲，坚持标准。讲求实效，把文化教育和职业技术教育结合起来。各级政府要增加扫盲拨款，设立扫盲基金，并加强领导，把扫盲任务落实到乡、村。

成人学历教育要加强和普通学校的联系与合作，努力体现成人教育的特色，注重提高质量。不具备颁发学历文凭资格的各种成人教育机构，可以发给毕业生写实性学习证书；毕业生要取得国家承认的学历文凭，可以参加国家组织的文凭考试或自学考试。要完善和发展自学考试制度，鼓励自学成才。

（11）重视和扶持少数民族教育事业。中央和地方要逐步增加少数民族教育经费。对有特殊困难的少数民族地区，要采取倾斜政策和措施。在国家安排的少数民族地区各项补助费及其他扶贫资金中，要划出一定比例的经费用于发展民族教育。对志愿到边疆少数民族地区工作的大中专毕业生的待遇，各地要制订优惠政策。认真组织和落实内地省、市对民族地区教育的对口支援。各民族地区要积极探索适合当地实际的发展教育的路子。

（12）重视和支持残疾人教育事业。各级政府要把残疾人教育作为教育事业的组成部分，采取单独举办残疾人学校或普通学校招收残疾人入学等多种形式，发展残疾人教育事业。逐步增加特殊教育经费，并鼓励社会力量办学、捐资助学。要对残疾人学校及其校办产业给予扶持和优惠。

（13）积极发展广播电视教育和学校电化教学推广运用现代化教学手段。要抓好教育卫生电视接收和播放网点的建设，到本世纪末，基本建成全国电教网络，覆盖大多数乡镇和边远地区。

（14）进一步扩大教育对外开放，加强国家教育交流与合作。大胆吸收和借鉴世界各国发展和管理教育的成功经验。出国留学人员是国家的宝贵财富，国家要给予重视和信任。根据"支持留学，鼓励回国，来去自由"的方针，继续扩大派遣留学生；认真贯彻国家关于在外留学人员的有关规定，支持留学人员在外学习研究，鼓励他们学成归来，或采用多种方式为祖国社会主义现代化建设做出贡献。改革来华留学生的招生和管理办法，加强我国高等学校同外国高等学校的交流与合作，开展与国外学校或专家联合培养人才、联合开展科学研究。大力加强对外汉语教学工作。

三　教育体制改革

（15）党的十四大确定我国经济体制改革的目标是建立社会主义市场经济体制。在90年代，随着经济体制、政治体制和科技体制改革的深化，教育体制改革要采取综合配套、分步推进的方针，加快步伐，改革包得过多、统得过死的体制，初步建立起与社会主义市场经济体制和政治体制、科技体制改革相适应的教育新体制。只有这样，才能增强主动适应经济和社会发展的活力，走出教育发展的新路子，为建立具有中国特色的社会主义教育体系奠定基础。教育体制改革要有利于坚持教育的社会主义方向，培养德智体全面发展的建设者和接班人；有利于调动各级政府、全社会和广大师生员工的积极性，提高教育质量、科研水平和办学效益；有利于促进教育更好地为社会主义现代化建设服务。

（16）改革办学体制。改变政府包揽办学的格局，逐步建立以政府办学为主体、社会各界共同办学的体制。在现阶段，基础教育应以地方政府办学为主；高等教育要逐步形成以中央、省（自治区、直辖市）两级政府办学为主、社会各界参与办学的新格局。职业技术教育和成人教育主要依靠行业、企业、事业单位办学和社会各方面联合办学。

国家对社会团体和公民个人依法办学，采取积极鼓励、大力支持、正确引导、加强管理的方针。国家欢迎港、澳、台同胞、海外侨胞和外国友好人士捐资助学。在国家有关法律和法规的范围内进行国际合作办学。举办具有颁发国家承认的学历文凭资格的各类学校，应按国家有关规定办理审批手续。

（17）深化中等以下教育体制改革，继续完善分级办学、分级管理的体制

——中等及中等以下教育，由地方政府在中央大政方针的指导下，实行统筹和管理。国家颁发基本学制、课程设置和课程标准、学校人员编制标准、教师资格和教职工基本工资标准等规定，省、自治区、直辖市政府有权确定本地区的学制、年度招生规模，确定教学计划，选用教材和审定省编教材，确定教师职务限额和工资水平等。省以下各级政府的权限，由省、自治区、直辖市政府确定。

——积极推进农村教育、城市教育和企业教育综合改革，促进教育同经济、科技的密切结合。县、乡两级政府要把教育纳入当地经济、社会发展的整体规划，分级统筹管理基础教育、职业技术教育、成人教育、统筹规划经济、科技、教育的发展，促进"燎原计划"与"星火计划"、"丰收计划"的有机结合，落实科教兴农战略。要积极推进城市教育综合改革，探索城市教育管理的新体制。

——中等及中等以下各类学校实行校长负责制。校长要全面贯彻国家的教育方针和政策，依靠教职员工办好学校。

——支持和鼓励中小学同附近的企业事业单位、街道或村民委

员会建立社区教育组织，吸引社会各界支持学校建设，参与学校管理，优化育人环境，探索出符合中小学特点的教育与社会结合的形式。

（18）深化高等教育体制改革。进行高等教育体制改革，主要是解决政府与高等学校、中央与地方、国家教委与中央各业务部门之间的关系，逐步建立政府宏观管理、学校面向社会自主办学的体制。

——在政府与学校的关系上，要按照政事分开的原则，通过立法，明确高等学校的权利和义务，使高等学校真正成为面向社会自主办学的法人实体。要在招生、专业调整、机构设置、干部任免、经费使用、职称评定、工资分配和工作交流等方面，分别不同情况，进一步扩大高等学校的办学自主权。学校要善于行使自己的权力，承担应负的责任，建立起主动适应经济建设和社会发展需要的自我发展，自我约束的运行机制。

政府要转变职能，由对学校的直接行政管理，转变为运用立法、拨款、规划、信息服务、政策指导和必要的行政手段，进行宏观管理。要重视和加强决策研究工作，建立有教育和社会各界专家参加的咨询、审议、评估等机构，对高等教育方针政策、发展战略和规划等提出咨询建议，形成民主的、科学的决策程序。

——在中央与地方的关系上，进一步确立中央与省（自治区、直辖市）分级管理、分级负责的教育管理体制。中央直接管理一部分关系国家经济、社会发展全局并在高等教育中起示范作用的骨干学校和少数行业性强、地方不便管理的学校。在中央大政方针和宏观规划指导下，对地方举办的高等教育的领导和管理，责任和权力都交给省（自治区、直辖市）。按照这个精神中央要进一步简政放权，扩大省（自治区、直辖市）的教育决策权和包括对中央部门所属学校的统筹权。省（自治区、直辖市）在充分论证、严格审议程序，自选解决办学经费，以及统筹中央和地方所属高校毕业生就业去向的条件下，有权决定地方高等学校招生规模和专业设置。设置高等学校，由全国高等学校设置评议委员会评议，国家教委审批。

——在国家教委与中央业务部门的关系上，国家教委负责统筹规划、政策指导、组织协调、监督检查、提供服务。中央业务部门要加强对本行业的人才预测和规划，协助国家教委指导本行业的人才培养工作，负责管理其所属学校，包括在国家宏观指导下，决定所属学校的招生规模、专业设置、经费筹措、学生就业等。随着中央业务部门职能的转变和政企分开，中央业务部门所属学校要面向社会，其办学体制和管理体制分别不同情况，采取继续由中央部门办、中央部门和地方政府联合办、交给地方政府办、企业集团参与和管理等不同办法。目前先进行改革试点，逐步到位。

（19）改革高等学校的招生和毕业生就业制度

——改变全部按国家统一计划招生的体制，实行国家任务计划和调节性计划相结合。在现阶段，国家仍要提出指导性的宏观调控的招生总量目标，并通过国家任务计划重点保证：国家重点建设项目、国防建设、文化教育、基础学科、边远地区和某些艰苦行业所需要的专门人才。在保证完成国家任务计划的前提下，逐步扩大招收委托培养和自费生的比重，这部分调节性计划由学校及其主管部门根据社会需求和办学条件确定。

——改革学生上大学由国家包下来的做法，逐步实行收费制度。高等教育是非义务教育，学生上大学原则上均应缴费。设立贷学金，对家庭经济有困难的学生提供帮助；国家、企事业单位、社会团体和学校均可设立奖学金，对品学兼优的学生和报考国家重点保证的、特殊的、条件艰苦的专业的学生给予奖励。

——改革高等毕业生"统包统分"和"包当干部"的就业制度，实行少数毕业生由国家安排就业，多数由学生"自主择业"的就业制度。近期内，国家任务计划招收的学生原则上仍由国家负责在一定范围内安排就业,实行学校与用人单位"供需见面",落实毕业生就业方案,并逐步推行毕业生与用人单位"双向选择"的办法;委托和定向培养的学生按合同就业;自费生自主择业。随着社会主义市场经济体制的建立和劳动人事制度的改革,除对师范学科和某些艰苦行业、边远地区的毕业生,实行在一定范围内定向就业外,大部分毕业生实行在国家方针政策指导下,通过人才劳务市场,采取"自主择业"的就业办法。与此相配套,建立人才需求信息、就业咨询指导、职业介绍等社会中介组织,为毕业生就业提供服务。

(20)完善研究生培养和学位制度。通过试点,改进硕士学位授权点和博士生导师的审核办法,同时加强质量监督和评估制度。在培养教学、科研岗位所需人才的同时,大力培养经济建设和社会发展所需的应用性人才。鼓励有实践经验的优秀在职人员采用多种形式攻读硕士、博士学位。研究生学习期间,实行兼任教学、研究和管理等辅助工作的制度,其待遇视学校内部管理体制改革的进展、所兼工作的实绩,参照在职人员的水平,由学校确定。

(21)改革对高等学校的财政拨款机制,充分发挥拨款手段的宏观调控作用。对于不同层次和科类的学校,拨款标准和拨款方法应有所区别。改革按学生人数拨款的方法,逐步实行基金制,在国家和地方预算下达的教育经费之外,学校可依法筹集资金。

(22)参照高等学校招生、毕业生就业制度改革的精神,加快改革中专、技校招生、毕业生就业制度。根据国家有关政策,由地方人民政府或主管部门制定具体办法。通过联合办学和委托培养、自费等形式,使毕业生面向城乡多种所有制单位就业。中等专业教育和技工教育的重大方针政策,由国家制定,地方政府负责统筹规划和指导。

(23)积极推进以人事制度和分配制度改革为重点的学校内部管理体制改革。在合理定编的基础上,对教职工实行岗位责任制和聘任制，在分配上按照工作实绩拉开差距。改革的核心在于，运用正确的政策导向、思想教育和物质激励手段，打破平均主义，调动广大教职工积极性，转换学校内部运行机制，提高办学水平和效益。

学校的后勤工作，应通过改革逐步实现社会化。

（24）深化人事劳动制度改革，同教育体制改革相配套。

——建立和完善高等学校毕业生的考核录用制度，推行学历文凭、技术等级证书、岗位资格证书并重的制度，扭转升学、文凭、职称对于教育运行的片面导向作用。逐步建立职业岗位资格考核机构，实施各种岗位的资格考试和资格证书制度。

——改革高等学校职称评定和职务聘任制度。评定职称既要重视学术水平，又要重视有实用价值的研究成果和教学工作、技术推广应用的实绩。高等学校教师实行聘任制。中小学逐步实行教师资格制度和职务等级制度。

——动用劳动工资等政策杠杆，推动教育体制改革。大、中专学校毕业生的起点工资，用人部门可以按照实际水平和实际表现拉开档次。为鼓励各级各类学校毕业生到农村、边远地区、艰苦行业工作，各地要制定津贴和奖励政策。

（25）加快教育法制建设，建立和完善执法监督系统，逐步走上依法治教的轨道。制订教育法律、法规，要注意综合配套，逐步完善。要抓紧草拟基本的教育法律、法规和当前急需的教育法律、法规，争取到本世纪末，初步建立起教育法律、法规体系的框架。地方要从各自的实际出发，加快制定地方性的教育法规。

（26）加强教育和发展的理论研究和试验。各级政府和教育行政部门要把教育科学研究和教育管理信息工作摆到十分重要的地位。社会主义市场经济体制的建立，对教育的改革和发展提出了许多新的课题。教育理论工作者和实际工作者，要以马克思主义为指导，研究和回答建设有中国特色的社会主义教育体系的理论问题和实际问题。要积极开展教育决策咨询研究，密切教育科研同教育决策、教育实践的联系，发挥教育科研对教育改革和发展的促进作用。鼓励和支持学校、教师和教育研究工作者积极进行教育改革试验。

四　全面贯彻教育方针，全面提高教育质量

（27）教育改革和发展的根本目的是提高民族素质，多出人才，出好人才。各级各类学校要认真贯彻"教育必须为社会主义现代化建设服务，必须与生产劳动相结合，培养德、智、体全面发展的建设者和接班人"的方针，努力使教育质量在90年代上一个新台阶。

（28）用马列主义、毛泽东思想和建设有中国特色的社会主义理论教育学生，把坚定正确的政治方向摆在首位，培养有理想、有道德、有文化、有纪律的社会主义新人，是学校德育即思想政治和品德教育的根本任务。要进一步加强和改进德育工作，在实践中不断创造改革开放条件下学校德育工作的新经验，把德育工作提高到一个新水平。

对广大青少年要加强党的基本路线教育，爱国主义、集体主义和社会主义思想教育，近代史、现代史教育和国情教育，引导学生运用马克思主义的立场、观点、方法认识现实问题，走与工农结合、与实践结合的成长道路，促进学生逐步树立科学的世界观和为人民服务的人生观，增强学生抵制资产阶级自由化和一切剥削腐朽思想的能力，坚定建设有中国特色的社会主义的信念。要重视对学生进行中国优秀文化传统教育。对中小学生还要注重进行文明行为的养成教育。

要从各级各类学校的实际出发，分层次地确定德育工作的任务和要求，改进德育教材和德育方法，注重实效，使德育落到实处。

（29）重视和加强德育队伍的建设。加强德育工作是全体教师的

共同职责。教师应当把德育贯穿和渗透到教育教学的全过程中，并以自己的楷模作用，促进学生的全面成长。

高等学校要建设好一支以精干的专职人员为骨干、专兼职结合的思想政治工作队伍。中小学要充分发挥思想品德课和思想政治课教师、班主任及共青团、少先队干部的作用。对从事思想政治工作的人员要进行培训，不断提高他们的思想政治素质和政策、业务水平，并采取实际措施解决他们的待遇问题。

（30）完善政策导向，加强学校管理。在招生、毕业生就业、评奖评优、教师职务评聘、工资晋级和出国留学等方面，坚持德才兼备的原则。教师从事德育工作和参加社会实践的成绩，应与其他业务工作成绩同等对待。

要严格执行校规、校纪，教育学生遵守行为规范，建设健康的、生动的校园文化，树立良好的校风、学风，使学校成为建设社会主义精神文明的重要阵地。

（31）进一步转变教育思想，改革教学内容和教学方法，克服学校教育不同程度存在的脱离经济建设和社会发展需要的现象。要按照现代科学技术文化发展的新成果和社会主义现代化建设的实际需要，更新教学内容，调整课程结构。加强基本知识、基础理论、基本技能的培养和训练，重视培养学生分析问题和解决问题的能力，注意发现和培养有特长的学生。中小学要切实采取措施减轻学生过重的课业负担。职业技术学校要注重职业道德和实际能力的培养。高等教育要进一步改变专业设置偏窄的状况，拓宽专业业务范围，加强实践环节的教学和训练，发展同社会实际工作部门的合作培养，促进教学、科研、生产三结合。

要逐步改革和完善升学考试制度，稳步推进小学毕业生就近入学、初中毕业生升学考试、高中毕业会考和高考制度的改革。

（32）建立各级各类教育的质量标准和评估指标体系。各地教育部门要把检查评估学校教育质量作为一项经常性的任务。要加强督导队伍，完善督导制度，加强对中小学学校工作和教育质量的检查和指导。对职业技术教育和高等教育，要采取领导、专家和社会用人部门相结合的办法，通过多种形式进行质量评估和检查。各类学校都要重视了解用人单位对毕业生质量的评估。

（33）学校教材要反映中国和世界的优秀文明成果以及当代科学技术文化的最新发展。中小学教材要在统一基本要求的前提下实行多样化。提倡各地编写适应农村中小学需要的教材。职业技术学校要逐步形成配套的教材系列。高等学校教材要在积极扩大种类的同时，不断提高质量，加强理论与实际的联系，力求思想性与科学性统一。

（34）进一步加强和改善学校体育卫生工作，动员社会各方面和家长关心学生的体质和健康。各级政府要积极创造条件，切实解决师资、经费、体育场地、设施问题，逐步做到按教学计划上好体育与健康教育课。

重视国防教育，增加国防观念。继续组织高等学校、中等专业学校和高级中学学生参加多种形式的军事训练。各级教育部门、军事部门和学校要统筹安排，认真组织实施。

（35）美育对于培养学生健康的审美观念和审美能力，陶冶高尚的道德情操，培养全面发展的人才，具有重要作用。要提高认识，发挥美育在教育教学中的作用。根据各级各类学校的不同情况，开展形式多样的美育活动。

（36）加强劳动观点和劳动技能的教育，是实现学校培养目标的重要途径和内容。各级各类学校都要把劳动教育列入教学计划，逐步做到制度化、系列化。社会各方面要积极为学校进行劳动教育提供场所和条件。

（37）全社会都要关心和保护青少年的健康成长，形成社会教育、家庭教育同学校教育密切结合的局面。家长应当对社会负责，对后代负责，讲究教育方法，培养女子具有良好的品德和行为习惯。新闻出版、广播影视、文化艺术等部门，要把提供有益于青少年身心发展的、丰富多彩的精神产品作为义不容辞的责任。在城镇建设中，要注意兴建科学馆、博物馆、图书馆、体育馆和青少年之家等设施，要制定和完善公共文化设施对学生开放和减免收费的制度。各级政府要认真贯彻《未成年人保护法》，采取严来厉措施，查禁淫秽书刊、音像制品，打击教唆、残害青少年的犯罪活动，优化育人环境。

（38）坚持党对学校的领导，加强学校党的建设，是全面贯彻教育方针，加强教育改革和发展，全面提高教育质量的根本保证。学校党组织要认真贯彻党的十四大精神，用建设有中国特色的社会主义理论教育全体党员和师生员工，深入研究学校改革和发展中的重大问题，坚持改革的正确方向。要加强党的基层组织建设，发挥党员的先锋模范作用，密切党员和群众的联系，带动群众推进改革。实行党委领导下的校长负责制的高等学校，党委对重大问题进行讨论并做出决定，同时保证行政领导人充分行使自己的职权。实行校长负责制的中小学和其他学校，党的组织发挥政治核心作用。

五　教师队伍建设

（39）振兴民族的希望在教育，振兴教育的希望在教师。建设一支具有良好政治业务素质、结构合理、相对稳定的教师队伍，是教育改革和发展的根本大计。要下决心，采取重大政策和措施，提高教师社会地位，大力改善教师的工作、学习和生活条件，努力使教师成为最受人尊重的职业。

（40）教育的改革和发展对教师提出了新的更高的要求。教师是人类灵魂的工程师，必须努力提高自己的思想政治素质和业务水平；热爱教育事业，教书育人，为人师表；精心组织教学，积极参加教育改革，不断提高教学质量。

（41）进一步加强师资培养培训工作。师范教育是培养中小学师资的工作母机，各级政府要努力增加投入，大力办好师范教育，鼓励优秀中学毕业生报考师范院校。进一步扩大师范院校定向招生的比例，建立师范毕业生服务期制度，保证毕业生到中小学任教。其他高等院校也要积极承担培养中小学和职业技术学校师资的任务。要制定教师培训计划，促进教师特别是中青年教师不断进修提高，使绝大多数中小学教师更好地胜任教育教学工作。到本世纪末，通过师资补充和在职培训，绝大多数中小学教师要达到国家规定的合格学历标准，小学和初中教师中具有专科和本科学历者的比重逐年提高。

高等学校师资培养培训工作要坚持立足国内、在职为主、加强实践、多种形式并举的原则。要充分发挥教学科研力量较强的高等学校在师资培训中的骨干作用。采取多种形式促进教师和社会的密切联系，聘请实际工作部门有较高水平的专家到校任教，加强高等学校之间教师的相互交流。要建立扶持和培养中青年骨干教师使中青年学术带头人脱颖而出的制度。

（42）改革教育系统工资制度，提高教师工资待遇，逐步使教师的工资水平与全民所有制企业同类人员大体持平。"八五"期间，教育系统平均工资要高于当地全民所有制职工平均水平，在国民经济十二个行业中居中等偏上水平，其中高等学校平均工资高于全民所有制企业职工平均水平。

要建立符合教育特点的工资制度和正常的工资增长机制，切实保证教师的工资水平随国民收入的增长逐步提高。要贯彻按劳分配原则，克服平均主义、论资排辈的倾向，使贡献大的、教学质量高的教师有更高的工资收入。改革过于集中统一的工资管理体制，在国家宏观调控的前提下，使地方、部门和学校享有自主权。国家规定教育系统工资制度的基本原则和基本工资标准，由各省、自治区、直辖市政府和中央主管部门，在不低于基本工资标准的前提下确定具体工资标准，不搞全国"一刀切"。学校具有调整内部工资关系、增加工资和学校基金分配的自主权。

（43）精简机构和人员，提高办学效益。适应面向21世纪的需要，必须走建设一支人员精干、素质优良、待遇较高的师资队伍的路子。要制订合理的学校人员编制标准，严格考核，精减人员，提高每一教师负担的学生人数。对超编人员，各级人事、劳动、教育部门和学校，要在政府统筹下，通过多种就业渠道妥善安置，使其各得其所，发挥所长。

（44）在住房和其他社会福利方面实行优待教师的政策。各级政府要制订切实可行的计划，尽快使城市教职工家庭人均住房面积达到当地居民的平均水平。在住房制度改革中，要对教职工住房的建设、分配、销售或租赁，实行优先、优惠政策，逐步社会化。教职工住房建设的责任在地方政府和主管部门，基建投资实行多渠道筹集的办法。地方政府和主管部门要增加对教职工住房建设的投资。"八五"期间，力争使学校教职工住房条件有明显改善。

各地逐步建立医疗、退休保险等方面的教师保障制度。

（45）地一步改善民办教师工作。目前农村学校存在大量的民办教师，是历史形成的。各地要改进民办教师工资管理体制和统筹办法，增加民办教师补助费，改善民办教师待遇，逐步使民办教师与公办教师同工同酬。对离职民办教师，给予生活补助，有条件的地方要逐步建立民办教师保险福利基金。师范院校要定向招收部分民办教师入学深造。各地要根据当地的实际情况，每年划拨一定数量的劳动指标，从优秀民办教师中选招公办教师。通过多种途径，逐步减少民办教师的比重。

（46）各级政府和学校，对优秀教师和教育工作者，要进行精神物质的奖励，对有突出贡献的教师要给予特殊津贴或奖励。并形成制度。提倡和鼓励各级政府、社会团体、企业和个人建立教师奖励基金。

六　教育经费

（47）改革和完善教育投资体制，增加教育经费。目前教育经费相当紧缺，不仅不能适应加快改革开放和现代化建设对人才的需求，而且也难以满足现有教育事业发展的基本需要。增加教育投资是落实教育战略地位的根本措施，各级政府、社会各方面和个人都要努力增加对教育的投入，确保教育事业优先发展。要逐步建立以国家财政拨款为主，辅之以征收用于教育的税费、收取非义务教育阶段学生学杂费、校办产业收入、社会捐资集资和设立教育基金等多种渠道筹措教育经费的体制。通过立法，保证教育经费的稳定来源和增长。

（48）筹措教育经费的主要措施：

——逐步提高国家财政性教育经费支出（包括：各级财政对教育的拨款，城乡教育费附加，企业用于举办中小学的经费，校办产业减免税部分）占国民生产总值的比例，本世纪末达到百分之四，达到发展中国家八十年代的平均水平。计划、财政、税务等部门要制定相应的政策措施，认真加以落实。

——各级政府必须认真贯彻《中共中央关于教育体制改革的决定》所规定的"中央和地方政府教育拨款的增长要高于财政经常性收入的增长，并使按在校学生人数平均的教育费用逐步增长"的原则，切实保证教师工资和生均公用经费逐年有所增长。要提高各级财政支出中教育经费所占的比例,"八五"期间逐步提高到全国平均不低于百分之十五。省(自治区、直辖市)本级财政、县(市)级财政支出中教育经费所占比例,由各省、自治区、直辖市政府确定。乡(镇)财政收入主要用于发展教育。

——进一步完善城乡教育费附加征收办法。凡缴纳产品税、增值税、营业税的单位和个人,按"三税"的百分之二至百分之三计征城市教育费附加;农村教育费附加征收办法和计征比例,由各省、自治区、直辖市政府制定。上述所征款主要用于普及九年义务教育。地方政府还可根据当地教育发展的实际需要、经济状况和群众承受能力,开片其他用于教育的附加费。

——提高非义务教育阶段学生学费标准,同时按不同情况确定义务教育阶段学校杂费收费标准。学费和杂费收取标准和办法,由省、自治区、直辖市政府和直接管理学校的中央业务部门考虑群众承受能力确定。要加强收费管理,严禁乱收费。要创造条件,鼓励和支持学生参加勤工俭学,对家庭确有困难的学生,可减免学杂费或提供贷学金。

——继续大力发展校办产业和社会服务,逐步建立支持教育改革和发展的服务体系,各级政府和有关部门要给予优惠政策。

——鼓励和提倡厂矿企业、事业单位、社会团体和个人根据自愿、量力原则捐资助学、集资办学,不计征税。欢迎港澳台同胞、海外侨胞、外籍团体和友好人士对教育提供资助和捐赠。各级政府要加强对集资工作的统筹管理。

——运用金融、信贷手段,融通教育资金,支持校办产业、高新科技企业以及勤工俭学的发展,开办教育储蓄和贷学金等业务。具体办法由国家教委会同有关部门制定。积极开展教师退休养老基金、医疗保险基金等项工作。

(49)重视解决各级各类学校,特别是中小学、职业技术学校仪器设备、教科书和图书资料短缺的问题，增加用于购置仪器设备和图书资料的资金。各级政府对教科书及教学用图书资料的出版发行和教学仪器设备的生产、供应，实行优先、优惠的政策。

继续加强学校危房改造工作，凡属危房不得使用，由当地政府负责限期解决。学校房屋倒塌造成师生伤亡事故的，要追究当地政府主要负责人的责任。坚决制止占用学校校舍和运动场地，保证学校活动正常进行。

（50）各级教育部门和学校必须努力提高教育经费的使用效益。要合理规划教育事业的规模，调整教育结构和布局，避免结构性浪费；要坚持艰苦奋斗、勤俭办学的方针，建立健全财务规章制度，加强财会队伍建设。各级财政和审计部门要加强财务监督和审计，共同把教育经费管好用好。

社会保障制度[*]

(1995年10月26日)

社会保障制度是维护社会安定、关系到广大人民群众切身利益的一项经济社会制度。社会保障制度改革是当前改革的重点之一。党的十四届三中全会通过的《中共中央关于建立社会主义市场经济体制若干问题的决定》(以下简称《决定》),就社会保障制度改革的目标、原则作了明确规定。如何贯彻和落实这个《决定》,1994年以来,我同有关部门、理论界的专家、学者们进行了多次座谈,并到一些地区做了调查研究。这里,我将思考中的一些意见和看法拿出来,供同志们参考。

一 社会保障制度的历史沿革

社会保障是一项维护社会安定,促进经济发展,关系到全社会成员切身利益的经济制度和社会制度。社会保障制度是工业革命和社会化大生产的产物,起始于社会救助。英国自从走上工业化道路之后,农民大批流入城市,城市贫民剧增;同时,工人阶级队伍迅速壮大,工人运动日益发展。在这种背景下,英国于19世纪30年代颁布了《济贫法》,从工人阶级创造的剩余价值中提取一部分救助贫民。一项发挥社会保障作用的新的经济社会制度开始产生。

---

[*] 这是李铁映同志在武汉、杭州社会保障制度改革培训班上的讲话。

19世纪晚期，德国工人阶级为争取自己的经济利益和劳动权益，与资产阶级展开了长期的斗争。为了缓和阶级矛盾，瓦解工人自助组织，德国颁布了强制性的社会保险法规。以后欧洲许多国家纷纷效仿。社会保险的诞生标志着社会保障制度进入了新的发展阶段。

1933年，美国总统罗斯福为了摆脱经济危机，缓和劳资矛盾，提出由国家出面实施社会救助、社会保险和社会福利。美国国会1935年通过了《社会保障法》，联邦政府设立了社会保障署。以此为标志，比较完整的现代社会保障制度体系诞生了。

第二次世界大战以后，迫于社会主义阵营的存在和国内阶级斗争的压力，西方国家推行了福利主义的社会保障制度。英国首先宣布建成公民"从摇篮到坟墓"均有保障的"福利国家"，接着西欧、北欧、北美、大洋洲和亚洲发达国家都陆续宣布实施"普遍福利"政策。与此同时，东欧和亚洲的社会主义国家仿照苏联模式，实行了所谓工人阶级最保险的社会保障，即国家保险的模式。到现在，已有160多个国家和地区建立了不同类型的社会保障制度。

进入20世纪七八十年代后，发达国家社会保障标准居高不下，养成了社会成员对国家的依赖性，国家财政负担沉重，"普遍福利"政策先后遭到挫折，纷纷开始了不同形式的改革。

我国的社会保障制度是在战争年代供给制基础上建立起来的，大体上经历了四个阶段。

第一阶段，从新中国成立初期到1966年。这是我国社会保障制度创建阶段。1951年国家颁布了《中华人民共和国劳动保险条例（草案）》，其内容包括疾病、受伤、生育、医疗、退休、死亡待遇和待业救济等项目。之后又颁布了一系列政策法规。当时全国总工会是全国劳动保险事业的最高领导机构，劳动部是全国劳动保险工作的最高监督机关。劳动保险金一部分由企业直接支付，一部分由全国总工会统筹。社会保障制度对恢复和发展国民经济、保证人民的基本生活和巩固人民民主专政起了重要作用。

第二阶段，1966—1976年。在十年"文革"中，社会保险工作遭到严重的挫折和破坏，管理机构被撤销，工会组织被迫停止活动，退休费用社会统筹被取消，社会保险变成了企业保险。

第三阶段，从1978年党的十一届三中全会到十四大。随着改革开放的深入发展，我们开始把社会保障制度的建立和改革作为经济体制改革的一项重要内容进行研究和推进。1984年，部分地区开始探索养老保险制度改革，在国有企业和大部分城镇集体企业中推行了养老金社会统筹，确定实行职工个人缴费制度。一些地区还大胆探索了社会统筹与个人账户相结合的制度。机关事业单位和部分农村也进行了养老保险制度改革的试点。

1988年，李鹏总理在七届人大一次会议《政府工作报告》中指出，要加快社会保障制度的改革，建立和健全各类社会保险制度，逐步形成具有中国特色的社会保障制度。1990年，李鹏总理在多次批示和讲话中指出，住房制度、保险制度、医疗制度三项改革在今后的10年内要放在重要位置。这三项改革都直接关系到人民的切身利益。

第四阶段，从党的十四大开始。党的十四大政治报告在第一次提出建立社会主义市场经济体制的同时，也第一次明确把深化社会保障制度改革作为经济体制改革的四个重要环节之一。十四届三中全会通过的《决定》，进一步明确了建立新型社会保障制度的目标和原则。社会保障制度改革的步伐明显加快。

多年来，计划、财政、体改、工会、劳动、人事、民政、卫生等部门和保险公司，为建立健全我国的社会保障制度做了大量工作，基本保证了社会稳定和经济发展对社会保障提出的要求。随着建立社会主义市场经济体制目标的提出，这些部门的同志们认真调查研究，总结经验，根据本部门多年工作的实践，提出了很多好的改革建议，有些已被中央采纳。目前全国城镇企业职工养老保险制度改革试点工作按国务院的部署，已在全国全面展开；医疗制度改革正在九江、镇江试点。失业保险、工伤保险、生育保险，以及社会救济、社会福利、优抚安置、社会互助和商业保险等社会保障各个项目的改革都在不同程度、不同层次上展开。

这些充分说明了党中央、国务院对建立社会保障体系的重视和加快社会保障制度改革的决心。为搞好社会保障制度改革，我们的各级干部，特别是各级城市政府的主要负责同志以及从事这项改革的同志，要真正搞清楚社会保障制度改革的目的、意义，改革的目标和原则，搞清楚为什么要改和如何改的问题，搞清楚一些重大关系问题和理论问题。

二 社会保障制度的重要作用和地位

社会保障制度是一个国家经济社会制度中不可缺少的重要组成部分。社会是由人组成的，每个人在其一生中都需要衣、食、住、行，都要面临生、老、病、死、伤、残、失业等风险，而这些风险仅靠个人和家庭力量是难以抗拒和承担的，所以客观上要求建立起在个人责任基础上的社会互济保障制度。不同社会制度的国家尽管建立和完善社会保障制度的目的和方式不同，但都把社会保障作为发展经济、维护社会安定的一项基本的社会制度。在我国，劳动者是国家的主人，享受社会保障是《宪法》规定的一项基本权利。社会保障制度作为现代社会的一项基本制度，必然带有社会的基本特征和属性。

社会保障制度也是社会主义市场经济体制的重要组成部分，体现经济体制的基本要求。社会保障制度的建立健全直接关系到本世纪末社会主义市场经济体制基本框架能否基本确立。比如，由于社会保障制度不健全，不同所有制企业之间的职工流动就极其困难，名副其实的劳动力市场也难以形成。

社会保障制度改革是深化国有企业改革的重要配套改革。现在国有企业转换经营机制所遇到的诸多矛盾和困难，如企业的破产、兼并，经济结构的调整，资本的合理流动，企业的竞争力提高和技术进步等过程中遇到的种种困难，社会保障制度不健全是一个重要的因素。这一点大家都看得很清楚。我们的企业中普遍存在一批富余人员，有人估计在20%—30%。机关和事业单位中同样存在这个问题。一些经济学家把这种现象叫作"隐性失业"。我把它叫作"过度就业"。人浮于事，"三个人的活五个人干"，企业的效率怎么能提高呢？新型的社会保障制度不建立健全，企业办社会问题就难以根除，企业的经营机制也不能根本转换。

加快社会保障制度改革是促进国民经济持续、快速、健康发展的需要。社会保障制度是社会的"稳定器"，同样也是经济的"稳定器"。它通过调整企业的负担比例，灵活运用社会保障基金，可以在经济"过热"时促进经济"降温"；在经济滑坡时促进经济增长。积累下来的社会保障基金是国家经济建设的重要资金来源，合理把握基金投向，有利于按照国家产业政策调整产业结构。良好的社会保障制度可促进劳动生产率的提高，是经济发展的"激励器"。

社会保障制度也是一种分配制度，是社会不同群体收入分配的"调节器"。它有助于实现从一部分人先富而最终达到共同富裕。

总之，从长远来看，社会保障制度将会直接影响一个国家、一个民族的发展进程。

三 社会保障制度的建立要立足于国情

我们正在建立的新型社会保障制度具有鲜明的中国特色。在建立过程中，要借鉴国外的经验，但更重要的是立足于国情。

（一）坚持从实际出发

我国是一个人口大国，生产力发展水平比较低，在世界上属于低收入国家。我国的人口现在已超过12亿，20世纪末将达到13亿，到21世纪30年代人口最高峰期可能要达到16亿。由于20世纪50—70年代出生了大量的人口，随着计划生育基本国策的实施，我国将比较快地进入老龄化社会。西方国家进入老龄化的过渡期大约为100年，而我国仅为25年。据预测，到2000年，我国65岁以上人口占总人数比例将达到7.4%，进入老龄社会。到2030年，退休人员将达到高峰期，届时退休人员将相当于在职人员的40%以上（1992年为17.6%），养老费用将相当于在职职工工资总额的44%（1992年全国平均支出费率为17.6%），远远超过了国际上普遍认为的20%—25%的警戒线。我国各地区的发展很不平衡，东南沿海和中西部内陆地区之间的差距相当大，近几年有的地区还有进一步拉大的趋势。目前农村人口占74%。从这些特点出发，我们在建立社会保障制度的时候，既要考虑规范化和政策的统一性，又必须考虑政策的灵活性、适应性，切不可不顾具体情况，盲目地"一刀切"。既要照顾到眼前，又要考虑到长远。现在不搞预筹积累，将丧失机遇。

我国最基本的国情就是还处在社会主义初级阶段，大力发展生产力是第一位的事，一切工作都要以此为出发点和落脚点。

（二）社会保障水平要适应生产力发展的水平

我们建立新的社会保障制度的根本目的是提高生产力。过低的保障水平损害劳动者积极性，不是社会主义。无所不包的"大福利"搞不下去，高福利更不能搞，只有从基本国情出发保障基本生活水平。比如，目前就没有能力把农民都纳入到社会保险中来；即使对城市职工，国家法定的社会保险的水平也不能过高。更进一步的保障需要根据每个企业、每个人的情况，由商业性保险去补充。

从国内外的经验教训来看，高福利和平均主义都已是穷途末路。第二次世界大战后，西方国家社会福利逐步攀升，财政负担越来越重，由此引发了许多社会问题和政治问题，过去宣扬的"普遍福利"政策现在已难以为继。据统计，1960—1990年，包括西方主要发达国家的经济合作与发展组织（OECD）成员国，社会保障开支占国内生产总值的比重从7%上升到15.4%；医疗保健开支的比重也翻了一番，从3.9%上升到7.8%；新增政府公共开支中，有25%左右用于支付养老金。社会保障费用负担过重，形成庞大的预算赤字。

现在西方国家的一些经济学家也认识到，社会保障福利化的趋向不仅不能提高劳动生产率，而且滋长了社会惰性，养了懒人。"福利国家"使再分配的份额越来越高，必然导致劳动生产率的下降，从机制上使社会保障的经济源头逐渐枯竭。

我举一个例子。德国《失业保险法》规定，每周工作不到18小时即可视为失业。只要失业者在失业前三年缴纳了满一年的失业保险费，就可以在失业时领取失业保险金，最长可以领取两年零八个月。领取的标准可以相当于其就业时净工资（即缴纳所得税和各种税费后）的2/3。这种制度无形中抑制了失业者再就业的迫切愿望。德国社会福利开支占国民生产总值的比重逐年上升，1985年之后已达30%左右。1961—1990年，德国国民生产总值每年增长4.4%，而福利支出每年增长4.7%，过大的福利开支已对国民经济产生消极影响。

（三）必须坚持权利与义务相统一

目前，我国的社会保障费用个人支付很少，国家和企业包揽过多，已不堪重负，也使劳动者缺乏自我保障的意识和责任。据测算，1993年全国社会保障福利费支出1858.9亿元，住房支出1300多亿元，两项合计占职工工资总额的67.8%，占国民生产总值的10%。其中职工个人负担比例很小。比如职工工资支出中，养老只占2%，住房只占6%。个人的权利与义务明显不对应。建立新体制，应减少目前国家代个人承担的风险和支出。

一般认为，社会保障支出是国家对国民收入直接进行的再分配，这是不准确的。社会保障资金中，有的属国民收入再分配，比如，由财政集中再支出的社会福利、社会救济、优抚安置和国家为公务员支付的社会保险等；也有的属初次分配，比如，社会保险中企业为员工支付的部分，已被视为工资的延续和收入的积累。对社会保险，特别是养老保险，要更多地强调个人的参与，使大部分人群摆脱对"再分配"的依赖，靠自己的钱投保，"攒钱养老"。靠劳动积累进行自我保障，在自我保障的基础上发挥社会保险互济的功能。社会主义的优越性体现在全社会成员的互相关心和互助、互济上，体现在富裕地区对不发达地区的支持上，体现在根本利益的一致上。搞社会主义是为调动积极性，创造积极性，平均主义、"大锅饭"伤害积极性，不是社会主义。把社会保障完全由国家和企业包下来看成是社会主义的一个特征，是一种误解。

（四）必须坚持效率和公平相结合

社会保障的不同项目体现公平与效率的程度不相同。社会救济、优抚安置和部分社会福利事业支出主要由国家财政负担，凡符合条件者可以无偿使用，体现公平的原则；社会保险的主要项目，坚持"效率优先，兼顾公平"的原则，实行个人、企业、国家三方负担。职工享受的社会保险水平，既要能保障职工的基本生活，又要与个人缴费多少挂钩，以激励职工的劳动积极性，提高效率。商业保险则遵循效率原则。

目前，世界多数国家都在探索社会保障制度改革问题。一些国家将自我保障、自我储存融入了社会保险，把社会保障制度建立在自我劳动积累保障的基础上，使大部分人从依赖国家再分配的"大锅饭"中解脱出来；同时社会保险的互济机制又弥补了自我保障、家庭保障的不足。

我国是发展中国家，又处在建立社会主义市场经济体制的改革阶段，为了增强个人参与和自我保障意识，激励劳动者勤奋工作，新制度规定，职工工资收入的一小部分要投入保险，长期储存积累，在职工日后不再工作时，给予经济上的补偿。这样，在年轻时，劳动好，收入多，不仅现在生活好，由于交的保险费多，将来退休后生活仍然会好，可以保障幸福的晚年。

社会保障不仅是社会制度，也是经济制度。当前，要更多地从建立激励经济发展的机制这一角度考虑问题。衡量新的社会保障制度是否更具生命力、更具优越性，只有一个标准，这就是生产力标准。我们建立社会保障制度，目的是实现社会安定，发展经济，提高社会生产力。效率是公平的基础，任何损害社会效率的行为终将损害公平；同样，损害公正、合理和公平，也终将损害效率。公平与效率不是截然对立的。政策对了，制度对了，公平与效率可以同时提高。比如，对基础教育实行义务教育，人人有份，机会均等，是公平；同时每个人都受教育，提高了国民素质，进而也就提高了效率。

高福利、大福利不是公平，"大锅饭"不是公平，不劳而获不是公平，平均主义也不是公平。公平不能狭义地理解为数量上的完全相等。公平是权利的平等，是在法律面前的平等，是机会的平等。按劳分配也是公平。分配的公正、合理、公平可以激励劳动，提高效率，进而达到更高水平的公平。

需要特别指出的是，我们这次进行的社会保障制度改革，目的在于建立起新的社会保障制度。一定要打破"大锅饭"、平均主义，提高对经济发展的保障和激励作用。保障水平的提高则是由生产力发展水平决定的。

总之，选择什么样的社会保障制度，首先要考虑到对劳动生产率提高的激励作用，考虑到我国生产力发展的实际水平。

四　社会保障制度改革的目标和原则

按照十四届三中全会《决定》的精神，我国社会保障制度改革的目标是：到 20 世纪末，基本建立起适应社会主义市场经济体制需要的资金来源多渠道、保障方式多层次、权利和义务相对应、管理和服务社会化的社会保障制度。

实现上述目标，建立起符合社会主义市场经济要求的社会保障制度，必须坚持以下几项原则。

（一）政策、机构统一的原则

社会保障的基本政策和制度要统一，管理要法制化，要健全社会保障的各项法律、法规，强化执法和监督检查，使社会保障制度的运作有法可依，依法保障。目前社会保障管理体制不顺，多个政府部门管理和经办社会保障，机构重叠，自成体系，业务交叉，成本上升，资金分散，并造成政策不统一。这种局面不利于社会保障事业的发展，要按十四届三中全会《决定》的要求，建立统一的社会保障管理机构，提高社会保障事业的管理水平。

（二）政事分开的原则

政府行政管理和保险基金营运管理分开，执行和监督机构分设。

社会保障管理机构主要是行使行政管理职能，管政策、管制度、管标准、管监督，不直接管理资金的收缴和营运。社会保障基金的营运由社会机构依法经办，受政府和社会监督。目前一些地方在资金管理和经营方面政企不分，挪用、滥用社会保障金的问题要尽快解决。

（三）服务社会化的原则

要改变现有社会保险的管理和服务基本由企业承担的"企业保险"状况，将目前各部门、各单位分散管理逐步转为统一的社会化管理，将目前企业承担的社会保障事务性工作转为社会化服务。这有助于缓解新老企业间、不同行业企业间负担畸轻畸重问题，保证企业在市场上平等竞争。

（四）普遍覆盖的原则

社会每个成员一生中都不可避免地会遇到养老、医疗等问题，同时也有义务与其他成员共同承担意外事故风险。因此，社会保障应该覆盖社会全体成员，并实行属地管理。现行的社会保险只覆盖国有、集体单位的8000多万职工，城镇的其他劳动者（部分集体企业职工、个体经营者、私营企业雇员和外商投资企业的职工等共8300多万），大多数还没有实行社会保险制度。这种状况亟待改变。

（五）城乡有别的原则

现阶段我国城乡之间在生产力水平、就业结构、收入水平和消费方式等方面差别很大，因此，在保障形式、标准等方面，城乡之间要有所区别。广大农村在近期尚不具备实行社会保险的条件。但在群众生活温饱有余、基层组织健全的地区，可采取农民自愿和政府组织引导相结合的办法，积极稳妥地发展农民养老保险。

（六）逐步建立的原则

新的社会保障制度的建立要经过几代人的努力，在新制度建立过程中，要有过渡的措施，以保证社会安定。目前，可根据离退休职工、新就业职工和工作一定年限职工不同情况，采取不同的措施，逐步过渡到新体制。

（七）多方共办的原则

社会保障制度的各个项目均鼓励社会、企业、机构、家庭、个人出力支持兴办。要广泛动员社会一切力量，改变国家、企业包揽一切的局面。

中华民族具有独特的文化传统。家庭观念强是一大特色。在建立新的社会保障体系时，要积极探索家庭保障的有效形式。充分发挥家庭的保障作用，对提高保障水平、稳定社会，具有特殊意义。

五 关于我国社会保障制度的基本框架

十四届三中全会《决定》指出，我国社会保障体系包括社会保险、社会救济、社会福利、优抚安置和社会互助、个人储蓄积累保障。

社会保障体系有不同的分类。有按筹资方式划分的，有按项目划分的。我将两者结合起来，按筹资方式、保障目标分类，我国社会保障体系大致由三大块构成，其中含13个项目。一块是由国家财政支撑的保障项目，包括社会救济、社会福利、优抚安置、社区服务4项；一块是由国家法律强制实行的社会保险，包括养老、失业、医疗、工伤、生育保险和住房保障6项，这是社会保障体系的主体部分；一块是遵循自愿原则，营利性的商业保险，包括个人投保、企业投保和互助性保险 3 项，这是社会保险的最主要的补充。

（一）关于国家财政支撑的社会保障项目

在我国，社会救济、优抚安置、社会福利主要是由国家财政支付资金，属于国民收入再分配的范畴，体现国家对达不到基本生活水平的人群及特殊人群应尽的救助责任，体现公平的原则。

1. 关于社会救济

社会救济的目标是扶危济困，救助社会弱势群体。其对象主要是低收入人群和困难人群。低收入人群指在有生之年不可能通过自己的劳动达到基本生活水平的人群，如残疾人、鳏寡孤独老人等。困难人群指因天灾人祸等暂时达不到基本生活水平的人群，如孤儿、长期失业者等。国家通过救济，使他们获得最基本的生活条件。据统计，全国全年救济人口约 8669 万人，救济费支出约 6 亿元。实施社会救济是为了在短期内消灭绝对贫困现象，同时在中长期内尽可能地减少相对贫困。这是实施社会保障的最低要求。

2. 关于优抚安置

优抚安置属于国家的特殊保障。对象是对国家和人民有功的人员，一般是指军烈属、伤残军人、退伍义务兵和志愿兵等。

目前全国有优抚对象 3900 万人。其中国家优抚对象 396 万人，1993 年国家共发放抚恤费 20.1 亿元，军烈属优抚金 13.2 亿元，基本保障了他们的生活。每年我国有安置对象 60 万人，新中国成立以来已有 3000 万复员退伍军人得到妥善安置。

优抚工作的基本原则是全面贯彻"思想教育，扶持生产，群众优抚，国家抚恤"的优抚方针，坚持走"国家、社会、群众三结合"的道路。安置保障要逐步走向依靠法律手段保障，采取行政手段调控，通过经济手段搞活的路子。逐步建立征兵、退伍、安置相衔接，育才、荐才、用才相协调，计划建房、接收安置、服务管理相联系，政府行为、社会行为、市场行为相结合的安置保障体系。保障的目标应高于当地群众平均生活水平，并建立优抚标准随经济发展逐步提高的机制。

3. 关于社会福利

社会福利保障的对象是无依无靠的孤老残幼、精神病人等。到1993年年底，全国社会福利院已达43681个。兴办各类福利企业56843个，安置残疾人84.2万人，分别按比例安置就业140万人，个体就业20万人。全国残疾人就业率达60%以上，大城市达80%以上。

社会福利工作要进一步改革由国家包办的局面，广泛动员和依靠社会力量，探索政府资助、社团经办、企事业单位入股合办、法人承包等多种形式，使福利事业单位逐步向民办公助、法人管理的方向发展。

4. 关于社区服务

社区服务对社会保障具有重大意义。社区服务组织主要是在各级政府的支持、鼓励下，人民群众自己组织起来为自己和社会服务的组织，受到国家的经济支持和法律的保护。社区在民政部门的管理下，多年来为离退休者及老、弱、疾、残、鳏寡孤独者提供了大量的社会保障服务，对社会安定做出了巨大贡献。社区服务的发展目标是，在城市基本建立起与经济发展水平相适应、社会共同参与、多种经济成分并存、标准有别、服务质量较高、服务效益较好的社会福利服务网络，逐步实现社区老有所养、幼有所托、孤有所抚、残有所助、贫有所济、难有所帮。社区服务业的政策要逐步系统化，管理逐步法制化。

到1993年年底，全国正式登记注册的社区志愿组织54380个，专业服务队伍41.4万人，志愿者人数315.4万人，社区福利服务实体2584个，累计产值81.7亿元，接受社区服务的居民达7000

万人。

随着城市化步伐的加快,城乡的主干家庭日益分化为核心家庭。为了适应城镇双职工负担过重的状况,社区应当大力组织居民亲属邻里相互守望、彼此照应、互助的服务网络,以社区的作用弥补独生子女无暇照顾老人的缺陷,开展以家庭为主的社会互济互助保障。在经济方面可以由亲属资助投保者缴费,把个人储蓄性保障与家庭保障结合起来。

(二)关于国家、单位、个人三方承担资金的社会保险项目

目前我国社会保险包括养老保险、失业保险、医疗保险、工伤保险和生育保险。社会保险均由国家立法,强制实施。"九五"期间改革的重点是城镇企业养老、失业和医疗保险制度。

1. 关于城镇养老保险制度改革

目前我们试行的社会统筹和个人账户相结合的城镇职工养老保险制度改革,是多年来养老保险制度改革的继续和深化。改革主要有七个方面的内容。

(1)职工基本养老保险的范围要从目前仅限于国有企业职工、部分集体企业职工逐步扩大到城镇全体职工,包括国有企业职工、城镇集体企业职工、股份制企业职工、外商投资企业中方职工、私营企业员工、城镇个体工商户帮工。城镇个体工商户本人、私营企业主、自由职业者也应参加政府统一组织的养老保险。

(2)职工基本养老保险费用由单位和个人共同负担(由于企业缴纳的保险在税前列支,相当于国家承担了一部分)。随着经济发展,在理顺分配关系,加快个人收入工资化、工资货币化进程基础上,逐步提高个人缴费比例。在当前个人缴费为本人工资2%—3%的基础上,争取每两年增加一个百分点,最终达到由企业和个人各负担一半左右。

（3）合理确定保障水平、筹资水平和积累率。根据我国的实际情况，随着经济的发展、职工收入的增加和补充养老保险、个人储蓄性保险的发展，基本养老金替代率（即养老金相当于工资水平的比例）在60%左右水平比较合适。

根据测算，一个职工每月由单位和个人按本人工资的16%左右缴纳养老保险费，35年工作期储存的本金和利息可以为退休后支付18年养老金，养老金替代率为60%左右，能够保障退休职工的基本生活。因此，基本养老保险个人账户可按职工工资收入的16%左右记入。需要指出的是，合理调整替代率并不意味着养老保障水平下降。这是相对比例的合理调整，绝对数随着经济的发展是上升的。由于还有其他的保障项目，如企业和个人的补充保险等，实际生活水平也将随着整体水平的提高而提高。

为顺利渡过人口老龄化高峰，我国不宜实行现收现付制。据预测，到2033年，我国城镇60岁以上人口数占总人口数的比例将达到22.06%这一最高值，届时养老费用将占工资总额的39.27%。这样高的费率是企业难以承受的，会造成养老金的支付危机，严重影响经济发展和社会稳定。考虑各方面的负担能力，又不能实行完全积累制。据测算，按完全积累制，2000年养老保险费率将达34%，2004—2031年将一直保持在37%左右。此方式是"先苦后甜"，易于度过老龄化时期的支付困难，但起步时负担骤然上升，企业难以承受。从我国的国情出发，应该实行部分积累制，确定合适的积累率。在这个基础上，确定基本养老保险费企业和个人的缴纳比例。具体缴纳比例可以根据经济发展状况进行调整，这也是政府宏观调控的重要内容。

（4）参加基本养老保险的职工都要建立个人账户，实行社会统筹和个人账户相结合。这符合我国国情，切实可行。社会统筹和个人账户具体如何结合，1995年3月国务院《关于深化企业职工养老保险制度改革的通知》中部署了两个改革试点实施办法，这里我就不详细介绍了。

（5）为抵消通货膨胀的影响，保证退休人员的基本生活，建立退休人员基本养老金的正常调整机制。每年具体调整多少合适，有的专家建议，可按照当地上一年职工平均工资增长率的50%—80%调整；有的专家建议，按基本工资增长率的70%进行调整。

（6）建立职工基本养老保险、企业补充养老保险和个人储蓄性养老保险相结合的多层次养老保险制度。职工基本养老保险由国家立法强制实施；补充养老保险由企业在国家政策指导下，根据自身经济效益为本单位职工建立，主要体现不同单位的效益差别，企业可自主选择保险机构；个人储蓄性养老保险由职工个人根据经济能力和不同需求自愿参加。

（7）提高养老保险管理服务的社会化程度。强化社会保险经办机构的服务功能，由社会保险基金经办机构委托银行代发养老金。建立以社会化管理服务为主要形式的退休人员管理服务体系。增强社区服务功能，逐步实现离退休人员与原工作单位分离。目前，破产企业的离退休人员要优先实现社会化管理服务。

关于机关事业单位养老保险制度改革，考虑到历史的原因，国务院决定另行研究。

鉴于按行业系统统筹造成的矛盾较多，今后不再扩大实行范围，目前也暂不做改变，但是要按照社会统筹和个人账户相结合的原则进行改革。

这里，我强调一下为什么要实行社会统筹与个人账户相结合的问题。社会统筹与个人账户两者相结合既是建立新体制的目标模式，又是从旧体制进入新体制此消彼长的过渡模式。在改革起步时，个人账户实际积累比重较小，社会统筹的比重仍然相当大。已经退休和即将退休人员养老金资金来源仍然是靠企业、单位缴纳的统筹基金。对此，有些同志提出了"空账"问题。我认为，第一，现行的现收现支办法没有积累，本身就是"空账"。但准确地讲，应该是无账。这并不是新体制带来的。在旧体制下，职工在职时没有建立退休的预筹基金，全部留着空账，靠代际转移负担来解决资金空缺。第二，现在把个人的缴费进入个人账户积累起来就有了"实账"，这部分实账填补了原来的部分空账。它与旧体制全部空账比较，恰恰是减少了风险，而不是新增了风险。第三，现有在职人员在退休前，都处在积累过程中，不存在"空账"问题。这正如储蓄一样，钱存入银行，并不是钱存在库里不动用，银行每时每刻都在运用，但银行保证个人在支取时予以兑现。

解决养老无积累问题，理论界和一些实际工作者提出，在计划经济体制下，职工所创造的财富，除领取工资外，各项社会保障基金都以税利形式交给了国家，国家用于固定资产建设，因此部分社会保障基金凝结在国有资产中。可以考虑，从国有资产或土地出让收入中划出一块资金，补充保险基金的不足，这对改革和经济发展有益，可以不过多增加财政和企业的现实负担，并促使企业降低产品成本，加强经济核算，增强竞争力。但是如何操作实施，需要认真研究，通盘考虑，制订方案，充分论证后再进行决策。

上海市养老保险改革方案表明，随着时间的推移，老的一代退休人员相继去世，企业缴纳的统筹保险费，除划出少量社会统筹基金外，都可以进入职工的个人账户，逐步增加积累量，这样企业统筹费率较高的负担也可逐步降下来。

最近我委托体改所、《中国改革报》的同志对群众如何看待建立社会保障制度问题做了调查。调查反映，群众中对社会保障问题还存在一些模糊认识。如对为什么要个人支付一部分不甚理解。有些群众提出，几项个人缴费加在一块占工资比例较高（超过20%），应在增加工资的基础上进行；有些群众提出，要充分考虑不同地区、不同行业、不同企业、不同人群的现状，采取不同的办法；有些群众提出，个人账户要有保证、安全，计发办法应透明、简便易行，等等。这些意见都是很好的。

基本养老保险实行社会统筹和个人账户相结合是从我国国情出发，针对近几年养老保险制度改革面临的实际问题提出来的。目前上海市、深圳市、宁波市、武汉市都已经实行这项改革。这些城市选择社会统筹和个人账户相结合模式，是在认真比较了各种模式的基础上自己选择的。上海、武汉等还进行了全民讨论，具有广泛的群众基础。实行社会统筹和个人账户相结合，符合国情，是切实可行的。

第一，有利于建立起调动职工个人缴费积极性和促进职工勤奋工作的内在激励机制。目前养老保险基金收缴难，入不敷出，积累越来越少的问题严重。企业养老保险费的收缴率，1992年为94%，1993年降到86%，有的省不到80%。一些地方因为保险金收缴率低，不得不提高养老保险统筹比例，进一步加重了企业负担。一些困难企业缴不起，一些效益好的企业总感到多缴了吃亏；职工缴多缴少与个人利益不直接挂钩，总认为是为别人养老缴费。建立个人账户后，职工在观念上从原来为其他职工缴费，转变为为自己存钱养老，缴费与否，缴多缴少，都与个人今后的养老水平直接相关。个人缴费积累的资金所有权属于职工本人，数量直观，并可以按规定转移和部分继承。这就有利于增强职工的自我保障意识，促进职工勤奋工作。

第二，有利于督促企业缴费和加强基金管理。新体制下，职工和企业更加关心养老保险基金，有利于解决一些企业不缴、少缴，瞒报、少报工资基数的问题；有利于防止基金的挪用、滥用和实现保值、增值。

第三，有利于企业经营机制转换和劳动力的合理流动。实行个人账户后，职工工作调动、就业间断或工资改变，其在不同时期、不同单位储存的养老保险基金，都可以在个人账户上累计相加并转移账户。这为加快劳动力流动和促进劳动力市场发育创造了良好条件。

第四，社会保险主要项目都实行社会统筹和个人账户相结合的制度，有利于国家对负担能力、保障水平的综合规划和工资等其他改革综合配套，有利于基金的统一管理和调剂使用。

第五，社会统筹和个人账户相结合，既发挥了社会统筹共济性强的优点（寿命长短和收入高低之间都有互济），又发挥了个人账户激励作用强的优点。改革办法在个人账户的设计上也体现了统筹互济、保障公平的功能。如规定缴费的上限和下限；个人账户一部分以当地职工月平均工资为基数记入；个人账户储存额在早退休与晚退休、上代人与下代人之间仍可调剂使用，等等，把公平与效率很好地结合起来。社会统筹和个人账户相结合能适应我国不同地区之间、不同部门和不同所有制单位之间、城乡之间差别很大的情况，把基本模式的统一性与保障水平的差别性融为一体，是扩大养老保险覆盖面的有效途径。

目前农村养老以家庭保障为主，这是好的传统，也是我们的优势。家庭养老、赡养老人，不仅仅是道德伦理观念问题，也是一种制度，由经济发展水平、生产方式、生活方式决定，要继续发扬。在此基础上，可以根据各地的实际情况，发展其他多种养老形式，完善农村养老保障体系。比如，可以与社区扶持相结合。有条件的地方，根据农民自愿，也可以实行个人储蓄积累养老保险。参照城市职工养老保险办法，建立社会统筹和个人账户相结合的社会保险制度。现阶段的改革任务是逐步扩大农村养老保险试点。随着农村经济的发展，最终目标是依靠经济发展和农民收入提高，在农村普遍建立以自我保障为主与集体、国家扶持相结合的养老保险制度。

农村养老保险制度必须从农村的实际出发,有利于农村以家庭联产承包为主的责任制和统分结合的双层经营体制这项基本制度的稳定和完善。一定要农民自愿,有利于农村经济发展,切忌强迫、平调、摊派。

2. 关于失业保险制度改革

配合建立现代企业制度,当前重点是建立企业失业保险制度,重点解决好企业失业职工生活保障问题。

(1) 扩大失业保险的实施范围。把目前仅限于国有企业的失业保险,扩大到城镇国有、集体、股份制、私营企业职工和外商投资企业的中方职工。

(2) 失业保险基金统一筹集和管理。失业保险基金按照以支定收、留有适当储备的原则,统一标准,实行社会统筹。目前的方案是企业按照全部职工工资总额的0.6%—1%缴纳失业保险费。因为每个职工都可能因个人原因或企业、社会原因遭遇失业的风险,因此个人也应缴纳少量失业保险。

(3) 调整失业保险基金的使用结构。基金的绝大部分(至少在80%以上)应用于失业职工及其家庭。加强基金使用的社会监督。

(4) 切实做好失业救济工作。对参加失业保险的职工,凡属于非自愿性中断就业,并在失业前累计工作时间满一年的,进行失业登记后,都可按规定领取失业救济金,享受失业保险待遇。失业救济金的发放标准要适当提高,目前是按社会救济金的120%—150%发放,今后准备改成按当地法定最低工资的70%—80%发放,以便随着最低工资标准的调整及时调整失业救济金水平。失业保险待遇的给付期限按失业前工作时间的长短,划分不同档次,但最长不超过24个月,以后转入社会救济。

(5) 要做好失业救济和社会救济的衔接。失业救济期满尚未再就业的职工,符合社会救济条件的,由民政部门按照社会救济的标准提供社会救济。鉴于这部分人员已超出过去民政部门的救济对象范围，因此所需救济资金应由财政拨付。

（6）企业和社会都要开拓多种就业渠道，促进失业人员再就业。鼓励利用社会力量发展就业培训、职业介绍，用失业保险金有偿扶持适应市场需要的生产企业生产自救。资金使用注重经济效益和社会效益，要接受社会监督。

3. 关于职工医疗保险制度改革

职工医疗保险制度改革的目标是，建立社会统筹医疗基金与个人医疗账户相结合的社会保险制度，并使之逐步覆盖城镇所有劳动者。医疗保险的范围同养老保险一样，也是只保证基本医疗，不是也不可能把全部疾病治疗全包下来。有些疾病医疗和保健、延寿等费用，应投商业保险。

九江、镇江正在进行医疗改革试点的主要内容是：医疗保险费用由国家、单位、个人共同负担。职工个人缴纳的医疗保险费用（约占本人工资收入1%）和用人单位为职工缴纳的医疗保险的大部分（50%以上）计入个人账户，其余作为社会统筹。医疗费用首先从个人账户支付；不足时，个人负担小部分，从社会统筹基金中支付大部分。两江《试点意见》对加强医疗单位的制约和改善医疗服务，加强医疗保险基金的管理和监督都提出了改革措施。

医疗制度改革十分复杂，它不仅涉及每个职工的切身利益，还涉及整个医疗卫生体制改革。除医疗保险基金的筹集和支付方式改革外，还包括解决医院体制、医疗资源配置、医疗价格、医院管理、建立对医患双方的制约机制以及医疗卫生部门如何适应社会主义市场经济体制要求等问题。通过镇江、九江两个城市的试点，将进一步完善城镇职工医疗保险制度改革方案，扩大医疗保险改革试点的范围，逐步建立起符合我国国情的医疗保险和医疗卫生新制度。

农村合作医疗是指以农村居民为对象，通过不同的筹资方式和管理办法，实行集体与个人共同筹集医疗卫生专用基金，按一定比例补偿农民的医药及预防保健费用支出的各种形式的农村医疗保健制度。农村合作医疗制度改革必须从不同地区的农村实际出发。改革的目标是，从现在起到20世纪末，在我国农村地区全面推行初级卫生保健，大部分地区基本上建立起合作医疗保健制度。农村医疗保健制度不能走由集体全包下来的老路，也不能乱收费和挪用、滥用农民医疗保健基金。新时期建立农村合作医疗保健制度，要坚持"政府领导，集体扶持，多方筹资，因地制宜，量力而行，科学管理，民主监督"的工作方针。

4. 关于城镇企业职工工伤保险制度改革

改革的主要内容是合理确定待遇标准，保障工伤、患职业病的职工及其家属的基本生活，并对工伤者提供经济补偿。按照以支定收、留有适当储备的原则征收工伤保险费，形成社会统筹调剂的工伤保险基金，分散工伤风险。工伤评残、待遇支付和人员管理工作逐步从企业转向社会。工伤保险要与事故预防、职业康复相结合。工伤保险费的征收根据行业事故风险和职业危害程度规定差别费率，同时对各个企业进行安全考绩和年度费率浮动，运用经济手段和行政监督手段搞好工伤预防。职业康复是医疗的继续，也应纳入医疗改革中。医疗保险范围要打破"全民执行，集体参照"的旧格局，对所有城镇企业及其全部从业人员强制实行统一的工伤保险制度。

5. 关于城镇企业职工生育保险制度改革

生育保险改革的宗旨是维护女职工的合法权益，保障她们在生育期间享受休息、医疗保健和生育津贴等待遇。均衡企业生育费用负担，改变各企业、行业之间或地区之间，男女职工比例差异带来的生育费用负担畸轻畸重的状况，体现女职工生育的社会价值，促进女青年就业。

生育保险要改变目前覆盖面窄、社会化程度低的状况，使适用范围扩大到城镇企业全部从业人员。生育保险基金实行社会统筹,根据以支定收的原则,按照企业工资总额的一定比例提取。具体提取比例由当地政府确定,但最高不超过工资总额的1%。

6. 关于住房保障

长期以来形成的城市住房福利化中的问题很多,非改不可。就绝大多数城乡居民而言,住房制度改革方向是商品化、社会化。国家的住房保障并非覆盖全体居民,只能顾及城镇中低收入者。住房保障也是实行国家、单位、个人三方负担,由政府制定法规实施。

1994年发布的《国务院关于深化城镇住房制度改革的决定》(以下简称《房改决定》),全面阐述了我国城镇住房制度改革的总体思路。其内容可以概括为"三改四建"。"三改"即改变计划经济体制下的福利性的旧体制,包括:改变住房建设投资由国家、单位统包的体制为国家、单位、个人三者合理负担的体制;改变各单位建房、分房和维修、管理住房的体制为社会化、专业化运行的体制;改变住房实物福利分配的方式为以按劳分配为主的货币工资分配方式。"四建"即建立与社会主义市场经济体制相适应的新的住房制度,包括:建立以中低收入家庭为对象、具有保障性质的经济适用住房供应体系和以高收入家庭为对象的商品房供应体系;建立住房公积金制度;发展住房金融和住房保险,建立政策性和商业性并存的住房信贷体系;建立规范化的房地产交易市场和房屋维修、管理市场,从而逐步实现住房资金投入产出的良性循环,促进房地产业和相关产业的发展。

按《房改决定》规定,国家保障的部分主要体现于国家支持的社会保障商品住房体系,包括国家实施的"安居工程"。即根据城镇小康居住目标,对于中低收入者和住房困难户,实施经济适用住房的开发建设,提供适应其承受能力的社会保障商品住房。这类住房的用地靠国家无偿划拨,住房价格相当于成本或略低于成本,国家财政予以补贴。经济适用住房开发建设实行政事分开，不以营利为目的。进行国家安居工程试点的城市，要切实探索一条社会保障在住房领域得以实现的新路子，最终实现"居者有其屋"的目标。

（三）关于由单位、个人出资承担的商业保险项目改革

商业保险是营利性的。投保人有充分的自主权和选择权。商业保险包括个人投保、企业和单位投保、互助型保险三项。

适应社会需求多层次性的特点，当"雪中送炭"型的社会保险建立之后，"锦上添花"的需求则需要商业保险来满足。这也是社会保险的最重要补充，是今后大力发展的事业。

商业保险的特点，一是权利与义务的契约性。保险公司与投保人通过契约形式确定缴费标准和与之相对应的保障水平，政府对其仅予以政策扶持，不直接承担补偿责任。二是具有很强的灵活性和适应性。投保水平可高可低，投保人自由选择。险种可因人因地设置，适应不同的经济发展水平和生活水平，多投保多得益。三是商业保险公司在国家法规范围内自由竞争，可以提高效益，提高服务质量，提高投保人的经济补偿水平。

20世纪80年代中期以来，"福利国家"开始对社会保障制度加以改革。它们一般都着眼于紧缩福利待遇，并开始将社会保险的一部分向商业保险转化，大力发展商业保险。政府鼓励建立企业年金计划，鼓励个人去商业保险公司购买私人年金保险，即个人储蓄性保险，因而商业保险得到长足的发展。

例如，美国专业人寿保险公司就达2200多家，另有综合性保险公司1000多家，寿险保费年收入2000亿美元。另外，美国目前约有5000万名在私营部门工作的雇员参加了公司发起的私营养老计划，即购买商业保险，人数占私营部门雇工总数的近50%；在40—60岁的工人中，参加私营养老计划的人多达70%。私营养老金被视为社会安全养老金的一项重要补充。美国私营养老金的资产目前已达3万亿美元,超过了银行资产,掌握着全国1/3的股票,成为美国国内资本的重要来源。

我国目前的商业保险还很不发达,竞争性、选择性不强,也不够规范。全国性的商业保险公司只有3家,其中与社会保障关系密切的人寿保险业务直到20世纪80年代才开始建立。至1993年底,我国各保险企业人寿保险费收入总和尚不到全国保险费总收入的40%。中国人民保险公司人寿保险10年来收入只有193亿元,其中还包含很大一部分地方统筹的社会保险基金。这种情况对于我国这个世界人口之冠的大国来说是极不相称的。

展望社会主义市场经济的发展前景,商业保险作为社会保险最重要的补充,是有很大发展潜力的。这一方面可以满足不同收入者对社会保障的不同需求,另一方面也可以通过分散投保分摊风险。鼓励有条件的单位为职工购买商业保险,这既有利于增加企业的凝聚力,又有利于把一部分消费基金转化为生产基金。

在这一领域,我国完全可以大胆地借鉴发达国家兴办商业保险的经验,解放思想,转变观念,鼓励竞争,打破垄断,有计划地发展一批规范化的保险公司,在养老、医疗、人身等人民生活的方方面面和经济发展的各个领域,积极开设多种险种,适应经济发展和不同层次收入人群的多方面保险需求。目前境外商业保险机构有大举进入我国保险市场的势头。我们要利用外国商业保险公司尚未占领我国商业保险广阔市场的宝贵的时机,大力振兴民族商业保险事业。

六 抓住机遇,积极稳妥地进行社会保障制度改革

建立具有中国特色的社会保障制度涉及方方面面,是一项重大

的社会系统工程，难度很大。但当前的机遇也是难得的，改革开放为完成这一历史重任创造了良好的条件。

我国经济持续、快速、健康发展，为加快社会保障制度改革奠定了坚实的物质基础。1995年上半年，城乡居民储蓄余额已超过2.6万亿元，加上手持现金和其他有价证券等，个人金融资产已达4.3万亿元。这十分有利于推行个人缴费办法。经济和个人收入增长都较快，是建立新的社会保障制度的最好时机。

我国城镇现行的社会保障制度的覆盖范围主要是国有单位的职工，包括国有企业和机关、事业单位职工。随着改革开放，国有单位人员占城镇人口的比例相对降低，非国有经济迅速发展，个体、私营以及外商投资企业等非国有单位的劳动者增长较快。这部分劳动者的社会保障大部分还未纳入到现行制度下，而且大多年轻，收入较高，经济承受能力强，依靠国家和企业保障观念弱，完全可以直接进入新体制。

目前社会保障制度改革的大气候已经形成。党中央、国务院对这项改革决心很大，广大群众对这项改革的承受能力大大增强，个人参与社会保障的观念有了很大转变，并且有了十几年社会保障制度改革探索的实践和经验，所以加大社会保障制度改革的力度，加快改革的步伐是完全有条件的。

建立具有中国特色的社会保障制度，全过程要着眼于机制转换，建立新体制。从旧体制进入新体制是一个较长时间的过渡过程。抓好这个过渡是当前工作的关键。上海等地提出的"老人老办法，新人新办法，中人中办法"是一个创举。

"老人老办法"指已退休或快要退休的职工基本上按现行社会统筹的老办法实施。"新人新办法"指改革后新参加工作的职工，一开始就进入新体制，建立个人账户；按新机制运行，将来退休时，按个人账户储存额按月计发养老金。"中人中办法"是指对社会保障制度改革前参加工作，改革后开始个人缴费，建立个人账户，达到法定年龄退休的职工，实行过渡办法。目前在职职工绝大部分属于这部分。处理好"中人中办法"是实现新旧体制平稳过渡的关键。上海实行的"中人中办法"是将职工实施新办法以前的工作年限视同缴费年限，以职工个人账户中的储存额推算出全部工作年限的储存额，然后按月计发养老金。

"中人中办法"指在统一原则下，各地具体实施办法可有所不同，待继续探索试行一段时间后，再总结经验，做出统一规定，通过立法规范化地实施。

建立社会保障制度，离不开各级领导的支持和具体方案的组织实施。我想主要是抓好以下几项工作。

（一）加强领导，抓好试点

社会保障制度的改革是政策性很强的工作，涉及亿万人的切身利益，涉及许多部门，加之我们国家大，人口多，家底薄，发展不平衡，情况复杂，因此亟须加强对这项改革的领导。各级政府应把社会保障制度改革列入重要议事日程，加强研究，抓好试点工作。

社会保障制度改革的重点是养老、医疗保险，热点是个人账户，难点是资金的积累。在这些方面，各地要大胆试验，在试点中创造出一些切实可行的有益经验。要特别重视过渡措施，在这方面探索出好的做法来。

各级体改、劳动、人事、民政、卫生、工会、财政、银行、保险等部门，应加强协调，密切合作，制定好试点工作的总体规划和实施计划，搞好改革试点和方案的落实，推动工作加快进展。在改革过程中，如果各部门囿于部门利益，扯皮推诿，互相掣肘，只会贻误时机，一事无成。

试点过程中会出现不同看法。对不同看法，不必争论，由实践来检验。到20世纪末还有五年多的时间，初步建立新体制的时间不多了。要抓紧试点，尽快取得经验，形成可操作的法规和实施办法，在适当时间（如两三年内），将试点全面铺开，再用两三年，使新体制的基本框架初步建立起来。

党的十四届三中全会《决定》提出，要建立统一的社会保障管理机构。有条件的地方，可以根据政事分开的原则，将目前分散在几个部门、分险种的基金经办机构合并为一个不依附于行政主管部门的、独立经营的、统一精干的法定社会保险基金经办机构。

（二）健全法制

要按照十四届三中全会《决定》精神，在总结试点经验的基础上加快立法。当前要抓紧研究、制定城镇职工的养老保险条例、失业保险条例、工伤保险条例、医疗保险条例和社会保险金管理条例等法规，为下一步制定社会保险法打好基础。社会福利、社会救济和优抚安置也要立法，使社会保障制度的运作有法可依、有章可循。考虑到我国经济发展不平衡的实际情况，社会保障制度改革的推进既要体现方向、目标全国统一，又要留有余地，允许地方从实际情况出发进行探索，逐步推进。

（三）加强社会保险基金的监督管理和保值增值

社会保险基金的收缴、支付及营运要规范化、制度化、安全、透明。社会保障管理机构主要是行使行政管理职能，管政策、管制度、管标准、管监督，不直接管理资金的收缴和营运。社会保障基金的营运由社会专门机构依法经办。要建立社会保险基金分级管理责任制，制定各类社会保险基金财务、会计、审计、统计制度，保证基金合理使用，防止挪用。

个人和企业所缴纳的养老、医疗和失业保险金是投保者的"保命钱"，管好用好、保值增值是件大事。这些保险基金的所有权属于投保者，不是政府的，不是企业的，也不属于管理部门。管理者不能擅自挪用。社会保险基金要专款专用，不得用于弥补财政赤字。社会保险基金在保证支付的前提下，积累的绝大部分应投资于国家发行的债券。目前暂不能直接投资建设项目，更不能用于炒股，投资风险大的项目。要研究和制定在国家宏观政策指导下，社会保险基金用于投资的渠道和办法。管理的日常费用支出，最好由政府承担。这样群众意见少，也可在一定程度上减少滥用。"保命钱"用得如何，要看投保者满意不满意，答应不答应，高兴不高兴。

要建立社会保险监督组织，加强对社会保险基金的收支、营运和管理的监督。监督组织可由人大、工会、公众代表（包括职工、经营者）和政府代表组成，定期听取社会保险基金收支、营运及管理的汇报，并将情况向社会公布。监督组织可委托审计部门对经办机构的财务收支、资金管理和营运情况进行审计。

（四）要认真做好具体方案的测算工作

保障待遇具有刚性的特点。起始阶段定得高了，难以为继，又很难再降下来；定得低了，群众不满意，思想认识很难统一，贯彻不下去。因此必须慎之又慎。各地要按照中央的统一原则，结合本地的实际情况，对具体办法中的各项数据进行认真周密的测算。既要考虑退休职工，又要考虑在职职工；既要顾及眼前，又要考虑长远。试点方案要有阶段性目标，针对城市、农村和不同收入人群，制定不同层次的具体实施办法。对相关因素和可能出现的问题，宁可多花费一些精力，也不要因为工作不细而发生不应有的疏漏。

一些地区在试点时对方案展开全民讨论，这不失为一个好的方式。一方面广泛听取了各方面意见，另一方面又起到了宣传和普及的作用。有条件的地方不妨都试一试。

(五) 做好宣传教育工作

社会保障制度的改革不仅需要经济承受能力,而且需要社会心理承受能力。几十年来,我国社会保障由国家和企业包揽,采取福利分配的方式进入消费,"铁饭碗"、"大锅饭"、平均主义,一切靠国家、靠单位的思想相当普遍。再加上小农经济思想影响深远,法制观念和保险意识不强,在改革社会保障制度时,必然会遇到观念上、利益上、体制上,以至多方面的阻碍。对这一点必须要有清醒的认识和对策。为了配合这项改革,必须深入、持久地开展宣传工作,利用一切大众传播媒介,采取群众喜闻乐见的形式,向广大群众宣传这项改革的方针、政策、目标、方式,大力挖掘在改革实践中涌现出来的典型人物和典型事例,广为宣传,为改革创造良好的舆论环境,将精神力量变为巨大的物质力量。

(六) 加强培训社会保障的专门人才

社会保障工作是一项专业性很强的工作。目前干部队伍的知识、观念、能力都不能满足尽快建立新型社会保障制度的需要。所以培训社会保障的专门人才不仅是当务之急,也是搞好社会保障事业的治本之策。政府有关部门要设立专门的研究机构,大专院校要建立社会保障专业。可以翻译、整理、出版发达国家社会保障的法规和实施细则作为培训教材。还要注意挖掘专业师资力量,有计划地培养专门人才,为社会保障事业的跨世纪发展储备有生力量。

社会保障制度是社会主义市场经济体制的重要组成部分,它的建立健全直接关系到20世纪末社会主义市场经济体制基本框架的初步建立。建立符合社会主义市场经济要求的社会保障制度是伟大的实践探索,是理论的突破,是利益的调整,任务艰巨而光荣。

当代中国的政治经济学

——学习邓小平经济思想体会

（1996 年 11 月）

中国经济体制改革，是 20 世纪中国最伟大的事件之一。它以建立社会主义市场经济体制为目标，有力地促进了我国经济的发展，开辟了中国社会主义发展的光辉前景。中国经济体制改革的理论基础是邓小平同志创立的建设有中国特色社会主义的理论。邓小平同志对经济问题都是从政治的高度，从战略的高度，从社会主义的高度论述的。邓小平建设有中国特色社会主义理论是当代中国的马克思主义，这个理论在经济方面的内容是当代中国的社会主义政治经济学。

邓小平同志紧紧把握解放和发展生产力这一社会主义的最根本要求，在总结人民群众的创造性实践经验的基础上，以伟大思想家的敏锐与胆略，对我国改革开放和现代化建设的一系列重要问题作了精辟论述。这些论述，构成了一个相对完整的思想体系，科学而深刻地解答了什么是社会主义、在中国这个经济落后的东方大国如何建设社会主义等重大的历史性课题，为实现从过分集中的计划经济到社会主义市场经济、从封闭型经济到开放型经济、从不发达经济到发达经济的伟大转变指明了方向。认真学习领会邓小平经济思

---

* 本文原载《求是》1996 年第 23 期。

想，并在实践中切实贯彻运用，对于推进社会主义市场经济体制建设和现代化事业的进一步发展，具有重要的现实意义和深远的历史意义。

一

邓小平经济思想是在我国改革开放和现代化建设的发展过程中逐步形成的。从理论逻辑方面看，它是基于对社会主义的重新认识，紧扣"如何建设社会主义"这一实践主题而全面展开的。

建设和发展社会主义的一切正确路线、方针、政策的制定都必须以科学认识社会主义本身为前提。在许多同志看来，什么是社会主义的问题已经解决了。100多年前，马克思、恩格斯就在《共产党宣言》等重要文献中对这个问题作过许多论述，并且，以这些论述为理论基础建立的社会主义制度，已实际运转了近80年。然而邓小平同志恰恰对这个似乎不成问题的问题进行了思考。他站在历史唯物主义的高度，以已有的社会主义实践为依据，郑重地指出："什么叫社会主义，什么叫马克思主义？我们过去对这个问题的认识不是完全清醒的。"[①] "我们建设社会主义的方向是完全正确的，但什么叫社会主义，怎样建设社会主义，还在摸索之中。"[②] 他提醒大家：我们的经验教训有许多条，最重要的一条，就是要搞清楚这个问题。邓小平同志的论述是建筑在马克思主义的发展观与实践论的基础之上的。它不仅符合认识发展的规律，而且体现了客观实践的要求。从认识方面看，马克思、恩格斯的确对社会主义的规定作过表述，这种根据社会经济运动规律做出的表述在总体上无疑是正确的、科学的。但是，限于当时的历史条件，他们不可能把尚未创建的社会

[①] 《邓小平文选》第3卷，人民出版社1993年版，第63页。
[②] 同上书，第227页。

主义的特征说得那么具体，他们也不认为这是自己的任务。正因为如此，他们强调"这些原理的实际运用……随时随地都要以当时的历史条件为转移"[①]。在伟大的十月社会主义革命胜利以后，列宁明确指出："我们并不苛求马克思或马克思主义者知道走向社会主义的道路上的一切具体情况。这是痴想。我们只知道这条道路的方向，我们只知道引导走这条道路的是什么样的阶级力量；至于在实践中具体如何走，那只能在千百万人开始行动以后由千百万人的经验来表明。"[②] 实践中的社会主义是现实的社会主义，而现实的社会主义又总是发展变化中的社会主义。对发展变化中的社会主义，只有用发展的眼光才能认识清楚，否则就不可能搞清楚什么是社会主义。从实践方面看，新中国成立以后，我国社会主义革命与建设在取得伟大成就的同时，也出现过一系列失误，其他社会主义国家在发展中也犯了严重错误，影响了社会主义制度优越性的充分发挥。这也说明，我们对什么是社会主义的问题并没有认识清楚。要推进社会主义实践，必须进一步搞清什么是社会主义。

在认识什么是社会主义的问题上，邓小平同志的卓越贡献之一是把社会主义的原则规定与社会主义的具体模式区别开来。社会主义有其独有的质的规定，这些规定构成了社会主义的一般性。不具备这种一般性，就不成其为社会主义。邓小平同志强调，社会主义制度是个好制度，必须坚持。而这种坚持就是坚持社会主义的一般规定。但是，在实际生活中一般寓于个别之中，现实的社会主义总是具体的、有特色的，因而也是丰富多彩的。我们对"什么是社会主义"不完全清楚，一个重要的方面就是对社会主义原则的一般性和社会主义实践模式的多样性没有加以区别。长期以来，不从具体实际出发，用一个标准来要求社会主义的实践，采取了一些违背客

---

① 《马克思恩格斯选集》第1卷，人民出版社1995年版，第248页。
② 《列宁全集》第32卷，人民出版社1985年版，第111页。

观经济规律、超越历史条件的政策措施，结果不仅没有达到预期的结果，还使已有初步基础的社会主义事业遭受了严重挫折。实践使我们懂得，有"特色"的社会主义，才会是成功的社会主义。必须从我国的实际出发，即从现有的经济社会基础、所处的历史阶段等实际情况出发，建设有中国特色的社会主义。

在认识什么是社会主义的问题上，邓小平同志的贡献是准确地把握了社会主义的本质。这是科学认识社会主义的关键，也是选择建设社会主义的方针、制定具体措施的根本依据。邓小平同志是从社会和时代发展的高度来把握社会主义本质的。首先，邓小平同志根据历史唯物主义的基本原理，指出社会主义的根本任务是发展生产力，社会主义之所以有存在的价值，归根到底要体现在它的生产力比资本主义发展得更快一些、更高一些。社会主义如果老是穷的，它就站不住脚。因此，发展生产力，创造出比其他社会都高的生产力水平，应该是社会主义的题中之意。能不能促进生产力迅速发展，并在发展生产力的基础上不断改善人民的物质文化生活，直接关系到社会主义的生死存亡。其次，生产力的充分发展并不是社会主义本质的全部内容，有了发达的生产力，并不等于就是社会主义。因此，邓小平同志进一步指出，"社会主义与资本主义不同的特点就是共同富裕，不搞两极分化"[1]。这样，从生产力和生产关系统一的观点出发，邓小平同志阐述了社会主义的两个根本原则：一是发展生产力，二是共同富裕。在此基础上，他对社会主义本质作了完整的表述："社会主义的本质，是解放生产力，发展生产力，消灭剥削，消除两极分化，最终达到共同富裕。"[2] 这就深刻而正确地揭示了社会主义制度的内涵，清晰地把社会主义同其他制度特别是资本主义制度根本区别开来。

---

[1] 《邓小平文选》第3卷，人民出版社1993年版，第123页。
[2] 同上书，第373页。

邓小平同志关于什么是社会主义的科学论述，从根本上否定了在社会主义革命取得根本性胜利后社会主义社会仍然要坚持"以阶级斗争为纲"的理论，而把搞经济建设、解放和发展生产力作为社会主义的首要任务和党的工作重心，这成为邓小平经济思想的基石。邓小平同志的全部经济论述都是以对社会主义本质的科学认识为前提的，这一科学认识使他的经济思想体系建立在科学的基础上，成为马克思主义基本原理和中国社会主义实践相结合的政治经济学。

二

如果说，关于"什么是社会主义"的论述是邓小平经济思想的理论基石，那么，关于计划与市场的关系与性质，关于社会主义市场经济的论述则是他的经济思想的主干和核心。在这方面，邓小平同志对当代马克思主义政治经济学的重大贡献，是他揭示了计划和市场都是经济手段，社会主义也可以搞市场经济这样一个真理。

长期以来，无论是资产阶级经济学，还是马克思主义经济学，都把市场经济看成是与社会主义不相容的。马克思主义经典作家曾明确指出，在未来的社会主义社会，直接的社会生产及直接的分配排除一切商品交换，著名的"价值"不再插手其间。而西方资产阶级经济学家则断言：市场是资本主义制度的核心，是资本主义的本质，只有在资本主义条件下，它才是可行的；在社会主义条件下，它是不可能被"人为地"仿制的，二者必居其一，要么是社会主义，那就是计划经济，要么是市场经济，那就得放弃社会主义。事实上，在资产阶级经济学家的著作中，市场经济往往就是资本主义经济的代名词，而计划经济则是社会主义经济的代名词。邓小平同志突破了这些固有的认识，指出："说市场经济只存在于资本主义社会，只有资本主义的市场经济,这肯定是不正确的。"① "计划多一点还是市场多一点,不是社会主义与资本主义的本质区别。计划经济不等于社会主义,资本主义也有计划;市场经济不等于资本主义,社会主义也有市场。计划和市场都是经济手段。"② 他强调,社会主义也可以搞市场经济,要利用市场手段为社会主义服务。邓小平同志这些精辟的论述,奠定了社会主义市场经济理论的基础,是对马克思主义经济理论的重大发展,从根本上解决了如何建设社会主义的一个重大理论问题。应该说,邓小平经济思想就是社会主义市场经济学。

邓小平同志的社会主义市场经济学说是在总结包括我国在内的现实经济实践的基础上,以马克思主义理论为依据,根据生产力发展的客观要求提出来的。在一定意义上说,社会主义市场经济理论是对世界经济发展实践的科学总结,是研究如何解放和发展生产力的学说。尽管过去马克思主义经济学和西方资产阶级经济学都认为计划与市场是不相容的,但在20世纪30年代后的经济发展进程中,却出现了计划与市场相互渗透的新情况。实行计划经济的苏联在短时期内一跃成为世界工业化强国,与实行市场经济的西方各国陷入世界性经济大危机(1929—1933年)形成的鲜明对比,迫使资本主义国家自觉不自觉地引入了计划;而后来,排斥市场经济的苏联模式日益明显的弊端又促使社会主义国家自觉不自觉地进行引进和扩大市场调节作用的改革。现实经济生活中的这种变化也反映在理论上。西方经济学界发生了"凯恩斯革命",主张加强国家干预的经济学说,与主张扩大市场调节的经济学说交替成为占主导地位的经济理论,并相互影响、结合;社会主义国家的一些经济学家也主张有限度地发挥市场机制的作用。邓小平同志的非凡之处在于,他依据

---

① 《邓小平文选》第2卷,人民出版社1994年版,第236页。
② 《邓小平文选》第3卷,人民出版社1993年版,第373页。

经济发展的实践，揭示了计划、市场与社会制度之间在存在着联系的同时又存在着区别，并明确提出了它们具有"手段"和"方法"的性质。

社会主义市场经济理论的提出，是对马克思主义原理的科学运用和发展。生产力决定生产关系即社会经济制度，是历史唯物主义的基本原理。按照马克思、恩格斯的设想，社会主义社会将作为资本主义社会历史的取代者和后继者出现。它将建立在发达的生产力基础上。而由这样的生产力所决定的社会主义的基本经济制度，将使经济活动"按照总的计划"来进行。但是，他们并没有设计未来社会的计划经济体制。邓小平同志从辩证唯物主义和历史唯物主义的立场出发，科学运用马克思主义的原理，指出现实生产力水平对社会主义基本经济制度的选择以及计划与市场之间关系的决定性影响，根据社会主义现阶段的生产力状况，得出必须运用市场机制的结论。

社会主义市场经济理论的提出，也是基于大力发展社会生产力的考虑。邓小平同志强调社会主义的主要任务是发展生产力，但是，正如他指出的那样，"我们过去一直搞计划经济，但多年的实践证明，在某种意义上说，只搞计划经济会束缚生产力的发展"[1]。而就世界范围看，几十年来的经济实践表明，市场机制在资源配置过程中发挥基础性作用的经济体制比以计划作为配置资源的主要手段的经济体制运行效率更高，更有利于生产力的发展。要促进社会生产力的发展，必须充分发挥市场机制的作用。邓小平同志从发展生产力的要求出发，确立了市场经济在社会主义制度下的重要位置，从而确立了更有效地发展生产力的方法。

邓小平同志的社会主义市场经济理论对中国改革与发展的实践有

---

[1] 《邓小平文选》第3卷，人民出版社1993年版，第148页。

着重要的指导意义。在邓小平同志南方谈话发表以前，虽然我国已经进行了十几年的经济改革，在经济运行中一定程度地引进了市场机制，但是，由于人们在对市场机制与社会主义关系的认识上没有根本性的突破，始终围绕计划与市场是否可以结合，计划的作用大一些，还是市场的作用大一些，市场经济是否可以与公有制结合等问题争论不休，建立社会主义市场经济的目标就难以确立，改革也难以迈出关键性的步伐。邓小平同志的论述一扫笼罩在市场经济与社会主义经济关系问题上的迷雾，使全党的认识达到了统一。江泽民同志1992年9月在中央党校的讲话中明确提出了在中国要建立社会主义市场经济体制。党的十四大把建立社会主义市场经济体制明确确定为中国经济体制改革的目标。党的十四届三中全会全面具体地描绘了社会主义市场经济体制的框架和蓝图。自此以后，我国经济体制的改革尤其是国有经济改革的步伐大大加快。党的十四届五中全会部署，要在20世纪末形成社会主义市场经济体制的基本框架。可以肯定，随着社会主义市场经济体制的逐步建立，生产力将得到进一步的解放与发展，中国经济将会发展更快、更健康，我们伟大的国家将会以更快的步伐走向繁荣与富强。

三

建立在对社会主义本质科学认识的基础上，以社会主义市场经济理论为核心的邓小平经济思想博大精深，内容丰富，已经形成了完整的体系。

（一）关于社会主义初级阶段的理论

科学地认识当代我国社会主义的发展阶段，是正确制定政策和奋斗目标的基本前提。邓小平同志根据马克思主义的基本原理和我国现阶段的实际情况，明确地指出我国当前仍处在社会主义初级阶段，而且这个初级阶段将经历一个较长的历史时期。我们的一切工作都要从这个实际出发，根据这个实际制定我们的政策和规划。

（二）关于坚持党在社会主义初级阶段的基本路线不动摇的理论

邓小平同志指出，要坚持党的十一届三中全会以来的路线、方针、政策，关键是坚持党在社会主义初级阶段的基本路线不动摇。基本路线要管一百年，动摇不得。只有坚持这条路线，人们才会相信你，拥护你。谁要改变十一届三中全会以来的路线、方针、政策，谁要改变党的基本路线，老百姓不答应，谁就会被打倒。

（三）关于发展是硬道理的理论

社会主义初级阶段的基本特征是生产力不发达，经济发展水平还比较低。正因为如此，邓小平同志多次、反复地强调，社会主义的中心任务是发展社会生产力，指出"发展才是硬道理"。要抓住时机，发展自己，使国民经济发展得快一点，力争隔几年上一个台阶。贫穷不是社会主义，发展太慢也不是社会主义。发展问题不仅关系到社会主义的生死存亡，还关系到国家的兴衰成败，人心向背。要一心一意，埋头苦干，集中精力把经济搞上去。

（四）关于经济发展战略的理论

邓小平同志不仅高度重视经济发展问题，而且还为我们制定了"分三步走"的长远发展战略，选择了符合我国国情的发展模式。这就是从20世纪80年代初到20世纪末，分两步走，前10年翻一番，解决温饱问题，后10年再翻一番，达到小康水平。在这个基础上，再花50年时间，再翻两番，达到中等发达国家水平。这一发展战略确定了我国长期发展的总格局。

(五）关于坚持公有制为主体的理论

邓小平同志特别强调以公有制为主体对于社会主义的重要性。他一再告诫：公有制占主体，是我们必须坚持的社会主义的根本原则。我们的改革，坚持公有制为主体，又注意不导致两极分化，这就是坚持了社会主义。在坚持公有制为主体的问题上不能有丝毫含糊。与此同时，他从中国实际出发，进一步提出，要在坚持公有制经济为主体的同时，适当发展非公有制经济成分，非公有经济的适当发展对社会主义是十分有益的。

（六）关于一部分人先富起来最终走向共同富裕的理论

邓小平同志把是否实现共同富裕看作社会主义区别于资本主义的根本特点。他明确指出，社会主义不同于资本主义的特点就是共同富裕，不搞两极分化。社会主义的目的就是要全国人民共同富裕，不是两极分化。为此，必须坚持以按劳分配为主的原则，提倡靠劳动致富，避免贫富差别过于悬殊。但他强调，实现共同富裕是一个渐进的过程。共同富裕不意味着各地区以及所有社会成员同时富裕，不意味着搞平均主义。搞平均主义、吃"大锅饭"只能带来共同贫穷。要实现共同富裕，必须让一部分人、一部分地区先富起来，然后带动其他社会成员、其他地区也富起来，最终走向共同富裕。

（七）关于改革是解放和发展生产力的必由之路的理论

邓小平同志指出，革命是解放生产力，改革也是解放生产力。要发展生产力，经济体制改革是必由之路。根本的一条是改革开放不能丢。他强调，改革是中国的第二次革命。这一革命与过去革命的性质一样，也是为了扫除发展社会生产力的障碍，使中国摆脱贫穷落后的状况，改革也可以叫作革命性变革。只有通过改革，才能摒弃传统的旧体制，才能建立社会主义市场经济新体制，才能推动生产力的发展。

（八）关于稳定是改革和发展的条件的理论

邓小平同志指出，中国一定要坚持改革开放，不改革，生产力就难以发展。但要改革，要发展，就一定要有稳定的政治与社会环境。搞四化、搞改革开放，关键是稳定。没有稳定的环境，什么都搞不成，已经取得的成果也会丧失掉。稳定是改革、发展的条件，是进步、发展的基础。

（九）关于对外开放的理论

邓小平同志指出，任何国家要发展起来，闭关自守不行，过去300年的闭关自守把中国搞得贫穷落后，愚昧无知，吃尽了苦头。邓小平同志主张通过对外开放来冲击传统旧体制、传统观念，以促进改革和发展。要大胆吸收和借鉴人类社会创造的一切文明成果，吸收和借鉴包括资本主义国家在内的一切反映现代社会化大生产规律的先进经营方式、管理方法。不开放也搞不成改革，开放本身就是最大的改革。

（十）关于以"三个有利于"作为检验改革成败得失标准的理论

邓小平同志指出，改革开放胆子要大一些，看准了的，就大胆地试，大胆地闯，不搞争论，要尊重群众的首创精神。改革开放以来，他多次提出，衡量改革成败的根本标准是看是否促进了生产力的发展。1992年在南方谈话中，邓小平同志进一步完整地提出以"三个有利于"作为判断改革成败的标准。坚持改革开放就必须坚持"三个有利于"，不坚持"三个有利于"的原则，就不能解放思想，就不能把改革开放坚持到底。

（十一）关于农业是国民经济基础和农村经济发展是全国稳定的关键的理论

邓小平同志历来重视占全国人口 80% 的农村的经济发展问题，一贯坚持以农业为国民经济基础的思想。在改革初期，他旗帜鲜明地支持农民搞家庭联产承包责任制，而且一直坚持农村家庭联产承包责任制不变，给农民吃了定心丸。邓小平同志还从政治的高度来看待农村的发展和农民的富裕问题，指出中国稳定不稳定，首先要看占全国人口的 80% 的农村稳定不稳定。他还特别重视工业与农业、城市与乡村的相互关系，强调城市和工业要为农业服务，支持农村经济发展。

（十二）关于科学技术是第一生产力的理论

邓小平同志通过对当代社会生产力发展规律的科学认识和时代特征的准确把握，提出了科学技术是第一生产力的英明论断，这是邓小平同志科技思想的精髓，是对马克思主义科学技术和生产力理论的创造性发展。邓小平同志还高度重视教育和人才资源的开发问题。他提出，一个 10 亿人口的大国，教育搞上去了，人才资源的巨大优势是任何国家比不了的。

应该指出，邓小平同志并不仅仅是从经济发展的角度来提出经济观点的，而且从整个社会、经济、政治的全方位视角论述他的经济思想的，他的经济思想总是与其他思想、理论有机结合，紧密交织在一起的。例如，他在论述社会主义物质文明建设时，总是不忘记社会主义精神文明建设，提出要"两个文明一起抓"；在论述经济工作时，总是不忘记民主、法制建设，提出"两手抓，两手都要硬"，等等。从这个意义上说，邓小平同志的经济思想也是政治思想，这是邓小平同志的经济思想的基本特征。

四

邓小平经济思想是当代中国的社会主义政治经济学，深刻地揭示了社会主义经济发展的客观规律，为社会主义革命和建设指明了方向，是我们指导经济工作，处理当代中国重大政治、经济关系问题的强大思想武器。

江泽民同志在十四大报告中全面论述了邓小平建设有中国特色社会主义的理论。党的十四届三中全会《建议》号召"全体共产党员要认真学习马列主义、毛泽东思想，中心内容是学习邓小平建设有中国特色社会主义理论"。今年3月，江泽民同志在八届人大四次会议上再次强调："在改革开放和现代化建设的整个过程中，都要始终坚持用邓小平同志建设有中国特色社会主义理论武装我们的思想，指导我们的工作，在这个根本的政治问题上，任何时候都不能有丝毫含糊和动摇。"我们要按照中央的要求，认真学习邓小平经济思想。通过学习，认识与掌握经济规律，按经济规律办事，使我们在工作中不失误或少失误，推动社会主义建设事业健康发展。

真正掌握邓小平同志的经济思想，必须系统地学习，首先要花力气读原著。《邓小平文选》是一个伟大的理论宝库，包含大量的、丰富的关于社会主义经济的理论见解。虽然书中使用的语言朴素简洁，但其理论内涵是非常深邃厚重的，要领会其精神实质，并不是一件容易的事情。邓小平同志的经济思想有一个形成的过程，系统地学习才能从总体上把握住实质和精髓，真正搞清楚邓小平同志的某些具体观点所表达的思想内涵。系统地学，就是把邓小平同志的某些具体观点与相应的时代背景和其他方面的相关论述联系起来，全面把握住这些具体论断与整个思想体系的内在辩证关系。

学习邓小平同志的经济思想，必须结合改革开放的实践来学习。

邓小平同志经济思想的最大特色，是实事求是，是它的实践性。它来源于实践，并最终用以指导实践。要把学习、研究邓小平同志经济思想与解决社会经济生活中存在的实际问题，特别是热点、难点问题结合起来学习。例如，如何发展农业这个国民经济中的薄弱环节问题，如何解决部分国有企业生产经营困难问题，如何调整东中西部地区之间、工农之间、城乡之间差距等问题，都需要我们通过学习邓小平同志的经济思想，找到理论上的指导。各级干部尤其是搞经济工作和从事经济体制改革工作的同志，不仅要学习掌握邓小平同志一系列理论观点的科学内涵和内在联系，而且要掌握他研究新情况、解决新问题的立场、观点和方法。

党的十一届三中全会以来形成的重大方针、政策，集中体现了邓小平同志建设有中国特色社会主义的理论，包括邓小平同志的经济思想。邓小平同志的经济思想的有些具体论断直接写入了党中央和国务院的重要文件，有些则是党中央、国务院文件形成的重要依据。因此，要真正掌握邓小平同志的经济思想，必须结合学习党的十一届三中全会以来的重要文件，全面、深刻地领会、掌握中央的大政方针和政策精神。

邓小平同志的经济思想来源于实践，也将在实践中进一步发展。社会主义市场经济新体制的建立是一个较长时期的探索过程，这一探索过程并没有结束。邓小平同志建设有中国特色社会主义的理论，特别是他的经济思想，也必将随着这一探索过程，即社会主义现代化建设的实践过程，进一步发展和丰富。我们要学习邓小平同志尊重实践、勇于实践的精神，对经济发展与改革中的实际问题深入调查研究，找出行之有效的解决办法，在实践中检验其是否正确，并力求把它们上升到理论高度，去丰富社会主义经济理论。

当前，根据中央的部署，全党和全国各族人民正在为贯彻落实我国《国民经济和社会发展"九五"计划和2010年远景目标纲要》、加快推进"两个转变"而奋斗。我们正处于一个十分关键的时期。让我们在邓小平建设有中国特色社会主义的理论和党的基本路线指引下,在以江泽民同志为核心的党中央领导下,抓住机遇,扎实工作,为实现两个根本性转变,把我国建设成伟大的社会主义强国而努力奋斗。

市场经济法律体系

（1997年4月）

近两年来，中央先后三次举办社会主义法制建设讲座，请法律专家介绍有关建立社会主义市场经济的法律制度等专题。每次办讲座，江泽民同志都作了重要讲话。1994年12月9日，在第一次讲座中江泽民同志指出："我们正在建立社会主义市场经济体制，必须学会运用法律来规范和引导市场经济的运行，充分发挥市场机制对经济发展的积极作用，把市场运行纳入规范和法制的轨道，保证社会主义市场经济体制健康发展。"1995年1月20日，在第二次讲座中江泽民同志强调指出："党既要领导宪法和法律的制定，又要自觉地在宪法和法律的范围内活动。严格依法办事、依法管理国家，对实现全党和全国人民意志的统一，对维护法律的尊严和中央的权威关系十分重大。"1996年2月8日，在第三次讲座中江泽民同志又指出："加强社会主义法制建设，坚持依法治国，一个重要任务是要不断提高广大干部、群众的法律意识和法制观念。"这充分表现出中央对于加强法制工作的高度重视。

党的十一届三中全会以来，我国的社会主义法制建设取得了巨大成就。党的十四大提出，我国经济体制改革的目标是建立社会主义市场经济体制。十四届三中全会《决定》勾画出社会主义

---

* 本文是作者1996年11月20日在中央党校的讲话，刊于《法学研究》1997年第2期。作者时任国务委员兼国家体改委主任。

市场经济体制的基本框架。在这个总体框架中，明确提出在"本世纪末初步建立适应社会主义市场经济的法律体系"的任务。党的十四届五中全会通过的《"九五"计划和 2010 年远景目标的建议》，明确要求加快经济立法，建立和完善适应社会主义市场经济体制的法律体系。也可以说，建立新体制，就要有新规则、新规矩。也就要建立市场经济法律体系。

第八届全国人大四次会议通过的《纲要》提出"依法治国，建设社会主义法制国家"的历史性任务。这标志着我国的法制建设进入了一个新的时期。《纲要》的第七部分是深化经济体制改革。其中强调："坚持改革开放和法制建设的统一，做到改革决策、发展决策与立法决策相结合，并把经济立法放在重要位置，用法律引导、推进和保障社会主义市场经济的健康发展。"李鹏同志在八届人大四次会议上的政府工作报告中指出："加强法制建设，依法治国，建设社会主义法制国家，是实现国家长治久安的重要保证。"乔石同志在八届人大四次会议上的讲话指出："依法治国，建设社会主义法制国家，这是指导今后我国现代化建设的一条十分重要的方针。"最近召开的十四届六中全会通过的《关于加强社会主义精神文明建设若干重要问题的决议》指出，建立和完善社会主义市场经济体制，必须紧密结合改革和发展的实践，健全社会主义法制。应该说，随着形势的发展，加快建立适应新经济体制的法律体系，已作为一项历史性任务摆到我们面前。市场经济是法制经济，也必须是法制经济。法制经济就是把各种经济活动纳入法制轨道的经济。社会主义市场经济体制的建立和完善过程，就是社会主义市场经济法制的建立和完善过程。

一　建立社会主义市场经济法律体系的指导思想

建立社会主义市场经济法律体系是建设具有中国特色的社会主

义伟大实践的一部分。我们要坚持以邓小平同志建设有中国特色社会主义理论和党的基本路线为指导，要坚持以宪法为根本依据。在建设社会主义市场经济法律体系的具体实践中，要始终注意把握以下几条指导思想。

（一）坚持马克思主义法学的基本理论

在马克思主义产生之前，一般把法说成是"神的意志"、"主权者的意志"等。马克思、恩格斯对法的本质的贡献在于他们首次指出，法是统治阶级意志的表现和反映，是被奉为法律的阶级意志。这一意志的内容是由统治阶级的物质生活条件来决定的。

市场经济作为发展社会生产力的一种方式和途径，本没有姓"资"姓"社"的问题，正如小平同志所说："社会主义的市场经济方法上基本和资本主义相似。"方法是没有阶级性的。但是市场经济的法律体系一旦与不同的社会基本制度相结合，就必然反映出为什么人创造财富、为什么制度服务的问题，就有一个与国情、社会制度结合的问题。市场经济法律体系在体现国家意志时，不可能"超越国情"、"超越时代"、"超越阶级"。经济基础决定上层建筑，也决定作为上层建筑一部分的法。一定的法的内容和性质是由一定的经济基础决定的，其变更和发展取决于经济基础的变更和发展。我国社会主义的本质是解放生产力，发展生产力，消灭剥削，消除贫富两极分化，最终达到共同富裕。这也就是我国市场经济法律体系的本质。

（二）坚持邓小平同志的法制思想

1978年，邓小平同志提出"有法可依，有法必依，执法必严、违法必究"的法制建设方针。1980年，邓小平同志重申"公民在法律和制度面前人人平等，党员在党章和党纪面前人人平等。人人有依法规定的平等权利和义务"。邓小平同志要求，在社会主义现代化建设中，要一手抓建设，一手抓法制，"两手都要硬"。

为了避免类似"文革"那样的错误，邓小平同志指出，必须"从制度方面解决问题"，"制度是决定因素"。邓小平同志还多次指出要高度重视执法队伍的建设和加强法制教育。

依法治国是小平同志建设有中国特色的社会主义理论的主要组成部分。建立社会主义市场经济法律体系，必须坚持小平同志的法制思想。

（三）坚持正确的指导原则

建立新的法律体系，应当从"三个有利于"出发，坚持以下指导原则。

——坚持解放和发展生产力的原则。生产力是社会发展的最根本的决定性因素。社会主义革命是为了解放生产力，发展生产力。社会主义制度建立后，为巩固和发展社会主义，必须进一步解放生产力、发展生产力。邓小平同志指出，我们的生产力发展水平很低，远远不能满足人民和国家的需要，这就是我们目前时期的主要矛盾，解决这个主要矛盾就是我们的中心任务。解放和发展生产力是我们的立法宗旨。我国的法律要保护生产力，要为社会生产力的发展服务。法律要适应生产力发展水平；法律要促进合理配置生产要素。劳动者是最伟大的生产力，科学技术是第一生产力，法律要促进劳动者在生产经营活动中充分发挥积极性和创造性，提高劳动者的科学技术素质，保证他们的一切合法权益。

——坚持以公有制为主体、多种经济成分共同发展的原则。邓小平同志说："在改革中，我们始终坚持两条根本原则，一是以社会主义公有制经济为主体，一是共同富裕。"毫不动摇地坚持公有制和按劳分配，维护公有制和按劳分配的主体地位，是体现社会主义本质的前提。在改革中，公有制的实现形式和以公有制为主体的所有制结构，归根到底只能根据生产力解放和发展的实际要求，根据逐步实现共同富裕的实际进程来确定。保护公有制经济，就是保护了国家和人民的根本利益。如何保护和发展公有制呢？江泽民总书记指出："一是在社会总资产中要保持国家所有和集体所有的资产占优势，二是国有经济在关系国民经济命脉的重要部门和关键领域占支配地位，三是国有经济对整个经济发展起主导作用，四是公有制经济特别是国有企业要适应社会主义市场经济发展的要求，不断发展和壮大自己。"在立法中坚持贯彻"公有财产神圣不可侵犯"的原则。保护公有制，必须以不断发展壮大公有制为前提。只有不断发展、壮大，才能坚持其主体地位。我们的改革不是动摇公有制的主体地位，而是要探索公有制在市场经济条件下的有效实现形式。新的法律、法规要为这个目的服务。在积极促进国有经济和集体经济发展的同时，允许和鼓励个人、私营、外资等非公有制经济的发展，并正确引导、加强监督、依法管理，使它们成为社会主义经济的必要补充，以促进以公有经济为主的多种经济共同发展。

——坚持勤劳致富和共同富裕的原则。劳动人民共同富裕是社会主义本质的要求，也是社会主义法律正义性的体现。新的市场经济法律体系要围绕使人民共同富裕的目标来构建，但共同富裕又不同于平均主义、大锅饭。新的法律应当保障和促进一部分人、一部分地区先富起来，不允许任何人和单位去侵犯勤劳致富人的合法财产；同时还应从整个社会调控的角度，鼓励和保护先富带后富的行为，通过法律、经济手段避免两极分化，逐步实现共同富裕。用法律手段推进共同富裕，这也是社会主义市场经济法律制度的一大原则。

——坚持与市场经济规律相适应的原则。法律要反映市场经济规律，如价值规律、供求规律、资源配置规律、竞争规律等。根据建立社会主义市场经济体制的要求建立相应的法律体系。

二　市场经济法律体系的基本框架

社会主义市场经济必然是法制经济。新的经济体制的确立，要以新的法律体系的建立为标志。

（一）关于框架的设想

建立社会主义市场经济法律体系是一项宏伟的法制建设系统工程。国家体改委从1993年起就着手进行这方面的研究工作，先后召开了法学专家座谈会和国际研讨会，提出市场经济法律体系框架的设想。法学界和有关部门，也进行了大量的研究，从不同的角度提出了建议。

例如，有的建议按照一般的法律部门来构筑框架。这种设想的具体分类也有一些区别。比如有的认为应当由宪法、民商法、经济法、行政法、社会法、刑法和诉讼法组成。有的则认为，劳动法和社会法应合在一起，另外加上环境法和军事法。有的则认为，框架就是民商法、经济法、行政法和社会法四个法律部门。

有的建议按照市场经济体制的要求来构筑框架。大体上可分为六类：一是规范市场主体的法律；二是规范市场行为的法律；三是维护市场秩序的法律；四是加强宏观调控的法律；五是建立社会保障的法律；六是促进对外开放的法律。

有的建议按照经济立法的具体任务来构筑框架。大体上分为十类：企业法、工业产权法、经济合同法、产业发展法、产品经营监督管理法、财政金融法、税法、环境和自然资源保护法、劳动法、经济行政法。

此外，还有一些设想，如按宏观经济和微观经济的要求来立法；按所有制的划分来立法；按经济部门和行业来立法。

（二）关于框架的构成

根据多方面的研究和多年来实践的总结，八届全国人大第四次会议通过的《纲要》确定了我国社会主义市场经济法律体系框架。这一基本框架主要由六大板块构成。其中包括：规范各种市场主体的法律，规范市场行为的法律，维护市场秩序的法律，改善和加强宏观调控的法律，建立和健全社会保障制度的法律，促进对外开放的法律等。这主要是从工作的角度，从加快建立社会主义市场经济体制的要求而提出来的。

——关于规范市场主体的法律。市场经济的主体主要是在市场上从事经济活动的自然人和法人。如各类公司企业和一切有公民权的社会成员。规范市场主体的法律，主要是确认市场主体的资格，也可以说是市场准入法。市场主体不分所有制，法律地位一律平等。企业的财产责任形式和组织形式是法律分类的主要标准，依法组建的企业，成为市场主体。规范企业的设立、变更和终止的法律，例如有公司法、独资企业法、合伙企业法、股份合作企业法、经纪人法、商业银行法、破产法等。对进入市场的自然人和社会组织，也必须制定相应的法律加以调整。（例如，市场主体中的经纪人已经成为我国商品流通领域中的一个重要角色。经纪业的范围涉及贸易、劳务、科技、信息、教育、文化、艺术、体育、证券、保险、期货、房地产等社会和经济生活的各个领域。由于缺少关于经纪人的全国性法律，经纪人的权利、义务、责任以及对其监督管理缺少明确、统一的规范，正当经纪行为和权益得不到法律保护，经纪人欺行霸市、欺骗性介绍、滥收报酬、随意违约等损害客户利益，扰乱社会经济秩序的行为也很难追究其法律责任。八届人大常委会已将经纪人法列为本届内审议的法律草案。）

——关于规范市场行为的法律。规范各类主体在市场中的行为，必须遵循自愿、公平、等价、有偿和诚实、信用的原则，必须遵循价值规律，体现等价交换、平等竞争精神。对财产的占有、使用、处分和收益，必须依法进行。在行使权利的同时，还要履行相应的义务，承担相应的法律责任。例如，物权、债权和知识产权方面的法律法规，以及票据法、证券法、期货交易法、房地产交易法、保险法等法律。（例如，欠账还钱，是市场经济中的一条基本规则，但是现在许多企业却欠账不还。债权人有债不敢讨，有债懒得讨，有债讨不起。由于多种原因，当前经济生活中，债权债务人倒置换位现象较为普遍。这不仅反映出有些企业市场行为不规范，而且反映出债权人的合法权益得不到法律保障。）

——关于规范市场秩序的法律。要保证市场有效地配置资源，建立统一的市场，保证正当竞争，维护消费者和社会的公共利益。这就要求制定反垄断法、反不正当竞争法、消费者权益保护法、广告法、商品质量检验法、市场管理法等法律。（例如，市场经济中的投机倒把、坑蒙诈骗、假冒伪劣、权钱交易、地区封锁、行业垄断、行贿受贿等，只有通过法律手段，建立公正的市场法律秩序，才能预防和消除。）

——关于规范宏观调控的法律。要保持经济总量的基本平衡，避免严重的通货膨胀，促进经济结构的优化，保障国民经济的持续、快速、健康发展。这不仅要求政府转变职能，而且要求增强宏观调控能力。不是取消政府在发展经济方面的作用和职能，而是改变推动经济、发展经济、干预经济的方法。要将以计划、行政为主的方法，转变为以经济、法律为主，辅之以必要的行政手段，对宏观经济进行管理和调控。通过方法的改变、职能的转变，达到加强宏观经济调控的能力。政府要依法行政，依法进行宏观经济管理，依法改进对国有资产的管理，建立使计划、金融和财政之间相互配合和制约，能够综合协调宏观经济政策和依法运用经济杠杆的机制。因此，必须制定计划法、物价法、预算法、中国人民银行法、税法等法律。通过法律手段，可以保证宏观调控的客观性、科学性和稳定性，克服市场经济的自发性和盲目性的弱点。

——关于规范劳动和社会保障的法律。要健全社会保障体系，尊重劳动者的价值，保护劳动者的权益。必须制定劳动法、社会救济法、社会保障法、住房公积金条例等法律法规。（例如，1994年国务院发布了《关于深化城镇住房制度改革的决定》，把住房公积金制度作为构筑城镇住房新体制的基础。1996年8月，国务院办公厅转发了《关于加强住房公积金管理的意见》，明确了住房公积金的性质和管理原则。目前，全国35个大中城市，202个地级以上城市都已建立住房公积金制度。中央国家机关1996年10月建立了住房公积金制度。截至1995年年底，全国住房公积金累积额已达到200亿元。如何管好和用好这笔资金，是一项关系大家切身利益的工作。为规范各地住房公积金的管理，急需一部全国性的法律法规。）

——关于规范对外开放、涉外经济的法律。按照国际经济运行的规则，建立起统一规范的涉外经济交流合作体制。这就需要制定对外贸易法、关税法、海关法、外商投资法、反倾销法等法律。（例如，欧盟国家是我国引进先进技术的主要来源之一，但是欧盟仍视中国为"非市场经济国家"，对中国执行歧视性贸易政策。迄今为止，欧盟对我反倾销立案数量已达65起，涉及五矿、化工、轻工、机械、粮油、纺织等诸多行业，直接影响了我对该地区几十亿美元的出口。欧盟对中国产品实行反倾销制裁的依据是他们的反倾销法。中国市场近年来也面临有的外国产品的倾销冲击，但是因为我们还没有一部反倾销法，因而不能依法保护我们的民族工业。）

同时，还要制定和完善振兴基础产业和支柱产业、保护环境资源、保护知识产权等方面的法律。

上述有关方面的法律构成我国市场经济法律体系基本框架。这些法律的制定，标志着社会主义市场经济法律体系的基本建立。随着经济的发展，这个体系也将继续完善和成熟。也可以这样说，我国市场经济法律体系的完善之日，就是我国社会主义市场经济新体制建成之时。

（三）建立法律体系的步骤

建立和完善我国市场经济法律体系是一个跨世纪的巨大系统工程，是法律的革命和创新。因此，要充分认识这项重要任务的长期性、复杂性和艰巨性。也可以说，改革的任务能否胜利完成，其重要标志就是成熟的法律体系是否建立，立法是有法可依的前提。实施这一工程，重要的是改革决策、发展决策与立法决策紧密结合。要根据改革开放的主要任务和部署，注意经济体制改革的渐进性和阶段性，综合配套，重点突破，区别缓急，有计划、分阶段地进行。

根据中央的"建议"和人大批准国务院的"纲要"，经济立法可分两个阶段进行：

第一阶段（1996—2000 年）：要在初步建立市场经济体制的同时，初步建立与之相适应的法律体系框架。今后五年，初步建立新经济体制的基本标志是：国民经济从旧体制向新体制转换的过渡状况基本结束；国有企业、社会保障和要素市场等方面的改革取得实质性突破；旧体制长期积累的历史遗留问题得到初步解决。与之相适应，改革在推进方式上，要完成由政策突破向立法推进的转变。用法律手段促进经济体制和增长方式"两个转变"的实现。在两个转变的实现进程中，初步建立社会主义市场经济法律体系的框架。

第二阶段（2001—2010 年）：要建成比较完善的社会主义市场经济体制，即市场在国家宏观调控下对资源配置起基础性作用的运行机制已经形成，经济生活的法制化程度达到较高的水平，各方面的体制趋于规范和定型，即法律体系的更加完善和成熟。在各类法律法规完备的基础上，通过法律编纂和法律汇编，消除法律体系自身的矛盾，使之成为和谐统一的整体。最终实现依法治国，在全社会真正做到"有法可依、有法必依、执法必严、违法必究"，使中国成为社会主义的法制国家。

三 需要深入研究的几个问题

（一）关于法的阶级性

法是统治阶级意志的体现。列宁指出："法律又是什么呢？法律就是取得胜利、掌握国家政权的阶级的意志的表现。"奴隶社会的法是奴隶主阶级意志的体现；封建社会的法是封建地主阶级意志的体现；资本主义社会的法律体现了资产阶级的意志；社会主义社会的法律则是工人阶级领导下的广大人民的意志的体现。法律是有阶级性的。我国宪法第一章第一条规定："中华人民共和国是工人阶级领导的、以工农联盟为基础的人民民主专政的社会主义国家。社会主义制度是中华人民共和国的根本制度。禁止任何组织或者个人破坏社会主义制度。"宪法的这一规定，明确了我国的性质，体现了我国无产阶级和广大人民的意志。它具有鲜明的阶级性。依据宪法制定的法律、法规，同样具有鲜明的阶级性。

法律具有阶级性，同时还具有科学性。法律作为一种阶级意志，也不是随心所欲的。决定法律的最本质的东西是生产力，是一定的经济基础。所谓科学性，一是要反映社会发展的客观规律，二是要严格按立法程序立法。法律要受社会发展规律的制约，不符合客观规律的法律，或迟或早要让位于符合客观规律的法律。因此，统治阶级制定的法律不仅要反映自己的意志，而且要反映一定时期内的社会发展客观规律，包括经济规律。法律的科学性主要依据于统治阶级对客观规律的认识程度。统治阶级是否代表先进生产力，是否走出了狭隘与偏见，又决定了统治阶级对客观规律的认识程度。无产阶级作为社会主义国家的主人，能够正确认识社会规律，应制定出完备的、科学的法律体系。可以说，具有科学性的法，是直接、准确地反映生产力要求的上层建筑，是能够有力推动生产力发展的上层建筑。我国的宪法和法律是党领导人民通过法定程序制定的，使党和人民的主张变为国家的意志，变为全社会的准则，代表了人民的根本利益。依法治国、建立法制国家是加强党的领导的重要保证。立法，也必须在党的领导下，坚持邓小平同志有中国特色社会主义理论，坚持党的基本路线；坚持实事求是，从我国的实际出发；坚持实践检验真理的标准，按照"三个有利于"的原则大胆探索。由此制定的法律，是历史上崭新的法律。社会主义市场经济法律体系就是这种崭新法律。

（二）关于改革过程的立法

改革就要改变现行体制和秩序，确立新体制和新秩序。改革与立法，相辅相成，改革成果通过立法巩固，立法推动改革健康发展。我国有个特点，过去适应计划经济体制的法律体系并没有完全形成，管理国家主要是靠行政行为。建立市场经济体制，需要制定大批新的法律。现在的问题是如何使改革与立法紧密结合。改革不是违法，是废法、修法和立法。根据市场经济的发展需要，不适应的法要及时废除和修改完善，没有的法要及时立，做到立法和改革紧密配合协调运行。从中外历史的经验看，要保证新的经济体制和运行机制在法律规范下正常运行，就应及时把实践证明是正确的改革经验和做法用法律的形式肯定下来，把市场经济中带规律性的东西，尽可能先立法，避免出现立法滞后于改革需要，造成损失和混乱。（例如，到1996年10月底，我国证券市场共发行各类有价证券10932

亿元。上市公司达467家，上市总股本1024亿股，市价总值10084亿元。但是证券法还未出台，依法规范证券市场是一项非常紧迫的任务）对一时尚不具备条件的或尚在试验阶段的事情，可先制定政策或暂行条例，待条件成熟，再上升为国家法律。例如住房、养老、医疗制度等。改革为立法提供内容和条件；立法将为改革方案的实施提供法律保障。

当前，改革进入新旧体制转轨的关键时期。两种体制的并存，造成经济生活中存在一些漏洞，加上法制尚不健全，出现了一些违法犯罪和腐败现象，如权钱交易、贪污受贿、走私诈骗和黄赌毒黑等。容忍这些现象长期存在会给改革事业带来极大的风险。应该看到，双轨并存是改革中难以避免的一个过程，但绝不能久拖不决。否则，就可能使腐败现象积重难返，法不治众，败坏风气，使大好形势毁于一旦。小平同志指出："不惩治腐败，特别是党内的高层的腐败现象，确实有失败的危险。"要根本解决这些问题，要靠法制，要加快改革，尽量缩短两种体制并存的过渡状态；要靠法制，要加快立法，确立市场竞争规则，规范人们行为准则，惩治违法犯罪现象，依法保护新体制和经济运行机制。

（三）关于制度创新

我国正在建立的新经济体制，是在社会主义制度下，以公有制为主体的市场经济体制，这与建立在私有制基础上的市场经济不同，是一种制度创新，是人类历史上尚没有的新的经济体制。它更能解放生产力，更能促进生产力发展，更有活力，更有效率，也更公正。从高度集中的计划经济体制转变到市场经济体制，相应的市场制度、有关市场经济的法律都是从无到有。在立法上没有现成的模式，不能照抄照搬，必须根据我国国情和市场经济的需要，进行创新。

——如市场主体。我国实行以公有经济为主体，就有一个如何以法律的形式确立和规范公有制经济（国有经济、集体经济）的市场主体的问题，这是不同于西方市场经济的一个特征。我国把国营企业改为国有、国家投资的企业，引入乡镇企业、股份合作制企业的制度，其目的就是确立和规范公有制的主体。

——如财产权制度。在法律上，财产权是所有制的法律用语，我国的宪法明确规定，社会主义的公共财产神圣不可侵犯。国家保护公民的合法的收入、储蓄、房屋和其他合法财产的所有权。在法律上确立和规范国家所有权、集体所有的产权制度这又是一个重要特征。我们引入了法人财产权的概念，其目的就是解决国家所有权和企业拥有独立经营的法人财产权的关系问题。

——如行为制度。在市场经济中，利益在法律上表现为权利，权利的取得和行使都要通过行为。行为主要是投资行为和交易行为。行为的核心是交易规则。在市场经济中进行投资和交易，要有行为规范和比赛规则，要建立一系列制度。在我国劳动者是社会的主人，由于主体不同，其行为方面依据的法律与西方也有不同，这是又一个特征。如合同、契约等方面对劳动者的地位、利益的保护问题，最终消除剥削，实现共同富裕的问题等，都要探索和研究。

——如宏观经济制度。建立宏观经济体制，实行宏观调控，是中央政府的职责，是国家的权力。强调宏观经济是我国的一个特点，是经济法的重要任务。我国既强调集中统一的市场，又强调中央和地方两个积极性；既强调经济平衡，又强调结构优化；既强调宏观调控，又强调微观搞活。

（四）关于借鉴国际经验

社会主义市场经济既要体现市场经济的一些共性特征，又要反映中国的国情特点。世界上的市场经济已有两三百年的历史，积累了大量的经验。因此，建立新的法律体系要正确处理好立足国情与借鉴吸收的关系。国际上成熟的市场经济体制及其法律制度，有许多是人类文明的共同成果。其中凡是反映生产力发展一般规律的，凡是符合国际通行惯例的，凡是符合中国国情的，都值得我们认真研究和借鉴。

所谓符合中国实际，应从三个方面来认识：其一，我国是社会主义国家，处于社会主义初级阶段，走的是一条有中国特色的社会主义道路。其二，我国的改革开放、社会主义现代化建设和建立社会主义市场经济体制的伟大实践，是当前中国的最大的实际，我国的市场经济法律体系的建立必须符合这个实际。其三，我们中华民族有着自己的民族特性、历史文化和几千年的法制传统，我们在构建法律体系时，不要数典忘祖，而是要扬长避短，古为今用，继承和发扬中华民族的优良传统。(例如，1996年10月29日，八届人大第二十二次常委会通过了乡镇企业法。乡镇企业是我国农村经济的重要支柱和国民经济的重要组成部分。乡镇企业法是具有中国特色的法律)

所谓符合国际惯例，就是要遵守市场经济的共同规律，对各国现代法律中已有的、反映市场经济共同规律的法律概念、法律原则和法律制度以及立法经验、法学理论的新成果都可以大胆借鉴。对适合我国国情的有关法律条文，也可以研究、借鉴。(例如专利法、海商法等法律，在起草过程中，都借鉴了国外一些立法经验)随着深化改革和扩大开放，我们将越来越多地参与国际竞争，尽可能扩大世界市场的占有份额，我国经济的国际化程度将越来越高。因此，我国的市场经济法律体系也必须符合国际规则的要求。

在借鉴外国法制经验方面，必须坚持结合中国国情，以我为主，博采众长，区分轻重缓急，大胆借鉴。但是，借鉴不是照抄照搬。一切照抄、照搬，都将归于失败。这个历史经验必须汲取。

（五）关于法制统一

江泽民同志在十四届五中全会《正确处理社会主义现代化建设中的若干重大关系》的讲话中指出："全国经济是一个有机的整体，中央必须制定和实施全国性的法律、方针、政策，才能保证总量平衡和结构优化，维护全国市场的统一，促进国民经济有序运行和协调发展。"经济发展要求形成全国统一的大市场。对外封锁、市场割裂、地方保护主义是封建经济的特征，不是市场经济的特征。发展大市场，是经济发展的必然要求。闭关锁国、闭省锁市只能落后，毫无出路。一个国家的市场必须统一。市场的统一性和秩序性要求法制统一。而法制统一，又是市场统一有序的保障。

国家的立法包括全国人大制定的基本法律、全国人大常委会制定的法律、国务院行政法规和地方性法规。从法律效力上看，宪法具有最高的法律效力，所有法律、行政法规、地方性法规不得与宪法相抵触，否则无效。行政法规不得与法律相违背，地方性法规不得与宪法、法律和行政法规相抵触。我国社会主义立法体制和法律效力结构是有利于市场法制统一的。统一首先是立法制度的统一，其次是法律法规的解释权的统一，最后是司法权和行政执法的统一。

在实践中，我们要处理好法制统一和地方、部门立法的关系。涉及国家根本的政治制度、经济制度、司法制度，以及关系全国统一市场经济活动准则，体现宏观经济调控权的财税制度、金融制度、外贸制度等，原则上应当由中央立法；制定法律的条件暂不成熟的，可以先由国务院制定条例，实践一段时间，总结经验，及时上升为法律；地方可以在法定权限内，在同宪法、法律和行政法规不抵触的前提下，制定地方性法规。如果国家制定法律、行政法规的条件暂不成熟的，地方可以根据中央统一部署，进行试点，先制定地方性法规。

应该看到，地方立法是我国社会主义立法体制中的一部分。但我国是单一制国家，不是联邦制国家。必须避免和克服地方保护主义对统一市场的分割和垄断，更不能以改革开放为名，自立法规，自行其是。（如全国人大常委会关于惩治生产销售伪劣商品犯罪的决定规定，生产销售伪劣商品所得超过 2 万元的，应追究刑事责任。但很多地方却以罚代刑，个别的甚至明文规定，违法所得 10 万元以上方可立案）还必须看到，由于目前各种法律草案绝大多数是由政府部门提出的，在现实中出现了部门利益权力化、权力法律化的倾向，即一些单位从部门利益、地方利益出发，通过制定法律法规强化或者扩大自己的行政权力。这势必破坏市场的统一和经济的运行，必须予以纠正。制定法律一定要从全局出发，从维护国家和人民的根本利益出发，自觉维护全国市场统一，打破各种封锁分割状态，消除各种壁垒和障碍。在国家宏观调控下，保证物畅其流，竞争自由。

（六）关于民商法和经济法

民商法中的民法调整平等主体之间的财产关系和人身关系，商法调整平等主体之间的商事关系或商事行为。民商法所调整的社会关系都是市场经济中的重要经济关系。所有的法人、自然人在市场经济中都要依民商法行事。民商法是市场经济中最重要的法律之一。传统法学主张以民商法为市场经济法律体系的核心，可见它的重要地位。

经济法的产生晚于民商法。它是在宏观经济理论建立以后，在西方逐渐发展起来的。经济法调整的对象是国家对经济实行宏观调控和管理所涉及到的经济关系，它具有国家干预、引导和规范市场经济的作用，如计划法、预算法、中央银行法、反不正当竞争法、反垄断法等。在市场经济中，国家对经济的干预，主要是依法运用经济手段进行调控。法律是这种行为的保障，体现了国家的意志。经济法是国家保持经济稳定，结构优化，可持续发展的职能的法律依据，是我国的一个重要特点。

民商法和经济法的不同调整对象，一定程度上反映了私法与公法在市场经济法律体系中的不同作用。虽然没有哪个国家明文规定公法和私法，但在法学上认为这种分法是法律秩序的基础，有利于法律制度的建立。私法主要是规范、调整法人和自然人行为的。公法是规范和调整至少有一方为国家或国家授予公权者的行为的。国家作为公权的代表者，依法实施经济法，调控和管理经济。国家作为所有者进行投资、交易，经营企业，则要政企分开，建立国有企业法人制度，依民商法与其他的经济成分处于平等地位。当今世界，纯粹的私法和公法都在发展演进，已经出现了经济法与民商法结合并举的趋势。我国的新法律体系，既要充分保障市场主体之间的自由而公平的竞争，又要确保国家对市场的宏观调控。因此，新的法律体系要兼容私法和公法，使民商法与经济法共同发展和完善。

（七）关于严格执法

我国市场经济法律体系在立法中构建，在执法和监督中得到实施和维护，在实践中不断发展和完善。因此，必须一手抓立法，一手抓执法。法律只有在执法中才能起到引导、推动、保护的作用，才能建立起权威，并在执法和监督实践中发现法律的不足，及时修改和补充，使经济法律日臻完备。目前，轻视法的作用，法制观念不强，有法不依，执法不严，还是较普遍的现象，对社会有极大的危害。（例如，劳动法规定，劳动者每日工作不超过 8 小时，在保障劳动者健康条件下延长工作时间的，每月不得超过 36 小时，并依法支付不低于工资 50% 的报酬。但一些外商投资企业、乡镇企业、私营企业超时加班相当普遍。某省一些外商投资企业和私营企业职工平均每月加班70—80小时，最长的达130多小时。又如，统计法规定，各地方、各部门、各单位的领导人对统计机构和统计人员依法提供的统计资料，不得修改。但有些领导人以权定数，授意或强令统计机构和统计人员弄虚作假，甚至形成"官升数据、数据升官"。西北某省一个县的领导人为了突出政绩虚报人均收入，又为了得到国家扶贫款而瞒报人均收入，未受任何处分，而统计局长则因此被撤职）

应该看到，成熟的市场经济，必须有完备的法律体系。这就如同现代城市必须有严格的交通规则是一个道理。法律一经制定，就必须认真贯彻执行，做到有法必依、执法必严、违法必究，使法律具有极大的权威。必须坚决反对以言代法、以权压法，更不允许执法犯法、徇私枉法。法律的权威性，是一个国家公共权力能否正常运行，实行法治的重要标志，是法制化社会的标志。我们党的各级组织和广大党员，各级政府机构和政府公务人员，特别是领导干部，都要自觉遵守和维护宪法与法律，严格依法办事，为社会做出表率。同时要加强执法的检查监督，确保各项法律法规的贯彻落实。完备的法制，要求立法机制、执法机制、监督机制的建立和有效运作。三者缺一不可。

（八）关于法律的修改完善

法律的权威性，要求法律具有稳定性。法律结构和法律内容，未经法定程序，不能随意变更或修改。然而，随着生产力的发展，当政治的、经济的、社会的关系产生了变化，就会引起法律的修改。法律修改是保持法律稳定的一种调节机制，是对法律的完善，是法律发展和完善的重要形式。但是法只能修改，绝对不能违背。而修改，必须经过法定程序，由立法机关进行。一切其他方式的修改不仅无效，还是违法的。

在建立新体制过程中，客观要求将改革开放的政策定型化和条文化，对不适应市场经济新体制的法律进行修改。1993年修改宪法，确立"市场经济"的法律地位，就是突出的例证。1986年六届人大第十八次常委会通过的企业破产法，对于市场经济条件下建立优胜劣汰机制是一个推动。但这个法仅适用于国有企业，对破产企业的历史包袱和人员安置等问题，也缺乏具体的办法。因此人大财经委正在起草一部新破产法。

应该看到，法的完善是改革与发展的内在要求，法律在不断修改中逐步完善。修改法律是法制建设的重要内容，并具有立法性质，因此，必须按照立法程序进行修改。在立法机关没有修改以前，任何人和单位都不能以法律不适应新形势和新情况为由拒不执行法律。法只能由立法机关依法定程序修改，这是法的权威性和普遍约束力的根本要求。否则，法律的稳定性和严格性就会受到破坏，社会会混乱，市场会无序，腐败会蔓延。

总之，改革时期是生产关系和经济关系都在激烈变化的时期。我们既要不断制定新的法律规范，又要不断对现行的法律法规进行修改完善。不能幻想新的法律是完美无瑕、长期不变的，也不能借口有些法律法规带有过渡性就长期搁置，或者借口其阶段性而不执行。世界上从来就没有千年不变的法律。应该看到生产力是发展的，客观形势是变化的，修改法律也应该是立法上的经常工作。

（九）关于试点与规范

在改革中，我们较多地运用"试点—规范—再试点—再规范"的办法，不断出台新的法律、法规和规章，来规范改革，推广经验，确立新的体制。例如，在企业改革方面，1979年5月25日，国务院有关部门在北京、天津、上海三市的8个企业进行企业管理改革的试点。同年7月13日，国务院颁发了《关于扩大国营工业企业经营管理自主权的若干规定》。1988年颁布了企业法。1984年我们进行股份制试点，1992年国家体改委发布了有限责任公司和股份公司的规范意见，尤其是1994年7月1日实施的公司法，为国务院确定的100家企业进行现代企业制度试点提供了法律依据。

大量事实证明，试点就是实践探索，规范就是法制化。试点为规范积累了经验，规范把试点改革经验上升为法律法规，为在更大范围内推广开辟了道路。法律具有一定的超前性。有些反映交易和市场竞争一般规则的法律，以及一些国际上比较成熟的经济规则，可以结合中国实际大胆借鉴，在实践中不断完善。这样可以大大加快立法的进程，促进新的生产关系的建立和巩固，进而解放生产力。

（十）关于党和国家的历史责任

加强社会主义法制建设，依法治国，是邓小平同志建设有中国特色社会主义理论的重要组成部分，是实现国家长治久安的重要保证，也是我们党和政府管理国家和社会事务的重要方针。

根据宪法，我国各族人民将在中国共产党的领导下，发展社会主义民主，健全社会主义法制。江泽民同志在1991年3月对参加"两会"党员负责同志会议的讲话指出："党领导人民制定宪法和法律，党还要领导人民遵守和执行宪法和法律，这是我国法制建设的重要政治原则。各个部门、各个单位都应严肃执法、守法，各级党组织和党员要带头学法、守法。"1996年12月，中央还要举办第四次法制讲座。

各级政府及政府各部门也肩负着依法治国的重要责任。依法行政是依法治国的重要环节。"有法可依，有法必依，执法必严，违法必究"这十六字方针阐述了依法治国的四项任务，其中三项半都要政府来完成。特别是政企分开，依法行政，加强司法监督，及时修订法和立法等，都要政府的大力推动和率先垂范。

加强社会主义法制建设，坚持依法治国，一个很重要的任务是要不断提高广大干部、群众的法律意识和法制观念。广大公民自觉守法、依法维护国家利益、社会利益和自身利益，是依法治国的重要基础。广大干部和群众法律水平的高低，直接影响着依法治国的进程。

1996年5月15日，八届人大第十九次常委会通过了《关于继续开展法制宣传教育的决议》。决议提出，从1996年到2000年实施在公民中开展法制宣传教育的第三个五年规划。与此同时，中共中央、国务院发出了《关于在公民中开展法制宣传教育的第三个五年计划》的通知。党的十四届六中全会通过的决议又进一步指出，要在全体人民中进行遵守宪法和法律的教育，普及法律常识，增强民主法制观念。

我们各级党政领导干部，要认真贯彻落实党中央、全国人大、国务院关于"三五"普法规划和六中全会的要求，努力学习法律知识，带头学好法律知识。这既是各级领导干部做好工作，提高领导能力和管理水平的需要，也是带领广大人民群众学法、用法和自觉遵守法律的需要。从一些地方的经验来看，领导干部学法可以采取以下一些形式：一是举办法制讲座，每年组织领导干部集中听几次法制课；二是在各级党校、干校增设法律知识课，将法律知识作为党校、干校的必修课程；三是规定本系统的领导干部在一定时期要学习的法律、法规，在自学的基础上，请专家辅导并讨论。掌握必要的法律知识，特别是熟悉和正确运用同本职工作相关的法律知识，应成为各级领导干部的必备素质。学习法律知识，提高广大干部特别是领导干部的法律素质，是讲政治的体现，是建设高素质干部队伍的必要条件。

市场经济是法制经济[*]

(1997年7月9日)

一 依法治国,建设社会主义法制国家是重大的历史性任务

加强社会主义法制建设,依法治国,是邓小平建设有中国特色社会主义理论的重要组成部分。早在1978年12月,邓小平同志在《解放思想,实事求是,团结一致向前看》一文中强调:"必须使民主制度化、法律化,使这种制度和法律不因领导人的改变而改变,不因领导人的看法和注意力的改变而改变。"[①]

邓小平同志多次强调,搞社会主义现代化要"一手抓建设,一手抓法制"[②]。建立新体制,就要有新规划、新规矩,就要建立社会主义市场经济法律体系。十四届三中全会《决定》勾画了社会主义市场经济体制的基本框架。在这个总体框架中,明确提出在"在本世纪末初步建立适应社会主义市场经济的法律体系"的任务。党的十四届五中全会通过的《"九五"计划和2010年远景目标的建议》,明确要求加快经济立法,建立和完善适应社会主义市场经济的法律

---

[*] 这是作者在"建立社会主义市场经济法律体系座谈会"上的讲话。
[①] 《邓小平文选》第2卷,人民出版社1994年版,第146页。
[②] 《邓小平文选》第3卷,人民出版社1993年版,第154页。

体系。党的十四届六中全会通过的《关于加强社会主义精神文明建设若干重要问题的决议》指出，建立和完善社会主义市场经济体制，必须紧密结合改革和发展的实践，健全社会主义法制。

针对实行和坚持依法治国，江泽民同志指出："就是在党的领导下努力实现国家各项工作的法制化和规范化，保证人民群众依照法律规定，通过各种途径和形式参与管理国家、管理经济文化事业、管理社会事务，真正做到有法可依、有法必依、执法必严、违法必究，保证各项事业在社会主义法制的轨道上顺利发展。做好这项工作，对于促进国民经济的持续、快速、健康发展和社会全面进步，保障国家的长治久安，具有十分重要的意义。"

第八届全国人民代表大会第四次会议通过的《纲要》，提出"依法治国，建设社会主义法制国家"的历史性任务，这标志着我国的法制建设进入了一个新的时期。李鹏总理在八届全国人大四次会议上所作的《关于国民经济和社会发展"九五"计划和2010年远景目标纲要的报告》中指出，"加强法制建设，依法治国，建设社会主义法制国家，是实现国家长治久安的重要保证"。乔石同志在八届全国人大四次会议的讲话中指出，"社会主义市场经济体制的建立和完善，必须有完备的法制规范和保障"，"依法治国，建设社会主义法制国家，这是指导今后我国现代化建设的一条十分重要的方针"。

应该说，随着形势的发展，加快建立适应新经济体制的法律体系，已经成为一项历史性任务摆到我们面前。

二　社会主义市场经济是法制经济

没有规矩无以成方圆，市场经济的充分发展有赖于市场关系的法制化。从某种意义上讲，社会主义市场经济是法制经济。众多实行市场经济国家的实践证明，市场经济须臾不可离开法制，市场经济与法制建设相伴相生。市场经济是法制经济，市场经济也必须是法制经济。法制经济就是把各种经济活动纳入法制轨道的经济。

建立社会主义市场经济体制，必须建立与之相适应的所有制结构、现代企业制度、社会分配和社会保障体系、宏观经济调控体系和统一开放、竞争有序的市场体系，效率优先、兼顾公平的分配制度和社会保障体系，以及符合国际惯例、积极参与国际竞争与合作的对外开放体制，这些都需要制定有关的经济法律加以引导、规范和保障。因此，能否建立完备的社会主义市场经济法律体系框架，关系到社会主义市场经济体制能否顺利建立，关系到社会主义市场经济体制能否顺利实行。

改革开放十几年来，尤其是党的十四大明确提出建立社会主义市场经济体制以来，我国的政治、经济、社会生活等发生了深刻的变化。适应社会主义市场经济的法律体系就是要以社会主义市场经济的要求为出发点，从整体上构建社会主义市场经济法律体系。这一方面是为了完善，另一方面最根本的目的是为全社会创设一套新的、更好的调控机制，为进一步体现社会主义的优越性、发展社会主义社会生产力服务。

三　社会主义市场经济法律体系的基本框架

党的十四届五中全会通过的《"九五"计划和2010年远景目标的建议》，明确要求加快经济立法，建立和完善适应社会主义市场经济体制的法律体系。党的十四届六中全会通过的《关于加强社会主义精神文明建设若干重要问题的决议》指出，建立和完善社会主义市场经济体制，必须紧密结合改革和发展的实践，健全社会主义法制。今年，中央又把"抓紧制定规范市场、维护市场秩序、改善和加强宏观调控、建立和健全社会保障制度以及涉外经济等有关法律，尽快形成社会主义市场经济法律体系的框架"作为工作的重点。

建立社会主义市场经济法律体系,就是从"三个有利于"出发,坚持解放和发展生产力的原则,坚持以公有制为主体、多种经济成分共同发展的原则,坚持勤劳致富和共同富裕的原则,坚持与市场经济规律相适应的原则。

通过长期大量的研究,法学界和有关部门对构筑社会主义市场经济法律体系框架从不同角度提出了建议。有的建议按照一般的法律部门来构筑框架;有的建议按照市场经济体制的要求来构筑框架;有的建议按照经济立法的具体任务的要求来立法,按所有制的划分来立法,按经济部门和行业来立法。

根据多方面的研究和多年来实践的总结,八届全国人大四次会议通过的《纲要》确定了我国社会主义市场经济法律体系框架。这一基本框架主要由六大板块构成。其中包括:规范各种市场主体的法律,规范市场行为的法律,维护市场秩序的法律,改善和加强宏观调控的法律,建立和健全社会保障制度的法律,促进对外开放的法律等。这主要是从工作的角度,从加快建立社会主义市场经济体制的角度而提出来的。

四 加快建立社会主义市场经济法律体系的步伐

贯彻"有法可依、有法必依、执法必严、违法必究"的法制建设方针,要充分认识这项重要任务的长期性、复杂性和艰巨性。

建立和完善我国市场经济法律体系是一项跨世纪的宏伟系统工程,是法律制度的创新。与经济体制改革的特点相适应,构建社会主义市场经济法律体系框架要先从解决专项的、特殊的经济和社会问题入手,急改革之所急,及时实现改革措施的法律化、制度化。在为改革近期需要做好服务的同时,又要为改革的中期和远期目标服务，根据我国生产力、生产关系、社会关系发展变化的趋势，采用专门的科学方法和手段，科学地揭示生产关系、社会关系的发展变化与法律调整的相互关系，正确预见法律的近期、中期和远期的变化趋势及其社会效果。

深化改革，建立社会主义市场经济体制，涉及利益格局的调整，就必然会触及原有体制中的深层次矛盾。解决这些矛盾，又需要用法律的形式及时推进整体的和配套的改革。我们要从改革开放的实际出发，用法律的形式及时肯定改革开放的成功经验和丰硕成果，还要对现行的法律、法规进行清理，补充、修改或废止。

我国通过十几年的法制建设，已经取得了丰硕的成果，目前经济生活的主要方面已基本有法可依。但是，在依法办事和行政执法方面，我们仍然任重道远，执法不严、违法不究的现象仍十分突出。对于这些问题，要靠教育，靠民主监督，更要靠健全的法制，要坚持和实行依法治国，不断提高依法行政的水平。通过切实有效的普法宣传教育，在全社会形成浓厚的法律意识，为改革开放和发展社会主义市场经济创造良好的社会环境。

构建社会主义市场经济法律体系框架，对于中国，乃至世界都是一项具有创造性的事业。我们需要不断地探索、总结、完善。我们坚信，只要符合建立社会主义市场经济体制的要求，建立社会主义法律体系框架的目的就一定能够达到。

改革要有新突破[*]

——贯彻十五大精神,开创改革新局面

(1997年12月22日)

这是党的十五大后召开的第一次体改工作会议。会议的主要任务是,认真领会、全面贯彻十五大和中央经济工作会议精神,把握经济改革和发展的大局,落实中央关于"经济体制改革要有新的突破"的要求,努力开创经济体制改革的新局面。

一 党的十五大在社会主义经济理论上实现了新突破

党的十五大是一次承前启后、继往开来的大会。大会的主题是高举邓小平理论的伟大旗帜,把建设有中国特色社会主义事业全面推向21世纪。党的十五大坚持"解放思想,实事求是"的思想路线,充分肯定了20年来改革开放的实践经验,科学地总结过去,筹划未来,对我国改革开放和社会主义现代化建设跨世纪的发展做出了全面部署。十五大的政治报告在理论上有许多重大突破和创新,丰富和发展了社会主义政治经济学。

---

[*] 这是李铁映同志在全国经济体制改革工作会议上的讲话。

（一）党的十五大最大的历史功绩是确立了邓小平理论的历史地位，明确了在当代中国，只有邓小平理论，而没有别的理论能解决社会主义的前途和命运问题

改革是中国的第二次革命，是全面的制度创新，没有固定的模式可以照搬，也没有现成的经验可以套用。社会主义在前进中遇到的困难和挑战，归结起来是关系科学社会主义理论的最根本问题，即什么是社会主义和怎样建设社会主义。邓小平同志作为中国改革开放的总设计师，创造性地阐述了在社会主义条件下改革开放的方向、原则和政策，在理论和实践上，回答了什么是社会主义，怎样建设社会主义等一系列基本问题，形成了建设有中国特色社会主义理论。

党的十五大在理论上的一个突出贡献，就是郑重提出了邓小平理论这个鲜明、简洁的科学概念，并把这一理论同马克思列宁主义、毛泽东思想一道作为党的行动指南写进党章。邓小平理论就是当代中国的马克思主义。改革开放的实践充分证明，坚持邓小平理论是完全正确的。我们必须坚持高举邓小平理论的旗帜毫不动摇。

（二）党的十五大明确提出建设有中国特色社会主义的经济、政治、文化的基本目标和基本政策，构成了党在社会主义初级阶段的基本纲领。在党的纲领中明确提出社会主义初级阶段的科学概念，这在马克思主义发展史上还是第一次

必须看到，社会主义初级阶段理论是邓小平理论的重要内容。邓小平理论坚持解放思想，实事求是，开拓了马克思主义的新境界。当前，我们讲一切从实际出发，最大的实际就是中国现在处于并将长期处于社会主义初级阶段。这是我们制定路线、方针、政策的出发点和立足点，也是推进经济体制改革的出发点。要把中国的事业全面推向 21 世纪，必须深刻理解、准确把握初级阶段理论。

（三）社会主义初级阶段是中华民族伟大复兴的历史阶段，我们的根本任务是发展社会生产力

十五大报告列举了初级阶段的九个重要特征，说到底，主要是我国生产力不发达的状况没有根本改变，社会主义制度还不完善，社会主义市场经济体制还不成熟。因此初级阶段的主要矛盾是人民日益增长的物质文化需要同落后的社会生产之间的矛盾。我们必须采用人类创造的一切先进文明成果，集中力量发展社会生产力。经济建设是全党、全国工作的中心。发展是硬道理，中国解决所有问题的关键在于自己的发展。

（四）要围绕发展社会生产力这个根本任务，把改革作为推进各项工作的动力

20年来改革开放的实践证明，只有通过全面改革，不断解决不适应生产力发展的体制性矛盾，才能充分发挥市场对资源配置的基础性作用，最大限度地解放和发展生产力。

（五）初级阶段是不可逾越的历史阶段，需要几代、十几代人坚持不懈地努力奋斗

社会主义初级阶段至少要经过一百年的时间，才能建立起比较完善的社会主义市场经济体制，使我国赶上或超过中等发达国家的发展水平，人民群众的生活质量有根本性的改善。改革与发展是我们的长期任务，是史无前例的开创性事业，其艰巨性和复杂性是不容置疑的。我们既不能急于求成，又要只争朝夕，为我国实现工业化和经济的社会化、市场化、现代化做出贡献。

（六）党的十五大在经济理论方面有许多重大突破，特别是在社会主义市场经济条件下公有制实现形式及分配制度等方面有新的突破

把社会主义与市场经济结合起来，是一个伟大的创举，也是党的十四大对社会主义政治经济学的新贡献。党的十五大对社会主义政治经济学的新发展，是进一步突破了传统经济理论对人们思想的束缚；明确了公有制为主体、多种所有制经济共同发展，是我国社会主义初级阶段的一项基本经济制度。与这一制度相适应，坚持实行按劳分配为主体、多种分配方式并存的制度，这是由我国的社会主义性质和初级阶段的国情决定的。

在所有制理论和分配理论上，提出"两个主体，两个多种"，是坚持高举邓小平理论伟大旗帜的体现，是对社会主义初级阶段理论的完善和发展，是对传统政治经济学理论的新突破。这些重要突破的实现，是因为我们坚持了实事求是的思想路线和历史唯物主义的基本观点。生产关系特别是所有制关系和分配关系都要与生产力发展水平相适应，并以促进生产力发展为标准，这是邓小平理论最为突出的一个特点。

在所有制问题上，党的十五大第一次提出，公有制实现形式可以而且应当多样化。一切反映社会化生产规律的经营方式和组织形式都可以大胆利用，一切符合"三个有利于"标准的所有制形式都可以而且应该用来为社会主义服务。要努力寻找能够极大促进生产力发展的公有制实现形式。

明确了公有制经济不但包括国有经济和集体经济，还包括混合所有制经济中的国有成分和集体成分。也就是说，公有制经济不存在高级形式和低级形式的区别，也不能把所有制与所有制的实现形式相混同。

明确提出国有经济起主导作用，主要体现在控制力上。这就要求对国有经济的布局进行战略性调整，对国有企业实施战略性改组。

明确了股份制是现代企业的一种资本组织形式，肯定了对国有大企业实行规范的公司制改革的作用。

肯定股份合作制是改革中的新事物，要支持和引导，不断总结经验，使之逐步完善。对劳动者的劳动联合和劳动者的资本联合为主的集体经济，尤其要提倡和鼓励。

明确提出非公有制经济是我国社会主义市场经济的重要组成部分。这在改革的理论和实践上都是重大突破。

建立与社会主义市场经济体制相适应的分配制度，是深化改革、发展经济、稳定社会的一项重要任务。党的十五大报告在重申"坚持按劳分配为主体、多种分配方式并存的制度"的同时，第一次提出把按劳分配和按生产要素分配结合起来，允许和鼓励资本、技术等生产要素参与收益分配，这是分配理论上的重大突破。

对分配结构和分配方式在理论和实践上进行调整、完善，符合社会主义市场经济体制的内在规律，是所有制关系变化和所有制结构调整以后提出的客观要求，也是市场机制在分配领域发挥作用的具体体现。根据社会主义初级阶段基本经济制度的本质规定，把按劳分配和按生产要素分配结合起来，允许和鼓励资本、技术等生产要素参与收益分配，这就使得社会主义政治经济学理论在十四大和十四届三中全会的基础上进一步创新，基本形成了完整的理论体系；在实践上也将有利于实现"效率优先，兼顾公平"的原则，有利于优化资源配置，有利于保持社会稳定；从长远看，也有利于促进共同富裕目标的实现。

二 总结经验，认准形势，切实推进新体制的建设

江泽民总书记在党的十五大上号召全党高举邓小平理论的伟大

旗帜，把建设有中国特色社会主义事业全面推向 21 世纪。这是我们共同肩负的光荣而艰巨的历史使命。面对充满机遇和挑战的 21 世纪，我们要有紧迫感，深刻认识建立社会主义市场经济体制对中华民族腾飞的重要意义，按新体制的要求找出目前的差距，认真总结经验，深刻分析形势，切切实实地推进新体制的建设。

（一）十四大以来改革的进展与特点

十四大以来，社会主义市场经济新体制的建设取得了突破性进展。

• 按照建立社会主义市场经济体制的要求，大步推进了财政、税收、金融、外贸、外汇、计划、投资、价格等方面的体制改革，宏观调控体系的框架初步建立。通过加强和改善宏观调控，基本实现了高增长、低通胀的良好局面。

• 公有制经济为主体、多种经济成分共同发展的格局已经形成。国有经济在经济总量中的比重有所下降，非公有制经济稳步发展；同时，对公有制经济多种实现形式的探索也取得了重大进展，包括股份制、股份合作制在内的企业改制顺利进行，现代企业制度已初显轮廓。

• 经济的市场化程度不断提高，市场机制在资源配置和经济生活中的调节作用越来越大。在许多领域内，市场已开始发挥基础性的作用。与此相适应，经济活动的规范化、法制化不断地发展和巩固，经济秩序明显好转。

• 城镇住房体制改革和社会保障体制改革全面展开。全国城镇普遍建立了住房公积金制度，公有住房的出售与提租稳步进行。全国开始实行统一的企业职工基本养老保险制度。失业保险覆盖面已扩大到所有国有企业职工。全国大部分大中城市基本建立起居民最低生活保障制度。医疗保险制度改革试点范围不断扩大。

● 农村经济体制改革进一步深化。党在农村的基本政策进一步稳定和加强，积极稳妥地推进了农业产业化，小城镇出现了蓬勃发展的势头，股份合作制等多种企业制度为乡镇企业的发展注入了新的生机和活力。

● 多层次、全方位的对外开放总体格局基本形成，对外经贸体制进一步完善。教育、科技、文化等方面的体制改革有重大进展。政府的职能也在发生转变。

五年来，以提出社会主义市场经济体制的目标为标志，改革由过去拆除"旧房子"转向建造"新大厦"，即由过去单纯破除旧体制转向建立新体制，转向制度创新。改革的进程出现了一些新特点。

第一，在改革观念上，重点不再是研究旧体制中积累的问题，讨论如何冲破旧体制的束缚，而是全面转向研究和回答什么是社会主义市场经济体制，如何建立社会主义市场经济体制。

第二，在改革方式上，已经不再是过去那种走一步看一步的"撞击反射式"①，而是在体制目标指导下有步骤地建立新体制。例如，在财政改革方面，明确以分税制为目标；在金融体制改革方面，明确以银行商业化、利率市场化为目标；在企业改革方面，明确以现代企业制度为目标；在社会保障制度改革方面，明确以社会统筹与个人账户相结合为目标，等等。每项改革都有目标，各单项改革的目标又相互协调、内在统一，共同构成了社会主义市场经济体制的框架。改革的方式基本实现了整体推进与重点突破相结合。

第三，改革已成为一个制度创新过程。以社会主义市场经济体

---

① "撞击反射式"改革是我国的改革策略，即坚持以搞活企业为中心环节，以搞活企业过程中提出的各种改革要求，去撞击那些不适应生产力发展的管理体制和规章制度，促使管理部门有针对性地及时制定改革措施，再反射到企业和有关部门，付诸实施，增强企业活力。企业有了活力，生产力得到发展，又提出新的进一步的改革要求。

制框架为蓝图,根据本部门、本地区的实际情况,在实践中大胆试,大胆闯,寻找其具体实现途径和形式,通过分类指导实现制度创新,已成为新体制建立过程中的重要内容。几年来,城市综合配套改革、股份合作制、农业产业化等,都是广大干部群众从中国国情出发,所进行的伟大探索和创新。

第四,社会主义市场经济的法律体系建设得到高度重视。我们在实践中坚持改革开放和法制建设的统一,努力做到改革决策、发展决策与立法决策相结合,经济立法进程大大加快,用法律引导、推进和保障社会主义市场经济的健康发展。这就为依法治国、建立法制国家打下了坚实的基础。

五年的实践表明,体改战线的同志适应了改革新形势的要求,基本完成了改革观念、改革方式和改革工作上的重要转变,即基本完成了从破除旧体制到建立新体制的转变。由于这一转变,过去五年的改革工作呈现出一个新的局面:改革与发展、稳定相结合,改革与经济结构调整相结合,农村改革与城市改革相结合,企业改革和城市综合配套改革相结合,经济体制改革与科技、教育、文化及政治体制改革相结合。这些都构成了新时期改革的新特点。

十四大以来,以建立新体制为基本方向和内容的改革取得了突破性进展,市场机制已经在商品交换和资源配置等各个经济领域发挥着广泛的作用,在部分领域已处于基础性地位,社会主义市场经济体制的框架已经显现。五年的改革开放带动国民经济跃上一个新台阶。经济持续增长,人民生活继续改善,综合国力不断增强,社会全面进步,我国进入最好的历史发展时期。

实践证明,十四大所提出的社会主义市场经济的改革方向是正确的。社会主义市场经济既是中国经济体制改革实践经验的总结,是历史的必然,又是理论的飞跃,是邓小平理论的重要组成部分,是马克思主义政治经济学在中国的新发展。旗帜就是方向,旗帜就是形象。对我们改革战线来说，就是要坚持高举邓小平理论的伟大旗帜，坚持高举改革开放的旗帜，坚持社会主义市场经济的改革方向不动摇。

（二）深刻认识当前的形势，切实推进未来三年的改革

党的十五大提出了跨世纪的战略任务，开创了改革开放和现代化建设的新阶段。今后三年对改革和发展，都是十分重要而关键的时期。如果我们的工作搞得好，经受住了各方面的挑战和考验，就可以为今后 50 年以至更长时间的持续、稳定、协调发展打下基础。当前，我们正在从事前人没有做过的新事业。国际、国内形势变化很快。政治、经济、社会生活变动剧烈和深刻，达到前人难以想象的程度。正如江泽民总书记在中央经济工作会上所指出的，经过近 20 年的实践，我们党对建设有中国特色社会主义客观经济规律的认识有了很大提高，这是我们取得的伟大成绩，也是继续胜利前进的基本条件。但是我们不能有任何满足，还要看到在我们面前还存在很多未被完全认识的"必然王国"。

从国际形势看，随着冷战的结束、科学技术的进步，和平与发展已成为当今时代的主题。目前，世界政治多极化和经济一体化的趋势更加明显，各国以经济竞争为主要内容的国际竞争更趋激烈。面向 21 世纪，各国都在重新确定其发展战略，调整其经济结构，提高其国际竞争力。通过改革，建立一种充满活力的经济体制，以支持经济的持续发展，成为提高国际竞争力的重要组成部分。改革正在成为席卷世界的历史潮流。最近，东南亚金融危机所暴露出来的问题，也从一个角度说明了体制的不完善所带来的危害。从某种意义上讲，在国际竞争日趋激烈的今天，改革也是一场体制竞争。只有建立起支撑中国经济可持续发展的坚实的体制基础，才能赢得这场竞争。

从国内看，随着改革的深化、经济形势的发展，我国的经济生活已出现了不同于以往的新变化，主要表现在：社会供求总量关系发生了质的改变，从经常性的供不应求转变为经常性的供大于求，市场机制的作用明显加强；经济增长的内容开始发生变化，大企业在经济增长中的作用突出了，产业结构升级的迹象越来越明显，非公有制经济的地位进一步提高；对外开放的发展深刻地影响着国内经济生活，市场竞争出现了国际化的趋势。与此同时，社会原有的利益格局开始在深层次上被触动，就业的形式、收入分配的形式、社会保障和社会福利的形式，都在发生深刻的变化，一些社会矛盾变得更突出了。此外，东亚和东南亚国家普遍出现的金融危机，也为我国近期的经济发展和开放带来了一些新的不确定因素。这些都使我国当前的经济形势呈现出不同于以往的新的复杂局面。

当前，国民经济运行中也存在一些突出矛盾和问题。主要是国有经济依然未能全面适应市场经济的要求，一些国有企业生产经营困难，企业的资产负债率居高不下；下岗待业人员增加，社会就业压力加大；金融机构不良资产比重高，金融风险因素增加；农业基础脆弱的状况没有根本改变，粮食流通体制不适应市场经济的要求；收入分配关系不顺，调节手段不健全等。

应当强调指出的是，以上这些矛盾和问题是长期积累起来的，在加快体制改革和结构调整过程中，只是更突出地暴露出来了。从某种程度上说，当前的复杂局面是与两个转变实现前的过渡性状态相联系的。这种新的局面既要求我们加速完成两个转变，又客观地为两个转变带来了新的困难。从有利改革推进的方面看，随着两个转变的进行，经济生活中市场机制的地位和作用突出了，社会生产力的发展进一步要求扩大市场机制的作用范围和力度。例如，从卖方市场转变为买方市场，为市场机制配置社会资金和资源奠定了基础。通过市场竞争来提高企业素质，优化产业结构，改革金融体制，发展包括资本市场在内的要素市场，转变政府职能，已成为社会的普遍要求和人们的共识，这为推进改革提供了条件，成为推进改革的新机遇。与此同时，市场机制作用的增强，又必然会引起破产、失业和收入差距扩大等一系列新的经济现象，从而使经济、社会生活的不确定因素增多，这又要求改革要谨慎从事，稳妥进行。

面对这一复杂局面，当前特别要强调以下几点。

一是建立社会主义市场经济体制的目标和决心不能动摇。党的十四届三中全会提出，要在本世纪末初步建立社会主义市场经济体制，对于这一点，我们是有决心、有信心的。不论遇到什么困难，都要振奋精神，坚定不移地实现这一目标。最近，中央领导强调指出，要搞好改革，就要学好四个文件，即十四大报告、十四届三中全会《决定》、十五大报告和十五届一中全会的报告。这几个文件是一脉相承的，共同构成了改革的目标模式和行动纲领，要认真学习和贯彻落实。

二是当前经济生活中的难点和热点，应成为制定改革战略、进行改革部署的重点。随着经济形势的变化，改革的重心也应调整和变化。对一些阻碍新体制建立的体制因素，要有计划地重点突破，以加速实现资源配置市场化、福利分配货币化、公共服务社会化、经济运行法制化。

三是要掌握好改革的时机、力度和节奏，正确处理好改革与发展、稳定的关系。要密切注意经济生活中的新变化，立足于现实，认真、具体地分析改革推进的有利因素和不利因素，因势利导地确定改革推进的步骤。一方面，要抓住新的改革机遇，利用有利条件，大胆突破，推进改革；另一方面，要精心组织和操作，化解一些不确定因素，为改革平稳推进创造良好的环境。

三 贯彻落实中央经济工作会议精神，扎扎实实做好明年经济体制改革工作

前不久召开的中央经济工作会议，是党的十五大以后中央召开的又一次具有全局意义的重要会议。会上，江泽民总书记全面分析当前国际和国内形势，提出了1998年经济工作的指导思想、总体要求和重要方针。李鹏总理全面总结了今年的经济工作，对明年的改革和发展工作作了部署和安排。朱镕基副总理在会议结束时，针对重要任务和主要工作进行了总结。这次会议对于明年的经济体制改革工作，具有重要的指导意义。

（一）要全面理解、认真贯彻落实中央经济工作会议精神

我们这次体改工作会议的一个重要任务，就是学习贯彻中央经济工作会议精神，把思想统一到中央确定的方针上来。

1998年，是全面贯彻落实十五大提出的各项任务的第一年。中央提出明年经济工作的总体要求是：高举邓小平理论伟大旗帜，全面贯彻落实党的十五大精神，继续推进经济体制和经济增长方式的转变，进一步加强农业的基础地位，加快国有企业改革步伐，加大经济结构调整力度，加强和改善宏观调控，提高对外开放水平，安排好群众生活，实现国民经济持续、快速、健康发展和社会全面进步。

根据总体要求，中央重申了稳中求进的方针。这一方针是根据我国的历史经验和经济发展的实际要求提出来的。实践证明，这是一个完全正确、积极的方针。我们在明年的经济工作中，要继续贯彻稳中求进的方针。贯彻这一方针，重要的是正确理解和把握稳中求进的内涵。在这次经济工作会议上，江泽民总书记对这一重要方

针作了科学的精辟的阐述。"稳",就是继续实行适度从紧的财政货币政策,抑制通货膨胀,稳定和加强农业,防止和化解金融风险,搞好社会保障,保持稳定的宏观环境和政策环境。"进",就是国有企业改革、金融体制改革和其他改革要有新突破,经济结构调整要有新进展,解决社会热点问题要有新举措,对外开放水平要有新提高,国民经济整体素质和效益要有明显改善,在这个前提下,继续保持一个较快的发展速度。"稳"和"进"是相辅相成、相互促进的。"稳"是基础,只有"稳",才能更好地推进改革和发展;"进"是目的,只有"进",才能更好地实现持久牢固的稳定。显然,这里的"稳"是积极的"稳",是发展的"稳",它不仅需要"进"来做保证,而且其目的也是"求进"。实际上,"稳"是大局,深化改革、继续推进两个根本转变也是大局。

明年的改革不仅要继续深化,而且要力争取得新的突破。实现新的突破,必须突出工作重点。中央经济工作会议明确指出:"实现明年经济工作的总体要求,继续贯彻稳中求进的方针,必须把握全局,突出重点。"明年经济工作的重点:一是优化农村经济结构,改善农业生产条件和生态环境,加强农业基础地位;二是推进国有企业改革,以纺织行业为突破口,努力使部分企业经营状况明显好转;三是调整和优化经济结构,加速实现国民经济合理化布局,提高国民经济整体素质和效益;四是坚持适度从紧的财政货币政策,保证财政增收和金融稳定,巩固发展宏观经济良好局面;五是进一步优化进出口结构,扩大利用外资,提高对外开放水平;六是积极推进配套改革,组织实施好再就业工程,切实安排好群众生活。

这六项工作,每个方面都涉及改革,既是发展的任务,也是改革的任务。江泽民总书记强调指出,这六个方面,国有企业改革是关键,是涉及明年经济工作全局的重要任务。对此,全党同志特别是各地区各部门的负责同志,要有深刻的认识,以高度的自觉性和紧迫感，抓住关键，形成合力，确保国有企业改革取得突破性进展，全面推进改革开放和经济建设的各项工作。

（二）要准确地把握明年体改工作的全局，抓住重点，坚定不移地推进改革

今后三年，要认真贯彻十五大精神，落实十五大提出的关于经济体制改革和经济发展战略的各项部署，首先要做好明年的工作。

根据中央经济工作会议部署，明年经济体制改革的主要任务是，坚持社会主义市场经济的改革方向，进一步调整和完善所有制结构，加快国有企业建立现代企业制度的步伐，大力推进国有经济战略性改组；加快结构调整，妥善安置分流富余人员，实施再就业工程；深化金融体制改革，继续加强和改善宏观调控；推进粮棉流通体制改革，积极发展农业产业化经营；积极推进机构改革，转变政府管理经济的方式，探索建立国有资产管理、监督和营运体制；深化社会保障和住房制度改革；着力搞好城市综合配套改革，力争在建立新体制方面取得实质性进展。

对明年体改工作的具体任务，《1998年经济体制改革实施要点》已有安排，皓若同志将代表党组在工作报告中具体部署，洪虎同志在会议结束时还要进行总结。我这里主要根据中央经济工作会议的精神，再强调几点。

1. 坚定建立现代企业制度的方向，继续推进国有企业改革

中央经济工作会议强调，明年要打好国有企业改革攻坚战，改善国有企业经营状况。我们说当前正处在改革的关键时刻，主要是指国有企业改革已经进入攻坚阶段。最近，中央提出用三年左右的时间，通过改革、改组、改造和加强管理，使大多数国有大中型亏损企业摆脱困境，力争到20世纪末使大多数国有大中型骨干企业初步建立现代企业制度。目前，国务院正在研究制定三年国有企业改

革的具体规划和政策。各地也要从各自的实际情况出发，有步骤地提出相应的改革措施，抓好落实。明年，深化国有企业改革的重点是整体推进，全面创新。

一是坚定"产权清晰，权责明确，政企分开，管理科学"的改革方向，以从整体上搞好国有经济为出发点，以经济结构调整中的重点行业和企业为基础，以公司制为主要形式，把城市国有资本营运体制改革作为重点，进行全面的制度创新。从目前的实际情况看，下一步制度创新、转换机制的工作重点是：改革政府管理经济的方式，建立出资人制度，形成有效的国有资产监管、营运和保值增值的机制；完善企业法人财产制度，形成企业平等竞争、优胜劣汰的机制；建立健全劳动用工制度，形成劳动者就业双向选择、能进能出的机制；建立企业领导制度，形成经营管理人员择优录用、能上能下的机制；建立组织管理制度，形成出资人、经营者和职工相互激励和制约的机制。

二是积极推进国有企业的战略性改组，搞好大的，放活小的。积极探索国有大型企业进行规范的公司制改革的新途径、新方法。在将国有企业改建为投资主体多元、股权结构合理的有限公司和股份公司时，在以资本为纽带构造母子公司体制，理顺集团内部关系时，都要防止行政方式的"拉郎配"、"归大堆"。要运用市场机制，加上国家的政策引导，鼓励通过收购、兼并、联合，发展一批工技贸相结合的跨地区、跨行业、跨所有制和跨国经营的大公司、大集团。

进一步放开放活国有小企业，是经济体制改革实现新突破的重要内容。这项改革各地积极性很高，进度很快，形式多样，效果总的来说也是好的。下一步要加强指导和规范。规范主要是指操作过程的规范，而不是按一个统一模式去搞。一定要从实际出发，不同企业可以选择不同的形式。股份合作制的股权设置、分配方式和民主管理等基本问题，要尊重群众意愿，尊重实践。要切实防止"刮风"，即采用行政手段、违背群众利益、压指标进度的办法去搞。实践证明，用这种办法去干任何事都不可能成功。在改制的过程中，要严格禁止将公有资产无偿分给个人，要坚持投资入股自愿的原则；要注意理清产权关系，搞好资产评估，防止公有资产的浪费和流失；要加强企业内部管理，提高科技水平，不断开拓市场。

三是加快国有资产管理体制改革，积极构建国有资本营运体系。从整体上搞活国有经济，关键要搞活国有资本。明年，要按照国家体改委《关于城市国有资本营运体制改革的指导意见》，以建立国有资本营运机构这一关键环节为重点，结合政府机构改革和职能转变，加快构建国有资本营运体系，建立国有资本出资人制度，建立国有资本营运主体，建立明确的国有资本营运责任制和监管机制，确保国有资产保值增值。

2. 以深化和加快金融体制改革为重点，改善和加强宏观调控

金融体制改革的根本目的是保持经济持续、快速、健康发展。当前是加快和深化金融改革、解决金融领域中出现的问题的好时机。加快金融体制根本性的改革，意义非常重大，是国家长治久安之计。中央经济工作会议、全国金融工作会议都明确提出了进一步深化金融改革和整顿金融秩序、防范和化解金融风险的总体要求、指导原则和主要任务，有针对性地提出了15项重要措施，要求力争用三年左右时间大体建立与社会主义市场经济发展相适应的金融机构体系、金融市场体系和金融调控监管体系，显著提高金融业经营和管理水平，基本实现全国金融秩序明显好转。明年的工作，一是改进间接调控方式，主要是逐步取消贷款规模管理，全面实行资产负债比例管理和风险管理；加强中央银行的监管，推进国有银行的商业化改革进程。二是按照"法制、监管、自律、规范"的方针，积极稳步地发展资本市场，适当扩大直接融资。三是实行政银分开，规范各

类投资项目的融资渠道，加强对投融资活动的管理和调控。

3. 妥善安置分流富余人员，全面实施再就业工程

当前，失业和下岗待业人员的再就业问题十分突出，就业压力很大。必须看到，这是一个长期问题，我们必须适应这种新情况，增强处理这类问题的能力。明年，要紧密结合所有制结构和经济结构两大战略性调整，提出新思路、实办法，着眼于建立新机制。第一，要广开就业门路，大力发展多种所有制经济，发展第三产业，实行多种就业形式；第二，要转变就业观念，克服单纯依赖政府安排就业的思想，用财政、信贷等政策，鼓励职工自谋职业；第三，制定总体规划，把盘活存量资产与实施再就业相结合，探索规范破产、收购兼并、下岗分流、实施再就业相结合的途径，鼓励劳动者劳动合作与资本合作相结合；第四，动员社会各方力量，加强就业服务工作，积极建立再就业服务中心，搞好专业技能培训；第五，要加快建立和完善失业保险制度，不断完善困难职工解困制度和城镇居民最低生活保障制度。

4. 推进社会保障制度建设，加快住房制度改革

要加快养老、医疗、失业保险和社会救济制度改革。重点是贯彻落实《国务院关于建立统一的全国企业职工基本养老保险制度的决定》。这是建立新的社会保障体系的重大举措，是一项根本性的制度建设，要按国务院的统一部署和要求，抓紧做好这项工作。

住房制度改革要着眼于建立福利分配货币化的新机制，培育新的经济增长点，关键要加快住房实物分配向货币分配转变的进程。主要途径是把国家、单位的住宅投资逐步理入工资或购房补贴，加大提租力度，售房要逐步向成本价过渡。新房不能再搞旧体制，旧房要逐步走向商品化、市场化。可选择一些有条件的省市，进行企事业单位职工住房分配货币化试点，逐步取消单位建房、分房，实行新房新制度。要在继续推行住房公积金制度的同时，发展住房金

融，扩大实行个人抵押贷款，逐步建立和完善住房金融体系。

5. 深化农村体制改革，积极发展农业产业化经营

稳定和加强农业，是中央经济工作会提出的首要任务。要通过深化农村改革，实现农村改革和发展的第二次飞跃。

一是坚持家庭联产承包责任制长期不变。中央经济工作会上，李鹏总理强调，稳定家庭联产承包责任制，落实土地承包期再延长30年不变的政策。改革要给农民群众带来切身利益，要尊重农民的意愿，这是我国改革的基本经验。明年，要继续完善统分结合的双层经营体制，积极探索建立土地使用权有偿流转制度，促进土地规范经营。改革土地有偿使用制度，切实保护耕地。

二是要积极推进粮棉等主要农产品流通体制的改革。特别是现在的粮食流通体制已经到了非改不可的时候。其主要内容是"四分开一完善"[①]。通过改革，逐步建立国家宏观调控下中央和地方责权分明、适应社会主义市场经济要求、适合国情的粮食流通体制。

三是要积极发展农业产业化经营，这不仅是农业发展问题，也是一个体制改革问题。通过推行农业产业化，可以增加有效供给，调节一、二、三产业的利益分配结构，增加农民收入和地方财政收入，培育新的经济增长点。实行农业产业化经营，要因地制宜，以市场为导向，推动农业科技革命和乡镇企业产品结构升级。要着眼于提高整体效益，防止搞"小而全"的重复建设。

四 振奋精神，努力工作，开创经济体制改革新局面

改革是一个历史进程，是解放和发展生产力的必由之路。生产力要发展，人类社会要进步，就要不断调整生产关系，不断改革。

[①] 即政企分开、中央与地方责任分开、储备与经营分开、新老财务账目分开的完善粮食价格机制的改革思路。

从这个意义上说，改革是经常性的工作，是长期艰苦的创新，是永无止境的实践。改革开放是中国的形象，是时代的产物，是中国的优势，是中国的特色。发展来自改革，中国的现代化来自改革，中国特色社会主义的发展、完善也来自改革。令人欣慰的是，我们直接参与了这场伟大的变革。

21世纪就在眼前，跨世纪的宏伟大业，要求我们抓住机遇。抓住机遇，最重要的是要不失时机地深化改革。江泽民同志今年以来多次强调，经济体制改革要有新的突破。修改后的党章明确规定，改革开放应当大胆探索，勇于开拓，在实践中开拓新路。要做到这一点，各部门、各地区主要领导同志一定要直接负责、亲自协调，才能把改革措施落到实处。今年以来，许多省市先后召开了改革工作会，主要领导亲自主持、亲自讲话，从整体上推动改革，实际效果十分明显。

各级体改部门是党委和政府在改革方面的参谋和助手，要主动向党政领导请示汇报工作，提出改革建议，有效拓展改革范围，努力做好改革的规划、协调、试点、法规工作，多做调查研究，及时总结经验，不断发现和解决问题。

体改工作是不断求真创新的探索。身处改革第一线的各级体改干部，必须勤奋学习，进一步用邓小平理论，特别是小平同志的经济思想武装头脑，提高自己的政治、业务素质。要深刻理解和正确把握全党、全国工作的大局，善于从政治上观察问题、思考问题和解决问题，在政治上、思想上、行动上同党中央保持一致。不断吸收新知识，研究新问题，增长新才干。近20年的改革造就了一支素质较高的体改干部队伍，也形成了体改队伍突出的特点和作风。例如，解放思想，锐意创新；胸怀大局，知难而进；勤于思考，尊重实践；廉洁奉公，不计名利。这已得到社会的承认和赞誉，要继续坚持和发扬。

伟大的实践　成功的经验[*]

——纪念中国共产党第十一届三中全会召开 20 周年

（1998 年 12 月 24 日）

1978 年，在经过一场全国性的真理标准大讨论和思想理论上的拨乱反正之后，我党胜利地召开了十一届三中全会，做出了把全党工作的重点转移到经济建设上来和实行改革开放的重大战略决策，从而实现了伟大的历史性转折。这次会议在我党的历史上具有划时代的重大意义，是新的里程碑，开创了我国全面进行改革开放和现代化建设的新局面。

20 年来，在中国共产党的坚强领导和科学决策下，在邓小平理论的指引下，经过全国各族人民的努力奋斗，我国的改革开放事业取得了举世瞩目的伟大成就，并积累了极其丰富的历史经验。20 年的改革开放是中国共产党领导的又一次新的长征、新的革命。作为我国改革总设计师的邓小平同志，为我国改革开放和现代化建设事业做出了历史性的伟大贡献。江泽民总书记在十五大报告中把我国的改革开放与辛亥革命、中华人民共和国成立和社会主义制度的建立，并列为 20 世纪中国人民在前进道路上经历的三次历史性巨变。今天，在这值得纪念的日子里，我们更加怀念邓小平同志和其他老一辈无产阶级革命家，回顾和总结 20 年来的改革开放光辉历程，也

---

[*] 本文原载《光明日报》1998 年 12 月 24 日。

更具有特别重要的意义。

一

改革是当今世界发展的必然趋势。改革开放是我国经历近30年的艰辛探索和总结正反两方面经验教训以后的必然选择，是发展和完善社会主义制度的必然结果，其目的是根本改变束缚经济发展的高度集中的计划经济体制，建立社会主义市场经济体制，解放和发展社会生产力，探索建设有中国特色的社会主义道路。

中国的改革开放是在特殊的历史条件和背景下发生和展开的，其主要表现：

（一）中国的改革开放，是在社会主义事业经历了艰难曲折尤其是"文化大革命"十年内乱的背景下起步的

从新中国诞生到1978年党的十一届三中全会前，我国社会主义事业已经有了29年的实践。其间，我们的事业曾有过健康的发展并取得辉煌的成就。但后来由于对社会主义认识的错误，产生了"左"的倾向，使我国的社会主义建设出现了不少曲折和失误。尤其是十年"文化大革命"内乱，"以阶级斗争为纲"的错误指导方针和频繁的政治斗争，打乱了经济建设的正常进程，给全党、全国人民带来了深重的灾难。它在思想理论上搞乱了马克思主义的基本原理，造成了人们认识上的极度混乱；它在实践上严重破坏了生产力的发展，使国民经济几乎走到了崩溃的边缘。粉碎"四人帮"后，我们不仅要对被"四人帮"搞乱了的思想理论是非拨乱反正，而且更重要的是，要对我们以往在探索社会主义道路中的失误和教训进行全面清理总结，科学地回答"什么是社会主义""怎样建设社会主义"这些带有全局性、根本性的重大问题。

（二）中国的改革开放是在生产力水平比较低的基础上起步的

中国的基本国情是人多地少、底子薄、资源相对不足。新中国是在半殖民地半封建的废墟上建立起来的。新中国成立以后，尽管经过近30年的努力，我国社会主义建设事业取得了伟大成就，但是，经济不发达的格局还远远没有改变，生产力发展水平不仅很低，而且还呈现出多层次状态，国家财力严重不足，人民生活水平普遍较低，温饱问题尚未解决。1978年，按当时汇价计算，中国人均国民生产总值只有230美元，而当时发达国家的平均水平是8100美元，中等收入国家的平均水平是1160美元，发展中国家的平均水平是520美元。1978年9月，邓小平同志在一次谈话中说："现在在世界上我们算贫困的国家，就是在第三世界，我们也属于比较不发达的那部分。"[①] 在这种不发达的基础上推行改革，面临着许多不利因素、巨大困难和压力，并存在相当大的风险性。

（三）中国的改革开放是在高度集中的计划经济体制下起步的

我国的计划经济体制是按照苏联的模式建立起来的。这种高度集中的计划经济体制，在新中国成立初期特殊的社会历史条件下曾经起到一定的积极作用。但由于它排斥商品货币关系，否定市场机制的作用，随着经济的发展，这种体制对生产力的束缚越来越明显。改革开放，不仅要把高度集中的计划经济体制改变为社会主义市场经济体制，而且要更新一整套经济运作方式、规章制度，更换思想观念、行为方式等，也就是在各个领域实现变革和制度创新，牵涉方方面面的权力和利益调整，犹如拆旧房子和建新房子同时进行，改革中还必须促进发展、保证稳定，其任务十分艰巨复杂。

[①] 《邓小平文选》第2卷，人民出版社1994年版，第128页。

（四）中国的改革开放是在几乎单一公有制的基础上起步的

我国的改革走的是一条在坚持以公有制为主体、多种所有制经济共同发展的基础上建立社会主义市场经济体制的道路。在世界历史上，市场经济是与私有制经济结合在一起的。把公有制与市场经济结合起来，并使其更有优越性，不仅在世界上从来没有过，而且要把像我国这么庞大的国有经济与市场经济对接，更无任何先例可循。这是前无古人的全新的开创性事业，只能在实践中摸索前进。

（五）中国的改革开放是在封闭半封闭的状态下起步和特殊的国际环境下进行的

明清以来，我国逐步走上了故步自封、闭关锁国的道路，最终落后挨打，沦为半殖民地半封建国家。新中国成立以后，由于西方列强对我国实行政治敌视、军事干涉和经济封锁政策，加之我们自己在对外关系方面的"左"的影响，使我国处于封闭半封闭的状态，从而使我们丧失了许多发展的良机。当时国际政治正处在冷战时期，局势动荡不安，我国在经济上与发达国家的距离拉得很远。中国的改革开放是在封闭半封闭的条件下起步的，又是在风云变幻的国际大环境中展开和不断深化的。

以上这些特殊的历史条件和背景，决定了我国改革开放的异常艰巨性和复杂性。我国的改革是一场深刻的革命。它不是某个环节的改革，而是全面的改革；它不是体制上某些方面的修修补补，而是制度的全面深刻创新；它不是简单的政策变动，而是利益关系的深层次调整。我国改革开放的成功，不仅给我国社会主义事业注入了新的生机和活力，而且为世界发展中国家如何摆脱贫困、发展经济开辟了崭新的途径。

20年改革开放的实践证明，中国人民在不发达社会主义条件下搞市场经济的历史进程中经受住了严峻的考验，交出了优异的答卷。中国改革开放的伟大成就向全世界昭示：我们已初步成功地走出一条在不发达的经济条件下，在高度集中的计划经济体制和不宽松的国际环境中，推进经济体制改革和现代化建设的道路。

二

回顾20年来中国改革开放的风风雨雨，大体经历了三个发展阶段：第一阶段（1978年12月至1984年9月），改革的起步阶段。改革的重点在农村，同时在城市进行扩大国有企业经营自主权的试点，创建了经济特区。第二阶段（1984年10月至1991年12月），改革的展开阶段。改革的重点在城市。国有企业是整个改革的中心环节，价格改革是关键。改革由经济领域扩展到科技、教育等社会各个领域。第三阶段（1992年初至现在），初步建立社会主义市场经济体制阶段。改革的重点是制度创新，主要是进一步扩大和发展市场、建立现代企业制度、构建新的宏观调控体系。如果说，前两个阶段的主要任务是打破旧体制，拆除旧大厦，那么，第三阶段的任务则是创建新体制，建立新大厦。

经过20年的改革开放，我国的经济体制和运行机制已发生了深刻的变化：高度集中的、以行政手段为主的计划经济体制已基本"瓦解"，市场在国家宏观调控下对资源配置的基础性作用已大大加强，新体制的基本构架已大体确立，对外开放的格局基本形成，综合国力大大增强，人民生活水平显著提高。其主要表现：

（一）农村经济体制改革，实现了从人民公社制度向以家庭承包经营为基础、统分结合的双层经营体制的根本转变

吃饭问题始终是我国的头等大事，这一问题曾困扰了我们近30

年，未能得到有效解决。农村改革自然成了我国经济体制改革的起点。20年来，农村经济体制改革跨出了大的步伐：普遍推行了家庭承包经营为基础、统分结合的双层经营体制，废除了"人民公社"制度；取消了农业生产指令性计划，实行合同定购制；放开了绝大部分农产品的价格，国家对关系国计民生的粮、棉等主要农产品实行保护价；鼓励农村各种所有制经济和非农产业的发展，乡镇企业异军突起发展迅速；推进了贸、工、农一体化和（生）产、加（工）、销（售）一条龙建设，农业产业化方兴未艾，因地制宜、适度规模和集约化经营也有一定发展，小城镇迅速崛起。

可以说，经过20年的改革，农村作为传统经济中自然经济色彩最浓、经济发展水平最薄弱的环节，其运行机制基本上已率先进入了市场经济的轨道。农村新经济体制的实行和政策的不断开放，使全国农民的生产积极性普遍高涨。农村经济体制改革取得了巨大成就，创造了人类奇迹，对其他方面的改革开放起到了极大的示范和带动效应。

（二）生产流通领域的资源配置方式，基本上实现了从计划向市场的根本转变

过去指令性计划无处不在、无所不包，覆盖国民经济的方方面面。经过20年的改革，已全部取消了农产品生产的指令性计划，国家只对9种主要农产品生产实行指导性计划管理。在工业总产值中，由国家计划安排的比重已由1979年的70%以上降为目前的4.6%；实行指令性计划管理的工业品只有12种，而且只限于其中的部分产量，仅占全国工业总产值的4.1%，与改革前相比减少了90%。95%以上工业消费品的生产及其价格，由生产者根据市场供求状况自主决定。在商品零售总额中国家管理的价格占商品总价值的比重已由1979年的95%以上降为7.2%左右。

全国统一的商品市场已基本形成。要素市场尤其是资本市场发展已具规模。截至 1998 年 11 月底,在上海、深圳上市的证券品种总数已达 992 个,上市公司达 843 家,市场总值达 21120 亿元,开户投资者达 3889 万户。

(三)在国有企业的管理体制上,正在从传统体制向现代企业制度转变

国有企业改革从开始时的放权让利、两步"利改税"、承包制到转换企业经营机制、建立现代企业制度试点,等等。尽管目前不少国有企业在激烈的市场竞争中步履维艰,但与改革前相比,其管理体制和经营机制都发生了重大变化。"抓大放小"的战略和"三改一加强"的举措得到有效实施,建立现代企业制度正在积极进行。公司制、兼并、联合、租赁、承包、股份合作制和破产、出售等改组、改制的具体形式灵活多样。国有资本正从一些低效率领域和不宜进入的领域向基础性、战略性、关键性产业领域转移,从而大大提高了国有经济的素质和质量。这不仅有利于发挥国有经济的主导作用,而且有利于多种所有制经济发展。不少国有企业正在从工厂制向公司制转变;产品经营正在向资本经营转变;单一投资主体正在向多元化投资主体转变;分散化、小型化的企业开始转向联合化、集团化。

但是,国有企业冗员、债务和社会负担等历史遗留问题尚未根本解决,其竞争条件和竞争环境有待进一步改善。国有经济与市场结合、国有企业成为市场主体的改革,正处在关键时刻。

(四)在所有制关系上,实现了从单纯的"一大二公"向以公有制为主体、多种所有制经济共同发展的格局转变

改革开放以前,我国的经济成分基本上是单一的公有制经济。

党的十一届三中全会以后，从我国社会主义初级阶段的基本国情出发，提出了坚持以公有制为主体、多种所有制经济平等竞争共同发展的方针，积极探索公有制的实现形式，鼓励发展个体、私营等非公有制经济，使所有制结构发生了重要变化。彻底打破了传统计划经济体制下单一的公有制格局。国有经济的结构和质量有很大的提高，对国民经济的控制力大大增强。例如，1978年国有企业固定资产原值为4488.2亿元，固定资产净值为3201.4亿元；1996年国有企业固定资产原值和净值分别达到50428.2亿元和34995.9亿元，比1978年分别增加10.2倍和近10倍。公有经济占主体、国有经济占主导的地位基本实现。国有、集体、个体、私营、外商等不同经济成分在市场竞争中共同发展的局面初步形成。

所有制的这种格局，不仅适应了我国社会主义初级阶段生产力发展水平的要求，有利于经济发展，而且有利于形成多家竞争、充满生机和活力的市场机制。

（五）在经济调控方式上，基本实现了从政府直接控制向间接调控的转变

我国在改革过去高度集中的计划管理手段时，并没有对市场放任自流，而是稳步加强宏观调控体系建设。首先，财政体制改革取得了突破性进展。从1980年财政实行"划分收支，分级包干"的体制，到1994年建立合理划分中央与地方事权基础上的分税制，基本上确立了适应市场要求的新的财税体制框架，并保证了国家财政收入的稳定增长。其次，金融体制改革走出了决定性步伐。中央银行的宏观调控和监控体系初步建立，调控方式有较大改进。以国有商业银行为主体、政策性金融与商业性金融相分离、地方股份制合作银行和外资银行等多种金融机构并存的金融组织体系已经初步形成。实现了汇率并轨，建立了有管理的人民币浮动汇率制，实行了人民币经常项目下的可兑换制度。统一开放、有序竞争、严格监管的金融市场体系得到了稳步发展。此外，投融资体制改革取得了实质性进展，开辟了多种融资渠道，重视了产业政策、地区政策对社会投资的引导。总之，新的宏观调控体系的框架已大体确立，国家越来越多地利用经济手段来调节社会的经济活动。

由于有效的宏观调控体系的形成，在保持较快发展速度的同时，经济稳定性不断增强。1978—1997年，经济增长率的极差，即年度最高增长率与最低增长率之间相差11.4个百分点；而改革开放前26年，经济增长率的极差高达48.6个百分点。特别是目前国民经济呈现出"高增长、低通胀"的良好态势，标志着我国成功地摆脱了历史上多次出现的大起大落和通货膨胀的困扰，开始走上持续、快速、健康发展的轨道。

（六）分配体制发生了根本性变化，初步形成了与社会主义初级阶段所有制结构和市场运行要求相适应的分配体制和社会保障体系

过去，我们实行的是高度集中的平均主义的分配管理体制，严重压抑了劳动者的积极性。从某种意义上讲，中国的改革是从打破平均主义"大锅饭"开始的。改革以来，我们坚决贯彻执行小平同志提出的允许一部分人、一部分地区通过诚实劳动和合法经营先富起来的政策，坚持效率优先、兼顾公平的原则，实行以按劳分配为主、多种分配方式并存的政策，允许生产要素参加分配，把个人的有效贡献与经济利益挂起钩来，有效地调动了各方面的积极性。平均主义的分配方式已基本被多劳多得的分配方式所取代；单一的分配格局已被按劳分配为主、多种分配方式并存的格局所取代。为了解决收入差距过分悬殊，最终实现共同富裕，在逐步理顺初次分配关系的同时，注重建立以税收为主要手段的再分配调节体系。传统的福利型住房分配制度，正在从实物分配向货币化分配转变，停止了福利性分房，建立了住房公积金制和经济适用住房供应体系。

多层次、社会化的社会保障体系已基本形成。按照社会统筹和个人账户相结合的原则，统一了全国养老保险制度，到1997年底，全国参加养老保险的职工（包括离退休职工）总数达1.12亿人，离退休职工入保比例达97.84%，在职职工入保比例约80%。此外，医疗、失业、工伤保险都进行了积极探索，取得了不少经验，各项商业保险也得到了较大发展。

（七）在社会经济秩序和法制建设方面，初步建立起与新体制相适应的法律体系框架

市场经济是法制经济。社会主义市场经济越是发展，法制建设越需要全面加强和完善。改革以来，全国人大十分重视立法工作，加快了依法行政、依法改革的力度。据统计，1979年至1997年年底全国人民代表大会及其常务委员会共审议通过328件法律和有关法律问题的决定；国务院发布和批准发布了791件行政法规；各省、自治区、直辖市人民代表大会及其常务委员会制定和批准了7000多件地方性法规；国务院有关部门、地区人民政府制定的规章有17000多件。在规范市场经济主体行为、维护市场秩序、加强宏观调控、增强法制意识、扩大对外开放等方面，起到了重要作用。为适应市场经济的国际化需要，加强知识产权的国际保护，我国先后签署了一系列国际公约，这也为我国早日加入世界贸易组织提供了法律基础。

（八）在对外经济关系上，实现了从封闭到开放的根本转变

在改革前期，我们就以大无畏的气概建立了4个经济特区，开放了14个沿海港口城市，以后又建立了海南特区和浦东开发新区，建立了一系列沿边开放口岸、内地开放城市和开发区，基本形成多层次、多形式、宽领域、全方位的对外开放格局，适应国际惯例的对外经济运行机制已初步建立。外贸体制改革不断深化，从1994年年底开始，国家取消了外汇收支计划和进出口总额的指令性计划，先后5次大幅度调低关税总水平。外贸进出口总额由1978年的206亿美元增加到1997年的3251亿美元，增长近15倍。我国在世界贸易中的位次，由第32位上升到第10位。政府积极支持有条件的国内企业进入国际金融市场直接融资，到1997年年底，已有41家国有大中型企业成功地在海外上市，共筹措资金95.6亿美元。吸收外商直接投资和利用外资取得突破性进展。改革开放以来，累计实际利用外资3700多亿美元，其中吸收外商直接投资总额近2300亿美元。已累计批准外商投资项目30多万个，从业人员1750万人。自1993年以来，我国已连续5年成为世界上吸收外资最多的发展中国家。境外投资也迈出了可喜的步伐，到1997年年底，在境外设立的企业共有5000多家，遍及世界139个国家和地区。在充分利用国外资金的同时，又注意有效避免外债风险。

总之，改革开放使我国经济运行机制发生了历史性变化，行政指令性、计划纵向分配资源的方式已基本上向多家竞争、市场横向配置资源的方式转变；实现了由凭票供应、商品匮乏的卖方市场向品种繁多、产品丰富的买方市场转变；实现了由封闭半封闭的经济向多层次、全方位开放的经济转变；经济运行由"短缺"为基本特征的供给约束型向以市场需求约束为主并与资源约束相结合的类型转变；经济增长方式正由粗放经营向集约经营转变；国民经济由大起大落转向持续、快速、健康发展。

改革开放有力地推动了经济和社会各项事业的发展，使我国发生了翻天覆地的变化。1997年国内生产总值达到74772亿元，按不变价格计算，是1978年的5.92倍。1979—1997年，国内生产总值年均增长9.8%，大大快于改革开放前26年年均6.1%的速度。

1978年粮食总产量只有6095亿斤，1996年增加到10090亿斤，中国以占世界7%的耕地解决了占世界22%人口的吃饭问题。外汇储备1997年年末达到1399亿美元，居世界第二位，比1978年的15亿美元增长93.266倍。人民生活水平大大提高。全国城镇人均生活费收入从1978年的316元，增长到1997年的5160元，扣除物价因素，年均增长6.2%。全国农民人均纯收入从1978年的134元上升为1997年的2090元，扣除物价因素，年均增长5.5%。城乡居民储蓄存款余额已由1978年的210.6亿元上升到1997年的4.6万亿元。全国农村贫困人口由1978年的约2.5亿人减少到1997年年底的5000万人左右。"科教兴国"成就显著。各级各类教育迅速发展，全国基本普及九年义务教育和基本扫除青壮年文盲的县级单位达1882个；各类普通中等职业学校达18600所；普通高校达1032所，成人高等学校达1138所。"科学技术是第一生产力"的方针得到有效贯彻，科技体制改革逐步深化，高新技术产业迅速发展，基础研究在国际上产生一定影响，科技战线取得了一批重大的科技成果，科技进步对经济增长的贡献率已达到30%以上。卫生、文化、新闻、出版、体育等事业都出现了新的局面。

　　社会主义精神文明建设也不断取得新成就。广大干部群众深入学习邓小平理论，提高了建设有中国特色社会主义的自觉性。进行了社会主义道德教育、民主法制教育和纪律教育。弘扬主旋律，大力提倡爱国主义、集体主义、社会主义和艰苦创业精神，开展讲文明、树新风等多种形式的群众性精神文明创建活动，大力表彰和学习一大批新时期先进模范人物，对提高全民族的思想道德水平，树立良好的社会风尚，产生了积极的作用。

　　由于改革开放奠定了坚实的基础，我国成功地抵御了国内国际政治风波。尤其是1998年，经受住了亚洲金融风暴和国内发生严重洪涝灾害的严峻考验，并取得了重大胜利。综合国力的增强、人民生活水平的提高、科教的发展、各项社会事业全面进步，等等。这一切都表明：20年前党的十一届三中全会关于改革开放的重大决策是完全正确的，也充分证明了邓小平同志所说的"改革是我国的第二次革命"的英明论断。中国开始成功地走上了一条符合本国实际的实现现代化、振兴中华民族的发展道路。

三

在错综复杂的国内国际环境中，为什么在我们这样一个人口众多、生产力水平落后的大国能够成功地把前无古人的改革开放事业胜利推向前进，并取得如此巨大的成效，国内外都在探索这个问题。在改革实践中我深深感到，这是因为我们始终毫不动摇地坚持了中国共产党富有权威的坚强领导和邓小平理论的科学指导，坚持党的基本路线，这是我国改革开放顺利进行和取得巨大成功的最基本保证；始终毫不动摇地坚持一切从社会主义初级阶段出发，坚持解放思想、实事求是的思想路线，坚持以"三个有利于"为标准，把经济建设放在中心地位，这是把改革开放大业不断推向前进的根本动力；始终毫不动摇地坚持一切为了人民群众，紧紧依靠人民群众，尊重群众的首创精神，这是我国改革开放取得伟大成就的坚实基础。这些是我国改革开放取得巨大成就的基本经验。在此基础上，我们注重有效、妥善地处理好以下几个方面的关系。

（一）正确处理改革、发展、稳定三者之间的关系

改革是手段，是动力；发展是目的，是硬道理；稳定是前提，是必备条件。如何正确科学处理好三者关系，是涉及全局性的大问题。中国过去20年改革的经验表明，什么时候我们正确处理好了这三者关系，我们的事业就兴旺发达；否则，将遭受挫折。我党在总

结历史经验的基础上，提出了"抓住机遇，深化改革，扩大开放，促进发展，保持稳定"的基本方针，这是治国安邦的重大举措，是改革成功的基本方法。必须通过改革来解决经济和社会发展中的深层次矛盾和突出问题；解决中国所有问题的关键要靠自己的发展；没有社会政治的稳定，改革和经济建设就无法进行，三者是相互依存、互为条件的。在实际工作中，要使改革与发展、稳定相一致，就应注重把改革的力度和发展的速度、社会的承受能力协调统一起来，使之相互促进、相得益彰。

（二）正确处理改革实践与理论的相互关系，十分注重改革的方式方法

我国的改革开放，是创新的事业，必须按照生产力发展的客观要求，在实践中探索前进。同时，改革实践一刻也离不开理论的指导，没有正确的改革理论，就不可能有成功的改革实践。改革实践往往以解放思想、理论突破为先导。邓小平理论是对我国改革开放和现代化建设实践的高度概括和总结，反过来又指导我国改革开放沿着正确的方向前进。改革的成功，不仅要有正确的理论指导，还必须有一套正确的符合实际的策略和方式方法，有时策略和方法错误，也会导致满盘皆输。

在改革过程中，难免存在不同的看法，但我们不搞无谓争论，主要让实践做出回答，以团结一切可以团结的力量共同从事改革大业。在改革中，我们始终坚持生产力标准，有利于生产力发展的改革措施，我们就采用，否则，我们就放弃。始终坚持改革的社会主义方向和市场取向，在充分发挥市场机制作用的同时，注重加强宏观调控；注意把改革与开放相结合，充分利用国内国际两种资源、两个市场。在改革的方法上，我们注重处理好局部改革与整体改革的关系，采取重点突破与整体推进相结合、"双轨制"、先试点后推广等既大胆又稳

妥的办法，循序渐进地推进改革，从而避免改革过程中出现不必要的社会震荡，有效降低和防范了改革风险。

（三）坚持生产力标准，正确处理效率与公平、先富与共同富裕的关系

发展生产力是第一性的。改革开放以来，我们根据社会主义初级阶段生产力发展的需要，辩证地处理效率和公平的相互关系。这个问题实质是生产和分配中的理论问题。在生产过程、初次分配中，必须坚持效率优先、效率第一的原则，按市场规则办事；在再分配中，则应通过财税政策、社会保障政策等调节分配，兼顾公平。效率与公平的相互关系在改革实践中往往是通过先富与后富的相互关系体现出来的。中国各地经济、自然条件很不平衡，使得我们不可能让全国各个地区、各个部门或每个人都整齐划一地走向富裕。那样，只能是共同贫穷。贫穷不是社会主义，但如果差距太大，贫富悬殊，那也不是社会主义。对此，改革一开始，邓小平同志提出了让一部分人、一部分地区先富起来，然后走向共同富裕。这就正确地解决了一个重大的生产和分配的关系问题。

正确处理好效率与公平、一部分人先富起来与共同富裕的关系，使我们能够有效地调动起一切积极因素，并化消极因素为积极因素，动员一切可以动员的力量积极投身于改革开放和现代化建设大业。

（四）正确处理经济改革与政治改革的关系

不少人认为，中国改革开放取得成功，是因为我们采取先进行经济体制改革而不触动政治体制改革的方式。实际上这是不正确的。中国的改革开放，是我们党在打倒"四人帮"、全面清算了"大跃进"和"文化大革命"的严重政治错误，从政治思想和组织路线上进行了一系列拨乱反正之后开展的。这实质上就是一种政治改革，同时也是我们经济改革得以顺利开展的重要基础。如果没有这个基础，我们的指导方针就不可能从"以阶级斗争为纲"转到"以经济建设为中心"上来，我们的基本路线就不可能从"无产阶级专政下的继续革命"转到"一个中心、两个基本点"上来，就不可能拉开改革开放的帷幕。

20年来，在政治体制改革方面有许多重大举措：三次修改了宪法；进一步发展和完善了人民代表大会制度和共产党领导的多党合作和政治协商制度；提出了建设社会主义法治国家的伟大任务；各项立法尤其是经济立法取得了重大进展；废除了领导干部终身制，实现了差额选举；进行了四次政府机构改革，在推进职能转换、政企分开等方面取得了进展；等等。如果没有政治体制改革，经济体制改革是很难进一步深入推进的，不仅会失去政治保证，而且会偏离方向。这正是我们改革开放20年不断前进取得巨大成就的一条重要经验。

（五）正确处理物质文明建设和精神文明建设的关系

我们进行改革开放的目的是建设一个高度文明、高度民主的社会主义强国，而高度文明就包括物质文明和精神文明两个方面。人类社会的发展进步，一刻也离不开精神文明建设。在促进物质文明的同时，必须加强社会主义精神文明建设，这是我国改革开放顺利推进和取得成功的一条重要经验。搞好精神文明建设，是推进改革开放和进行现代化建设的重要保证，是社会主义的一大优势。早在改革初期我们就及时提出了两个文明一齐抓。党的十二届四中全会公报和党的十四届四中全会公报，都是专门讲精神文明建设的。这些年来，我们在培育有理想、有道德、有文化、有纪律的社会主义公民，提高全民族的思想道德素质和科学文化水平，抓好党内廉政勤政建设，惩治腐败等方面都取得了一定进展，有力地配合了改革开放和现代化建设。当然，其间也一度出现过"一手硬，一手软"即重物质文明、轻精神文明的倾向，但党和国家都及时地予以坚决纠正。正反两方面的经验都证明，能否搞好精神文明建设，关系到我国现代化和改革开放事业的兴衰成败。

（六）正确处理借鉴外国经验与从我国国情出发的关系

我国的改革是一项开创性的事业，是在尚无先例的情况下起步的。因此，从一开始我们就强调，要大胆学习国外的经验，吸收和借鉴人类社会的优秀文明成果，包括资本主义国家一切反映现代经济规律的先进经营方式和管理方法。学习国外经验绝不能盲目照搬，必须坚持同我国实际相结合，既吸收各方之长，又走中国自己的道路，探索建立一套有中国特色的社会主义市场经济体制。如在国有企业方面，我们没有采用一些西方国家和东欧、独联体国家那种私有化的路子，而是坚持公有制为主体、国有经济为主导、多种所有制经济平等竞争共同发展。

这些做法不仅有效地吸收、借鉴了其他国家正反两个方面的经验，而且在保证中国经济改革的顺利推进和建设有中国特色的社会主义经济体制中，发挥了很重要的作用。由于我国的改革既坚持了从中国的实际情况出发，又广泛学习和借鉴了人类社会的一切先进经验和优秀文明成果，因而取得了令世人惊奇的巨大成就。

中国20年来的改革开放，有许多经验值得总结，以上仅举其大端。我们完全可以说，中国改革开放的成功经验，是在落后国家如何建设社会主义、如何实现现代化的经验。它不仅是中国巨大的精神财富和宝贵的文化遗产，也是对人类社会的重要贡献。这些基本经验上升为理论，就是邓小平理论。邓小平理论是马克思主义在当代中国的最新发展，为中国改革开放、为全面实现现代化指明了方向，是我们一切工作的指南。

中国的改革开放是20世纪末人类历史上最伟大的事件。在过去的20年中，在中国共产党的领导下，中国人民依靠自己的聪明才智，取得了世界一些发达国家几十年甚至上百年才能取得的巨大成就。但这一巨大成就并不是改革开放的终点，而是改革开放新的起点。更进一步说，是万里长征刚刚走完了第一步。

波澜壮阔的20世纪即将结束，21世纪就要来临。我们正处在辞旧迎新、继往开来的伟大时代，正处在21世纪的门槛。展望未来，我们的伟大事业有着许多新的机遇和更大的发展空间，但同时又面临着严峻的挑战。尤其是我国的经济体制改革，进入了体制根本转变和初步建立新体制的关键时刻；随着买方市场的出现，经济增长速度逐步进入平台期，经济结构面临大规模调整；世界科技日新月异，经济一体化日趋明显，知识经济正迎面扑来；等等。这就需要我们进一步解放思想，以更大的决胜信心和坚韧不拔的毅力，迎接新的挑战，夺取更大的胜利。幸运的是，经过党的十一届三中全会以来20年的实践，我们有邓小平理论的指导，有以江泽民同志为核心的党中央的正确领导，有一定的经济技术等物质基础，有经过20年改革开放锤炼的伟大的12亿人民的支持，只要我们坚定不移地沿着邓小平等老一辈无产阶级革命家开创的建设有中国特色社会主义道路走下去，更加紧密地团结在以江泽民同志为核心的党中央周围，高举邓小平理论伟大旗帜，坚持党的基本路线，认真贯彻执行党的十五大精神，同心同德，不屈不挠，艰苦奋斗，进一步加快推进经济体制和经济增长方式这两个具有全局意义的根本性转变，就完全能够在较长时期内保持国民经济的持续、快速、健康发展，把我国的社会主义现代化建设事业不断推向前进，实现中华民族的全面振兴！

关于社会主义市场经济理论[*]

——纪念中国共产党第十一届三中全会召开 20 周年

（1998 年 12 月）

没有正确的改革理论，就不会有成功的改革实践。自 1978 年 12 月中国共产党召开十一届三中全会以来，中国改革开放之所以取得令世人惊奇的巨大成就，一个根本原因是由于有邓小平理论的指导。邓小平理论博大精深，是完整的科学体系。邓小平经济理论是其中极为重要的组成部分，是当代中国的社会主义政治经济学。

社会主义市场经济理论是邓小平经济理论的主干。这一理论的创立实现了两大突破，即不仅突破了传统的计划经济理论，而且突破了传统的市场经济理论。传统的计划经济理论排斥商品货币关系，否定市场机制的作用；传统的市场经济理论，把市场看作是私有制所特有的东西，否定公有制能与市场经济结合。由此可见，社会主义市场经济理论的创立，在经济学领域，具有划时代的革命性的意义。其基本思想是：在社会主义条件下，通过改革开放建立新的经济体制，达到解放和发展社会生产力的目的。因此，社会主义市场经济理论是直接涉及经济体制改革的理论，本质上是关于解放和发展生产力的学说。

---

[*] 本文原载《求是》1999 年第 6 期。作者的《伟大的实践　成功的经验》一文，为纪念党的十一届三中全会召开 20 周年的实践篇，本文为理论篇，两者合为姊妹篇。

伟大的实践需要伟大的理论。社会主义市场经济理论是在波澜壮阔的改革开放实践中，在不断解放思想、不断突破传统观念和传统经济理论中，逐步形成和发展起来的。邓小平同志作为中国改革开放的总设计师，在推进经济理论突破、创立社会主义市场经济理论中，起了决定性作用，奠定了这一理论的基础，做出了特殊的历史性贡献。以江泽民同志为核心的第三代中央领导集体高举邓小平理论的伟大旗帜，不断研究改革开放和现代化建设实践中的新问题，总结新经验，对发展社会主义市场经济理论做出了新的贡献，指导和推动改革不断深入。在纪念党的十一届三中全会和改革开放20周年之际，回顾总结改革开放经济理论的形成、突破和发展的轨迹，对我们自觉学习和理解邓小平经济理论，对进一步推进改革开放，迎接21世纪的挑战，实现我国跨世纪的宏伟蓝图，具有重要的深远的意义。

一　经济体制改革目标理论

改革是我国社会主义制度的自我完善，必须坚持社会主义方向，这是毫无疑义的。然而，选择什么样的改革目标模式，在认识上并不是一帆风顺、一步到位的，而是经历了反复实践、反复认识的过程。这个探索过程大体可以概括为：计划经济为主、市场调节为辅；有计划的商品经济；社会主义市场经济。

中国经济体制改革理论首先表现为对传统计划经济理论的突破。在传统的社会主义经济理论中，计划经济被看作社会主义经济制度的基本特征之一，由此形成了高度集中的计划经济体制。这种体制在新中国成立初期特殊的社会历史条件下曾经有过明显的成就，但由于它排斥价值规律、市场机制的作用，从而在后来的发展中走进了僵化、教条的死胡同，严重束缚了社会生产力的发展。

改革伊始，我们虽然没有明确提出在社会主义条件下要搞市场经济，但在实践上已开始朝着这个方向进行改革。党的十一届三中全会以后，首先在农村，逐步推行家庭联产承包责任制，使农民成为自主经营的经济主体，大幅度提高农产品价格，开放城乡集市贸易；在城市，进行了扩大企业经营自主权的改革试点，在生产和销售方面，减少国家指令性计划；等等。这些改革虽然是初步的，但它在计划经济体制上打开了一个缺口，使我国的改革从一开始就走上了市场取向的轨道。

1982年党的十二大总结了城乡改革的初步经验，提出了"计划经济为主、市场调节为辅"的方针，将计划分为指令性计划和指导性计划两种类型，并要求自觉利用价值规律，运用价格、税收、信贷等经济杠杆引导企业实现国家计划。尽管当时对市场的认识具有较大的局限性，但对传统的计划经济理论，却是一次突破。

随着农村改革取得巨大成就，为适应改革的重点由农村转向城市，1984年党的十二届三中全会通过的《中共中央关于经济体制改革的决定》，明确提出社会主义经济是在公有制基础上的有计划的商品经济。商品经济的充分发展是社会经济发展的不可逾越的阶段，是实现我国经济现代化的必要条件。只有充分发展商品经济，才能把经济真正搞活。这些论述，是对社会主义经济认识的一次飞跃，也是对马克思主义政治经济学的重要发展，第一次明确肯定了社会主义经济是商品经济，从而把指导经济体制改革的理论向前推进了一大步。

坚定不移地推进市场化改革是邓小平的一贯思想。早在1979年，邓小平同志就指出："说市场经济只存在于资本主义社会，只有资本主义的市场经济，这肯定是不正确的。社会主义为什么不可以搞市场经济，这个不能说是资本主义。"[①] 1992年年初，邓小平视察

---

① 《邓小平文选》第2卷，人民出版社1994年版，第236页。

南方发表重要谈话，更是一针见血地指出："计划多一点还是市场多一点，不是社会主义与资本主义的本质区别。计划经济不等于社会主义，资本主义也有计划；市场经济不等于资本主义，社会主义也有市场。计划和市场都是经济手段。"[①] 这一重要论断，从根本上解除了把计划经济和市场经济看作属于社会基本制度范畴的思想束缚，对一个长期争论不已、阻碍我们前进的问题，做出了清楚、透彻、精辟的总回答，从而带来了理论上和实践上的重大突破。

根据邓小平同志的重要论断，江泽民同志在党的十四大报告中明确提出：我国经济体制改革的总目标是建立社会主义市场经济体制。这就解决了一个关系改革开放全局性、方向性的重大问题。党的十四届三中全会通过的《决定》，进一步描绘了新体制的总体框架，提出了建立新体制的基本任务和一系列新的理论与观点。由于社会主义市场经济体制这一改革总目标的确立，自党的十四大以来，经济体制改革在各个领域、各个方面都取得了重大进展和辉煌成就。

中国的前途在于社会主义，社会主义的前途在于经济的持续、快速、健康发展，在于创造出比资本主义社会更高的生产力，这是社会主义存在的历史必然要求。做不到这一点，就谈不上社会主义。要做到这一点，一个十分重要的方面就是要探寻能够解放和发展生产力的经济体制。邓小平同志是从生产力决定生产关系、生产关系必须适应生产力发展的要求，生产关系反作用于生产力这一历史唯物论的基本原理来思考体制问题的，并把社会主义的基本制度和其具体体制分开。坚持其基本制度，改革其不适应生产力发展的具体体制。判断经济体制是否具有优越性和生命力，关键看是否能够解放和发展生产力。生产关系适应生产力，是通过不断改革、不断调整来实现的。生产力发展是一个无穷无尽的历史过程，改革也必将

---

① 《邓小平文选》第3卷，人民出版社1993年版，第373页。

是一个无穷无尽的历史过程。承认社会主义经济是市场经济，无疑是对马克思主义政治经济学的最伟大发展。

从对传统社会主义计划经济理论的突破到社会主义市场经济理论的形成，不仅是经济体制改革目标理论的突破和确立，而且带来了经济学领域的革命。这一理论的基本要求是：既要充分发挥市场机制在配置资源中的基础性作用，又要加强和改善国家对经济的宏观调控，引导市场健康发展，形成一种全新的体制和运行机制，使资源得到合理有效配置。

二　所有制改革理论

我们对所有制理论问题的突破，集中表现在两个方面：一是从单一的公有制理论向以公有制经济为主体、多种所有制经济共同发展的理论转变，形成了所有制结构理论；一是把所有制与所有制的实现形式区分开来，形成了公有制实现形式理论。

在所有制问题上，我们过去总认为越大越公越好，搞"一大二公三纯"和"穷过渡"，急于把集体所有制改变为单一的全民所有制，限制非公有制经济的发展，结果严重挫伤了各方面的积极性，束缚了生产力的发展。

我国生产力水平低，发展不平衡，并呈现多层次状态，客观上要求我们采取以公有制经济为主体的多元所有制结构。80年代初，为了解决城市就业和农村富余劳动力的安排问题，我们在政策上鼓励发展集体经济和个体经济。1984年《中共中央关于经济体制改革的决定》提出了以公有制为主体、积极发展多种经济成分的方针。党的十三大报告指出，社会主义初级阶段的所有制结构应以公有制为主体。目前全民所有制以外的其他经济成分，不是发展得太多了，而是还很不够。对于城乡合作经济、个体经济和私营经济，都要继续鼓励它们发展。

江泽民同志在党的十五大报告中进一步阐述了社会主义初级阶段所有制理论，指出：公有制为主体、多种所有制经济共同发展，是我国社会主义初级阶段的一项基本经济制度。这一制度的确立，是由社会主义性质和初级阶段国情决定的。第一，我国是社会主义国家，必须坚持公有制是我国社会主义经济制度的基础；第二，我国处在社会主义初级阶段，需要在公有制为主体的条件下发展多种所有制经济；第三，一切符合"三个有利于"的所有制形式都可以而且应该用来为社会主义服务。这是对我国社会主义初级阶段所有制结构问题的系统的理论概括和总结，是所有制理论认识上的一次飞跃。

随着改革的推进，我们对公有制经济的认识日益深化。党的十四届三中全会，我们提出公有制的主体地位主要体现在国家和集体所有的资产在社会总资产中占优势，国有经济控制国民经济命脉及其对经济发展的主导作用等方面，但有的地方、有的产业可以有所差别。党的十五大更进一步提出，公有资产不仅要有量的优势，更要注重质的提高。国有经济起主导作用，主要体现在控制力上。这些理论上的突破，对推进国有经济战略性调整，提高国有资产的质量，具有积极作用。

集体所有制经济是公有制经济的重要组成部分。改革实践证明，集体经济绝不是公有制经济的低级形式，也不是过渡形式，而是公有制经济的一种长期存在形式。20年来城乡集体经济的迅猛发展，充分证明它具有很强的适应性和旺盛的生命力。多种形式的股份合作制是实现劳动力与资本相结合、按劳分配与按生产要素分配相结合的一种有效途径，也是改革实践中的一种有益探索，是企业制度的创新。从长远看，随着国家直接投资占全社会投资比重的减少，国有经济的比重将有所下降。因此，积极发展多种形式的城乡集体经济，对巩固公有制经济主体地位，发挥其主导作用，具有重大意义。

改革以来，我们提出非公有制经济是社会主义经济的补充，以后又提出是有益的补充。党的十五大提出非公经济是社会主义市场经济的重要组成部分，而且把它纳入社会主义初级阶段的基本经济制度之中，这是我们慎重总结多年实践经验得出的重要结论。从根本上来说，非公有制经济存在是由生产力发展水平决定的。社会主义条件下的非公有制经济与资本主义条件下的私有制经济不同，是为社会主义经济建设服务的，它的存在和发展是我国社会主义初级阶段发展社会生产力、最终实现共同富裕的客观的必然要求。

所有制改革理论的另一重大突破，是把公有制与公有制的实现形式区分开来，从理论上回答了公有制完全可以和市场结合的关键性难题。过去在理论上把公有制和公有制的实现形式混为一谈。我国改革以来的实践和国际经验证明，同一种所有制可以有不同的实现形式；同一种所有制在生产力发展的不同阶段，可以采取不同的实现形式；不同所有制可以采取同样一种实现形式。也就是说，所有制的实现形式并不直接决定所有制的性质。

党的十五大明确提出：公有制实现形式可以而且应当多样化。一切反映社会化生产规律的经营方式和组织形式都可以大胆利用。要努力寻找能够极大促进生产力发展的公有制实现形式。例如，股份制是现代企业的一种资本组织形式，作为组织形式并不决定公有还是私有问题，关键是看股权或控股权掌握在谁的手中。国家和集体控股，具有明显的公有性，有利于扩大公有资本的支配范围，增强公有制的主体作用。因此，股份制作为所有制的一种实现形式，资本主义可以用，社会主义也可以用。当然，股份制要结合中国的实际进一步创新和发展。

股份制是经过人类社会长期筛选的符合社会化大生产和市场运

行要求的一种企业资本组织形式，如果一些国有资本、集体资本采用这样一种实现形式，并按其规则来运作，就意味着公有经济采用了与市场运行要求相适应的实现形式，从而也就找到了实现公有经济与市场经济在微观基础上有效结合的一种形式。由此可见，把公有制与公有制的实现形式区分开来，对于消除以往传统观念的长期束缚，深化国有企业改革，实现公有经济与市场经济的有机结合，是具有重要意义的。

三　农村改革理论

中国的改革首先是从农村开始的。邓小平同志说，农村改革中的好多东西，都是基层创造出来的，我们把它拿来加工提高作为全国的指导。20年来农村改革理论上的建树主要有：一是突破人民公社体制，形成了以家庭承包经营为基础、统分结合的双层经营体制理论；二是形成了农产品流通体制改革和培育农产品市场体系的理论；三是突破传统做法，走出符合中国特色的农村工业化、城镇化的道路；四是提出通过发展农业产业化，逐步实现我国农业现代化的理论。

农村改革势如破竹，取得巨大成就，从理论的角度来考察，最关键的是理顺了农村最基本的经济关系，即实行土地集体所有、家庭承包经营，使用权与所有权分离，建立了统分结合的双层经营体制。这一农村基本经营制度的确立，既坚持了土地等基本生产资料的集体所有制性质不变，又实行了农民以家庭为单位的承包经营，使农民获得了充分的经营自主权。实践证明，农村的双层经营体制是能够极大促进生产力发展的农村集体所有制的有效实现形式。正如江泽民总书记所指出的，一条是不搞土地私有，一条是不改变家庭承包经营，这就是有中国特色的社会主义农业。党的十五届三中全会进一步强调，家庭承包经营是集体经济组织内部的一个经营层次，是双层经营体制的基础。它不仅适应手工劳动为主的传统农业，也能适应采用先进科学技术和生产手段的现代农业，具有广泛的适应性和旺盛的生命力，必须长期坚持。

党的十五届三中全会，在总结多年农村改革经验的基础上，从理论的高度提出了必须坚持长期稳定的农村基本政策：一是以公有制为主体、多种所有制经济共同发展的基本经济制度；二是以家庭承包经营为基础、统分结合的经营制度；三是以劳动所得为主和按生产要素分配相结合的分配制度。并要求在此基础上，按照建立社会主义市场经济体制的要求，深化农村改革，从而形成了指导农村改革的基本理论和基本政策。

农产品流通体制改革是我国农村改革的重要组成部分。在传统计划经济条件下，农产品都由国家统一定价、统购统销，从而把农产品的生产和流通完全分割开来。因此，我国农产品流通体制改革始终围绕取消统购统销、放开经营、取消完全由国家定价、形成市场逐步展开。经过20年的探索，基本形成了符合我国国情的农产品流通体制改革理论的改革思路。主要包括：一是取消国家对农产品统购统销制度，逐步扩大农民自由出售农产品的自主权。二是逐步转换农产品价格形成机制。除少数重要产品外，取消国家定价，绝大多数农产品购销价格放开，由市场自行调节。三是培育农产品市场组织，逐步形成多种经济成分、多种经营形式、多种流通渠道的新型农产品流通体系。四是形成政府对农产品市场的调控体系，对粮食收购实行最低保护价，建立粮食等重要农产品的专项储备制度和风险基金制度。五是积极培育连接农民与市场的中介组织。党的十五届三中全会从理论的高度概括了农产品流通体制的改革目标和原则，提出要尽快形成开放、统一、竞争有序的农产品市场体系。要求根据各类农产品的不同特点和供求状况，采取相应的方式和步骤，深化农产品流通体制改革。

创办乡镇企业，是我国农村基层的一个伟大创举。乡镇企业的异军突起，不仅在农村经济结构调整中具有十分重要的作用，而且是推动我国国民经济高速增长的一支重要力量。目前，乡镇企业创造的增加值已占到国内生产总值的1/4，农村社会增加值的2/3，转移了大约1.3亿农村富余劳动力。由此可见，乡镇企业的发展，使我们同世界其他国家不同，找到了一条符合中国特定历史条件、有中国特色的农村工业化道路。党的十五届三中全会指出，目前乡镇企业正处在结构调整和体制创新的重要时期，我们要从战略和全局的高度，按照积极扶持、合理规划、正确引导、加强管理的原则，积极推进乡镇企业的健康发展。

走中国式的小城镇发展道路，这是中国农村基层的又一伟大创举。正如党的十五届三中全会指出的那样，发展小城镇，是带动农村经济和社会发展的一个大战略，有利于更大规模地转移农业富余劳动力，避免其向大中城市盲目流动，从而使我国形成了一条与世界上许多国家农村城市化不同的具有中国特色的农村城镇化道路。

这些年来出现的农业产业化经营趋势，是又一件新生事物。尽管农业产业化经营在国外不乏其例，但在我国它是建立在家庭承包经营基础之上，具有独特的特点。正如党的十五届三中全会所指出的那样，这种产业化经营方式，不受地区、部门和所有制的限制，把农产品的生产、加工、销售等环节连成一体，利益共享、风险共担，形成有机结合、相互促进的组织形式和经营机制，不仅不动摇家庭承包经营，不侵犯农民财产权益，而且能有效地解决千家万户的农民进入市场、运用现代科技和扩大经营规模等问题，提高农业经济效益和市场化程度。农业产业化发展是我国农村改革和发展中的带有方向性的问题，它为我们探索如何在家庭承包经营的基础上实现农业现代化的具体途径，提供了新的经验和启示。

四 企业制度改革理论

建立与市场经济相适应的企业制度是构建新的经济体制的微观基础。20年来，我们在国有企业改革理论方面的突破主要有：一是摒弃传统的企业是行政附属物的观念，提出企业是市场主体、具有法人资格的理论；二是提出政企分开、所有权与经营权分离的理论；三是建立现代企业制度的理论；四是提出从整体上搞活国有经济的理论。

我国传统的企业制度是适应原有高度集中的计划经济体制而建立的。这样的企业不是独立的商品生产者与经营者，没有真正的法人资格，没有独立的经济利益，只是行政的附属物。企业生产什么、生产多少，基本上由国家指令性计划决定；企业产供销、人财物都是通过计划管理的。

企业改革的出发点和归宿在于构筑真正的法人实体和市场竞争主体，在于使国有经济在社会主义市场经济条件下不断发展壮大。党的十一届三中全会以后，开始进行以放权让利为主要内容的企业改革，初步取得了成效。1984年党的十二届三中全会指出，要通过改革，使企业真正成为相对独立的经济实体，成为自主经营、自负盈亏、自我改造、自我发展的社会主义商品生产者和经营者，成为具有一定权利和义务的法人。并强调指出搞活国有企业特别是搞活国有大中型企业是经济体制改革的中心环节。这对社会主义条件下的企业性质和地位，做出了新的界定，是认识上、理论上的一个重大突破。

党的十四届三中全会总结多年来我国企业改革的实践并借鉴国际经验，明确指出，以公有制为主体的现代企业制度是社会主义市场经济体制的基础，继续深化企业改革，必须解决深层次的矛盾，着力进行企业制度创新，逐步建立产权清晰、权责明确、政企分开、管理科学的现代企业制度。党的十五大进一步明确指出，要按照建立现代企业制度的基本要求，对国有大中型企业实行规范的公司制改革，使企业成为适应市场的法人实体和竞争主体。从理论的高度把我国国有企业改革目标、方向，概括为建立现代企业制度，这是一项创新，是多年改革实践的结晶。

20年来，我国在国有企业改革方面进行了艰巨的多方位、多层次的探索：从放权让利到转换企业经营机制；从国有国营到所有权与经营权分离；从厂长负责制到构建内部治理结构；从工厂制到公司制；从资产经营到资本经营；从分散经营到横向联合和集团化经营；从两步利改税到承包制再到建立现代企业制度；从重视企业内部改革到重视制度创新、改善外部环境、解决历史包袱问题；从试图搞活每一个国有企业到搞活整个国有经济；从单项的企业改革到把企业改革同改组、改造和加强管理相结合，同国民经济结构调整相结合；等等。这些探索为形成科学的企业改革理论和思路提供了基本素材。

国有企业建立现代企业制度，就是要适应市场运行要求，以产权关系清晰、法人制度完善、政企职能分开、经营机制灵活、管理科学规范为基本制度目标，以制度创新、"三改一加强"、改善外部环境、化解历史包袱、理顺各方面基本关系为主要内容，最终确立企业的法人实体和竞争主体地位。政府依法管理，对企业进行间接调控和引导、监督，使之依法运行，公平竞争，优胜劣汰，实现社会资源的优化配置。

建立现代企业制度必须通过综合配套改革，解决国有企业进行制度创新所面临的重点和难点问题，理顺国有企业与各方面的基本关系：一是理顺所有者与企业的关系，实行出资人所有权与企业法人财产权分离，理顺企业的产权关系；二是理顺企业内部各方面关系，构建规范的企业内部治理结构，形成激励与约束相结合的管理机制；三是理顺企业与政府的关系，实行政企分开、政资分开，建立新型的政企关系；四是理顺企业与社会的关系，逐步解决企业办社会问题，但企业要兼顾社会利益；五是理顺企业与企业的关系，各类竞争主体都要依法运行、公平竞争、优胜劣汰；六是要理顺企业与银行的关系，明确各自的权利和义务，形成新型的借贷关系，逐步解决企业负债率过高问题。

总之，以党的十四届三中全会为标志，我国的企业改革由过去的放权让利、政策调整为主转向了制度创新、形成新机制为主的阶段。自此以来，我们积极进行了建立现代企业制度试点，实行抓大放小，推进国有经济战略性调整，取得了一定成效。目前企业改革正处在关键时刻，面临各种困难和压力，需要花大的气力推进。但我们有许多有利条件，不仅有物质基础，还有丰富的实践经验，只要坚定信心，勇于实践，措施得力，改革必定会成功。

五 市场体系理论

建立统一开放、竞争有序的市场体系，是社会主义市场经济的重要组成部分。在这方面的理论突破，主要表现在：一是承认生产资料、生产要素都是商品，都有价格；二是价格改革是形成市场机制的关键，要建立主要由市场形成价格的机制；三是突破传统观念，提出了资本市场、劳动力市场，要求建立完善的市场体系。

市场是连接生产、流通、分配、消费的中心环节。传统的社会主义政治经济学理论认为，社会主义条件下不存在真正的商品生产和交换，只有商品的"外壳"，没有其"内核"。生产资料及其他生产要素都不是商品。在经济活动中，把生产与流通、商业与物资、内贸与外贸相分离。改革初期，我们首先在实践上突破了生产资料不是商品的框框，扩大企业自销权，逐步缩小计划分配物资比例，创办生产资料交易市场，取得了积极成效。

党的十三大明确指出，社会主义市场体系不仅包括消费品和生产资料等市场，而且应当包括资金、劳务、技术、信息和房地产等生产要素市场；单一的商品市场不可能很好发挥市场机制的作用。这不仅从理论上承认生产资料是商品，而且承认生产要素也是商品，对推动培育各类市场起了积极作用。

在社会主义条件下，是否存在资本市场和劳动力市场，在理论上曾一度困扰着我们。党的十四届三中全会，在总结我国多年改革实践经验的基础上明确提出，要发展劳动力市场和资本市场。这一理论的提出和确立，对发展和完善市场体系，具有十分重大的作用。从现代市场经济运行来考察，客观上要求生产要素都要进入市场，接受市场机制的有效配置。否则，市场缺位，运行不畅，资源配置失效。劳动力和资本作为两种基本的生产要素，只有进入市场，在市场中合理流动，才能使市场机制的整体功能得以发挥，才能提高生产效率和经济效益。发展资本市场，不仅有利于通过发行股票、债券等有价证券，筹集各种建设资金，而且有利于促进企业制度创新。

价格改革是建立市场体系、充分发挥市场机制作用的关键。在传统计划体制下，价格仅仅是方便核算的工具，主要由国家定价，集中管理，因而价格与生产脱节，与市场脱节，严重背离价值规律和供求状况，甚至像土地、矿产资源等都没有价格。在80年代的改革中，我们一直把风险较大的价格改革看作是关系经济体制改革成败的重要方面，并在实践中逐步形成了一套符合我国实际的体制转轨时期的价格改革理论。改革以来我们按照"调放结合"的方针，先后调整了农副产品和工业品价格，分批放开了小商品价格，对生产资料价格实行"双轨制"，然后，逐步将"双轨制"变为

"单轨制"。

党的十四届三中全会，从理论的高度，提出了价格改革的基本思路是建立主要由市场形成价格的机制。其主要任务是，在保持价格总水平相对稳定的前提下，放开竞争性商品和服务的价格，调顺少数由政府定价的商品和服务的价格；尽快取消生产资料价格双轨制；加速生产要素市场化的进程。并且，要求建立和完善少数关系国计民生的重要商品的储备制度和风险基金制度。按照这一思路，1994年以来，我们在价格改革方面迈出了较大步伐，基本上闯过了商品价格改革的难关，但要素价格市场化问题的解决，尚需一个渐进的过程。

六 宏观管理体制改革理论

在传统计划经济体制下，我国国民经济是一个行政集中统一体，没有宏观与微观经济之分，也就谈不上形成宏观调控理论。20年来，宏观经济理论的重要突破主要表现在：一是政府应从行政性的直接管理转向以经济手段为主的间接管理；二是建立健全协调统一的宏观调控体系；三是辩证处理宏观调控与市场机制的关系。

搞社会主义市场经济，要求政府彻底转变职能，改变过去对经济的管理方式。改革开放以来，我们从理论上提出了要按照政企分开、政府的社会经济管理职能和国有资产所有者职能分开的原则，以及精简、统一、效能的原则，推进政府机构改革，转变政府职能，把属于企业经营管理的职能放给企业，把资源配置的职能转移给市场，把属于社会中介监督、服务的职能转交给社会中介组织，从而使政府经济管理职能切实转变到制定和执行宏观经济政策、创造良好的经济发展环境上来。政府主要运用经济手段、法律手段，并辅之以必要的行政手段，有效调节经济活动。尽管机构改革、转变政府职能在实践中还需下大的力气，但这方面的思路基本上是清晰的。

宏观管理体制改革的目标是建立适应市场运行要求的、以间接调控方式为主的宏观调控体系。值得指出的是，由直接的行政性的计划控制为主，转向以间接的经济手段为主调控经济活动，这是我国体制转轨时期在宏观管理理论上的一大创新。这一理论上的创新，不仅使我国宏观体制改革有了明确的目标，而且它从宏观层次上说明了公有制经济是能够与市场经济实现有效结合的。

如何建立有效的宏观调控体系，概括起来主要涉及两个方面：一是必须深化计划、财政、金融等体制改革，建立起计划、金融、财政之间相互配合、协调和制约的机制。也就是说，应从机制上解决科学的计划目标、财政政策、货币政策的协调配合、形成合力的问题。二是必须创建适应市场运行要求的新的宏观调控手段，即宏观政策工具。如财政政策手段，包括预算、税收、贴息、转移支付等；货币政策工具，包括存款准备金率、再贴现率、公开市场操作等。也就是说，要实现宏观经济政策，必须通过改革形成一整套新的政策工具和手段。特别是，随着新体制的建立，金融调控作用越来越重要，邓小平同志对此有深刻的论述，他说："金融很重要，是现代经济的核心。金融搞好了，一着棋活，全盘皆活。"[1]

江泽民总书记在党的十四届五中全会上，对市场机制和宏观调控的辩证关系作了精辟论述，指出充分发挥市场机制的作用和加强宏观调控，都是社会主义市场经济的基本要求，二者缺一不可。也就是说，"看不见的手"和"看得见的手"必须两手并用。要使我国经济富有活力和效率，必须积极培育和发展市场体系，以充分发挥市场机制的作用。但由于市场存在自发性、滞后性的一面，国家必须对市场活动加以正确的指导和调控。我国是发展中大国，处在

---

[1]《邓小平文选》第3卷，人民出版社1993年版，第366页。

体制转轨、结构升级和经济快速增长时期，加强和改善宏观调控尤为重要，也是经济体制改革成败的一个关键。辩证地处理市场机制和宏观调控的关系，是社会主义市场经济优越于资本主义市场经济的一个重要方面。近年来，我们在加快改革、促进发展的同时，十分注重加强和改善宏观调控，从而使国民经济摆脱了大起大落的困扰，开始走上了持续、快速、健康发展的轨道。

七 收入分配理论

收入分配理论涉及激励或动力机制问题，还涉及社会公平问题。改革开放以来，我们对于传统的收入分配理论的突破，主要有四个方面：一是允许一部分地区、一部分人先富起来，鼓励先富帮后富，最终实现共同富裕；二是实行效率优先、兼顾公平的政策；三是坚持按劳分配为主，允许生产要素参与分配；四是坚持建立多层次、社会化的社会保障体系，创建社会统筹和个人账户相结合的制度。

过去，由于"左"的影响和"不患寡而患不均"的传统思想的影响，人们误把平均主义当作社会主义的基本分配方式，结果严重挫伤了各方面的积极性，导致了低效率和共同贫穷。早在1978年，邓小平同志就提出，改革首先要打破平均主义，打破"大锅饭"。允许一部分地区、一部分人通过诚实劳动、合法经营，先富起来，并通过先富帮后富，逐步达到共同富裕。这是社会主义分配理论的重大发展。邓小平同志还指出，这是一个大政策，一个能够影响和带动整个国民经济的大政策。这个大政策反映了一切事物都是在差别和不均衡中发展的，均衡是相对的，不均衡是绝对的；反映了社会经济发展不均衡的规律，承认客观现实中存在的差别。由于各地区经济基础、自然条件等千差万别，每个劳动者的劳动能力不一样，企业的经济效益不一样，等等，必然带来收入分配的差别。这个大政策把社会主义的原则性与政策的灵活性有机结合起来，反映了生产力发展的客观要求。共同富裕体现了社会主义的本质和优越性，但共同富裕不是平均主义的同步富裕，要达到这一目的，必须通过让一部分地区、一部分人先富起来，发展生产力，创造物质条件，这是加速发展、达到共同富裕的捷径。改革开放以来，我们认真贯彻落实了这个大政策，对形成激励机制，调动经营者和劳动者的积极性，起了十分重要的作用。

党的十四届三中全会提出，在社会主义初级阶段收入分配中，必须坚持效率优先、兼顾公平的原则。这一原则体现了发展生产力是社会主义的首要任务，而要解放和发展生产力，必须把效率放在第一位。历史发展到今天，都是高效率淘汰低效率；科学技术的发展，必然带来生产力的发展，而生产力每前进一步，都表现为创造了更高的效率。只有效率得到提高，才能不断创造出更多的物质财富。因此，在生产过程、初次分配领域，必须坚持效率优先的原则。而在再分配领域，则要通过财税政策、收入分配政策、社会保障政策等调节分配，体现兼顾公平的原则，公平必须是发展生产、提高效益基础上的公平，不能把公平摆到损害效率的位置上。损害了效率也就损害了公平的物质基础，平均主义必然导致低效率。同时，差别过大，社会不能承受，必将破坏公平，最终破坏效率。对此，必须通过宏观政策加以调节。这样从理论上辩证地阐述效率与公平的关系，对实践中推进分配体制改革具有重要的指导意义。

党的十三大提出，在坚持以按劳分配为主体的前提下，实行多种分配方式。党的十五大进一步明确提出：把按劳分配和按生产要素分配结合起来，允许和鼓励资本、技术等生产要素参与收益分配。这一论述，是对近20年分配体制改革实践的总结，不仅体现了社会主义初级阶段生产力发展的客观规律，而且体现了社会主义市场经济运行的要求。在社会主义市场经济条件下，必须坚持按劳分配为主体，这是一条基本原则。但是，按劳分配必须适应市场经济的要求，通过商品交换的形式来实现。因此，劳动者报酬的多少，不仅取决于劳动者个人提供的劳动数量和质量，还要取决于企业经济效益的好坏。除此之外，为了加快发展社会生产力，必须动员社会一切资源加入经济建设，诸如资本、技术等生产要素作为商品进入市场，必然要有价格，要有成本约束，要为其所有者带来收益。否则，将带来资源浪费或无效配置。因此，在社会主义市场经济条件下，在坚持按劳分配为主体的前提下，应允许和鼓励生产要素参与分配。分配理论的这一突破，不仅有利于构建完善的市场机制，而且有利于充分调动一切社会资源和社会力量加入经济建设，推动生产力的快速发展。

为了推动国民经济进行战略性调整，维护社会稳定，实现经济公平，改革以来我们一直努力于建立健全与社会主义市场经济相适应的社会保障体系。如何建立有效的养老、医疗等社会保障体系，是世界性的难题。我们在总结实践、借鉴国际经验的基础上，根据我国实际，进行了创新，提出了要建立多层次、社会化的社会保障体系，特别是在养老、医疗社会保险方面，提出了要建立社会统筹和个人账户相结合的制度。这一制度把效率与公平有机地结合起来，是一项符合中国国情的制度创新。此外，我们还在住房分配制度改革方面提出变实物分配为货币化分配，实现住房商品化的理论。这些理论上的探索，对形成改革政策起了重要作用。

八　对外开放理论

坚定不移地实行对外开放是邓小平理论的重要组成部分，也是我国实现社会主义现代化的一项基本国策。20年来，在对外开放理论上的突破主要表现在：一是摒弃封闭半封闭的发展模式，确立对外开放基本国策，建立开放型经济体制；二是大胆吸收人类社会包括资本主义社会所创造的一切文明成果，充分利用国际国内两种资源、两个市场；三是创建经济特区和发展外向型经济理论；四是正确处理对外开放和自力更生的关系。

社会主义制度是开放的制度，社会主义市场经济体制必然是开放的体制。我国历史上长期落后，一个重要原因是长期闭关自守。邓小平同志曾指出，现在任何国家要发达起来，闭关自守都不可能。我们吃过这个苦头，我们的老祖宗也吃过这个苦头。他一再告诫我们，中国的发展离不开世界。社会主义制度可以在一国或几国建立，但建设社会主义绝不能离开世界，闭关锁国必然失败。社会主义国家要尽快发展生产力、尽快摆脱贫穷和落后，不断发展强盛，就必须开放，以吸收人类社会包括资本主义社会所创造的一切文明成果。因此，对外开放问题，实质上是事关社会主义国家生存和发展的重大战略问题。为此，我们确立对外开放是一项长期的基本国策。正如邓小平同志指出的那样，如果开放政策在21世纪前50年不变，那么到了后50年，我们同国际上的经济交往将更加频繁，更加相互依赖，更不可分，开放政策就更不会变了。我国的对外开放，不是某个方面、某个领域的开放，而是全方位、多层次、宽领域的对外开放。我国同越多的国家和地区建立持久稳定的经济关系，推行市场多元化战略，我们在国际上的回旋余地就越大，我国发展的机遇也就越多。

党的十四届三中全会提出了要深化对外经济体制改革，进一步扩大对外开放。对外经济体制是个新提法，它是整个经济体制的重要组成部分，包括外贸、外经、外资、外企、外汇等方面的管理体制，以及涉外税收、法律法规，等等。深化这些方面的改革，是构建开放型经济体制的关键环节。这些年来，我们在外汇、外贸等方面的改革取得了积极进展。

实行对外开放，根本目的是加快我国社会生产力的发展。为此，一是要大胆借鉴吸收、利用人类社会所创造的一切文明成果，包括西方的先进技术、先进设备、先进管理经验等，并进行消化、创新；二是要充分利用国际国内两种资源、两个市场，包括物质、资金、信息、知识等方面的资源，在更广泛的范围内实现资源的合理有效配置，并积极参与国际经济合作和竞争，充分发挥我国经济的比较优势和后发优势，不断提高我国经济的国际竞争能力。

在社会主义国家建立经济特区，无论在实践上还是理论上都是伟大的创举。邓小平同志指出，经济特区是社会主义的新生事物。特区是个窗口，是技术的窗口，管理的窗口，知识的窗口，也是对外政策的窗口。在邓小平经济特区建设理论的指引下，我国先后建立了深圳、珠海、汕头、厦门和海南省经济特区。这些经济特区不仅创造了举世瞩目的经济发展成就，建立了外向型经济，而且成为对外开放的窗口、改革的"试验场"，在全国改革开放中发挥了探索和示范作用，对推动内地经济的发展，起了积极的辐射和带动作用。今后还要坚定不移地办下去，增创新优势，创造新经验。

对外开放意味着把一国经济融入世界经济体系之中，从而加深本国同世界经济的相互依存关系。必须正确处理扩大对外开放和坚持自力更生的关系。中国解决所有问题的关键是要靠自己的发展，独立自主、自力更生，无论过去、现在和将来，都是我们的立足点，坚持对外开放，能够增强本国自力更生的能力，促进民族经济发展。必须指出，对外开放是以自力更生为基础的对外开放，自力更生是对外开放前提下的自力更生，必须在进一步扩大开放中增强自力更生的能力，形成一种自力更生与对外开放相互促进、良性循环的发展机制，并增强防范和抵御国际经济风险的能力，维护国家经济安全。

九　结束语

经济改革理论的突破，还包括许多方面，因篇幅有限，这里不再一一列举。总之，20年来改革开放取得了巨大成就，这与观念突破，与理论上的突破、发展分不开。突破传统理论、创立社会主义市场经济理论的过程，同时也是发展马克思主义政治经济学理论，形成邓小平经济理论的过程。20年来，我们之所以在改革理论上取得如此巨大的成就，我看主要有以下几点原因：

第一，必须把马克思主义的基本原理与中国的实际相结合，坚持"解放思想、实事求是"的思想路线。党的十一届三中全会，打破了个人迷信和教条主义的束缚，从根本上恢复了马克思主义的思想路线。这就为我们在中国新时期的改革开放实践中发展马克思主义开辟了广阔天地。凡是经得起实践检验的，就是真理，就是正确的理论。只有解放思想，才能做到实事求是。改革开放要迈开步子，必须冲破传统观念、传统理论的框框。因此，"解放思想、实事求是"是经济改革理论取得突破的前提，而改革在实践上的突破往往以理论突破为先导。

第二，伟大的理论根源于伟大的实践，改革开放的伟大实践呼唤着理论创新。波澜壮阔的改革开放实践，一方面为理论创新提供了现实前提、客观依据和新鲜经验；另一方面在其实践中出现的新情况、新问题，又迫切需要从理论的高度做出科学回答，从而推动理论不断向前发展。而理论的正确与否，又必须通过改革开放的实践来检验。我们党尊重实践、尊重群众的首创精神，善于把改革实践经验上升为理论和方针政策，反过来指导改革实践，推动改革不断深化。我国改革开放和现代化建设的崭新实践，人民群众充满活力的伟大创造，是改革理论突破、形成和发展的巨大的取之不竭的源泉。改革的实践再次证明,人民是历史的创造者。

第三,社会主义本质论和初级阶段理论,是社会主义市场经济理论的基石。改革开放前,我们在建设社会主义实践过程中多次出现失误,从根本上说是没有搞清楚什么是社会主义,怎样搞社会主义。邓小平理论科学地回答了这一根本问题。他指出,社会主义的本质,是解放和发展生产力,消灭剥削,消除两极分化,最终达到共同富裕。并强调,首先就要使生产力发展,这是主要的。关于社会主义本质理论的突破,是对科学社会主义的重大发展,为改革开放理论的创建奠定了基石。贯穿于社会主义市场经济理论的一条主线就是解放和发展社会生产力。社会主义初级阶段理论的提出,是对社会主义认识的又一重大突破。我国处在社会主义初级阶段,这是最基本的国情、最大的实际。一切从初级阶段的实际出发,是经济体制改革理论取得突破的最基本的现实前提。如果说社会主义本质论回答了什么是社会主义的问题,初级阶段理论回答了在什么历史条件下搞社会主义,那么,社会主义市场经济理论则回答了怎样建设社会主义的问题。

第四,社会主义市场经济理论的形成和发展,是邓小平同志的首创,是党和人民集体智慧的结晶,体现了中国共产党人的理论创新精神。邓小平同志以马克思主义的政治胆识、理论勇气、求实精神、丰富经验和远见卓识,为这一理论的创建做出了特殊的历史性贡献。邓小平同志是开拓马克思主义新境界的卓越带头人,许多有关改革开放的重大理论观点、重大战略决策都是他首先提出来的。他始终站在改革开放和现代化建设的潮头,及时提炼、概括来自实践的经验,上升为理论,然后再指导实践,带领我们在改革理论方面不断取得突破和创新。邓小平同志不愧为20世纪最伟大的马克思主义者之一。邓小平理论是马克思主义发展的新的里程碑。它的形成和发展,使马克思主义在20世纪末放射出更加绚丽夺目的光彩。

人类社会即将迈进21世纪的门槛。在跨世纪的历史关头，我们面临着许多机遇和严峻挑战。当今世界经济全球化进程进一步加速，知识经济已初露端倪。社会主义初级阶段是一个漫长的过程，我们正处在深化经济体制改革、建立社会主义市场经济体制的关键时期，社会主义市场经济的理论探索还是初步的。在今后改革和现代化建设实践中还会碰到各种各样的新情况、新问题，还需要继续进行理论探索，社会主义市场经济理论的发展有着广阔前景。我们要更加紧密地团结在以江泽民同志为核心的党中央周围，高举邓小平理论伟大旗帜，坚持党的基本路线，认真贯彻执行党的十五大精神，继续坚持解放思想、实事求是的思想路线，不断研究新情况、解决新问题，对改革开放和经济建设中全局性、前瞻性和战略性的重大问题进行深入系统研究，承前启后，继往开来，不断完善社会主义市场经济理论，不断丰富和发展邓小平理论。

伟大的时代　辉煌的成就[*]

（1999 年 9 月 27 日）

世纪之交，我们迎来了中华人民共和国 50 华诞。

新中国的诞生，开创了中国人民在中国共产党的领导下，建设新社会、创造新文明的伟大时代。新中国 50 年的光辉历程，是中华民族五千年文明史上最激动人心、最壮丽辉煌的篇章。伟大的时代需要伟大的理论。在创建新中国、推进改革开放和社会主义现代化建设的实践中，马克思主义与中国具体实际相结合出现了两次历史性飞跃，产生了毛泽东思想和邓小平理论。这两大理论成果是党和人民群众实践经验和集体智慧的结晶，为新中国哲学人文社会科学的发展，奠定了坚实的理论基础。

50 年来，特别是改革开放 20 年来，人民群众的伟大实践，社会的深刻变革，五彩缤纷的社会生活，为人文社会科学的研究和发展提供了丰富的素材，开拓了无比广阔的思维空间。在伟大时代的感召下，广大人文社会科学工作者迸发出前所未有的创造热情。新中国发展进程中所创造的伟绩、提出的问题、出现的困难、遇到的挫折，都成为他们思之所至、情之所钟、魂牵梦绕、苦苦探讨的理论课题。

50 年来，广大人文社会科学工作者不畏艰难、呕心沥血、努力探索，为我国人文社会科学事业的发展做出了不可磨灭的贡献，功

---

* 这是作者在中国社会科学院举办的"新中国人文社会科学 50 年"学术报告会上的报告。

垂共和国史册。我愿借此机会，向广大人文社会科学工作者表示崇高的敬意和亲切的慰问。

一 艰辛的历程 亲切的关怀

我国人文社会科学是党的思想理论战线事业的重要组成部分，历来受到党和政府的高度重视。中国共产党从诞生之日起，就领导了以马克思主义为指导的科学文化生力军。新中国的人文社会科学事业，是在马克思主义的指导下，以这支生力军为骨干，在荡涤半殖民地半封建文化糟粕和创建社会主义新文化的过程中，在建设新中国的实践中，逐步形成和发展起来的。尽管在前进的道路上有过曲折反复，但新中国的人文社会科学研究事业发展到今天，已形成人才济济、学科齐全、硕果累累、繁荣昌盛的大好局面，为推进改革开放和现代化建设做出了巨大贡献。

回顾50年来新中国人文社会科学事业的发展，大体可分为三个阶段。

1. 第一阶段：奠基起步（1949—1965年）

这个阶段人文社会科学工作的重点是：确立马克思主义的指导地位，形成新的科研体系构架，创建科研和教学机构，培养新一代科研人才。

新中国成立之初，人文社会科学不仅百废待兴，而且基础薄弱，科研机构规模小、数量少，这种状况无法适应新中国社会主义建设的迫切需要。为发展新中国的人文社会科学事业，早在1949年，周恩来同志就作了《动员更多的力量从事社会科学研究》的讲话，明确提出马列主义是人文社会科学的指导理论，要求调动旧中国从事人文社会科学工作人员的积极性，吸取其积极的科研成果。中国人民政治协商会议《共同纲领》规定："提倡用科学的历史观点，研究和解释历史、经济、政治、文化及国际事务,奖励优秀的人文社会科学著作。"首次将发展马克思主义指导下的人文社会科学,以法律的形式确定下来。

为加强科研和教学机构建设,加快人才培养,1950年建立了新中国第一所人文社会科学大学——中国人民大学,并相应充实了各大学人文社会科学的教学研究力量。1955年成立了中国科学院哲学社会科学学部,为系统研究发展人文社会科学奠定了组织基础。

20世纪50年代中期,针对社会上出现的对人文社会科学重视不够的现象,毛泽东同志指出要"重理不轻文"[①],他还批评了一度出现的照搬苏联教科书的教条主义倾向,提出不要学习苏联社会科学研究的短处。1956年,国务院规划委员会制定了我国哲学社会科学研究工作十二年(1956—1967年)远景规划,第一次用规划形式提出了我国今后一段时期人文社会科学发展的主要任务。

1956年,毛泽东同志明确提出了"百花齐放,百家争鸣"这一发展和繁荣我国科学文化事业的基本方针。并指出,在宪法范围之内,各种学术思想,正确的、错误的,让他们去说,不去干涉;就是社会科学,也有这一派,那一派,可以说各种意见。在"双百"方针指引下,新中国人文社会科学事业的发展开始呈现欣欣向荣的态势。然而,从50年代后期起,由于指导思想发生偏差,人文社会科学发展开始受到影响。60年代初,党中央曾一度注意纠正"左"的偏差,制定了保证正常学术研究和教学工作的文件,人文社会科学又有了新发展。

从1949年至"文化大革命"前的17年,新中国人文社会科学事业已初具规模,奠定了发展基础,取得了很大成就,根本改变了

[①] 1957年3月13日晚,毛泽东在中南海颐年堂约见历史学家翦伯赞,在听翦伯赞说"现在是重理轻文"后说:"从我们的历史和现状来看,重理有道理,但轻文就不对了。"(《毛泽东与文化名流——历史故事》,2007年4月11日,www.eduzhai.net)

原来的落后状况，并发生了质的飞跃。其主要表现是：牢固确立了马克思主义在人文社会科学中的指导地位；基本建立起较完整的教育和科研体系；出了一批重大科研成果和编著出版了 100 多种大学文科教材。中国科学院哲学社会科学学部先后建立了 15 个研究所，有 22 个省、自治区、直辖市共设立了 37 个人文社会科学研究机构。人文社会科学研究与教学队伍迅速壮大，不少领域取得了较好的研究成果。尽管这期间也有过偏差和曲折，但成绩是主要的。

2. 第二阶段：严重挫折（1966—1976 年）

这一阶段是我国人文社会科学事业遭受严重破坏的时期。"文化大革命"在理论和实践两个方面都把"左"的错误推向了极端，使新中国人文社会科学遭到空前浩劫。学术空气很不正常，以僵化、庸俗化、教条主义的态度对待马克思主义理论研究；对科学研究设置种种禁区，动辄打棍子、扣帽子，"双百"方针实际上停止执行；人文社会科学研究主要围绕"以阶级斗争为纲"作注解。尽管这一时期科研工作几乎处于停顿状况，但有不少专家学者仍在极端困难的条件下，坚持自己的研究工作。

"文化大革命"后期，由于周恩来总理和邓小平同志的关心和努力，个别领域，如考古学、语言文字学、中俄关系史等研究有所复苏。尤其是不少人对"文化大革命"及其相应问题，开始冷静反思，这些都为粉碎"四人帮"、实行改革开放后较快恢复人文社会科学的发展，准备了一定的条件。十年浩劫，使党和全国人民痛切地认识到，指导思想上的失误，思想和理论上的僵化、庸俗化、混乱，否定人文社会科学的作用，会直接导致我们的事业遭受严重的挫折和损失。教训是极其深刻的。

3. 第三阶段：发展繁荣（1978 年至今）

这一阶段人文社会科学发展的主要特点是：冲破了"左"的束缚，排除了右的干扰，从恢复走向繁荣。科研领域不断拓展，研究方法不断创新，科研机构不断充实，科研队伍不断壮大，对外交流合作日益增强，学术成就硕果累累。人文社会科学对我国改革开放和现代化建设，对物质文明和精神文明建设，产生了积极的推动作用。

"文化大革命"结束后，面对百废待兴的局面，党中央和邓小平同志特别关心我国人文社会科学事业的恢复和发展。1977年，邓小平同志指出，我们国家要赶上世界先进水平，从何处着手呢？要从科学和教育着手，并明确指出："科学当然包括社会科学。"[①] 同年，党中央决定在原中国科学院哲学社会科学学部的基础上组建中国社会科学院，这是新形势下推动人文社会科学发展的重大举措。1978年，邓小平同志高度评价并坚决支持"实践是检验真理的唯一标准"的大讨论。这场大讨论和随后召开的党的十一届三中全会，不仅解决了思想路线上的拨乱反正，拉开了我国改革开放的序幕，而且为新时期我国人文社会科学的发展繁荣开辟了道路。

为创造宽松的学术环境，邓小平同志重申，要坚决贯彻"双百"方针，坚决执行不抓辫子、不戴帽子、不打棍子的"三不主义"政策。1979年，邓小平同志指出：现在也应该承认社会科学研究工作（就可比的方面说）比外国落后了，必须下定决心，急起直追。政治学、法学、社会学以及世界政治的研究，我们过去忽视了，现在需要赶快补课。要求各级党委一定要把思想理论工作放在正确轨道和重要地位上来。[②] 后来，针对社会上出现的右的干扰，邓小平同志又鲜明提出必须坚持四项基本原则，纠正了当时出现的否定共产党领导、否定社会主义道路的错误倾向。[③]

[①]《邓小平文选》第2卷，人民出版社1994年版，第48页。
[②] 同上书，第181页。
[③] 同上书，第164页。

邓小平同志十分重视基础理论研究。他指出，哲学社会科学同自然科学一样，绝不能忽视基础理论的研究，这些研究是理论工作的任何巨大前进所不可缺少的。[①] 他提议组织力量，定好计划，迅速写出一批有新内容、新思想、新语言的有分量的论文和著作。他还建议评选出好的著作，由党和国家给予奖励。

1982年，中共中央转发了《全国哲学社会科学规划座谈会纪要》，并特别指出，各级党委要充分认识到，我国哲学社会科学事业今后必须有一个大的发展，没有哲学社会科学的发展，要开创社会主义现代化建设事业的新局面是不可能的。1983年成立了全国哲学社会科学规划领导小组，负责制定社会科学研究规划。1986年设立了国家社会科学基金，专门用于资助规划课题。这两大举措有力地推动了人文社会科学的发展。后来党中央提出和实施"科教兴国"战略，更具有划时代的意义。

党的第三代领导集体高度重视我国人文社会科学事业的发展。1991年，江泽民同志指出，社会科学研究方向的正确与否，社会科学发展状况如何，对人们的思想意识和社会道德风尚，对经济建设，对社会稳定和发展，都会产生巨大而深刻的影响，甚至关系到中华民族的兴衰和社会主义的命运。[②] 在1995年全国科学技术大会上，江泽民同志再次明确指出：科学当然包括社会科学。在党的十五大报告中，江泽民同志进一步指出，积极发展哲学社会科学，对于坚持马克思主义在我国意识形态领域的指导地位，对于探索有中国特色社会主义的发展规律，增强我们认识世界、改造世界的能力，有着重要意义。

这里我们要特别指出的是，党的第三代领导集体对中国社会科学院的建设和发展给予了极大的关怀和支持。1991年，江泽民同志

---

① 参见《邓小平文选》第2卷，人民出版社1994年版，第179页。
② 参见《人民日报》1991年2月24日第1版。

和其他中央领导听取了中国社会科学院的工作汇报,同专家学者座谈,并作了重要讲话。1994年,江泽民同志为中国社会科学院题词,要求把中国社会科学院建设成马克思主义的坚强阵地。今年7月,中央常委听取了中国社会科学院党组的工作汇报,江泽民同志作了重要指示,要求一定要把中国社会科学院办好,要坚持马克思主义,还要结合实际丰富和发展马克思主义。这是人文社会科学工作者的庄严历史使命。我们要全面贯彻落实江泽民同志的重要指示和党中央的战略决策,充分认识人文社会科学在"科教兴国"战略中不可替代的重要作用,以崭新的姿态,迎接21世纪我国人文社会科学事业的大繁荣、大发展。

正是由于党和国家领导的高度重视,广大科研人员的共同努力,改革开放以来的20年,成为新中国成立以来人文社会科学事业发展最快、最活跃、成果最丰硕和社会效益最显著的时期。

二 光辉的业绩 重大的贡献

新中国的人文社会科学是伴随共和国的成长、社会主义建设的伟大实践发展起来的。50年来,在党的领导下,在广大人文社会科学工作者的共同努力下,我国人文社会科学研究事业从小到大,从弱到强,不断发展壮大,在各个方面都取得了显著进展,其主要表现为:

——人文社会科学的研究机构和队伍迅速发展壮大。形成了社会科学院系统、高等院校系统、党政部门(包括地方志)系统、党校系统和军队系统组成的五大人文社会科学研究大军。共有研究机构两万多个,专职研究人员三万多人,从事教学并参与研究工作的人员有二十多万人。科研人员的素质普遍得到了提高。

——人文社会科学研究领域不断拓展和深化,已基本形成比较完整的学科体系。传统的文、史、哲学科在原有基础上不断深化、拓展和创新,经济学获得较快发展;法学、政治学、社会学、人口学、民族学、宗教学、新闻学和国际问题研究等一些过去被取消、受批判或不被重视的学科,得到恢复和迅速发展。在学科基本建设方面,各学科都推出了一批奠基之作,其中不乏传世之精品,反映了新时期的学术成就。

——人文社会科学的研究方法不断创新。数学方法、案例分析、实证研究、模型模拟、综合集成、对比分析、系统研究等方法被广泛采用;传统的手工收集处理资料和写作的方式,正逐步被现代化的电子信息化手段所取代;自然科学与人文社会科学相互渗透,人文科学与社会科学紧密结合;等等,都使我国的人文社会科学研究面貌一新。

——我国人文社会科学对外交流和合作不断扩大,国际声誉日益提高。这些年来,学术界向国内介绍了大量国外的学术思想、理论和方法;我们不少人文社会科学的学术著作被译介到国外;在对外学术交流中,许多著名专家学者获得了外国政府和权威学术机构授予的荣誉称号和奖励;近年来国际合作研究不断扩大。我国人文社会科学已在国际学术界受到重视并产生一定影响。

经过50年的发展,目前我国已基本形成了以马克思主义为指导、与建设有中国特色社会主义要求相适应、学科门类比较齐全、科研实力比较雄厚的人文社会科学研究和教育体系。这一体系为21世纪我国人文社会科学的更大繁荣和发展,奠定了坚实的基础。

新中国成立50年,特别是改革开放20年来,每一时期的社会实践都提出了一系列重大而紧迫的课题。中国人文社会科学工作者敏锐地把握时代的脉搏,在一系列重大问题研究方面取得了很大进展,为我国改革开放和社会主义现代化建设提供了理论和智力支持,做出了重要贡献。

1. 研究和传播马克思主义取得显著成就

马克思主义是科学的世界观和方法论，是我们党的理论基础，是新中国社会主义建设的指导思想。新中国成立以后，党和政府高度重视思想理论建设，及时组织广大人文社会科学工作者系统地翻译了马克思主义的经典著作，对一些主要著作特别是毛泽东著作展开了深入细致的研究，这对于提高全党的马克思主义理论水平发挥了重要作用。新中国的人文社会科学正是在马克思主义的指导下，迅速发展起来的。

改革开放以来，人文社会科学工作者解放思想，实事求是，逐步摆脱了教条、僵化、庸俗化的理论模式，恢复了马克思主义的本来面貌。从80年代起，理论界开始研究邓小平著作。党的十五大把邓小平理论郑重地写入了党章，作为我党的指导思想，学术界形成了研究邓小平理论的热潮。学者们对邓小平理论在马克思主义发展史上的历史地位、这一理论的时代特征等，进行了广泛深入的研究，取得了不少科研成果。同时结合时代的发展，对马克思主义的哲学、政治经济学和科学社会主义进行了新的探索和研究，对国际社会主义思潮进行了跟踪分析。党的十五大以来，不少学者还就以江泽民同志为核心的党中央第三代领导集体对邓小平理论的运用、丰富和发展进行了研究。所有这些研究，对宣传马克思主义，推动广大人民学习、理解和把握马列主义、毛泽东思想特别是邓小平理论，起到了十分重要的作用。

2. 对确立社会主义初级阶段理论做了大量探索

改革开放前我们在社会主义实践过程中出现失误的根本原因之一，在于提出并实施了脱离国情、超越社会主义发展阶段的一些目标、任务和政策。早在50年代末，有些学者针对"大跃进"中出现的一些问题，曾提出目前我国还处在初级社会主义阶段。改革开放初期，理论界就有人对我国国情进行认真的分析和研究，提出了中国社会主义处于初级阶段即不发达阶段的论点，在理论界和社会上产生了重要影响。1981年十二届六中全会通过的《关于建国以来党的若干历史问题的决议》，正式宣布我国社会主义制度还处于初级阶段。80年代中期，社会科学工作者进行了广泛的国情调查，为党和国家制定社会主义初级阶段的理论和方针政策提供了科学依据。党的十三大特别是十五大系统阐述了社会主义初级阶段理论，形成了全党和全国人民的共识，这是对马克思主义特别是社会主义理论的一个重大发展。

3. 对形成社会主义市场经济理论做出了重要贡献

社会主义的根本任务就是发展生产力，它必须创造比资本主义社会更高的生产力。要做到这一点，关键是要探寻能够解放和发展生产力的经济体制。我们过去实行高度集中的计划经济，这在新中国成立初期起了积极作用，但随着经济的发展，逐步暴露出种种弊端。早在20世纪五六十年代，针对经济工作中出现的问题，一些学者大胆地探讨了社会主义条件下的商品经济、价值规律问题。1979年，有些经济学家提出社会主义市场经济的问题。1982年前后，经济学界就提出了社会主义经济是商品经济，必须充分发挥市场机制的作用，尊重价值规律。

1984年10月，党的十二届三中全会确认社会主义经济是有计划的商品经济后，经济学界继续探索，进而提出经济体制改革应为市场化改革，发展社会主义经济就是发展社会主义市场经济的论点。1985年10月邓小平同志指出，社会主义和市场经济之间不存在根本矛盾。1992年邓小平同志南方谈话，提出计划和市场都是经济手段，从根本上解除了把计划和市场看作是社会基本制度属性的思想束缚。

党的十四大明确提出我国经济体制改革的总目标，是建立社会主义市场经济。随后人文社会科学工作者围绕建立和完善社会主义市场经济体制的各种问题,从经济学、法学、伦理学、社会学等方面进行了大量深入的探讨。十五大前后,围绕国企改革、公有制实现形式等问题,理论界提出了许多有价值的、启发性的论点。这方面的研究成果,对我国社会主义市场经济建设的实践,提供了重要的理论参考。社会主义市场经济理论是邓小平理论的重要组成部分,它的形成具有划时代的意义,标志着中国经济理论研究出现了一次新的飞跃。

4. 社会主义法治理论研究取得重要进展

建立社会主义法律制度和法律体系,是实现国家长治久安的重要保证,我国法学界为此做出了不懈努力。20世纪50年代,国家立法机关重视法学界的作用,学者们积极参与国家的立法工作,并就相关理论问题进行了探讨。"文化大革命"结束后,为拨乱反正,突破"左"的束缚,法学界开展了民主与法制、人治与法治、法律与政策等问题的讨论,提出了民主是法制的基础、法制是民主的保障等重要论点,对推动法学领域观念的转变起了重要作用。通过讨论,确认了法治是治国安邦之本,为"依法治国"方略的提出和实施,提供了理论准备和智力支持。

社会主义市场经济必然是法治经济。为加快建立与社会主义市场经济体制相适应的法律制度和法律体系,法学界从不同角度、不同领域进行了广泛深入的研究,在更新传统法学分支学科的基础上,开辟了许多新的研究领域,如行政法学、经济法学、知识产权法学、环境法学、国际经济法学等,并形成了一些有开创性的法学理论。面对复杂的国际人权斗争形势,以及我国实行市场经济以来的社会变化给公民权利保护带来的新问题,加强了人权理论及对策研究。法学工作者还积极参与国家立法工作,对司法中的重大问题提供咨询。

20年来我们基本形成了有中国特色社会主义的法学学科体系,

为提出并实施依法治国、建设社会主义法治国家的治国方略，提供了坚实的法学理论基础。

5. 经济社会发展理论和发展战略研究成绩斐然

以经济建设为中心，使我国经济学理论出现了前所未有的繁荣局面。为了实现我国的发展战略目标，学术界针对我国现代化进程中的重大理论问题，如中国现代化发展理论，人口理论，产业结构理论，"科教兴国"理论，可持续发展理论，城市化理论，环境保护问题，中西部发展战略，社会发展指标体系，改革、发展和稳定的关系，经济全球化与中国经济发展等，进行了广泛深入的研究，提出了一系列新的理论观点和思路，并积极参与国家、地区、行业发展战略和规划的制定。这些科研工作都取得了较好的经济社会效果，很多政策建议被中央和有关部门采纳。

农业、农村和农民问题，涉及人口最多、地域最广，是我国现代化的关键问题之一。改革开放伊始，我国学者就大胆提出应该改革农村"政社合一"体制和对包产到户问题进行重新思考，引起了很大反响，受到党中央的重视。理论探索和社会调查紧密结合，先后对农村家庭联产承包责任制、所有制结构、土地制度、农业和农村的可持续发展、乡镇企业发展、农业劳动力转移及其社会影响等问题，进行了多角度多层面的实证调查、经验总结和理论探索，推出了许多有价值的成果。这方面的研究成果对推进农业发展、农村改革和建设发挥了积极作用。

中国是人口最多的发展中国家，人口状况怎样，对经济、社会发展有着举足轻重的作用。改革开放以来，我们积极开展对人口发展战略、人口政策、人口老龄化、社会保障、人口与可持续发展等方面的研究，为制定科学的政策做出了积极贡献。

6. 中华文明和社会主义新文化建设的研究成就突出

50年来，在马克思主义指导下，哲学、史学、考古学、文学、语言学、社会学、民族学、宗教学等都逐步建立了新的理论体系，各学科都推出了一批重要成果。考古领域的许多重大发现和研究，金文、甲骨文的资料整理和研究，中国古代史、近代史、通史、断代史和世界史研究，中国古代传统文化特别是儒、释、道的文献资料整理和学术思想研究，经济史、政治制度史、宗教史、哲学史、文学史、城市史、社会生活史等领域的研究，中国历史地理和边疆史的研究，空前规模的少数民族社会历史和语言文字调查研究，中国民族关系史与中华民族"多元一体"格局的研究，古代汉语、汉字和现代汉语的研究，中国古代文论和现代、当代文艺理论的研究，中国重要历史文献的系统整理等，都取得了令人瞩目的成就。这些领域的研究成果对于弘扬中华民族五千年的优秀文化传统、增强中华民族的凝聚力、促进各民族文化的共同繁荣发展、建设社会主义新文化、提高中华文化在世界的影响力，发挥了重要作用。

改革开放以来，人文社会科学工作者从改革开放和现代化建设的实际需要出发，围绕社会转型时期思想问题、道德和文化问题，对中国传统文化和世界文化进行了大量比较研究，就经济建设和文化建设、市场经济与伦理道德、科学精神和人文精神、文化的民族性与世界性、文化的传统性与现代性、不同文化间的冲突与交融关系等问题进行了广泛的研讨，对建设有中国特色的社会主义新文化发挥了重要作用。

7. 国际问题研究取得显著成效

新中国成立后，我们就建立了国际问题研究机构。60年代初，为适应国际斗争新形势的需要，中央做出了关于加强国外情况研究、新建一批相应研究机构的决定。党的十一届三中全会以后，随着我国对外开放不断扩大，国际问题研究获得了前所未有的发展。科研机构迅速增加，科研队伍不断壮大，基本形成了门类比较齐全的学科体系。

根据改革开放和现代化建设的需要及世界形势的变化,国际问题学科研究的领域逐步扩展,涵盖了经济、科技、社会、文化、宗教、民族、人口、资源、环境、可持续发展等领域,一个以世界经济学、国际政治学、国际关系学、比较经济学、发展经济学、世界经济形势分析与预测、国际文化思潮与文化战略等为主的国际问题研究体系正在逐步形成。

这些年来学术界重点研究了我们所处时代的性质和基本特征,民族宗教和国际关系,世界各国经济调整和改革,90年代世界政治和经济格局的新变化,政治多极化,经济全球化,构建国际政治和经济新秩序,东南亚金融危机及其对世界的影响,国际竞争力和综合国力比较等问题,提出一系列新论点,为我国发展战略和对外政策的制定提供了理论依据。值得指出的是,这些年对国际社会主义运动和思潮进行了跟踪研究,特别是对苏联和东欧剧变的根源、性质、教训及其对世界的影响,进行分析研究,取得了积极成果。

认识当代世界,离不开对世界各国历史和文化的深入了解。50年来,世界历史和国际文化思潮、外国语言和文学史、世界哲学和宗教史、世界经济和政治史、世界民族与文化、中外关系史、国别史的研究,都取得了可喜成果。

人文社会科学工作者还积极参与解决经济和社会问题、制定相关政策,完成了大量为中央和地方党政部门决策咨询服务的研究成果。如80年代初以来,中国社会科学院与政府有关部门合作,对中国经济形势、社会形势、农村形势和国际形势进行年度分析与预测,并提出若干政策建议,在国内外产生了广泛的社会影响。越来越多的省、市社会科学院也开展了当地经济社会形势的年度分析与预测的研究工作。这方面的科研工作促进了决策的科学化和民主化。

三 宝贵的经验 深刻的启示

50年来的实践充分表明,没有党的正确领导和国家的强盛,就不会有人文社会科学的发展与繁荣;反过来,理论上僵化或偏离马克思主义方向,人文社会科学落后,必然导致党的路线方针和政策上出现偏差和失误,使社会主义事业遭受挫折。发展和繁荣人文社会科学是全党和全社会的重要任务。自然科学和人文社会科学是科学的两翼,相辅相成、相互促进,只有双翼共振、比翼齐飞、共同繁荣,才能使我国的科学事业获得全面发展,才能为实现中华民族的全面振兴,提供强大的理论支持、精神动力和智力保证。

50年来,新中国人文社会科学有了长足的进步,取得了很大的成绩,这是主流,但也有过失误和深刻的教训。进步和成绩,坚定了我们在新世纪走向胜利的信心;曲折和教训,使我们引以为戒,保持清醒。认真总结50年积累的宝贵历史经验,对新世纪我国人文社会科学的发展,具有重要意义。

1. 必须坚持以马列主义、毛泽东思想特别是邓小平理论为指导,坚持正确的政治方向、理论方向和科研方向

马克思主义是人文社会科学的桂冠。新中国成立50年来,我们以马克思主义为指导,逐步形成了有中国特色、中国风格、中国气派的人文社会科学研究体系。毛泽东思想和邓小平理论,就是当代中国人文社会科学的最高成果。中国的人文社会科学研究,必须坚持以马列主义、毛泽东思想特别是邓小平理论为指导,这是20世纪中国历史发展的结论,也是百年来几代中国人文社会科学工作者在艰辛求索中感悟到的真理。

对待马克思主义,要有一个科学的态度。在这方面,我们有许多宝贵的经验,但是也曾犯过僵化、教条、照抄照搬的错误,使我

们的事业蒙受严重损失。邓小平同志在新的实践基础上开拓马克思主义新境界的伟大理论勇气和品格，为广大人文社会科学工作者树立了光辉典范，极大地鼓舞他们在运用马克思主义基本观点、立场分析和研究具体问题过程中，充分发挥自己的创造能力。

50年来的基本经验是，人文社会科学的研究必须坚持以马列主义、毛泽东思想、邓小平理论为指导。只有这样，人文社会科学研究才能有正确的世界观和方法论，才能有自己的灵魂和生命力；坚持马克思主义为指导，必须反对教条主义，反对否定马克思主义；要把坚持马克思主义和发展马克思主义有机结合起来。只有坚持才能推动发展，只有发展才能更好地坚持。不发展的理论是僵死的，不仅不能坚持，而且终将被历史所抛弃。因此，把马克思主义当作指导我们研究工作的指南，必须创造性地运用，并结合新的实践经验来不断丰富和发展。

2. 必须坚持解放思想、实事求是的思想路线，发扬理论联系实际的优良学风

解放思想、实事求是，是马克思主义的精髓，是邓小平理论的核心和灵魂。邓小平理论之所以能够成为马克思主义在中国发展的新阶段，就是因为它坚持了解放思想、实事求是。解放思想、实事求是的思想路线是我们党的生命线，也是人文社会科学研究工作的生命线。人文社会科学研究必须发扬理论联系实际的优良学风。每一时代的理论思维都是那个时代社会实践的产物。社会实践是人文社会科学发展的动力和源泉，是检验真理的唯一标准。

江泽民同志在党的十五大报告中，再次强调了发扬马克思主义优良学风的极端重要性。在新的历史条件下，我国的人文社会科学研究工作要想有一个新的大发展，就必须进一步解放思想、实事求是，运用马克思主义的立场、观点和方法，不断研究新情况，解决新问题，总结新经验，创造新理论，从而推动整个人文社会科学各

学科的发展。总之，解放思想，实事求是，大胆探索，勇于创新，是科学发展的必由之路。

3. 必须为中华民族的全面振兴服务，体现鲜明的中国特色

任何理论都必然具有一定的民族特色。中国的问题只能靠中国的学者自己去探索。中国的人文社会科学只有深深地植根于中国改革开放、现代化建设，植根于中华民族振兴的伟大实践之中，才能有强大的生命力。

五千年的中国传统文化博大精深，是中国人文社会科学发掘不尽的宝藏。50年来，人文社会科学工作者以马克思主义为指导，研究中华民族传统文化的精华，进而在构建中国社会主义现代新文明方面取得了可喜的成果，并使中华民族的文化进一步走向世界。在吸收世界各国人文社会科学优秀成果方面，我们既要注意克服和防止"食洋不化"的倾向，又要克服和防止自我封闭。我国人文社会科学研究既要有浓厚的民族特色，又要有鲜明的时代特色。世界文化像一个百花园，是由各民族文化构成的。从一定意义上讲，越具有民族性的东西，也就越具有世界性。这正是人类文化的统一性和多样性的辩证法。我们坚信，具有中国特色的人文社会科学，必将对丰富世界文化宝库做出应有的贡献。

4. 必须坚持"双百"方针，创造良好的学术环境

"双百"方针是发展和繁荣我国科学文化事业的基本方针。新中国的历史表明，凡是执行"双百"方针好的或比较好的时期，人文社会科学事业就健康发展；凡是"双百"方针执行不好或被否定的时期，人文社会科学事业就遭受挫折。科学研究是一种探索性的创造活动和认知过程，认识科学真理的途径和方法是多种多样的。应该看到，不同观点的争鸣，是科学发展和繁荣的必然现象。人文社会科学中的学术争鸣，犹如自然科学中的科学实验，是科学研究和发展的基本方法，是必经之路。

在科学研究中形成不同学派,对科学理论和知识的比较、继承、创新和发展具有重要的意义。学派的产生是科学发展过程中的必然现象,也是发展的规律,各种学派的形成和发展,不同学派的自由争论和竞争,是科学发展的必要条件和途径,是推动科学创造和发展的动力。学派、争鸣、实践,这是人文社会科学探索真理、向前发展的三个重要方法、重要过程。历史一再证明,没有哪一个大理论、大学问不是经过长期争论而逐步完善的。科学真理也从不借助于行政权威而让人信服。

认真贯彻"双百"方针,就要严格区分政治行为和学术行为,做到"学术无禁区,宣传有纪律,行为守法律";就要鼓励基于科学研究基础上的大胆探索,允许研究者出现失误,不求全责备,不扣帽子。

5. 必须尊重知识,尊重人才,努力造就一支高素质的科研队伍

发展人文社会科学,必须尊重知识、尊重人才。在如何正确看待知识分子这个问题上,我们有成功的经验,也有沉痛的历史教训。1957年"反右"以及"文化大革命"期间,知识分子遭受不公正的待遇,严重损害了我国学术事业的发展。党的十一届三中全会后,邓小平同志引导我们党改变了过去对知识分子的错误看法,明确宣布知识分子是工人阶级的一部分,并深刻指出,搞社会主义现代化建设,关键在人才。尊重知识、尊重人才,是我们的事业不断取得胜利的重要前提。

江泽民同志在十五大报告中赋予知识分子先进思想传播者、科学技术开拓者、"四有"公民的培养者和优秀精神产品生产者的崇高荣誉称号,是对知识分子的莫大鼓舞和鞭策。我们要努力为培养、造就、壮大一支高素质的人文社会科学研究队伍,创造各种有利条件,营造良好的学术环境,把各方面的积极性保护好、引导好、发挥好。努力做到政治上关怀,决策上重视,研究上支持,学术上尊

重，生活上关心。

我们即将跨入21世纪，时代的发展，需要一大批高素质的人文社会科学人才。我们要充分认识到，造就21世纪优秀的人文社会科学家，与造就21世纪优秀的自然科学家同样重要，要努力创造使优秀人才脱颖而出的条件。

6. 必须加强和改善党的领导，实行科学规范管理

50年的历史表明，没有党和政府对人文社会科学的高度重视，就不会出现今天人文社会科学的繁荣局面。针对"文化大革命"造成人文社会科学停滞落后的状况，1979年邓小平同志曾指出，领导方法不对，禁区太多，关心和支持太少，是形成我国人文社会科学一度落后的原因之一。党的十一届三中全会以来，党和政府加强和改善了对人文社会科学事业的领导。党对人文社会科学的政治领导，主要表现为确保学术研究的正确方向和重大方针政策的贯彻执行。

这些年来，党和政府对人文社会科学宏观管理的主要方式：一是制定正确政策；二是制定发展规划；三是建立专项基金，增加投入。实践证明，这三大举措是人文社会科学事业发展的有力保障。政策要符合人文社会科学发展的客观规律，正确处理人文社会科学的意识形态性与科学性、普遍性与特殊性的关系。发展规划要体现未来发展趋势和社会发展的需求。人文社会科学政策和规划的制定和实施，是一项长期连续性的重要工作，要坚持不懈。人文社会科学与自然科学一样，既有无尽的前沿，也有无尽的资源。保证这种资源的增长和有效利用，并服务于现代化建设，是人文社会科学政策和规划追求的总体目标。

7. 必须坚持改革开放，注重吸收人类文明的一切积极成果

改革是解放和发展生产力的必由之路，是社会主义制度的自我完善。改革开放的伟大实践，既为人文社会科学的发展创造了物质条件，又为其发展提供了丰富的素材，从而使我国人文社会科学获

得了空前的发展。

改革开放使我们冲破了"左"的思想束缚，实现了人文社会科学研究主题的重大转变。总结改革开放的实践经验，研究改革开放中提出的重大问题，成为新时期我国人文社会科学研究的主要内容。以改革开放的精神从事人文社会科学研究，鼓舞着人们以崭新的眼光和开阔的视野观察和分析问题。为适应社会主义市场经济体制的需要，必须推进科研管理体制的改革，建立与之相适应的现代科研管理新体制，并逐步实现研究手段、研究方式的现代化。

加强我国人文社会科学研究同世界各国的学术交流与合作，是实施对外开放基本国策的重要方面。过去的闭关锁国，一度使我们的人文社会科学疏离国际学术前沿。1979年，邓小平同志就殷切地希望我们知彼知己，急起直追。这些年来，人文社会科学研究领域的拓宽、研究方法和手段的丰富和完善，与对外学术交流和合作的逐步扩大是分不开的。我们要大胆学习、借鉴和吸收世界各国的优秀文明成果，学习一切有益的知识和文化，来为我国人文社会科学的发展和现代化建设服务。要弘扬中华民族传统文化精华，扩大它在世界的影响力。积极向世界介绍中国的发展成就，包括人文社会科学的成就，让中国走向世界，让世界了解中国。

四 结束语

人类社会即将跨入21世纪。21世纪将是人类社会发生深刻变革的世纪，将是中华民族实现全面振兴的世纪，也将是中国人文社会科学大发展的世纪。我们一定要从关乎中国发展前途和命运的战略高度，来认识人文社会科学的地位和作用，并积极促进其繁荣和发展。

面向21世纪的人文社会科学，必须进一步研究、丰富和发展邓小平理论。必须不断研究总结改革开放和现代化建设的新经验，深入研究当代世界发展的新特征、资本主义的新变化,不断开拓马克思主义的新境界。

面向21世纪的人文社会科学,必须深入研究建设有中国特色社会主义事业中的重大理论和实践问题。例如:如何建立并完善社会主义市场经济体制;如何进一步完善共产党领导下的有中国特色社会主义民主政治制度;如何建设社会主义法治国家;如何发展社会主义新文化,使物质文明建设和精神文明建设协调发展;如何保证改革发展进程中的社会稳定;等等。这些问题归结到一点,就是要探讨、解决什么是有中国特色社会主义的经济、政治和文化,以及怎样建设这种经济、政治和文化。这是建设有中国特色社会主义最基本的理论问题,需要人文社会科学工作者从理论上做出科学回答。

面向21世纪的人文社会科学,必须深入研究世界新情况、新变化所提出的重大战略课题。我们要把握世界发展的总趋势,跟踪研究世界科技发展、国际政治格局演变、经济全球化、金融国际化与经济安全、知识经济、可持续发展、新霸权主义和强权政治等重大时代课题。21世纪我国的国际问题研究,应为世界和平和发展,为创造对中国有利的国际环境,为维护国家安全、实现祖国统一,做出积极贡献。

"潮平两岸阔,风正一帆悬。"[1] 社会主义中国的伟大历史航船正乘风破浪,向21世纪高歌猛进。让我们更加紧密地团结在以江泽民同志为核心的党中央周围,高举邓小平理论伟大旗帜,坚持党的基本路线,全面落实党的十五大精神,迎着新世纪的曙光,开拓进取,锐意创新,努力开创21世纪人文社会科学大发展的新局面。

站在21世纪之门,"纵听五千年涛声,横看七大洲风云",东方的太阳正冉冉升起!

---

[1] (唐)王湾:《次北固山下》。全诗为:客路青山外,行舟绿水前。潮平两岸阔,风正一帆悬。海日生残夜,江春入旧年。乡书何处达?归雁洛阳边。

总结五十年　走向新世纪[*]

（1999年10月18日）

由中国社会科学院哲学研究所主办的"新中国哲学50年"学术研讨会，今天召开了。很高兴有这么多来自全国各地、包括哲学所有分支学科代表的老中青学者，还有科技界、企业界的专家济济一堂，共同回顾新中国哲学50年的历程，商讨21世纪哲学发展的大计。这是我国哲学界举行的一次全学科的盛会。它的召开，将对我国哲学事业的发展产生重要影响。为此，我谨向大会表示热烈的祝贺！向在座的各位表示热烈的欢迎！向多年来在哲学园地里辛勤耕耘，为新中国哲学和思想文化建设做出贡献的哲学家们，表示崇高的敬意！

我不是专业哲学工作者，但是我喜爱哲学，从中受益颇多。多年来，老一辈无产阶级革命家亲自给我的教诲"学好哲学，终身受益"，一直是我关注哲学、学习哲学、应用哲学并支持哲学事业的精神动力。今天我愿借此机会，就会议的主题谈几点体会，以参加研讨，并就教于各位专家学者。

一　哲学与祖国人民共命运

50年来，特别是近20年来，我国的哲学事业同新中国的整个事

---

[*] 这是作者在"新中国哲学50年"学术研讨会上的讲话。

业走过了光辉发展的历程。

哲学作为系统化、理论化的世界观、方法论，历来被看作是最高意义上的"智慧之学"。马克思主义创始人则进一步揭示了哲学与社会实践、哲学与历史进步之间的内在联系。他们把哲学称作"时代精神的精华"和"文明的活的灵魂"。[①] 他们认为，不同时代的真正的哲学，是每个时代最精深的思想成果、每种社会文明的精神实质的集中体现。这一极其深刻的科学论断，不仅指明了哲学在整个人类生活中的地位和作用，而且也为理解哲学的历史状况和命运，提供了一条最重要、最可靠的线索。循着这样的线索，我们可以从宏观上更加清晰地回顾和总结50年来的中国哲学。

这50年的历程表明，新中国哲学事业的曲折发展，始终是与祖国人民的命运、与社会主义事业的命运紧密联系在一起的。可以说，党领导人民在国内外艰难复杂环境下，开创社会主义事业的伟大历史进程，在每一个重要阶段、每一个重大关头，对每一个重大现实问题的思考，都有哲学上的反响和表现，都受到哲学的深刻影响。

新中国成立初期，我们党面临在经济、政治、军事和外交等各个方面巩固新生的革命政权，组织人民投入新中国建设的艰巨任务。与这一形势相联系，在思想理论战线上则有一个清除唯心主义、封建主义、资本主义意识形态，宣传马克思主义的唯物主义，确立无产阶级思想主导地位的斗争。在党的领导下，广大哲学工作者以极大的热情和积极性学习、运用马克思主义的立场、观点、方法，在这场斗争中发挥了重要的作用。毛泽东同志及时提出的"双百"方针，体现了党对待科学文化事业的根本原则，指明了繁荣发展科学文化事业的正确方向，也反映了党和人民的信赖与期待。

随着国内社会主义基本制度的确立和国际国内形势的复杂化，

---

① 《马克思恩格斯全集》第1卷，人民出版社1956年版，第121页。

社会主义建设的复杂性和艰巨性进一步显露出来。许多重大的现实问题、思想问题和决策问题，在一次次的哲学讨论中，以理论的形态得到表现。从20世纪50年代后期开始，哲学界围绕毛泽东同志《论十大关系》和《关于正确处理人民内部矛盾的问题》的发表，开展了关于两类矛盾问题、矛盾的同一性和斗争性等基础理论问题的热烈讨论，取得了很好的效果。后来又进行了哲学史、逻辑学、美学和生物遗传学等许多重要学术问题的讨论。这些讨论不仅对当时的学术发展有重要的意义，而且与实践的发展有密切的联系。可以说，其中大部分讨论的实质，都与邓小平同志后来所指出的，要面对现实弄清楚人们的"根本问题"——"什么是马克思主义？""什么是社会主义，怎样建设社会主义？"有关，从不同侧面反映出对这个重大问题的思考。这些讨论的主要积极意义在于，要从根本上为回答问题探索一定的哲学基础。总的来说，这些讨论对于促进哲学研究的深化，加强理论与现实的联系，产生了积极的影响和效果。

当然，理论上的问题总是随着实践的发展而不断产生和解决，不可能通过一次或几次讨论就结束。坚持马克思主义的世界观、人生观和价值观，反对各种唯心主义和形而上学的任务，总是伴随着解决社会主义事业前进道路上的重大问题而提出来，并不断深化。在"文化大革命"期间，曾一度出现了毛泽东同志所批评的"唯心主义横行，形而上学猖獗"的情况，不仅给党、国家和人民造成了严重的灾难，给哲学事业造成了严重的摧残，同时也给我们留下了一个反面的哲学典型。那种公然蔑视科学真理、宣扬现代迷信的东西，是完全脱离人民群众、根本违背实践规律的，是反马克思主义的。在最终战胜这种错误思潮的斗争中，正是马克思主义的科学理论、思想方法和坚定信念，成为我们党和广大人民群众制胜的精神武器。

党的具有历史意义的十一届三中全会，翻开了中华民族振兴发展的新篇章。众所周知，为这一划时代转变吹响第一声号角的，正是哲学。20多年前关于实践标准的大讨论，在邓小平和老一代革命家的关怀支持下，冲破了"两个凡是"的思想束缚，推动了全国范围内的思想解放，为党的工作重点转移和改革开放的全面启动，做了思想和舆论上的先导。这一与中国当代伟大思想解放运动相联系的、不可磨灭的历史功绩，也是我们的哲学向新高度发展繁荣的起点。

20多年来，广大哲学工作者珍惜和继续这一份光荣，自觉地以马克思主义为指导，密切关注当代世界和中国实践的发展，注意辨析各种社会思潮，提出并讨论了许多具有重要理论和实践意义的新问题，形成了不少有价值的新观点、新思想。我们高兴地看到，在这20多年里，哲学开拓了不少新的研究领域，如实践的哲学意义、价值和价值观念、社会哲学和社会发展理论、经济哲学和经济伦理、人的问题研究、国外马克思主义研究、科学技术与经济社会、当代文化比较研究、中国传统哲学的现代意义、生态环境理论、西方最新哲学流派研究等。十一届三中全会以来，我国哲学事业呈现了前所未有的良好发展局面。各种迹象表明，由哲学呼唤来的思想解放的春天，也为哲学的进一步繁荣和发展提供了大好的时机。

更值得庆幸的是，经过多年的实践、奋斗和探索，我国党和人民终于得到了这个时代最重大、最宝贵的思想理论收获，这就是当代中国的马克思主义——邓小平理论。作为毛泽东思想的继承和发展，作为马克思主义在当代中国发展的伟大成就，邓小平理论是在凝聚了全党全国人民的宝贵历史经验和高度智慧的基础上，创造性地形成和发展起来的。

我认为，邓小平理论不仅是对当代世界经济政治发展的深刻见解，也不仅代表了我国科学社会主义学说发展的新高度，而且——

诚如有的学者已经指出的——它所显示的解决重大现实问题的深刻思想、理论、智慧和勇气，也在多方面包含了对马克思主义科学世界观方法论的新理解、新应用，并且与当代人类文明优秀的新成果、新风格、新语言相通，是走在时代前沿的思维方式的卓越体现。以邓小平理论为指导，我们的哲学必将走向新的境界。

回顾50年，我们不应该忘记另一个具有深远意义的重大成就，就是哲学在中国大地上的空前普及。50年来，随着生活实践的不断深入发展，党中央在每一重要时刻，都十分重视以马克思主义的世界观方法论来武装全党全国人民，及时地开展学习辩证唯物主义哲学的活动。通过坚持不懈的普及宣传教育，并和一次又一次重大事件、重大哲学讨论相联系，我国人民对哲学基础知识、基本理论、基本方法的了解，有了普遍的提高，对哲学与现实生活的联系、哲学对社会人生的意义，有了更深切的感受和理解。在我国，哲学意识、哲学语言在人民群众中、在各行各业工作中的普及，已经达到了一种可观的程度，以至于从一个普通工人、市民的话语里，随时都能够听到"辩证看问题"、"实事求是"、"一分为二"等这样专门的哲学术语。与世界上许多国家民族相比，应该说这是我国50年来思想文化建设的一个突出成果、一个值得自豪的现象。哲学普及的效果，又反过来成为我国社会主义事业发展的强大精神凝聚力和创造力的一个来源。

马克思说："人民最精致、最珍贵和看不见的精髓都集中在哲学思想里。"[①] 哲学本质上是属于全人类的智慧，它产生于实践，也应该而且必须由广大人民来掌握，回到实践。尽管在哲学大普及中，也曾产生过例如简单化、庸俗化之类的偏差，但我们无疑应该充分肯定哲学普及的意义，高度珍惜已经取得的宝贵成果，并进一步巩固它、发展它。用高度的哲学理论思维武装起来的民族，必将走在

---

① 《马克思恩格斯全集》第1卷，人民出版社1956年版，第120页。

人类的前列。我们要让历史来证明，中国人民是当之无愧的！

纵观50年的哲学历程，我们有丰富的经验，也有教训，需要认真总结，也有许多重大问题需要研究思考。

马克思曾说："理论在一个国家实现的程度，总是决定于理论满足这个国家的需要的程度。"[①] 并进一步指出，要让理论需要与实践需要直接地联系起来。哲学的命运，取决于社会对它的需要和它的发展满足社会需要的程度。

回顾这50年可以清楚地看到，真正的哲学，并不是停留在书斋和头脑里的学问，它是与社会生活实践、与国家人民的命运息息相关的科学。可以说，新中国哲学事业的50年，从一个层面反映了新中国波澜壮阔的历史画卷。哲学的发展，是和党、国家、人民的命运相互联系、相互影响着的。哲学思想的活跃，往往是社会兴旺发达的标志，健康活跃的哲学思想，也深刻有力地促进着社会的发达兴旺。正因为如此，人民永远需要哲学，生活离不开哲学，党和国家始终关注和支持哲学事业的健康发展。

我们的哲学工作者，要十分珍惜自己与共和国共同走过的历程，以崇高的历史责任感发展繁荣我们的哲学，为中华民族的全面振兴，为建设中国特色社会主义的伟大事业，做出无愧于时代的贡献！

二 哲学是"解放的头脑"

我们必须高度重视哲学在社会发展、文明进步中的地位和作用。

记得马克思在谈到德国人民的解放时，曾用非常明确的语言指出："这个解放的头脑是哲学。"[②] 这个比喻非常精辟地说明了先进哲学的社会意义。从历史上看，哲学的发展，总是意味着人的思想

[①] 《马克思恩格斯选集》第1卷，人民出版社1995年版，第11页。
[②] 《马克思恩格斯全集》第1卷，人民出版社1956年版，第467页。

的解放，哲学首先是"头脑的解放"，即解放思想的学问；而思想的解放，又从来是启动和引导整个解放事业的中枢，从而成为"解放的头脑"。人类社会的一切发展、一切进步、一切革新，首先要解放头脑，解脱精神束缚，才能有创造的动力和创造的能力。

欧洲的文艺复兴运动，虽然首先从文艺领域发起，却是以一种新的人文主义哲学观念为武器，才有了冲破封建主义宗教统治的思想力量；虽然文艺复兴最初的显著成果，是科学和艺术的大发展，但最后的历史丰碑则是为资本主义崛起开辟了道路。哲学是这丰碑的"塔尖"。意大利天文学家、哲学家布鲁诺曾为科学真理而献身。如果没有近代唯物主义哲学对宗教神学的清算，不知道还会有多少个布鲁诺会被活活烧死！

众所周知，马克思发现了剩余价值规律，并使社会主义从空想变成科学，从而改变了人类的历史。但他的这个伟大贡献之"功"，也发端于哲学上的革命变革——创立了唯物史观这一全新的、能够揭示人类历史发展规律的哲学理论。

在我们党的历史上，能够打破教条主义和经验主义的束缚，纠正"左"右倾机会主义的错误，恢复并发扬实事求是的优良作风，进而推动革命和建设事业顺利前进的最强有力保证，归根到底也是"功"在马克思主义哲学。

因此，我们伟大事业的缔造者——马克思主义创始人及其继承人，不仅自己有深厚的哲学功底，而且都非常重视研究和发展哲学。恩格斯有一句名言，他说，一个民族要想站在科学的最高峰，就一刻也不能没有理论思维。[①] 而要提高理论思维的能力和水平，除了学习以往的哲学之外，没有别的更好途径。毛泽东同志在延安时期，号召全党学习研究马克思主义哲学，并把这种学习研究与指导中国

---

① 参见《马克思恩格斯选集》第4卷，人民出版社1995年版，第285页。

革命的具体实际结合起来。邓小平同志在80年代初就批评了一些领导干部埋头事务工作,"不懂哲学",忽视哲学,思想方法、工作方法简单片面的倾向,强调要学好马克思主义哲学,以指导我们的各项工作。江泽民同志近年来多次发表重要讲话,一再强调全党同志特别是领导干部,一定要从讲政治的高度看待学习,加强学习。并指出,在各方面的学习中,首先要学好马克思主义哲学。

也许有人还不太理解:为什么在以经济建设为中心的今天,邓小平同志、江泽民同志仍然强调要学习哲学、研究哲学?不理解,是因为还没有站在社会发展全局的高度来看待我们的事业,也就是说,思想解放还不够。而进一步解放思想,仍然是目前形势对我们的客观要求,是保证我们的事业顺利前进的基本思想条件。

邓小平说:"我们干的事业是全新的事业。"① 建设有中国特色的社会主义,是一项前无古人的伟大创举。在全面推进这一伟大事业时,首先必须使人的思想正确,才能摆脱陈旧观念和僵化思维的束缚,才能认识新事物,接受新观念,采用新方法,解决新问题。总之,只有这样,才能对改革、发展和稳定有全面的、辩证的理解,从而创造性地工作,开拓出新的局面。解放思想与实事求是是完全一致的:解放思想所要达到的目标,就是要使思想符合客观实际,使政策和行动符合客观规律和人民的利益,这正是实事求是的含义;唯有坚定不移地做到实事求是,才能不受一切偏见的干扰,敢于和善于从实际出发,做一切有利于人民的事,而这也正是解放思想的含义。

思想解放无尽头。有发展就有新事物、新问题,就要解放思想。现在思想解放的任务依然十分重要而迫切。我们已经站在21世纪的门口,即将推开新世纪的大门。为了实现现代化,为了中华民族的

---

① 《邓小平文选》第3卷,人民出版社1993年版,第253页。

振兴，我们不仅需要科学、技术，需要物质、资金，需要各种知识和人才，需要一切有益的东西，同时，我们更需要解放思想，需要通过解放思想所焕发起来的理想、胆识和智慧。一句话，更需要哲学。

为了提高实践活动的自觉性、预见性和有效性，任何重大决策都必须建立在科学研究、充分论证的基础上，一切科学预测与管理，都必须以对社会客观规律的正确认识为根据。而认识规律只能依靠理论思维，不可能仅靠经验直观来完成。对待理论思维的态度以及理论思维能力发展的状况，直接关系着有中国特色社会主义事业的兴衰成败。哲学是理论思维的高级形态，是观察、认识和指导实践和科学研究的根本立场、观点和方法。每一个有足够生活经历的人，头脑都不会是哲学真空，都会有一定的哲学思想，有一定的观念和方法，不是这样的，就是那样的，有科学的，也有错误的。这些思想时刻都在起作用。只有用科学的、先进的哲学武装头脑，才能引导我们掌握科学的精神和方法，防止唯心论、形而上学和主观主义的泛滥，使各项事业沿着正确轨道发展。

重视哲学还有更广泛的意义，这就是哲学在整个精神文明中的基础性和指导作用。我们的社会主义事业，归根到底是以促进人和社会的全面发展为目标的事业。我们要的共同富裕，不仅是国家和人民在物质生活上的富裕，也是在精神生活上的富裕和文明。哲学作为一门关系到世界观、历史观、人生观、价值观和方法论的学问，其任务不仅在于为各项工作提供认识工具，而且在于为整个精神文化提供必要的基础理论、观念和方法，提供信念、信仰和理想。精神文明的其他领域，如科学、文化、教育、道德、艺术、政治、法律，乃至人们的日常生活方式等之中，无不渗透和体现着一定的哲学思想、观念和方法。哲学的状况必然在深层次上影响精神文明的状况。要使我国的社会主义精神文明日益发展，就必须不断丰富、发展和普及哲学,去抵御愚昧落后文化的影响,铲除各种迷信邪说泛滥的土壤,从而提升人们的精神境界和科学素质。我觉得,懂得哲学、会用哲学的人是聪明的人,在精神生活里也是富有的、幸福的人。因为他迈上的是一条通向"自由王国"的道路。

总之,我们的事业需要哲学,实现社会主义现代化需要哲学,实现中华民族的伟大振兴需要哲学。没有哲学,没有马克思主义哲学与时俱进的发展,就不可能有真正的思想解放;而没有思想的解放,就不可能有科学的、创造性的工作和局面。在把我们的事业全面推向21世纪的关键时刻,必须高度重视哲学,大力普及哲学,发展哲学,让哲学充分发挥"解放的头脑"作用。

三 团结奋斗,开创新境界

总结20世纪,走向21世纪,哲学肩负着极为重大的使命,面临着大发展的机遇。

当我们站在新世纪的门口,面对难得一遇的千年之交时,人类社会正经历着一场从未有过的最广泛、最深刻、最激动人心的变革。世界上许多地方出现了社会发展模式、文化模式的深层激荡。一些旧的模式遇到了尖锐的挑战,原有的经济格局、政治格局正在被打破。世界各国、各民族都在探索新的模式,争取有利于自己发展的新格局。人们都在进行着紧张的观察、思考、探索和比较。在这种时刻,国家与国家之间、民族与民族之间,势必展开一场新的孰优孰劣的文明大竞赛。谁能够正确认识时代,认识自己,谁就能够抓住机遇,争得优势,走在世界的前头,站在历史的潮头。而解决问题只有靠解放思想、实事求是、大胆创新,只有靠科学。科学理论也是综合国力。未来几十年的世界性竞争,将是一种比思想、比知识、比创造力的竞争。这一切都与哲学有密切的关系,或者说,将受到哲学发展的深远影响。

世界的变化，为我们这个有十二亿多人口、五千年文化的中华民族提供了新的机遇。我国党和人民高举邓小平理论的旗帜，正在满怀信心地投入建设有中国特色社会主义的事业中，探索一条崭新的、充满光明的社会发展道路。这条道路是马克思主义和中国实际相结合的产物，也是面对当代世界新形势所做出的新创造。我们相信，只要把我们自己的事情做好，把改革开放的大好形势巩固发展下去，我们就一定能够达到目标，把祖国建设成为一个富强、民主、文明的社会主义现代化国家。由于我国的国情和国际地位，这种成功本身，就将具有世界性的历史意义，就是对解决人类发展问题的一个响亮回答，就是对人类未来做出的巨大贡献。在这个过程中，我们同样离不开，并且比别人更需要重视哲学的繁荣、发展和创新。

说到哲学的繁荣和发展，我想谈几点希望：

第一个希望，是"团结"。时代呼唤一切富有社会责任感和民族荣誉感的哲学家们，为我国人民自己的事业提供更多更好的精神成果，为从事这一伟大事业的人们提供更加有力的智力支持。要做到这一点，就要充分认识当前的形势和我们的责任，并且意识到它的紧迫性，紧密团结在以江泽民同志为核心的党中央周围，在邓小平理论的旗帜下，以建设有中国特色的社会主义为共同目标，以中华民族振兴为己任，齐心协力去推进我们的哲学事业。我们应该鼓励形成学派，但学派不是宗派，不同学派可以而且应该在政治上团结起来。学术界的团结并不排斥学术上的争论，而恰恰需要学术上的开诚布公，相互交流，砥砺切磋。积极的学术争鸣，历来是学风正、文风正的一个综合表现，是不断生长出新思想、新智慧、新成果和优异人才的肥沃土壤，是科学发展繁荣的标志。通过这样的团结，使哲学界成为一方有凝聚力、感召力和不懈生命力的热土，对于哲学的繁荣和发展来说，这是一个十分重要的积极因素。让我们大家都来精心浇灌好这块属于自己的园地。

我想谈的第二点希望，可以叫作"务实"。这主要是就学风而言的。务实，对于理论工作来说，是指关注现实、尊重实践、讲求实效，总之就是联系实际。"实际"首先是指理论对象自身的客观现实，进一步还包括人的实践活动及其效果。"务实"是理论联系实际的真正体现。任何理论，如果不顾对象的客观存在和变化，不去自觉地接受实践的考验，也不对照检查实际效果，而是凭空杜撰，堆砌材料，罗列概念，不仅是缺乏科学态度，也很难算作是理论工作。我们需要的是理论联系实际的科学。严谨而不保守，活跃而不轻浮，坚持原则而不故步自封，锐意进取而不哗众取宠，这才是应该提倡的科学态度。江泽民同志在十五大报告中指出，对于当前学习和研究马列主义、毛泽东思想、邓小平理论来说，"一定要以我国改革开放和现代化建设的实际问题、以我们正在做的事情为中心，着眼于马克思主义理论的运用，着眼于对实际问题的理论思考，着眼于新的实践和新的发展"[①]。这番话，正是对这种求真务实优良学风和科学态度的精确阐述。

第三点希望，是"活跃"。就是要充分贯彻党的"双百"方针，发挥每个人的积极性和创造性，开展多样化的学术活动，形成敢于发现问题、提出问题、讨论问题的活跃气氛，以促进学术深入和真理发展。对于哲学和人文社会科学来说，讨论、争论，就像自然科学的实验一样，是达到真理的基本方法和必由之路，是必然的、必需的、不可逾越的"实验"方式。在科学发展的道路上，不怕有分歧、有争论、有失误，只怕僵化、停滞、单调。没有了比较和鉴别，也就失去了动力。历史经验证明，没有争鸣，就不可能有哲学理论的大发展；没有争鸣，思想就会封闭、枯竭，真理就不能战胜谬误。

---

① 《江泽民文选》第2卷，人民出版社2006年版，第12页。

惧怕并压制争鸣，从来不是马克思主义的态度；听到一点相反意见就如芒刺在背，无法容忍，也不是真正的学者胸襟。当然，活跃不等于不计后果、不负责任。在哲学社会科学领域，有时要区分研究与宣传、思想与行为的界限。我常讲，在人文社会科学领域里，"研究无禁区，宣传有纪律，政治有方向，行为守法律"。这四句话，是我们处理有关问题必须掌握的尺度。可以确信，在党的领导下，通过总结经验，使"双百"方针制度化、法制化，并不断加以完善，一个更加活跃、更加繁荣的学术发展机制，一定会形成。

最后一点希望，是"创新"。随着实践的发展而不断地自我更新，是哲学和科学的本性，也是其生命之所在。哲学是人类最早产生的理论学科，是众多现代科学的母体。几千年来，它不断地分化出新的学科，自身不但没有衰竭，反而日益繁茂，并显示出无可替代的独特魅力。这是为什么？我看，主要是由于它植根于人类的生活实践，并始终关注着人的心灵。正因为如此，它才不怕否定自己、改变自己，它能够放弃那些已不再属于自己的东西，重新发现可以成为自己的东西。这就是创新。

有人曾以为，唯物主义哲学，尤其是马克思主义哲学，它所讲的那些基本结论，都已经是一些普遍的、永恒的真理，因此不可能，也不应该再有什么创新。这完全是误解。恩格斯早就说过，"甚至随着自然科学领域中每一个划时代的发现，唯物主义也必然要改变自己的形式"。[①] 马克思主义并没有穷尽真理，而是开辟了通往真理的道路。党的十五大报告也指出："马克思主义是科学，它始终严格地以客观事实为根据。而实际生活总是在不停的变动中，这种变动的剧烈和深刻，近一百多年来达到了前人难以想象的程度。因此，马克思主义必定随着时代、实践和科学的发展而不断发展，不可能一

[①] 《马克思恩格斯选集》第4卷，人民出版社1995年版，第228页。

成不变。"① 可见，否认马克思主义和唯物主义的发展创新，并不是马克思主义和唯物主义本身的立场观点，而是违背马克思主义基本精神的。

哲学发展最深厚的源泉和动力，来自社会实践，来自人类文明成果的不断积累。马克思主义哲学正是这样获得了自己无限的生命力。我们哲学工作者要高度重视当代自然科学、社会科学的新发展，切实加强哲学与自然科学、社会科学的联盟，加强哲学内部各分支学科的联合，加强理论工作者与实际工作者的联盟，在不同学科的交流与合作中，从各个学科的新发展中汲取一切有助于丰富和发展哲学的营养，哲学的发展就是一个采百花酿蜜的过程。中国当代哲学家要批判地继承中国古代哲学的遗产，弘扬中华民族优良的传统文化，也要积极地开展同外国哲学家的对话，研究世界各国、各民族的哲学，大胆学习、吸收他们提出的积极成果。"海纳百川，有容乃大。"② 中国的哲学界，是注定要走向世界并被世界所瞩目的。我们要勇于参加世界范围内的百家争鸣，善于在同各种学派的竞争中，磨砺我们的锋刃，提高我们的水平，发展我们的哲学。

走向 21 世纪的中国和世界，都处在发展的关键时期。相应地，马克思主义的发展也处在一个关键时期。哲学的强大生命力，从根本上说，决定于它把握、理解和解决时代重大课题的程度和水平。对于当代社会生活的巨大变化，实践和科学日新月异的发展及由此产生的层出不穷的新现象、新问题，我们要站在马克思主义的立场上，用创造性的理论思维加以研究，通过调查研究给予概括总结，说出实事求是的新道理，提炼出启迪智慧的新观念、新方法，形成富有时代感和生活气息的新话语。在这方面，邓小平理论是一个光

---

① 《江泽民文选》第 2 卷，人民出版社 2006 年版，第 12 页。
② 林则徐任两广总督查禁鸦片时期，曾在自己的府衙写了一副对联："海纳百川有容乃大，壁立千仞无欲则刚。"

辉的典范。

同志们、朋友们，发展当代的中国哲学、马克思主义哲学，是时代赋予我们哲学战线的崇高历史使命，也是中华民族振兴的呼唤。我们的哲学要在21世纪有大的发展，就要学习邓小平同志的典范，像他那样解放思想，振奋精神，不唯书，不唯上，只唯实，从因循守旧的束缚中解放出来，从教条主义的羁绊下解放出来，敢于和善于发展创新，力争达到一个新高度和新境界，创造出无愧于时代和使命的哲学。

我希望经过在座的和全国哲学界的共同努力，在不久的将来，能够写出一套面向21世纪的马克思主义哲学新版本、中国哲学的新版本、世界哲学的新版本，向人类文明的宝库贡献一份具有最新时代面貌和鲜明中国特色的哲学厚礼！

让我们团结起来，去创造中国哲学更加辉煌的未来！

最后，预祝这次会议圆满成功！

炎帝祭*

（1999 年 12 月 20 日）

洣水①湯湯，鹿原②蒼蒼；巍巍古陵，赫赫農皇③。
偉哉炎帝，拓土開疆；洪蒙茲啓，文明肇張。
制耒作耜④，稼穡濫觴⑤；焚林辟地，初奠農桑。
智嘗百草，猝斷肝肠；撥草尋絲，績麻垂裳。
削桐為琴⑥，音傳宮商；搏泥成陶，腥化物藏⑦。
日中設市⑧，物易八荒；弦弧剡矢⑨，强民富倉。
一劃開天，五千歲陽；夷夏結盟，世稱炎黃。
以道啓德，大愛無疆；垂範百世，德澤萬方。

---

* 1999 年 12 月 20 日，為恭祭始祖炎帝而作。2011 年清明改。本文原作為繁體，为保留文风，此處未做繁简轉換。

① 洣（mǐ）水，也称"茶陵江"、"泥水"，湘江一级支流。

② 鹿原，史書載為炎帝神農氏陵寢之地，為原酃（líng）縣屬。1994 年經國務院批准，酃縣更名為湖南省炎陵縣。

③ 《尚書大傳·卷第四》："神農為農皇也。"

④ 耒耜（lěi sì），古代農具。

⑤ 稼穡（jià sè）《詩經·毛傳》："種之曰稼，斂之曰穡。"泛指農業勞動。濫觴：喻事物起源與發端。

⑥ 戰國《世本·下篇》：神農削桐為琴，結絲為弦。

⑦ 《周易》載：炎帝以陶制缶，以儲五穀。東漢《白虎通義》："古之人皆食禽獸肉，至神農，教農作，使民宜之。"

⑧ 《易·繫辭》："神農氏作，日中為市，至天下之民，聚天下之貨，交易而退，各得其所……"

⑨ 弦弧，柔彎韌木而成弓弧；剡（Shàn）矢，削堅硬樹枝成箭矢。

華夏龍脈，薪火綿長；震古鑠今，傳承顯揚。
飽經憂患，歷盡滄桑；前赴後繼，國運是昌。
革故鼎新，物阜民康；港澳回歸，千禧在望。
經濟立世，科教鑄梁；創制經緯，大業共襄。
龍裔傳人，金甌一鄉；敬天法道，宇海飆颺。
神州復興，乾坤大象①；協和萬邦，慨當以慷。
勘史興衰，吾儕②唯當；天鑒日月，毋敢惑忘。
壯哉中華，與天同翔；遠眺烈山③，頂禮尚饗④。

---

① 大勢態、大面貌。老子《道德經》第四十一章："大音希聲，大象無形。"
② 吾儕（chái）：我輩，又稱儕輩。《說文》："儕，等輩也。"
③ 烈山，位於湖北省隨州市北郊厲山鎮，記載為炎帝神農氏誕生地。春秋《國語·魯語上》："昔烈山氏之有天下也，其子曰柱，能殖百谷百蔬。"
④ 饗：祭祀酒食。

哲学社会科学[*]

——在国防大学的讲演

（2000年5月25日）

今天来到国防大学，我非常高兴。我也当过兵，可以说从小就受到了八路军、解放军的熏陶和教育。伟大的中国人民解放军，不仅为新中国的建立立下了不可磨灭的、历史性的功勋，而且在社会主义建设中，发挥着积极作用，是我们共和国的钢铁长城。借此机会，我代表中国社会科学院，向我们伟大的人民解放军，致以最亲切的问候和崇高的敬意！

今天，我不是来做报告的，而是来汇报的，因为我本人不是一个科班出身的哲学社会科学工作者。我过去是学物理的。由于工作的需要，我走到了这样一个岗位上。我给自己的定位就是学习，首先当好学生。所以今天来，就是向大家汇报我学习的一些心得体会，也可以说是来应试的。

我今天讲五个问题：第一，哲学社会科学的形成和发展；第二，哲学社会科学在人类社会发展史上的重要作用；第三，新中国哲学社会科学的发展历程；第四，新世纪哲学社会科学面临的挑战和发展机遇；第五，新世纪发展哲学社会科学的基本原则。

---

[*] 这是李铁映同志在国防大学的讲演。

一　哲学社会科学的形成和发展

　　我们要考察哲学社会科学的历史地位和作用，首先要研究一下什么是哲学社会科学，哲学社会科学是怎样发展起来的，它在人类几千年的历史当中有什么地位和作用。哲学社会科学这个命题，是新中国成立以后我们借鉴苏联的经验提出来的，即把自然科学之外，所有关于人类社会及其关系，关于人的自身发展等方面的知识、理论，统称为哲学社会科学。

　　在历史上，西方关于这个范畴的一般提法，称人文社会科学。事实上，对此有三种提法：一种叫哲学社会科学；一种叫人文社会科学；还有一种一般的讲法，叫社会科学。如果我们单纯地讲社会科学，西方的一些学者就听不大懂，好像此中不包括人文科学。如果我们讲哲学社会科学，似乎我们只是讲哲学和社会科学，也没有包括人文科学。

　　最近我专门查了一下词典、辞海、大百科全书。一般对哲学下的定义是：哲学是指理论化、系统化的世界观和方法论，是关于自然界、人类社会和人的思维的本质和发展规律的最一般的理论体系。社会科学呢？其定义为：是人和人类社会及其关系的历史发展的科学知识体系，是包括人类的各种活动和各种社会现象及其关系的理论和历史的科学。人文科学则是包括历史、文学、文化等方面的科学。但这样界定并不完全准确，因为世界各国的说法并不一样。一般来说，西方的人文科学包括哲学；对社会活动特别是各种社会关系的研究则属于社会科学。那么，下面我要讲的社会科学，就是指人文社会科学，也包括哲学在内。军事科学属于什么？属于社会科学。经济学、法学都属于社会科学。也可以简单地讲，一切非自然科学的领域都属于人文社会科学，我把它叫作社会科学。这是这门科学历史发展过程中所形成的总体性概念。

现在我们考察,这门科学是怎么发展起来的呢?应该说,人类从原始社会后期开始,逐渐摆脱蒙昧状态,向文明社会发展的时期,由于有了人的集体活动,有了人的思维活动,有了人和自然做斗争所建立的各种社会关系,就产生了最初的关于社会科学知识的萌芽。其中最重要的就是原始宗教和神话。因为当时的生产力水平极低,对于人们所达不到的那种力量,就以为是超自然的力量(实际上它属于自然的力量)。对他们来讲,这类巨大的客观存在的外界力量,由于无法解释,便把它看作一种超自然的、人格化的神秘的东西。这就产生了最初的原始宗教,形成了当时最主要的一种思想。当然还有其他方面的,如关于社会问题,关于人与自然的关系,以及关于人本身的经验性认识等,都和宗教有关系。

从历史上看,在中国,最早的文字记载直到现在仍影响着人类生活的,应该说是老子、孔子的思想和著作。孔子生于公元前551年,老子还要早于孔子一些年。而中国的文化、中国的文明,也正是在春秋战国时期,以孔子及其所代表的儒家思想的崛起为标志,呈现出空前繁荣的局面。这一时期诸子百家的争鸣,尤其是儒家思想和道家思想,对其后两千多年中国文明的发展,产生了久远的影响。

而欧洲古代的思想家,比较早而且影响大的要数苏格拉底、柏拉图、亚里士多德等人。苏格拉底生于公元前469年,柏拉图生于公元前427年,分别比孔子晚了80多年和100多年的时间。亚里士多德是柏拉图的学生。那个时候,也逐渐产生了最早的关于哲学、神学,关于人类社会的知识。后来这些学问影响到了罗马帝国的发展。罗马帝国继承了古希腊的哲学以及宗教神学,进一步形成了早期的欧洲文明。

为什么我要说这个问题呢?因为人类社会发展到今天,这样一些思想，在几千年当中都产生了巨大的作用。这是人类最初所获得的文明成就。可见，一种思想观念，对社会的认识影响是非常深远的。

在公元395年罗马帝国解体以后，出现了东罗马和西罗马。东罗马、西罗马之争，就是争谁是正教。在君士坦丁堡，就是现在的伊斯坦布尔，他们说自己是正教，叫作东正教，即为东罗马。西罗马在现在的意大利罗马，他们叫作天主教。在西罗马帝国于公元476年灭亡以后，宗教在欧洲还继续统治了一千多年。欧洲中世纪乃是千年黑暗时期。

否定中世纪宗教制度的，是文艺复兴。文艺复兴产生了像但丁、薄伽丘这样一些人文学家。但丁的《神曲》，薄伽丘的《十日谈》，都是反宗教、反封建、反贵族僧侣的。这样出现了人文思想，开始了以人文主义为主要内容的思想解放运动，逐渐形成了欧洲文艺复兴的思想体系。而文艺复兴则为资本主义制度的产生奠定了思想基础。至今，在文艺复兴和启蒙运动中所产生的一些思想、哲学口号，还在世界上广泛使用，比如说资产阶级启蒙运动中喊的民主、自由、人权、博爱等口号，仍然是当今社会的重要题目。文艺复兴为资本主义奠定了思想文化理论基础，催生了资产阶级革命，为资本主义的发展开辟了道路。

五四运动为中国的新民主主义革命开辟了道路，标志着从旧民主主义革命转到了新民主主义革命，马克思主义得到广泛传播。我讲这些话的意思，就是说随着人类社会、历史的发展，在近代逐步形成了关于人类社会自身的这样一门科学。而这门科学的产生和发展，对每一个阶段历史的发展，都有着深刻的影响。但是，在以往人类社会发展的历史过程中，阶级之间的斗争，多数还是处于一种不自觉的、自发的状态。只有到马克思创立了历史唯物主义，揭示了从原始社会、奴隶社会、封建社会到资本主义社会，再到社会主义社会（共产主义是其高级阶段）的发展规律，特别是揭示了阶级社会发展的规律以后，无产阶级才意识到自己的阶级地位，意识到自己的阶级使命，才第一次由自在的阶级成为一种自觉的、自为的阶级，才可以科学地认识人类社会的发展规律，并运用这个规律去推动历史的发展。

无论社会科学还是自然科学，都有其发展过程。人类在自然界面前，一开始大都是有盲目性的。在没有掌握自然规律之前，人们的行为都具有盲目性和偶然性。一旦掌握了自然规律，并学会运用这些规律，就增强了改造自然的力量，特别是在生产劳动中有了一定程度的自觉性。而这种自觉性，就是人们的能动性。所谓"能动性"，我的理解，就是基于在实践中产生的对自然的科学认识，并运用这种科学认识，去成功地改造自然、改造社会。如果没有这种科学的认识，这种能动性还可能带来相反的后果。

由此可见，人类所形成的关于社会科学的整个知识体系，都会随着人类社会实践的发展而不断发展，特别是在改造自然和改造社会的历史过程中得到不断丰富和完善。我们把正确揭示出来的规律，称作真理，也可以说科学就是探索规律、揭示真理的学说。只不过自然科学所探索的真理，是关于自然界的，而社会科学则是关于人类社会、关于人自身及其活动的科学。如果不掌握这个科学，其行为必然是盲目的，带来的损失、曲折也是不可避免的。只有掌握了社会科学，人们在认识、改造和建设社会的活动中才可能做到合目的性和合规律性的统一。马克思主义的创立，第一次科学地揭示了人类社会发展的历史规律，从而成为社会科学的桂冠，成为人类社会科学最高理论水平的皇冠。我们也可以说，以马克思主义为指导的社会科学为人们认识社会、改造社会，提供了科学的理论依据，提供了科学的方法论的基础。

哲学社会科学知识的普及，必然促进人们素质的提高，促进国家、民族素质的全面提高，进而成为整个国家和人民改造社会的一种强大的精神动力。有了正确的世界观、人生观、价值观，有了对社会的科学的、合理的认识，人们才能够正确地认识社会和改造社会，才能在发展的道路上避免失误。从这个意义上，我们可以看得很清楚，哲学人文社会科学，或者简称社会科学，有其重要的价值和地位。

二　哲学社会科学在人类社会发展史上的重要作用

（一）社会科学是实现社会变革，推动社会进步，构建社会制度的理论基础

社会变革和发展的基本层面，往往表现为生产力和生产关系的进步，也可以简单地表述为生产工具、科学技术和制度文明等的进步。这里我想强调一下，社会制度的进步方式，作为一种制度文明，是从原始社会解体以后，逐步形成和发展起来的。从奴隶社会、封建社会，到资本主义社会，再到社会主义社会，都是人类在探索、推进制度文明过程中所创造的形式。而这些形式，取决于生产力和生产关系的状况，尤其是取决于生产力发展的水平。

制度发展的最基本的原因，就是生产力和生产关系的矛盾运动。当生产关系不适应生产力的发展要求时，也就是这种制度和体制已经成为生产力发展的桎梏时，就必然要促使这种制度和体制发生演变。制度的演变，一种形式是采取暴力革命，另外一种就是渐进的形式，即改良、改革等。如果我们认识到这种制度发展的规律，那么我们就可以按照这种规律的要求来发展制度。现在我们搞改革，就是按照这个规律来做的。我们也可以把改革，称为制度演进、制度发展的一种方式。社会科学正是人们自觉改造社会、推动社会前进的科学。

19世纪是马克思主义产生的世纪,是形成马克思主义科学理论体系的世纪。而这个理论对于人类社会发展的科学预见,在20世纪先后由列宁、毛泽东、邓小平等所领导的革命或改革付诸实践。20世纪最大的事件,就是产生了社会主义制度。从此,改变了人类社会发展的方向,是具有里程碑意义的。社会主义第一次向人类昭示了无剥削阶级统治的社会,指出了社会主义制度的发展前景,这对于数千年来的阶级社会来讲,无疑具有革命性的意义。没有马克思主义,就不可能产生社会主义运动和实践。而社会主义事业的发展,更加证实了马克思主义的科学性。在中国近百年的历史长河中,也可以清楚地看到这样一点,如果没有毛泽东思想,我们可能还在黑暗中摸索。

社会主义不仅是一种理论,而且还是一种运动,也是一种国家和社会制度。从我国探索建设社会主义的实践看,有许多经验教训值得我们总结和汲取。十年动乱结束后,人们的思想和行动都很迷茫,正是后来在全国掀起的"实践是检验真理的唯一标准"的大讨论,解放了人们长期以来被禁锢的思想,为十一届三中全会的成功召开奠定了思想理论基础,进而开启了中国改革开放的大门。邓小平同志进一步把马克思主义、毛泽东思想和当前的实践相结合,创立了建设有中国特色社会主义理论,即邓小平理论。这一理论,推动了中国二十多年的改革开放、经济发展和社会全面进步。这就是理论的作用。如果没有邓小平理论,我们会不会有今天的改革开放的成就呢?我想是不会的。

邓小平同志为什么要提出建设有中国特色社会主义?社会主义就是社会主义,怎么还是"有特色"的呢?这个问题我想了很长时间。有中国特色的社会主义,就是不同于一般的社会主义。一切现实的、存在的,都是有特色的。一般的社会主义科学理论是一种抽象的、观念的东西,而把这种科学理论变成社会主义运动和实践,变成一种现实的社会制度，变成一个国家、一个民族的社会制度，它只能是有特色的，而不可能是一般的、抽象的。任何一个国家搞社会主义，都应该从本国实际出发，都是有特色的。所以"特色"这一提法，使我们摆脱了长期以来关于社会主义的抽象的争论、教条的理解和模糊的观念。这样，我们才能摆脱许多教条思想的束缚。可以说，有中国特色的社会主义的"特色"这两个字，一下子使我们对于社会主义的认识，得到了很大的解放，提高到了一个新的水平。

这些年来，无论是对国际社会的认识，对世界和平与发展两大主题的认识，还是对国内各项政策调整、经济体制改革、政治体制改革，以及其他各个方面的认识，都是我们在总结正反两个方面的历史经验教训之后所得出来的，使得我们对于当前国内外形势的认识，对于中国所处的时代、面临的任务，以及今后应该走什么道路的认识，更加实事求是，更加符合当代中国和世界的实际。而这些认识及其条理化，都属于社会科学的范畴。如果没有这些科学认识，我们就不可能自觉地去领导、参与改革开放和现代化建设，从而也不可能使中国社会发生像今天这样的深刻变化。

什么是毛泽东思想？什么是邓小平理论？就是中国化了的马克思主义。如果马克思主义不中国化，那也不可能在中国扎根，也解决不了中国的实际问题。所谓"化"者，就是和中国的实际相结合，成为解决中国问题的理论基础。世界上一切好的东西，我们当然要学。但要结合自己的实际来学习，学习不等于照搬。世界各国也有这样的说法，一个善于学习的民族，一个有理论思维的民族，是最聪明的民族，也是永远打不垮的民族。什么叫善于学习呢？并不在于你学得多，而在于你能把学得的东西和自己的实际相结合。也就是毛主席在延安讲的实事求是，解决实际问题。真正的科学，是解决问题的科学，而不是空谈。

以上所谈的都涉及社会科学。要建设有中国特色的社会主义，要实现中华民族的振兴，就要靠科学理论的指导，才能够少走弯路、少犯错误，才能够抓住机遇、应对有策、迎接挑战，才能够实现中华民族的振兴。可以说，在一定意义上，中华民族振兴之路，就是中国运用社会科学规律的历史过程。一切唯心主义的，或者是照抄、照搬国外和盲从、盲目的东西，只能带来灾难性的后果。正如江泽民同志1991年2月在与中国社会科学院专家学者座谈时所指出的那样，"社会科学研究方向的正确与否，社会科学发展状况如何，对人们的思想意识和社会道德风尚，对经济建设，对社会稳定和发展，都会产生巨大而深刻的影响，甚至关系到中华民族的兴衰和社会主义的命运"[①]。1994年江泽民同志为中国社会科学院题词："把中国社会科学院建设成为马克思主义的坚强阵地。"在十五大报告中，他又强调："积极发展哲学社会科学，这对于探索有中国特色社会主义的发展规律，增强我们认识世界、改造世界的能力，有着重要意义。"[②]

　　从毛泽东到邓小平，再到江泽民，中国三代领导人都十分重视、关心社会科学的发展。如中国社会科学院的宗教所、民族所，还有其他一些研究所，都是当时毛泽东同志亲自要求成立的。现在社科院的宗教所，可以说是世界上最大的关于宗教领域研究的机构，形成了最有权威性的研究。我们的民族所，在世界上也是很大的。我们的哲学所现在将近两百人，也可谓世界上最大的。党的十一届三中全会之后，邓小平同志不仅发表了许多关于自然科学的重要讲话，同时也对社会科学给予了很大的关注。中国社会科学院的建立，社科院研究生院的建立，都是邓小平同志提议和批准的。对于社会科

---

① 参见《人民日报》1991年2月24日第1版。
② 《江泽民文选》第2卷，人民出版社2006年版，第34页。

学，小平同志讲，"科学当然包括社会科学"①。后来他又讲了一句话，"我们已经承认自然科学比外国落后了，现在也应该承认社会科学的研究工作（就可比的方面说）比外国落后了"②。这两句话都是过去没有说过的，在当时有着深刻的拨乱反正意义。

所以，总结国际、国内历史和现实的经验，充分证明了必须高度重视哲学社会科学理论。哲学社会科学的发展，必须坚持以马克思主义为指导，紧紧结合我国面临的实际问题。马克思主义是科学的理论，是关于人和人类社会发展的科学，是建设社会主义、振兴中华民族的理论基础、精神源泉。马克思主义的历史唯物主义和科学社会主义理论，正是我们的制度文明的灵魂。我们运用马克思主义作为社会科学各个门类的指导，来研究人类社会现在和未来发展中所遇到的各种问题，必然会对中华民族的全面振兴和社会主义制度的发展，起到巨大的不可替代的作用。

（二）社会科学是解放和发展生产力、创建物质文明的巨大动力

不能认为物质文明的创造仅仅是自然科学的事。创造物质文明的一股巨大力量来自社会科学，如经济学。随着生产力的发展、物质文明的进步，社会科学必然要有相应的大发展。作为科学的两翼，自然科学和社会科学，必然是相辅相成、相互促进的。自然科学的发展，物质文明的发展，对社会科学提出了许多需要认识、需要解答的新命题和新问题，而社会科学的许多新认识、新发展，又要回到实践的过程中去，以便得到检验、丰富和完善。社会科学对解放生产力、发展生产力有着巨大的作用。社会科学特别是经济学，就是研究生产发展、经济发展的基本规律是什么，生产力在什么条件下、在什么样的制度和体制下，发展得最快。所以说研究解放和发

---

① 《邓小平文选》第2卷，人民出版社1994年版，第48页。
② 同上书，第181页。

展生产力的学问,基本上是属于社会科学的。

我们讲科学是第一生产力,这个科学当然包括社会科学,但怎么去理解呢?我认为应该辩证地理解。社会科学的成果,并不直接体现为生产力,但是却对解放生产力、推动社会生产力发展,对于人类社会进步,有着巨大、不可替代的作用。如果社会科学出了问题,其损失也是难以估量的。例如,20世纪50年代我们错批了马寅初①的"人口论",结果带来了三亿多人口的畸形增长,至今我们都背着人口过多的包袱。

为什么会发生严重的失误呢?一个重要原因,是由于社会科学出了问题。不能只看到,众人拾柴火焰高,还要看到人是社会财富的消费者。马克思讲过,生产有两种,一种是物质的生产,另一种是人口的生产。②人口的生产超过了物质生产的可能性,当然会带来灾难性后果。那时选择了"大跃进"这样一种经济发展模式,同样是社会科学出了问题,是经济学出了问题。经济学里最重要的是讲如何解放生产力、如何发展生产力,而不单单是靠人的主观能动性所能解决的。经济发展有它的客观规律。你不能不尊重价值理论,不能不尊重经济生活的规律。

我曾经在海城工作过。据说,过去海城的山上有很多高大的树木,1958年都被砍掉炼钢铁了,生态环境遭到了很大破坏。后来,为了防止资本主义"复辟",搞了"文化大革命",造成了十年动乱,那对于经济发展更是风马牛不相及的,是完全错误的。什么地方出了问题?也可以说是社会科学理论出了问题。这不是哪一个自

---

① 马寅初(1882—1982),浙江嵊县人。早年留学美国获经济学博士学位,1915年回国,在北京大学先后任经济系教授、系主任和教务长,兼任中国银行总司券、中国经济学社社长等。1940年12月因反对蒋介石独裁统治被捕入狱,后被中共中央营救。新中国成立后,曾任浙江大学校长、北京大学校长、中国科学院哲学社会科学学部委员、中国人口学会名誉会长等。著有《新人口论》《马寅初经济论文集》等。

② 《马克思恩格斯选集》第1卷,人民出版社1995年版,第80页。

然科学理论的错误可以比拟的,也不是有一个正确的自然科学理论就可以避免的。"文革"的错误,不只是金钱上的问题,我们失掉了多少机遇?耽误了多少人?特别是在发展机遇这个问题上。抓住机遇者事半功倍,失掉机遇者,事倍不一定功半。

在科学技术迅猛发展的今天,社会科学的作用不是减弱了,而是越来越强了。这里举一个例子,马克思也反复提到,随着生产劳动的日益社会化,协调、管理、指挥等活动都成了社会劳动、社会生产的必要组成部分。没有这种协调、管理、指挥,社会化大生产就不可能正常进行。[①] 如果没有科学的、规范的规则,人类的经济社会活动就没有秩序和效率可言。

随着科学技术的进步和生产规模的进一步扩大化和社会化,对社会科学的要求就越来越多。随着社会的发展,分工越来越细,如把决策的功能分出来,让别人去给你筹划、决策。军事上首先是用参谋,参谋就是替司令员、替指挥官想问题、出点子的。政府如何发挥作用,如何去协调、管理、指挥整个社会经济活动,这些属于宏观经济方面的问题,也都属于社会科学的问题。所以,经济越发展,对社会科学要求越来越高。

社会生产力的进一步发展,对企业的所有成员,包括干部、工人、技术人员都提出了比以前任何时候更高的要求。他们不仅要掌握自然科学、生产技能,也要掌握更多的社会科学知识。企业制度、公司制度的产生是资本主义的事情,有人说公司制度的产生应该得诺贝尔奖,因为它第一次构筑了经济细胞的模样,第一次通过公司制度把个人财产变成了法人财产,由此才可以用法人资格参与市场经济活动。如果没有这种法人制度,市场经济的微观主体就形成不了。所以公司制是一种比较好的企业组织形式,这也正是我们为什

---

① 《马克思恩格斯全集》第23卷,人民出版社1972年版,第367—369页。

么要大力发展公司制包括股份制的原因。

哲学社会科学对于发展经济，对于解放生产力、发展生产力，无疑有着深刻的、巨大的推动作用。但是，现在社会上仍然较为普遍地存在着一种轻视、忽视社会科学的倾向。新中国成立以后，我们在对待社会科学问题上也有很多曲折和失误，至今影响很深。

哲学社会科学为自然科学的发展提供了世界观、价值观和方法论，为人们进一步认识世界、改造世界提供了理论和方法基础。

（三）哲学社会科学是创建精神文明、实现人的全面发展的强大支柱

哲学社会科学的繁荣与否是衡量一个时代、一个民族、一个国家文明程度的重要标志，是综合国力的重要标志，也可以说是衡量民族智慧程度的重要标志。

例如，我们把哲学说成是"解放的头脑"。所谓"解放的头脑"，就是人的思想解放以后所认识到的科学体系，也可以看作"头脑的解放"，即哲学可以使人们的思想得到解放。

我对经济学有一个自己的看法，我认为经济学研究的是生产力如何发展和如何解放的学说。不仅研究生产力是什么，而且主要研究生产力是如何发展以及如何去解放生产力，创造适应生产力发展的、最优化的社会经济制度。

政治学和法学揭示的是国家的政治制度和法律制度的实质和演变规律；伦理学研究人类社会的道德准则及其伦理基础，帮助人们提高道德境界；文艺学、美学则有助于人们提高审美意识和审美情趣，陶冶情操；史学帮助人们总结历史经验，揭示历史规律，汲取历史智慧。历史唯物主义第一次科学地揭示了人类社会的发展规律，使一切掌握了历史唯物主义的阶级和民族，都能够自觉地沿着这条道路前进。我们要以科学的理论武装人，以正确的舆论引导人，以高尚的精神塑造人，以优秀的作品鼓舞人。这些都属于社会科学的范畴。我们要使得人民有理想、有道德、有文化、有纪律,同样离不开社会科学的武装。

(四) 21世纪哲学社会科学必然要有一个更大的发展

我们回想一百年前的这个时候,八国联军的铁蹄踏入北京城,极其残暴地蹂躏了当时中华民族的国都。从鸦片战争至今一百五十多年来,中国人民前仆后继,探索中华民族振兴之路,就是探索如何认识社会和改造社会,这都属于社会科学的范畴。19世纪,中国人民第一次打开了眼界,看到了世界。而20世纪是中华民族争取独立解放并站起来的世纪。

总的来看,20世纪这一百年世界上主要有四件大事:第一件是社会主义制度的诞生,当然在后来社会主义运动中也发生了曲折,特别是苏联解体和东欧剧变;第二件是殖民主义体系的瓦解和民族解放独立运动的蓬勃发展;第三件是科学技术、生产力在人类历史上获得了空前规模的发展;第四件是发生了两次世界大战。这些重大事件无一不和社会科学相联系。对这些事件的认识属于社会科学研究的范围。由此所得出的经验和教训,一旦上升为理论形态的东西,就会成为人类宝贵的精神财富。

21世纪将是20世纪的继续和发展。如果我们回过头来看看,可以说,没有哪一个人能够预测到20世纪波澜壮阔的历史画卷和曲折道路。同样,21世纪也是极其复杂的,就其发展的速度、规模、广度和深度等来看,可能都远不是20世纪所能比拟的。有大量的新问题、新情况、新事物我们尚无法知道,而且解决这些新情况、新问题,也不能简单地套用20世纪已有的经验模式,因为它们以前从未出现过。

我到中国社会科学院后和一些学者谈,也和国外一些研究机构的大科学家探讨过。80多岁的乌克兰科学院院长巴德,曾是苏联科学院最著名的科学家,我问他21世纪什么科学最重要,他回答说是社会科学。

除了现代信息科学、生命科学之外,社会科学无疑是影响20世纪后半期和21世纪发展的最重要的科学。为什么说社会科学很重要呢?就是因为它是关于人和人类社会自身发展的科学,是关于解放和发展生产力的学问。离开了这门科学就要吃苦头,受到惩罚。只有掌握了科学理论和社会发展规律的民族,才是一个自为的民族,才能把握自己的命运,对未来充满信心。

三 新中国哲学社会科学的发展历程

首先,我们怎么看待、评价我国五十年来的社会科学状况。应该说,尽管这五十年中有那么大的曲折,但社会科学还是取得了巨大的发展。真正形成现代社会科学是新中国成立以后的事。新中国成立前有一些零零散散的研究,许多是个人研究。当时在国民党政府里也有一些研究所,也搞了一点经济学、法学、历史学、考古学等方面的研究。但还不能称得上成规模、成建制,更谈不上形成现代的社会科学体系,而且许多领域的研究还没有开展起来。

马克思主义指导下社会科学的发展,主要是新中国成立以后的事情。这五十多年来,中国社会科学的发展大体可以分为三个阶段:

第一个阶段是从1949年到1965年,是奠基起步阶段。这一时期初步建立了马克思主义指导下的现代社会科学体系。就其人数、学科、研究成果等来看,都有一定的规模,开拓了一些现代社会科学的研究领域,而且有着深厚的中国文化传统背景,初步形成了中国社会科学的理论体系。

社会科学的发展,离不开本国的社会的实践,离不开它活动的时空条件和历史舞台。由此所产生的社会科学是为各自国家的发展服务的。西方产生的社会科学是在西方那块土地上发展形成的，它反映的是那些国家历史上的发展要求，也是为那些国家的发展服务的。不仅是产生的土壤不同、时代不同、历史文化环境不同，而且其利益也是不同的，都是为不同国家的利益服务的。而为中国服务的社会科学是什么呢？解决中国问题的社会科学是什么呢？只能是中国这块土地上，在马克思主义指导下，中国人民实践及其经验的升华。现在有一种倾向，一谈到社会科学就谈西方，但那毕竟是为西方的发展服务的，它所体现的是西方的价值观和利益。而今天我们要解决中国的实际问题，要振兴中华民族，只能靠产生在中国土地上的哲学社会科学。

第二个阶段是从1966年到1976年，是严重挫折阶段。这是十年"文革"时期，在极"左"思潮影响下，新中国哲学社会科学遭到空前浩劫。

第三个阶段就是1978年至现在，为发展繁荣阶段。可以说这是中国哲学社会科学发展的一个黄金时期。社会科学取得了更大规模的发展，更加结合中国的实际，为中国改革开放和现代化建设做出了应有贡献。

其规模怎么样呢？我可以讲几个数字。中国社会科学院有31个研究所，加上当代中国研究所、台湾研究所，以及两个实体性研究中心，共有35个研究单位。在职和离退休人员共6000多人，在职职工接近4000人，其中研究员（教授）和副研究员（副教授）近3000人。截至1999年年底，全国各省区市建立的社科院有46个、研究人员有5000多人。设有社会科学院、系、所的高等院校有815个，教职员工23万人，有1750多个研究机构、专业研究人员16000多人。1998年县以上政府的研究机构有近300个、专业人员有15000多人。另外全国的党校系统、军队系统有近两万多人从事社会科学研究。现在全国的五大系统所从事社会科学研究的人员超过

30万人。当然这个规模还是小的。因为还有很多社会科学领域没有展开研究,力量还是薄弱的。

改革开放以来,我们在法学、社会学、人口学、行政学、新闻学、管理学、国际问题研究等方面都有了新的发展。目前对社科院来讲,除了军事科学之外什么都研究。我们有一句话叫"研究无禁区,宣传有纪律,行为守法律"。科学研究是没有禁区的,但是如果你把它作为一种社会行为就要遵守法律和纪律,这和学术研究是两回事。在社会上你不能想说什么就说什么。至于说你的行为,任何人都不能违法。

当今中国的社会科学,包括研究手段和研究方法等各方面都有了很大的发展。我们不仅借鉴了有效的科学方法,而且还有自己的创造。今天的社会科学已经不像过去那样处于封闭或半封闭状态,而是广泛地、开放式地进行研究。所以现在社会科学研究出现了一些新的特点。第一是综合性,即各学科包括社会科学和自然科学相互渗透与结合式的综合研究;第二是群体性,即跨学科的集体研究;第三是应用性,即与实践的结合更加紧密;第四是研究手段和方法的现代化;第五是国际性,即国际合作与交流日益增强。现在每年进出社科院的学者达两千多人,而且还在迅速地发展。社科院出国进修或曾留学的学者有近千人。

改革开放以来中国最大的社会科学成就是什么?是邓小平理论!邓小平理论科学地回答了什么是社会主义、怎样建设社会主义这一根本问题,使我们对时代、对国际国内问题、对中国的发展道路有了清醒的、科学的认识,澄清了长期以来存在的一些错误的、模糊的认识。邓小平同志关于建设有中国特色的社会主义理论,其中特别是关于社会主义初级阶段的理论,关于市场经济、法治国家、一国两制、世界的和平与发展等,带有时代性的重大历史课题,都给予了精辟的论述。我们应该清醒地看到,今天的中国人民已经通过自己的实践寻求到了一种科学的理论,并且按照这个科学理论在继续向前探索和发展。这将会产生多么大的历史力量啊!只要我们沿着这条道路走下去,中国人民就是不可战胜的,中华民族的振兴就是必然的,是谁也不可能阻挡的!

四　新世纪哲学社会科学面临的挑战和发展机遇

21世纪的人类社会将会怎样?我有这样一个看法,就是进入了一个新的时代。为什么这样看呢?

首先,国际社会已经发生了重大的变化,无论是政治、经济、文化、科学等都发生了空前的、深刻的变化。其次,中国发生了深刻的变化。经过五十多年的建设,中国已经进入了一个新的发展阶段,特别是在中国历史上第一次进入了小康社会。小康社会对中国来讲,是什么样子呢?小康社会的政治、经济、文化、社会、思想又会是怎么样呢?中国历史上没有过,而且在十二亿人这样一个大的国家,将要发生什么样的变化呢?这都是一些新情况,也是面临的新问题。

进入新的时代,会有什么新的问题呢?从国际、国内看,我归纳了四对需要深入研究的问题:第一,"两化",即经济全球化和政治多极化。这是从国际上讲的。第二,对中国来讲就是"两个主义",即马克思主义和社会主义,仍然是中国要始终坚持研究和发展的,离开了马克思主义、社会主义,中国就没有前途。第三,"两个国家",即中国和美国。美国有些人一再声称,中国是最大的潜在威胁。而中国人民梦寐以求的是不断地发展自己的国家,振兴中华民族。中国人民要幸福,国家要繁荣富强,要永远地站起来,这是中国人民的利益。为什么美国把要发展起来的中国看作最大的对手呢?是潜在的威胁呢?第四,"两个世纪"。即20世纪和21世纪。21世纪不是天上掉下来的，是 20 世纪的必然发展。所以要研究 21 世纪，最重要的是总结 20 世纪，这种总结无疑就是直接对 21 世纪的研究和探索。20 世纪是我们人类刚刚过去的切身的、活的历史和实践。我们不能空想，不能离开历史的发展去揣测、臆断 21 世纪。

进入 21 世纪，对中国来讲，如何既保持国家的稳定、实现祖国的完全统一，又保持国民经济持续、快速、健康地发展，是我们的利益所在，也是我们的根本任务。我们依靠什么呢？我认为还是要靠共产党的领导、靠马克思主义的指导、靠走有中国特色的社会主义道路。马克思主义、社会主义在 21 世纪必然有许多新的发展。因为，这两个"主义"揭示了人类社会发展的一般规律，是我们认识和改造世界的强大思想武器，是解放和发展生产力的理论。现在，我们认识的是小康社会以前的社会发展问题，将来会有大量的新问题，没有既成的答案。

中国的问题，是在资本主义世界比社会主义世界要强大的长期历史过程中存在的，所以研究中国的问题，不可能离开资本主义世界。从世界格局来讲，21 世纪仍然还是资本主义和社会主义长期共存、既有和平共处又有尖锐矛盾和斗争的世纪；既有竞赛的一面，也有明争暗斗的一面。尼克松当年访华，说他是为美国利益而来。他为什么不说为世界利益而来，更不说为中国利益而来？我们经常讲我们是为中美两国人民的利益，他却讲就是为美国利益而来。21 世纪绝不会是一帆风顺、扬帆万里的，必然是充满了各种机遇和挑战，总之是复杂多变的。中国应该在可以预见的未来，沿着邓小平理论继续稳定发展。我们讲坚持这一基本理论一百年不变，我看一百年以后也变不了，只能是在这个理论基础上不断丰富和发展。怎么能改变它呢？它是关于中国人实践经验的总结和升华嘛。理论总是随着实践的不断发展而发展。

最近江总书记在关于"三讲"的讲话里，提出了当前第三代领导人所抓的十个问题。我看这十个问题也是 21 世纪初我们必须要做好的工作。我把它归结为五对：第一是"两个文明"建设，物质文明和精神文明建设。第二是"两项改革"，经济体制改革和政治体制改革。经济改革要建立社会主义市场经济体制，而且是完善的、成熟的社会主义市场经济。政治上要建设社会主义法治国家。社会主义法治国家的提出，在马克思主义理论史上是第一次，是对马克思主义的发展。第三是"两件大事"，"一国两制"条件下的祖国统一问题和民族宗教问题。民族宗教问题已经不完全是国内问题，因为西方假借人权、宗教这些问题干涉别国的内政，已经屡见不鲜，所以必须把它作为维护稳定、促进发展的大事处理好。第四是"两个安全"，国防安全和外交安全。所谓外交安全就是创造一个和平的国际环境，这当然也直接涉及国家安全。第五是"两个保证"，保证坚持马列主义、毛泽东思想、邓小平理论和坚持党的领导。最近，总书记专门提出了"三个代表"重要思想，这是新时期中国共产党人对马克思主义建党学说的重大发展。

在 21 世纪初，上述问题必须深入研究。我简单举几个例子。比如什么是社会主义条件下的宗教？苏联用七十年左右的时间一直压制宗教的发展，但当苏联解体后，东正教爆发性地在全社会发展开来，几乎人人都成了东正教徒，并成为一支很重要的社会力量。但实际上当年信教的那一代教徒早就没有了。在苏联解体前的许多年中，这些现在的新教徒从没有受过宗教教育，但宗教感情、宗教情绪为什么却会如此迅速爆发和蔓延？这个问题值得我们思考。在国家和阶级产生之前，就产生了原始宗教，而在国家、阶级消亡之后会不会还有宗教呢？社会主义应该如何认识、处理、解决这个问题？如何使它成为一种健康的社会力量，能够与社会发展相适应，并有利于社会的发展，而不是成为社会发展的相反力量？这在理论上是值得研究的。

关于民族问题，过去毛主席讲过一句话："民族斗争，说到底，是一个阶级斗争问题。"① 那么我们今天没有阶级压迫了，还有没有民族问题呢？我看，民族问题也是长期的历史社会现象，如何妥善地处理，既是个重大的政治问题，也是个重大的理论问题。在这些方面我们虽然进行了许多研究，但仍然还是很不够，仍需要好好研究。

关于民主与法制问题。社会主义法治国家和资本主义的法治国家有什么区别？过去马克思曾论述了资产阶级共和国的形式，说资产阶级共和国是资产阶级最完备的民主政治制度。列宁在《国家与革命》中也专门讲了类似的话，认为它是资产阶级民主制度的最后形式、最完备的形式。这里就提到了资产阶级的民主、资产阶级的民主政治和民主国家的问题。马克思主义讲的民主是什么意思呢？如果说民主是人民当家作主，那么为什么资产阶级一直在高喊"民主"呢？是不是在资产阶级的国家里已经实现了人民真正当家作主了呢？应该说在它的国家法律条文上，给人一种全民都有当家作主的权利的幻觉。但是由于财产的限制，多数人不具有当家作主的实质权力，这就是资产阶级民主的虚伪性。这也就是"实质民主"和"形式民主"不可调和的内在矛盾，体现为形式民主的是人民当家作主，反映在实质民主上的则是资产阶级统治的国家。所以对西方的宣传，很多年轻人不了解。资产阶级的国家就是资产阶级统治的形式，就是资产阶级维护其私有制及其利益的工具。而只有无产阶级专政的国家，只有社会主义的民主、无产阶级的民主才是在人类历史上，第一次真正实现了国家制度和人民的根本权利的统一。

从国际事务来看，我们说和平与发展仍然是当今时代的两大主题，至今一个也没有解决。当前世界上正在出现经济全球化和政治

---

① 毛泽东：《全世界人民团结起来　打败美国侵略者及其一切走狗》，人民出版社1964年版，第4页。

多极化趋势。有人认为这意味着正在形成新的国际政治、经济秩序。国际政治秩序、经济秩序，不是有没有的问题，过去就有，现在也有。不是等着我们去建立一个新秩序，而是世界各种力量的斗争正在加快形成这个秩序。问题在于形成什么样的制度？为谁服务？

苏联解体以后，雅尔塔体制就解体了。两极体制解体之后，新的政治、经济秩序又是什么呢？实际上，以美国为首的西方国家早就在加快构筑。从政治上来讲，联合国的改革、七国首脑会议、欧盟会议等，都是构筑西方国家政治秩序的一个方面。能改革联合国，就改联合国为他所用、为他所控制。改革不了，就绕开联合国来处理国际政治问题。在维护"人权"、"秩序"的掩盖下，用武力进行干涉。很明显的例子有伊拉克问题、科索沃问题等。

现在，谁在操纵国际政治新秩序呢？是美国。美国在加快构筑自己21世纪的政治秩序，依托其强大的军事、外交、经济、科技力量，通过北约来控制欧洲，甚至阿拉伯国家、非洲，直接遏制俄罗斯。通过美日安保条约，在亚太地区控制整个亚洲，遏制中国。经济秩序也是这样。例如原有的世界银行、国际货币基金组织、经合会组织等，都成为其构筑世界经济新秩序的重要组成部分。世界贸易组织也是以西方的根本利益、以维护欧美大国的"游戏规则"为基础而建立起来的。这构成所谓的世界经济秩序。

对于全球化、多极化，我是这样认识的：第一是必然的，是个历史发展的趋势。第二，就其实质而言，所谓全球化，绝不是社会主义的全球化，不是社会主义制度的全球化，而是资本主义生产方式的全球化。资本主义可以说有两次大规模的全球化。一次是殖民主义，进行了两三百年的殖民主义的扩张，使资本主义的生产方式和资本主义制度在全世界大规模地发展。在20世纪，由于两极世界的对立，产生了社会主义国家，产生了社会主义阵营，遏制了资本主义的发展。而且由于殖民主义的瓦解，也遏制了资本主义在全球范围的发展。所以，20世纪社会主义的发展和殖民主义的瓦解，恰恰证明了资本主义在向全世界扩张的过程中受到了阻挡和遏制。现在美国人、欧洲人又一次利用强大的经济、科技、军事势力，铺天盖地地向全世界推行他们的意识形态和社会制度。可谓一种新的殖民主义形式，即"经济殖民主义"和"意识形态殖民主义"。

在座的诸位都是军事家，当然看到军事方面的因素多一些。我是搞社会科学的，我看意识形态这种"软武器"也很厉害。不能光看"热战"，还要看"冷战"；不仅要看"硬武器"，还要看"软武器"。美国的意识形态"软武器"发挥到什么程度呢？我简单举些例子。目前世界放映的电影50%是美国的，广播60%是美国的，电视70%是美国的，网上85%还是美国的。这些都是美国的文化意识形态在全世界铺天盖地地传播。去年"科索沃事件"他们连篇累牍地报道了那么多。但北约炸我使馆，除了我们自己内部报道很多外，美国人却不报道。我那时候正好在国外访问。我看了，西方的新闻媒体基本上不做报道，而且仅有的一点消息报道也做过特别处理。他们光说"为人权而战"，最近洛德[①]来了还说，美袭击我驻南使馆，还是"地图出了错误"。他们就是这样利用宣传武器，铺天盖地地宣传，其事实真相也许五十年以后才会解密，那时才能真相大白于天下。但现在他就这样说，国家利益高于一切。所以，美国是一个意识形态很强烈的国家。

可见，国际上意识形态的斗争有时是相当尖锐的。要权衡利弊，适应环境。人家也问我，中国加入WTO会怎么样呢？我觉得首先你必须加入，没有别的路子可走。因为这是世界历史发展的一个必然趋势，你离开了它，是不可能的，也不可能得到发展。但是你加入以后怎么办呢？这就要看你的本事了，看你如何应对了。加入是一

---

① 洛德，即温斯顿·洛德（Winston Lord, 1937— ），1985—1989年任美国驻华大使，1993—1997年任美国助理国务卿。

场尖锐的斗争，加入后可能是更加尖锐复杂的长期斗争。丢掉幻想，准备斗争，这就是结论。就像我们中国今天在搞社会主义，我们离不开世界上的资本主义国家，不可能离开美国、欧洲、日本。所以必然要长期合作、共处、周旋、斗争。

那么怎么样才能应对自如，而不伤其本、获其利呢？靠科学，靠社会科学。无论是战略，无论是决策，无论是外交，都属于社会科学研究的范畴。如果不能够明察秋毫，观察到历史发展各个方面可能出现的趋势、威胁，就不可能正确处理。我们看毛泽东著作，毛主席反复地讲，"论目前形势和我们的任务"，一谈就是形势和任务。形势是什么？趋势是什么？现在是怎么回事？搞清了这些，然后才会知道我们的任务是什么，对策是什么，我们该干什么。如当前国际形势中的政治格局发展趋势是多极化还是单极化？值得研究。为什么会出现单极、多极的斗争呢？根本原因是利益问题。我们为什么要支持多极化呢？因为多极化对我们有利，符合中国人民的根本利益，符合世界各国、各民族的共同利益。单极化不利于世界的发展，不利于世界人民保护自己的根本利益，也不利于中国人民实现自己的根本利益，所以我们反对单极化。

全球化也是如此，这也是历史的必然。究竟经济全球化的发展会带来多么深刻的变化，我们现在还不十分清楚。因为我们既没有这样的实践，又没有到这个水平。另外，有很多东西我们还不懂。

此外，还要研究科学技术革命会怎样发展，它会带来怎样的后果。早在20世纪80年代初，就有人提到第三次浪潮，提到了科学技术在人类社会发展中所带来的巨大影响。那么21世纪又会怎么样呢？这需要深入地研究。科学技术的发展，不仅影响经济发展，而且会影响政治格局，甚至直接成为列强干涉别国内政，构筑世界政治、经济霸权的手段。没有发达的科学技术作后盾，就不可能构筑新的经济秩序。

还要研究文化融合和冲突问题。当前文化遇到了历史上从未有过的交流、融合，也包括有一定程度的碰撞和冲突。20世纪是中国历史上最大规模的一次面向西方文化交流的历史。今天的中国人已经自觉地直面世界，直面一切人类的文明，以一种博大的胸怀，吸收人类的文化，滋养自己的肌体和发展自己，继承和弘扬民族优秀传统文化。可以说是采万家之花、酿中国之蜜，为中国的发展服务。

西方现在有一种说法，叫作"制度霸权"、"话语霸权"。做任何一件事情，他先用一种法律，构筑一种制度、一种规则，然后请你按这个规则来游戏。而制度是他定的，由他来坐庄，你来参加这个赌局，参加他这个俱乐部，这就叫"制度霸权"。世界政治、经济制度都是如此。什么叫"话语霸权"？就是他不停地抛出一些新概念、新名词、新理论，要你来按照他的解释、他的价值观念去理解、去认识，即先入为主，占据人们的思想。西方最近这些年抛出的所谓新观点、新理论、新规则有些什么呢？如"人权高于主权"、"为价值观而战"、"基于人道主义的国际干预"、"文明冲突"、"第三条道路"、"历史终结论"等。

西方对世界各国宣扬的，是资产阶级的自由、民主、人权，而且是经过精心设计、包装，是披着"糖衣"的一些观念、意识，很具欺骗性，影响也很深。比方说，我们给群众讲民主，但一些青年人接受的是西方对民主的解释。我给他们讲马克思主义的民主，讲社会主义的民主，讲中国应该具有的民主观念和制度，要非常费口舌，而且许多人还不信。这就是"话语霸权"的影响。又如，直接选举和间接选举问题，有些人就认为直接选举是一种高级形态，比间接选举要好。这又是受"话语霸权"的影响。事实上美国至今搞的还是间接选举。

要深化对社会主义和资本主义的认识。我们对社会主义的认识、对资本主义的认识，在20世纪经历了相当复杂的过程。比如说，列宁在 1920 年以后就讲过，我们好像离共产主义形态的东西不远了，可以看到很多共产主义的东西，并曾经提出苏维埃加电气化等于共产主义。但现在看来，这个认识可能把社会主义看得容易了、短了，把资本主义看得简单了，也看短了。马克思揭示了资本主义不可克服的内在矛盾、必然灭亡的客观规律。资本主义在 20 世纪的发展，是不断地在和社会主义斗争当中，来调整它的内部结构，缓解它的内部矛盾。如社会保障制度，就是在 20 世纪中期以后才逐步建立起来的，它作为社会"安全阀"，对资本主义社会的稳定起到了很大的作用。

总之，不能把资本主义看轻了、看短了，不能把社会主义看易了、看近了。无论资本主义还是社会主义，都是一个很长的历史阶段的社会形态。从历史唯物主义看，社会主义必将最终取代资本主义，这是不以人的意志为转移的历史客观规律。

中国在 21 世纪初遇到的主要问题，就是江总书记讲的那十大问题，需要我们认真研究。关键问题是，必须把我们的党建设好。如果讲中国的民主政治，讲我们的政治制度，最大的一个特点，就是有共产党的领导。这不是用资产阶级的政党学说、政治学说能够加以解释的。正如不能用资产阶级的学说来解释社会主义的制度一样，也不可能用西方的政治学说来解释共产党的领导及其在中国历史上的地位，这是不同质的东西嘛！所以，中国只要始终坚持党的领导，坚持社会主义，坚持马克思主义，我看中国就必然会振兴，这是不可阻挡的。一个觉醒的民族所产生的巨大的力量，是不可阻挡的。

现在也有人说，为什么一定要用邓小平理论，用别的理论行不行？你看现在形形色色的理论多得很，西方讲了那么多东西。言必谈西方，我说那不行！在当代中国，只有把马克思主义同当代中国实践和时代特征结合起来的邓小平理论，而没有别的理论能够解决中国社会主义的前途和命运问题。我们不要中国自己土壤中产生的邓小平理论,要什么理论?按谁的理论来认识中国、建设中国?

现在有一些人,不是从中国的土壤中去研究规律,去提炼、升华成为理论,而是在那儿冥思苦想,甚至搬出国外的一些书来构造理论。我说你看的都是外国的政治家、学者、思想家讲的东西,无非是一些学者的一家之言,有些是连他们自己都做不到也不准备去做的东西。有的完全是"烟幕弹",或者是一种兜售给别人的东西,是一种鸩酒!

高举邓小平理论伟大旗帜,始终坚持用它来指导我们的实践,并在实践当中不断地丰富和发展这个理论,这是我们坚定不移的信念,是不可动摇的历史结论。邓小平理论是我们的理论,是我们走向新世纪、实现中华民族全面振兴的理论。21世纪必将是马克思主义不断丰富、不断发展的世纪。马克思主义的生命力在于它的科学性,在于它不断随着实践的发展而发展的品格。丰富和发展马克思主义,是21世纪共产党人的历史使命,关乎我们的前途和命运。

五　新世纪发展哲学社会科学的基本原则

关于社会科学的发展,从中国历史的发展和实践经验来看,有几条原则必须坚持。

第一,要坚持正确的方向,包括政治方向、理论方向。所谓政治方向、理论方向,就是坚持马克思主义、毛泽东思想特别是邓小平理论。

第二,要坚持解放思想、实事求是的思想路线。马克思主义活的灵魂,就是实事求是。所以必须结合实际,研究实际问题,提出新的观点、结论和理论概括,之后再回到实践,指导实践的发展,再使理论得到验证、丰富和发展。

第三,要坚持"二为"方向和"双百"方针。我们的哲学社会科学必须坚持为人民服务、为社会主义服务，坚持百花齐放、百家争鸣的方针。在哲学社会科学领域，必然要产生各种学派、各种不同的观点，而他们之间的争论是社会科学进步的必由之路，是不可缺少的。纵观历史，所有大的、影响深远的学问，无一不是经过长期的，甚至几百年、上千年的争论而发展起来的。真理是不怕争论的，关键是我们要建立一个良好的学术争论、争鸣的环境。

第四，要坚持"古为今用"、"洋为中用"。我们必须借鉴吸收人类一切文明成果。不能割断历史，不能割断社会，不能离开世界，但是又不能照抄照搬。世界本来就是多样化的，就是多层次、多形式的。如果没有多样性，世界就会变得单调、枯燥，就必然要走向枯竭和死亡。多样性是事物发展的客观规律。

第五，要尊重知识，尊重人才。我想这不仅是针对自然科学，对社会科学也是一样。但社会科学有它自身的、不同于自然科学的一些特点。自然科学的对象是自然界，研究可以在实验室里进行，要求研究者不带有任何的价值立场和感情色彩；而社会科学由于研究的对象是人类社会，研究就不能在一个相对封闭的实验室里进行，研究者不可能不带有一定的价值立场和感情色彩，如果说社会科学也有"实验室"的话，这个"实验室"就是人的全部社会实践，社会科学的真理性在通过社会实践检验的时候，这种社会实践往往会经历相当长的时间，并呈现多次反复的特点。我们要在全社会树立一种良好风尚，像尊重自然科学知识那样，尊重社会科学知识；像尊重自然科学家那样，尊重社会科学家。

第六，要加强和改善党对社会科学的领导。这是社会主义国家、工人阶级政党所必须做的。任何对社会科学的轻视、忽视以至削弱，必然带来灾难性的后果。党和政府对社会科学事业的领导，一是从政治方向、理论方向上指导哲学社会科学的健康发展；二是为哲学社会科学的发展提供政策、制度和物质保障；三是制定哲学社会科学发展的宏观规划，明确其科研任务，使哲学社会科学更好地为国家和社会服务。

关于哲学社会科学的研究体制问题。社科院提出，要建立适应社会主义市场经济体制、符合社会科学发展规律的现代科研院所新体制，以适应新时期的各种变化。只有这样，才能创造适应社会科学繁荣和发展的外部环境和体制环境。

如果说通过长时间的努力我们达成了这样一些共识，即在认识、改造世界的过程中，哲学社会科学和自然科学同样重要，不可偏废；在提高人民的素质方面，哲学社会科学和自然科学同样重要；在培养造就一大批科学家方面，哲学社会科学家和自然科学家同样重要；在社会主义建设的事业中，哲学社会科学和自然科学同样重要，不可此重彼轻或此轻彼重。对此，我们应该感到高兴。

新世纪正在伴随着经济、社会、政治、文化、技术的巨大变革向我们走来。人类社会的发展进入了一个崭新的时代，是一个令人兴奋、震惊、神往的时代。每个国家和民族都不可能避开这个时代，只有抓住机遇、争夺历史的制高点、争夺自己的有利形势，才能够迎接这个挑战。

新时代呼唤理论的发展和创新。正如马克思所说的，理论在一个国家实现的程度，总是决定于理论满足这个国家需要的程度。我们要像邓小平同志那样，在理论和实践上表现出巨大的勇气，以大无畏的精神和科学态度，面对不断变化的形势，不断研究新的问题，提出新的理论。

在新的世纪里，让我们更加紧密地团结在以江泽民同志为核心的党中央周围，高举邓小平理论伟大旗帜，坚持党的基本路线，为中国哲学社会科学的繁荣与发展，为中华民族全面振兴做出更大的贡献。

关于发展科学社会主义*

(2000 年 6 月 13 日)

各位来宾，同志们、朋友们：

首先，请允许我代表中国社会科学院，并以我个人的名义，向以越共中央政治局委员阮德平同志为团长的越南社会科学代表团，表示热烈的欢迎！向出席会议的全体同志致以亲切的问候！

今天，能与越南理论工作者欢聚一堂，我感到格外高兴。在这世纪交替和千年更迭之际，中越两国理论工作者，就社会主义的理论与实践问题交流看法，积极探索适合各自国情的社会主义发展道路，无疑具有重要的理论价值和现实意义。

下面，我就会议的主题，谈几点看法。

一 在实践中深化对社会主义的认识

马克思、恩格斯创立的科学社会主义，以唯物史观和剩余价值学说为理论基石，深刻地阐明了社会主义必然代替资本主义的历史发展规律。当各国工人阶级及其政党运用科学社会主义理论指导实践时，必须把马克思主义基本原理同各国具体实际和时代特征结合起来。这是科学社会主义的内在本质要求，也是科学社会主义不断获得蓬勃生机的力量源泉。因此，对社会主义国家来说，如何把基

---

* 这是作者在中越"社会主义的普遍性和特殊性"理论学术研讨会上的主旨报告。

本原理同本国具体实践结合起来，的确是一个利害攸关的重大问题。特别是在今天的历史条件下，这个问题更加显现出它的重要性、艰巨性和紧迫性。

即将迈向终点的20世纪，是一个辉煌与沉重并存、凯歌高奏与艰难挫折并行的世纪。社会主义制度的产生、发展和曲折前进，构成了20世纪历史画卷的主页。世纪之初的俄国十月革命，使共产主义从欧洲大陆徘徊的"幽灵"，变成了现实的社会主义制度；世纪中叶，社会主义又进一步发展到多国实践，成为改造世界的强大力量。然而，80年代末90年代初，苏联解体、东欧剧变，社会主义遭遇了空前严重的挫折。尽管如此，社会主义并没有"终结"，中国、越南等一批国家仍然高擎着社会主义旗帜，并且取得了举世瞩目的伟大成就。它向全世界昭示，科学社会主义仍然具有强大的生命力。

20世纪世界社会主义发展的成就和挫折、高潮与低潮，其原因比较复杂，其中一个关键问题，是能否正确认识和处理社会主义的普遍性与特殊性的关系。

从《共产党宣言》发表、科学社会主义理论诞生至今，已有一百五十余年；苏联作为世界上第一个社会主义国家，率先有过几十年的社会主义实践；中华人民共和国和越南社会主义共和国成立至今，也都有五十多年的社会主义实践探索。无论从理论的积淀与发展方面讲，还是从实践上的探索和经历方面讲，现在我们对社会主义的认识，要比以往深刻、丰富、具体得多。

正确认识社会主义的普遍性和特殊性，其实质是回答"什么是社会主义，怎样建设社会主义"。过去，我们对此并没有完全搞清楚。

所谓事物的普遍性，就是事物的本质及其历史发展的必然性。什么是社会主义？从普遍意义上看，首先是指社会主义发展道路的必然性，是指代表未来的、终究要取代资本主义的高级的崭新社会形态。也就是说,每个国家和民族,都必然要走上社会主义道路,这是不可抗拒的客观规律。尽管目前世界社会主义运动遭受严重的挫折,但是,社会主义必然代替资本主义的历史发展总趋势并没有改变。

其次,这种普遍性还进一步表现为从事社会主义革命和建设的国家必须遵循和坚持的一般原则,即社会主义制度的质的规定性,也就是社会主义的本质。正是社会主义本质的规定性,将社会主义制度与资本主义及其他剥削制度区别开来。对于这些本质的规定性,马克思主义经典作家在不同时期和不同场合,从不同角度做出过概括。邓小平同志认为:"社会主义的本质,是解放生产力,发展生产力,消灭剥削,消除两极分化,最终达到共同富裕。"[①] 邓小平对社会主义本质的新概括,既坚持了马克思主义科学社会主义理论的基本原理,又赋予了新的含义和新的时代内容。这一新的概括既强调了社会主义的根本任务是解放和发展生产力,又明确社会主义的目的是消灭剥削、消除两极分化,最终达到共同富裕;还告诉我们消灭剥削、消除两极分化是必须坚持的历史方向,而且是一个历史过程。邓小平同志关于社会主义本质的概括既揭示了社会主义的核心内容,又包含了社会主义的基本特征和基本原则,集中反映了社会主义的普遍性,即社会主义的本质规定性。

马克思主义认为,事物的本质是内在的、深刻的。事物的内在本质要通过基本原则和特征反映与体现出来。社会主义制度的建立和发展是一个很长的历史过程。根据世界社会主义运动的历史经验,特别是中国的实践,我们认为,社会主义的基本特征和原则主要有以下几点:社会主义必须尽快发展生产力,创造出高于资本主义的劳动生产率;必须确立生产资料公有制和按劳分配的主体地位,并

[①] 《邓小平文选》第3卷,人民出版社1993年版,第373页。

逐步以生产资料公有制代替私有制；必须实行以工农联盟为基础的某种形式的无产阶级专政；必须以工人阶级的先锋队——共产党为领导核心；必须在意识形态领域确立马克思主义的指导地位，建设社会主义思想文化；必须致力于爱国主义和无产阶级国际主义的统一，坚持对外开放和平等互利合作，反对霸权主义，维护世界和平，促进国际合作和发展；等等。上述这些本质特征和基本原则已集中反映在我们党的基本路线和基本纲领之中。我们认为，坚持这些基本原则，从一定意义上说，也就是坚持社会主义的道路和方向。

普遍性寓于特殊性之中。社会主义的基本原则及其共同的制度性特征，不能离开具体的社会主义实践和社会主义的特殊性。所谓社会主义的特殊性，就是指社会主义的普遍性在各个国家和民族，以及其各个不同发展阶段上的具体实现形式，是社会主义基本原则在不同的历史条件下的创造性运用与实际体现。一切现实的、具体的社会主义，都是有特色的，都是普遍性和特殊性、本质和现实的统一。正因如此，社会主义的特殊性和具体实践，更具有直接的现实性，并赋予普遍性以具体形态和多样性的发展模式。这也就是说，各国国情不同，历史文化传统不同，发展水平各异，无论是搞社会主义革命，还是搞社会主义建设，必然会具有各自不同的特色；并且，在其发展过程中的不同阶段，也会呈现出阶段性的特征和差异。有中国特色的社会主义和符合越南国情的社会主义，就是社会主义普遍性与特殊性的有机结合。

社会主义的普遍性与特殊性的具体、历史的统一，是建立现实社会主义制度的实践要求。始终坚持这一点，就能使社会发展的普遍规律与特殊国情，使历史必然性与人民群众的历史主动性，较好地结合起来，社会主义事业就会生机勃发，不断发展；违背了这种实践要求，社会主义事业就会出偏差，乃至挫折。因此，我们要正确认识和把握社会主义普遍性与特殊性的辩证统一关系，就必须反对两种错误倾向：无视社会主义的特殊性，片面强调普遍性，这本身就贬损了科学理论，使其丧失指导实践的功能；离开普遍性，盲目地强调特殊性，轻视普遍原理的指导作用，甚至否定或背离社会主义的基本原则，就会使社会主义迷失方向，乃至倒退。社会主义运动的经验教训反复证明了这一道理。

必须强调指出，我们在承认社会主义基本原则的同时，应当把着眼点和注意力，放在对本国国情的深刻了解把握上，放在自己的实践探索上。因为社会主义普遍性与特殊性相结合的基础和唯一途径，只能是人民群众生机勃勃的社会主义实践。仅从书本上谈论社会主义的时代，已经一去不复返了。一切理论和原则都来源于实践，并接受实践的检验。只有在实践中产生，并被反复验证过的理论和原则，才具有生命力，并对实践发挥巨大的指导作用。

毛泽东同志在60年代初就曾指出："我们搞社会主义是边建设边学习。搞社会主义，才有社会主义经验。"[①] 中越两国人民正是以马克思主义的基本原理为指导，坚持一切从本国国情出发，在实践中学习，在实践中探索，在实践中提高，不断创造和积累新的经验，从而为丰富马克思主义的理论宝库做出了自己的应有贡献。我们坚信，只要沿着这个方向和道路走下去，我们就一定能够干出一番惊天动地的伟业。

二 有中国特色社会主义的基本内容

中国共产党人在把马克思主义的基本原理同本国革命与建设的具体实际相结合的过程中，成功地实现了两次历史性飞跃，形成了两大理论成果。第一次飞跃的理论成果是被实践证明了的关于中国

[①] 毛泽东在中央常委和大区负责人会议上讲话的传达记录，1961年8月23日，参见《毛泽东传（1949—1976）》下卷，中央文献出版社2003年版，第1169页。

革命和建设的正确的理论，它的主要创立者是毛泽东，我们党把它称为毛泽东思想；第二次飞跃的理论成果是建设有中国特色的社会主义理论，它的主要创立者是邓小平，我们党把它称为邓小平理论。这两大理论成果都是党和人民实践经验和集体智慧的结晶。

有中国特色社会主义理论的产生、形成和确立来之不易。中国人民为此进行了半个世纪的艰难探索和总结经验，取得过重要成就，也经历过多次曲折，甚至还付出了沉重的代价，才基本实现了社会主义的普遍性与特殊性在新的历史条件下的有机统一。对我们来说，马克思主义必须是同中国实际相结合的马克思主义，社会主义必须是切合中国实际的社会主义。解放思想、实事求是，是有中国特色社会主义理论的精髓。这一理论是在和平发展成为时代主题的历史条件下，在我国改革开放和现代化建设二十年的伟大实践中，在总结我国社会主义实践的经验，并借鉴其他社会主义国家兴衰成败经验的基础上，逐步形成、丰富和发展起来的。这一理论，第一次比较系统地初步回答了中国社会主义的发展道路、发展阶段、根本任务、发展动力、外部条件、政治保证、战略步骤、党的领导和依靠力量以及祖国统一等一系列基本问题，从而形成了一个贯通哲学、政治经济学、科学社会主义等领域，涵盖政治、经济、科技、教育、文化、民族、军事、外交、统一战线、党的建设等方面的比较完备的科学体系。这一理论，是当代中国的马克思主义。在这里，我扼要地谈一谈对其中几个重大问题的认识。

（一）关于社会主义本质

在中国这样经济文化比较落后的东方国家建设社会主义，是马克思主义发展史上的新课题。我们所面对的国情现实，既不是马克思主义创始人设想的在资本主义高度发展的基础上建设社会主义，也有别于其他社会主义国家。照抄书本不行，照搬外国也不行，必须从实际出发，把马克思主义基本原理同中国实践结合起来，不断开辟有中国特色的社会主义道路。

在如何对待社会主义社会的生产力和生产关系这个重大问题上，我们曾经有过两种失误：一是以为社会主义所有制形式越大越公就越好；二是长时期没有把发展生产力置于首位。一方面把许多束缚生产力发展的，并不具有社会主义本质属性的东西，或者只适合于某种特殊历史条件的东西，当作"社会主义原则"加以固守；另一方面，把许多在社会主义条件下有利于生产力发展的东西，当作"资本主义复辟"加以反对。

中国改革开放的总设计师邓小平，紧紧抓住"什么是社会主义，怎样建设社会主义"这个根本问题，深刻地揭示了社会主义的本质，把对社会主义的认识提高到了新的科学水平。他把解放和发展生产力上升到社会主义的根本任务和首要任务的高度，将其纳入社会主义的本质内涵，从而突出了马克思主义经典作家揭示的社会主义应该创造更高的劳动生产率这一最本质的属性。这一论断，对于经济文化落后的国家尤其具有现实意义。我国新时期的思想解放，说到底，就是对社会主义本质认识的思想解放。我国社会主义建设在改革开放前所经历的曲折和失误，改革开放以来在前进中遇到一些犹疑和困惑，归根结底都在于对这个问题没有完全搞清楚。

当然，我们强调发展生产力的重要性，绝不可忽视社会主义的其他本质规定性，而是要将发展生产力这一根本任务与社会主义的其他本质有机地统一起来，从而体现了社会生产力和生产关系的统一、社会主义根本任务和根本目的的统一。邓小平曾反复强调：贫穷不是社会主义，发展太慢也不是社会主义；平均主义不是社会主义，两极分化也不是社会主义；僵化封闭不能发展社会主义，照搬外国也不能发展社会主义；没有民主就没有社会主义，没有法制也没有社会主义；不重视物质文明搞不好社会主义，不重视精神文明也搞不好社会主义。我们党还同时强调了社会主义经济的基本属性和根本目的，即逐步消灭剥削，最终达到共同富裕。这就内在地规定了实现社会主义本质要求的制度属性和体制特征，即必须坚持以公有制和按劳分配为主体，必须寻求这些本质的多种实现形式，从而为我们坚持经济发展的社会主义道路，改革和完善所有制结构指明了方向。

（二）关于社会主义初级阶段

正确认识我国社会现在所处的历史阶段，是建设有中国特色社会主义的首要问题，是我们制定和执行正确的路线和政策的根本依据。这么多年来，我们党对国情认识的最大收获，就是对我们的发展阶段做出了科学而准确的定位，即中国现在处于并将长期处于社会主义初级阶段。我们讲要搞清楚"什么是社会主义，怎样建设社会主义"，从根本上说，也就是要搞清楚什么是初级阶段的社会主义，怎样建设初级阶段的社会主义。中国共产党十一届三中全会前，我们在社会主义建设中出现失误的根本原因之一，就在于提出并实施了一些超越社会主义初级阶段的任务和政策；20年来改革开放和现代化建设取得成功的根本原因之一，就在于克服了那些超越阶段的"左"的观念和政策，又抵制了抛弃社会主义基本制度的错误主张。

社会主义初级阶段包括两层含义。第一，我国社会已经是社会主义社会，我们必须坚持而不能背离社会主义的基本原则。第二，总的来说，中国人口多、底子薄，地区发展不平衡，生产力不发达的状况没有根本改变；社会主义制度还不完善，社会主义市场经济体制和社会主义民主法制还不够成熟和健全，封建主义、资本主义腐朽思想在社会上还有一定影响。这就决定了我们必须经历一个相当长的社会主义初级阶段，去实现工业化和经济的市场化、信息化、现代化。这是不可逾越的历史阶段。

我们党在社会主义初级阶段的基本路线是：领导和团结全国各族人民，以经济建设为中心，坚持四项基本原则，坚持改革开放，自力更生，艰苦创业，为把我国建设成为富强、民主、文明的社会主义现代化国家而奋斗。社会主义的根本任务是集中精力，发展社会生产力。在这一阶段中，由于国际国内因素的影响，阶级矛盾还会在一定范围内长期存在，但社会的主要矛盾是人民群众日益增长的物质文化需要同落后的社会生产之间的矛盾。这个主要矛盾贯穿于社会主义初级阶段的全过程，因此，我们必须把经济建设作为全党全国工作的中心，各项工作都要服从和服务于这个中心。只有这样，才能有效地解决各种社会矛盾，发展社会主义。

正确处理改革、发展与稳定的关系，保持稳定的社会政治环境，在社会主义初级阶段具有极其重要的意义。没有稳定，什么事也干不成。必须把改革的力度、发展的速度和社会可以承受的程度统一起来，在社会稳定中推进改革和发展，在改革和发展中实现社会政治稳定。判断我们各项工作的成败得失，归根结底，要坚持"三个有利于"的标准，即是否有利于发展社会主义社会的生产力，是否有利于增强社会主义国家的综合国力，是否有利于提高人民的生活水平。

我们党已经把社会主义初级阶段这一科学概念写进了党的纲领中，这在马克思主义发展史上还是第一次。我们清醒地认识到，社会主义初级阶段，是一个长期的复杂的历史过程。这样的历史进程，至少需要一百年。至于巩固和发展社会主义制度，则需要更长得多的时间，需要几代人、十几代人，甚至几十代人坚持不懈地奋斗。

（三）关于社会主义市场经济体制

社会主义与市场经济的关系究竟怎样，一直是我们倍感困惑的问题。这个问题，不仅在中国，而且在其他社会主义国家都进行过长期的论争和反复的探索。1984年10月，我们党在十二届三中全会上通过的《中共中央关于经济体制改革的决定》中明确指出，社会主义经济是在公有制基础上的有计划的商品经济，商品经济的充分发展是社会经济发展不可逾越的阶段。

1992年初，邓小平同志一针见血地指出："计划多一点还是市场多一点，不是社会主义与资本主义的本质区别"，"计划和市场都是经济手段"。① 这一重要论断，使我们突破了计划经济属于社会主义、市场经济属于资本主义的传统观念，认识到社会主义和市场经济之间不存在根本矛盾，市场机制是社会化生产中资源配置的基本方式，资本主义可以用，社会主义也可以用。1992年10月，我们党的十四大明确确定把社会主义市场经济作为经济体制改革的目标，从而解决了关系社会主义现代化建设全局的一个重大问题。我们认为，把社会主义同市场经济结合起来，是一个伟大创举，是对马克思主义政治经济学的重大贡献。

建立社会主义市场经济体制，是我国经济体制改革的目标模式，是对过去高度集中的传统计划经济体制的扬弃，它与资本主义市场经济有着本质区别。主要表现为，它建立在社会主义基本经济制度基础之上并与之有机结合，公有制经济和按劳分配在整个国民经济中占据主体地位。我们利用市场在资源配置方面发挥基础作用的同时，努力建设和完善国家的宏观调控体系，最大限度地弥补市场缺陷，防止和克服市场经济的消极作用。

创建社会主义市场经济体制，是我们党正视现实、尊重实际的结果，也是解放和发展生产力的客观要求。当代中国正处在由自然经济半自然经济占很大比重，逐步向经济市场化程度较高方向转变

---

① 《邓小平文选》第3卷，人民出版社1993年版，第373页。

的历史阶段。中国社会发展的这种特殊过程和历史逻辑，使经济的社会化、市场化、现代化和社会主义建设交织在一起，融合在同一时代，这就从根本上决定了中国创建社会主义市场经济的特定道路和模式。社会主义和市场经济的结合，使社会化、市场化、现代化和社会主义都具有了新的内涵和特征。历史经验证明，市场经济能够解放和发展生产力，是不可逾越的历史阶段。

（四）关于建设社会主义法治国家

随着我国经济体制改革和社会主义现代化建设的发展，根据客观形势的要求，江泽民同志在党的第十五次全国代表大会上明确指出："我们必须在坚持四项基本原则的前提下，继续推进政治体制改革，进一步扩大社会主义民主，健全社会主义法制，依法治国，建设社会主义法治国家。"[①] 这是我们党面向新世纪提出的最新治国方略。

发展社会主义民主政治，是我们党始终不渝的奋斗目标。没有民主就没有社会主义，就没有社会主义现代化。所谓民主，主要指民主政治，属政治范畴，属上层建筑。民主政治主要指国家制度和人民权利。我国实行的人民民主专政的国体和人民代表大会制度的政体，是人民奋斗的成果和历史的选择，它既符合我国国情，又能体现社会主义的本质要求，是我国政治制度的基石。我们必须坚持和完善这个根本政治制度，绝不照搬西方国家的政治制度模式，绝不搞"三权分立"、多党制，坚定地走适合中国国情的、有中国特色的民主政治建设道路。

发展民主必须同健全法制紧密结合，实行依法治国。依法治国，就是广大人民群众在党的领导下，依照宪法和法律规定，通过各种

[①] 《江泽民文选》第 2 卷，人民出版社 2006 年版，第 28 页。

途径和形式管理国家事务，管理经济文化事业，管理社会事务，保证国家各项工作都依法进行，逐步实现社会主义民主的制度化、法律化，使制度和法律不因领导人的改变而改变，不因领导人看法和注意力的改变而改变。党领导人民制定宪法和法律，并在宪法和法律范围内活动。

依法治国，是发展社会主义市场经济的客观需要，也是社会文明的重要标志和国家长治久安的重要保障。发展社会主义民主政治制度，更带有根本性、全局性、稳定性和长期性。要把改革和发展的重大决策同立法结合起来，逐步形成深入了解民情、充分反映民意、广泛集中民智的决策机制；要不断完善民主监督制度，把党内监督、法律监督、群众监督结合起来，发挥舆论监督的作用。尤其要加强对各级干部特别是领导干部的监督，防止滥用权力。只有这样，才能把坚持党的领导、发扬人民民主和严格依法办事统一起来，才能使我国的基本经济制度同广大人民群众的根本利益和民主权利，获得政治制度上的保证。

发展社会主义民主，建设社会主义法治国家，是一个历史过程，要从我国的国情出发，在党的领导下，有步骤、有秩序地推进。社会主义越发展，民主、法制越发展。我们要在实践中探索规律，积累经验，不断推进有中国特色社会主义民主法制建设，使它在21世纪展现出更加蓬勃的生命力。

（五）关于建设社会主义精神文明

社会主义不仅要有高度发达的经济，而且要有高度发达的文化；不仅要有高度的物质文明，而且要有高度的精神文明。在建设有中国特色社会主义的实践中，我们深深体会到，精神文明搞不好，物质文明也要受破坏，甚至社会还会变质。只有物质文明和精神文明都搞好，才是有中国特色的社会主义。经济的发展，为精神文明建设提供物质基础；精神文明的进步，为物质文明建设提供精神动力和智力支持。

改革开放一开始，我们党就强调物质文明和精神文明建设一起抓。这是因为，社会主义精神文明是社会主义社会的重要特征，是现代化建设的重要目标和重要保证。它直接关系到社会主义事业的兴旺发达。

我国社会主义精神文明建设总的指导思想和要求是：以马列主义、毛泽东思想和邓小平理论为指导，坚持党的基本路线和基本方针，加强思想道德建设，发展科学文化，以科学的理论武装人，以正确的舆论引导人，以高尚的精神塑造人，以优秀的作品鼓舞人，培育有理想、有道德、有文化、有纪律的社会主义公民，提高全民族的思想道德素质和科学文化素质，团结和动员全国各族人民，把我国建设成为富强、民主、文明的社会主义现代化国家。所谓精神文明建设，它包括思想道德建设和教育科学文化建设两个方面，渗透在整个物质文明建设之中，体现在经济、政治、文化、社会生活的各个方面。

社会主义精神文明建设的核心是以科学的理论武装人。我们坚持用马列主义、毛泽东思想特别是邓小平理论武装全党，教育人民，在全社会形成共同理想和精神支柱。

我们注意引导人们树立正确的世界观、人生观、价值观，大力弘扬爱国主义、集体主义、社会主义和艰苦创业精神，鼓励一切有利于国家统一、民族团结、经济发展、社会进步的思想道德。既发扬民族优秀文化传统，又博采世界各国文明之长，同时坚决抵制各种腐朽价值观念的侵蚀。

我们大力实施"科教兴国"战略，在全社会倡导尊重知识、尊重人才、热爱科学、尊师重教的良好风气。

（六）关于加强党的建设

半个世纪以来，特别是二十年来，中国共产党领导人民，在建设有中国特色社会主义的道路上，奋力开拓，取得了举世瞩目的伟大成就。从城市到乡村，从沿海到边疆，从经济、政治到思想、文化，从社会到家庭和个人，从生产方式、生活方式到思维方式、价值观念，无不已经和正在发生广泛而深刻的变化，这种变化的程度之深、幅度之大、范围之广、规模之巨，在中国几千年的历史上都是罕见的。

面对如此广泛而深刻的社会变革，要驾驭如此艰巨而复杂的局势，把有中国特色社会主义的伟大事业全面推向21世纪，就必须坚持、加强和改善党的领导，进一步把党建设好。

中国共产党是领导和团结全国各族人民，建设有中国特色社会主义伟大事业的核心力量。解决中国的所有问题，关键在于党。面向新世纪，我们党正在围绕在改革开放和现代化建设的条件下，建设一个什么样的党、怎样建设党这一重大课题，继续推进党的建设新的伟大工程。我们确定的目标，就是要把党建设成为用邓小平理论武装起来、全心全意为人民服务、思想上政治上组织上完全巩固、能够经受住各种风险考验、始终走在时代前列、领导全国人民建设有中国特色社会主义的马克思主义政党。目前，我们党正在按照这个总目标，从思想、组织、作风上全面加强党的建设，不断提高领导水平和执政水平，不断增强抵御风险和拒腐防变的能力，以新的风貌，带领人民完成新的历史任务。

治国必先治党，治党务必从严。从严治党，是保持党的先进性和纯洁性、增强党的凝聚力和战斗力的保证。反对腐败是关系党和国家生死存亡的严重政治斗争，如果腐败得不到有效整治，党就会丧失人民群众的信任和支持。在整个改革开放的过程中，我们要始终坚定不移地反对腐败，做到警钟长鸣，绝不允许腐败分子在党内有任何藏身之地。近一年来，在以江泽民同志为核心的党中央领导下，我们开展了在县级以上领导干部中深入进行以"讲学习、讲政治、讲正气"为主要内容的党性党风教育，已经并将继续取得成效。

最近，江泽民同志提出了"三个代表"重要思想，强调：我们党要始终成为中国先进社会生产力的发展要求、中国先进文化的前进方向、中国最广大人民的根本利益的忠实代表。这是我们党的立党之本，执政之基，力量之源。"三个代表"重要思想，是对马列主义、毛泽东思想和邓小平理论的继承、丰富和发展，是中国共产党人面向新世纪的理论宣言和行动纲领，为我们党进一步全面加强党的建设，指明了新的前进方向。我们党领导人民在20世纪写下了光辉篇章，也一定能在21世纪再创新的辉煌！

三　社会主义在实践探索中开拓前进

我们正处于一个伟大的变革时代。在这世纪之交、千年之交，我们回顾过去，展望未来，思考社会主义和全人类的历史命运，就是要认识和把握时代潮流，抓住机遇，迎接挑战，推动人类社会的进步。

建设社会主义是人类历史上最广泛、最深刻的社会变革，是一项艰巨、复杂和长期的事业。在当前和今后一个较长的时期，资本主义旧制度仍将包围着社会主义的新制度，年轻的、远未成熟的社会主义制度，只能在当今国际政治经济旧秩序居于支配地位、占有实力优势的资本主义国家的压力下求生存、谋发展。我们必须深刻认识社会主义在当今世界面临的处境和风险。

从国际上说，政治多极化在曲折中发展，国际形势总体上趋向缓和，但是天下仍不太平，超级大国推行霸权主义，宣扬"人权高于主权"、"合法的人道主义干预"等谬论,并以这些谬论为其武力侵略和扩张进行狡辩;经济全球化趋势日益加深,但它是一柄"双刃剑",既有利于国际范围内生产要素的优化配置,又使发展中国家和经济弱势国家面临更加严峻的竞争和挑战;肇始于东南亚并波及世界的金融危机还有很多的变数;世界科技迅猛发展,知识在经济中的作用越来越突出;新一轮国际竞争日趋激烈。

从中国国内看,我国有十二亿多人口,经济建设的总规模越来越大,对外开放的步伐明显加快,经济、文化等与国际上的交往日益紧密,加入WTO将给我们带来一系列新的情况和问题。我们的改革也已进入攻坚阶段,经济发展正处于关键时期,多年来积累的矛盾和问题还有不少。总之,我们面对着一系列亟待研究和解决的重大理论和实践课题。

社会主义的根本任务是发展生产力。在方兴未艾的新科技革命和经济全球化背景下,如何加快推进社会主义现代化建设,是我们党和国家面临的最大课题。围绕这一问题,我们既要继续推进改革,扩大开放,又要处理好改革、发展、稳定三者的关系。

就经济体制改革而言,如何寻求社会主义公有制的合理实现形式?如何搞活国有经济?如何在多种所有制经济共同发展的情况下,保证公有制的主体地位?如何使社会主义基本的经济制度与市场经济体制相结合?

就政治体制改革而言,如何在坚持共产党领导的人民民主专政和人民代表大会制度这一根本政治制度的前提下,进一步发扬社会主义民主,建设社会主义法治国家?

就社会主义思想文化和精神文明建设而言,在坚持马克思主义指导的前提下,如何贯彻"百花齐放、百家争鸣"的方针,遵循文化发展的内在规律,繁荣社会主义思想文化事业?如何在发展社会主义市场经济的条件下,形成和坚持有利于社会主义现代化建设的共同理想、价值观念和道德规范，克服拜金主义、享乐主义和极端利己主义？如何既善于吸收西方文明成果，又弘扬祖国优秀传统文化，建设社会主义新文化？

就党的建设而言，在保证党的领导地位的前提下，如何进一步改善党的领导，切实提高各级干部思想政治理论素养，始终做到"三个代表"，不断提高领导水平和执政水平？

就对外政策而言，如何既坚持和平共处五项原则，争取良好的国际环境，又有力地抵御西方敌对势力对我"西化"、"分化"的图谋？如何改变由少数西方发达国家控制的国际政治经济旧秩序，建立公正合理的国际政治经济新秩序？如何团结国际上的进步力量，反对霸权主义，驳斥其"人权高于主权"等谬论，维护世界和平，促进共同繁荣和发展？

上述这些重大的理论和实践问题，亟须我们研究和应对。

社会主义道路是曲折的，但其前途却是光明的。我们对社会主义的信念是坚定的、毫不动摇的。苏联解体、东欧剧变，西方有些人断言，这标志着"共产主义的终结"。对此，邓小平同志1992年在著名的南方谈话中一针见血地指出："哪有这回事！""我坚信，世界上赞成马克思主义的人会多起来的。"[①] 辉煌与经验、挫折与教训使我们变得更加冷静、成熟、聪明和坚定。我们是马克思主义的历史唯物主义者，坚信社会主义必将代替资本主义的客观规律。我们也坚信，只有走社会主义道路，中国才能实现现代化。

坚持社会主义，是共产党人的庄严历史使命。只要中国、越南等国家社会主义旗帜不倒，并坚持把自己本国的事情做好，不断增强国力，实现民富国强，就必将大大增强社会主义的说服力、吸引力，推动国际共产主义运动重新走向高潮。我们对社会主义的前途

---

① 《邓小平文选》第3卷，人民出版社1993年版，第382—383页。

充满信心。

我们必须始终坚持在实践中探索。社会主义国家没有既成的模式可以照抄。社会主义还必须在实践中探索，在实践中发展。只有继续解放思想，大胆探索，勇于实践，善于总结，才能巩固和发展社会主义。这正如《国际歌》中所唱："从来就没有什么救世主，也不靠神仙皇帝！要创造人类的幸福，全靠我们自己！"

理论工作者要为坚持和发展马克思主义做出应有的贡献。社会主义制度在20世纪的诞生、壮大和后来的挫折以及困境中的奋起，无论是经验还是教训，只要正确地加以总结，不仅是社会主义国家的宝贵财富，而且是全人类的宝贵财富。一个民族要想登上科学的最高峰，究竟是不能离开理论思维的。作为社会主义国家的理论工作者，我们应该认真总结20世纪世界社会主义的历史经验，为坚持和发展马克思主义做出我们的独特贡献，以更好地指导社会主义在21世纪的实践和探索。马克思主义是开放的、发展的科学，必将随着实践的发展而发展。中越两国理论工作者应进一步加强这方面的联系、交流与合作。

越南有一句谚语说得好："朋友往来愈勤，友谊就会愈深。"中越两国山水相连，往来便利，共同的志向和目标把我们两国联系得更加紧密。我希望这次会议能为社会主义这一崇高的事业添砖加瓦，预祝会议取得圆满成功！

祝越南同志和朋友们在北京一切顺利，身体健康！

关于价值观念体系[*]

（2000年6月30日）

价值是一种与人俱在的现象，价值观问题更是社会生活中不可避免地会遇到的问题。改革开放以来，我国哲学研究上的重大理论进展之一就是价值论研究的兴起与发展。

中华民族具有几千年的历史文化，价值思想十分丰富，要认真地加以发掘整理。同时，改革开放以来，又提出了大量的新问题。思想、理论、政治、经济、文化等领域的很多问题，都需要加以研究。每一个人既有自我需求，也有社会需求；既有物质方面的需求，也有精神方面的需求。人们对这些需求的追求与满足，都与其特定的价值观密切相连。我们看待信仰和宗教问题，就要注意其中对于人自身精神方面的需求的满足。信仰并不就是迷信，而是人自身发展中的一种精神现象。人总要有精神寄托，我们共产党人也有，只不过不是宗教，而是以科学的世界观和方法论为指导的崇高理想。

现实的情况是，人们的价值观往往不尽相同。同样一件事情，在不同的人那里会有不同的意义和价值，而不同的人们对它也会有不同的评价。对于人们所拥有的各种各样的价值观，该怎样评价呢？人们常常用科学的、正确的、合理的、先进的，或不科学的、不正确的、不合理的、落后乃至有害的等评语来对不同的价值观做出评价。然后根据什么标准来做出上述如此不同的评价呢？是根据权力、

---

[*] 这是作者与部分专家学者座谈价值论研究时的谈话。

地位、知识，还是别的什么标准？从唯物史观来看，这些问题又该怎样回答？这就需要加以研究、说明和引导。当前对价值观的研究具有重要性、紧迫性。

我们正处在一个伟大的社会变革时期。由于社会处于剧烈变化之中，经济基础变了，人们思想上必然会有所反映。从价值观的角度来说，比如当人们生活达到小康后，个人、家庭、社会都更趋开放，人们的自主意识明显增强。人们更注重自身的参与、体验，如看戏、看球赛、旅游等，自己花钱、付出体力精力"买"体验，也愿意表现自己。这是十分值得注意的变化。当然，由此也产生了不少问题。对于社会转型时期的许多现象，应该辩证地看，做具体的分析、评价。存在的不一定都是应该的，合理的不一定合法，合法的不一定合理。如一些人说大话、空话、假话。如果一个社会"假、大、空"盛行，造成体内衰败，病入膏肓，就会出大问题。"文化大革命"为我们提供了鉴证。其实，大话、空话、假话也是一种腐败，一种话语腐败，归根到底是一种政治思想上的腐败，伦理道德上的腐败。腐败也反映了一种价值观。

对于腐败的价值观根源，我们要很好地研究。从人们的价值行为分析，有不少是封建价值观的表现，有不少是西方极端个人主义价值观的表现，也有些是长期"左"的僵化价值观的反映。现实生活中人们的价值追求，无论是物质利益方面的追求，还是精神上的追求，只要是理性地控制在合理、合法的范围内，那么这种追求本身并不必然导致腐败，但是如果人们的追求变得非理性、不合理甚至不合法，这种变态、无序、失控的追求就一定会导致腐败。"君子爱财，取之有道。"这个"道"包括合法、正当的手段，更是指制度、机制、法律的规则和程序。我们要从完善社会主义市场经济秩序和民主法治入手，从社会历史发展的具体阶段的实际出发，以是否符合"三个有利于"标准，进行改革和建设。

总之，我们要研究社会转型期的种种变化，从理论上搞清问题，并从价值观的角度，从社会思想、伦理观念的角度，进行一些新的探索，带来一些清风，以祛除目前的种种社会毛病，建设更加先进的社会主义文明。

（一）关于价值的多样化与一元化

事实上，对于现实的人来说，由于利益、需要是多种多样的，因而价值追求必然是多种多样的。多样化是一种正常的社会现象。没有多样化，事物就没有发展，世界也就终结了。而且，人们的认识也是不断发展的，对于狭隘、片面、错误的东西，可以在实践的发展中加以克服。在处理多样化的价值追求、价值取向时，有必要用"角色互换"的方法，大家相互尊重、理解、沟通。当冲突各方统一不了时，不一定非要马上统一、强求一致。可以争论，可以商榷，可以保留，最后交由实践去裁决。

（二）价值论研究的组织、方法和任务

在哲学所成立一个新的开放式的价值论研究室，聘请国内外一些对价值论有研究的学者为研究人员。可以民主推荐研究室主任、副主任，由研究室组织开展学术研究，进行国际学术交流。

在价值论研究中，要创造一个和谐、宽松的环境。要研究学术研究中的价值观，形成好的学风。一方面，敢讲真话，勇于论辩，畅所欲言。"研究无禁区"，学者什么都可以说，当然，要用学术的语言讲学术；另一方面，不要"文人相轻"，而要"文人相亲"，不伤和气，以探索真理为己任。学术探索中应该有学派，因为学派不过反映了一个群体的观点和理论体系，不同学派可以互相论争，而"对错看实践"。

价值论研究离不开社会生活，离不开具体的社会经济、文化，

每一时代的价值观都是这一时代具体社会生活和精神的体现。新时期人们的价值观处于极大的变化之中，为了把握广大人民群众社会价值观念的变化动向，可以和地方价值论、伦理学工作者合作，搞些社会调查，进行有针对性的研究。

要注意研究调查方法，避免那种单调、过于直白的调查方式。可以通过多种方式、途径进行，比如访谈、问卷、抽样等现场调查，再比如对文艺作品、新闻报道和有关文献等进行分析等。要注意通过调查研究一些典型现象，把握、引导人们的心理和价值取向。

要总结我们的历史文化传统，研究当代面临的各种问题，构建一套新的话语系统，来阐述我们的价值理论。要建设有利于改革、有利于发展、有利于国家兴旺发达的价值观念体系，建设反映有中国特色社会主义事业发展要求的价值观念体系，建设有益于中华民族面向21世纪全面振兴的、具有时代特征的价值观念体系。

研究社会主义理论[*]

（2000年10月17日）

20世纪是具有特殊意义的世纪，在这个世纪里曾发生过许多重大事件。但是，对人类社会发生了如此深刻影响，并将继续影响着21世纪的，莫过于社会主义制度的横空出世。从此，社会主义与资本主义两种制度、两种思想体系，在相当长的历史时期里主宰着人类历史，规定着时代的本质，影响着世界的格局。

社会主义是作为资本主义的对立物而产生的。作为更高级的社会形态，它是对资本主义社会形态的一种否定。但这种否定不是简单的否定，而是扬弃，是在吸纳了资本主义创造的一切文明成果的基础上的否定。人类社会形态更替的逻辑总是这样，前一种社会形态为后一种社会形态的出现准备了物质的和精神的条件。一旦社会变革的时机成熟，新的社会形态取代旧的社会形态便成为历史的必然。这是不可抗拒的历史法则。依据这个法则，资本主义也不是永恒的，迟早要被社会主义所取代。

社会主义作为一种思潮，从英国人莫尔于1516年发表《乌托邦》算起，已近500年了。社会主义由空想变为科学，从1848年《共产党宣言》问世起，也已经一个半世纪了。在这一个半世纪里，社会主义经历了对这种学说的理论论证、完善和发展，经历了由理论变成现实的波澜壮阔的斗争历程。其间，有高潮和低潮，有凯歌

---

[*] 这是作者为《当代世界社会主义研究》丛书所作的总序。

行进的辉煌，也有受挫甚至局部失败的记录。人类进入阶级社会以来，任何一种新社会形态的出现，都伴随着激烈的阶级冲突，都经历了胜利与挫折、复辟与反复辟的长期的斗争过程。这已是人类社会发展的规律。

社会主义作为一种全新的社会形态，它同历史上已出现过的社会形态有本质的区别。它要根本变革旧的剥削制度和这种剥削制度赖以存在的旧的生产关系，建立一个没有阶级压迫、没有剥削、实现人与人之间真正平等和人的自由全面发展的社会。所以，社会主义革命是更为深刻、更为彻底的变革，正如《共产党宣言》所说："共产主义革命就是同传统的所有制关系实行最彻底的决裂；毫不奇怪，它在自己的发展进程中要同传统的观念实行最彻底的决裂。"① 正因如此，社会主义的实现必然会经历更长期、更艰苦的斗争，会出现更大的曲折。20世纪社会主义发展的历史已经清楚地证明了这一点。

20世纪给人类历史打上了深深的印记。在这个世纪，诞生了世界上第一个社会主义制度，开创了人类历史发展的新纪元。人类社会从此开始了从资本主义向社会主义历史阶段的过渡。列宁领导的布尔什维克党带领俄国人民进行伟大的十月革命，在世界上建立了第一个社会主义国家。随后，包括中国在内的其他一些国家也相继建立了社会主义制度，以至于出现了一个社会主义阵营。无论后来出现了怎样的挫折，都不能否定这是20世纪人类历史上最伟大的壮举，它对人类社会产生了重大而深远的影响。世界政治格局也因而出现了很大变化，即改变了资本主义的一统天下，出现了社会主义同资本主义并存，既相互联系和交往，又相互竞争和斗争的新格局。21世纪将是这样一个大格局的继续。

---

① 《马克思恩格斯选集》第1卷，人民出版社1995年版，第293页。

20世纪社会主义实践的伟大历史意义就在于：一是为人类社会开辟了崭新的发展道路，展示了美好的前景；二是在很大程度上遏制了帝国主义在全世界的扩张，并改变了世界的政治格局，出现了社会主义同资本主义并存、共处、竞争和斗争的复杂局面；三是社会主义制度的建立，消灭了剥削和压迫，实现了真正的平等和民主，改变了工人阶级和劳动人民的历史地位，事实证明了社会主义制度优于资本主义制度；四是社会主义阵营的出现和社会主义运动的发展，导致了殖民体系的瓦解，使绝大多数殖民地国家取得了国家独立、人民解放的胜利。总之，社会主义制度的产生，推动了人类历史的进步。它作为一种新生事物有着不可抗拒的生命力和吸引力，就连它的敌人也不能无视它的存在，并从它那里学习和借鉴了许多好的东西。无论社会主义是成功、辉煌，还是暂时的挫折，甚至是失败，这都是人类社会的伟大探索、宝贵遗产。人类必将继承这份遗产继续进行探索和奋争而最终实现社会主义。

放在人类历史的长河中来看，社会主义制度的存在还很短暂，但在短短半个多世纪里，它已显示出巨大的优越性和生命力，得到工人阶级和广大劳动人民的拥护。尽管20世纪末期发生了苏联解体、东欧剧变，但这并不表明社会主义已经失败。这只是社会主义实践过程中出现的一个小的波折。邓小平以历史唯物主义的观点深刻分析了这一历史事件，他指出："我坚信，世界上赞成马克思主义的人会多起来的，因为马克思主义是科学。它运用历史唯物主义揭示了人类社会发展的规律。封建社会代替奴隶社会，资本主义代替封建主义，社会主义经历一个长过程发展后必然代替资本主义。这是社会历史发展不可逆转的总趋势，但道路是曲折的……一些国家出现严重曲折，社会主义好像被削弱了，但人民经受锻炼，从中吸取教训，将促使社会主义向着更加健康的方向发展。"① 高屋建瓴的分析，为我们研究重大历史事件提供了理论指导，增强了对社会主义的必胜信心。

当前，世界社会主义运动处于低潮，但并不意味着马克思主义理论研究也处于低潮。相反，世界范围内新一轮研究马克思主义、研讨社会主义的热潮正在悄然兴起。短短几年间，世界性的马克思主义国际学术讨论会一个接一个，与会学者和自愿参加的群众达数千人。其中影响比较大的有：1995 年为纪念恩格斯逝世一百周年，在巴黎举办的"马克思主义一百年回顾与探索"大型国际研讨会；1996 年 4 月由十多个国家千余名学者在纽约召开的"社会主义再展望"国际学术会议；同年 7 月在英国伦敦云集世界各地六千多人，举行了声势浩大的"'96 伦敦马克思大会"；1998 年 3 月有六十多个国家和地区一千五百多名马克思主义学者聚集巴黎，召开"纪念《共产党宣言》发表 150 周年国际大会"，接着，是年秋天在巴黎又召开了"第二届国际马克思大会"，来自世界各地的五百多名学者参加了研讨活动；前不久在美国召开的有两千多名学者参加的"2000 世界社会主义学者大会"。此外，今年 11 月还将在巴黎举行题为"全球化与人类解放"马克思主义国际学术讨论会。至于在世界其他地区召开的小型讨论会更是不计其数。

这种现象的出现绝非偶然。它是当今社会矛盾的反映，是世界进步人士要求变革社会的情绪的表现。当今世界的诸多社会问题和社会矛盾，重新激起了人们研究马克思主义的热情。为了解决当代社会问题和全球性问题，人们到马克思主义那里寻找思想武器。于是，便出现了法国《世界报》所说的"回归马克思"的热潮。"让马克思主义活起来"，"《共产党宣言》仍将是 21 世纪的宣言"，就成为这些国际学术会议的主调。

---

① 《邓小平文选》第 3 卷，人民出版社 1993 年版，第 382—383 页。

革命低潮对马克思主义是一个严峻考验，但也是一个很好的发展机遇。社会主义经过近百年的实践，积累了极其丰富的经验，但也有十分惨痛的教训，各种问题、矛盾暴露得也比较充分。马克思主义者在总结，在反思，反社会主义的敌对势力在诘难，在攻击。所有这一切，都迫使我们去思考、探讨和研究，总结当前社会主义实践的经验，以丰富和发展马克思主义。众所周知，列宁正是在低潮时期，研究了资本主义发展的新阶段，结合新的实际，丰富和发展了马克思主义理论，领导俄国工人阶级取得了社会主义革命的胜利，迎来了国际共产主义运动的新高涨。今天，我们面临着同样的历史重任。一切真诚的马克思主义者应该勇于承担起这一历史重任。

法共政治局委员、《马克思园地》负责人弗·拉扎尔夫人在巴黎纪念《共产党宣言》发表150周年国际大会的开幕词中讲道："取代资本主义的选择是什么？人类解放的前景是什么？这两个问题值得在世界范围展开最广泛、最深入和最富创造性的讨论。因为在马克思提出解放全人类口号150年后的今天，《宣言》依然具有伟大意义。马克思揭示了资本主义给人类带来的灾难。150年来，为着人类的解放，各国人民和无数志士仁人雄心勃勃地进行了众多的探索和尝试，但也经历了许多苦难、悲剧和失败。值此世纪之交，面对社会生活的新挑战，我们认为，所有的进步势力应在保持各自特性的同时，摒弃几十年间形成的分歧，共同思考，一起工作和进行讨论。"她动情地说："《共产党宣言》不是一般的书，它不是冰，而是炭，放在锅里能使水沸腾起来。我们为什么不让历史重新沸腾起来呢？"

可见，关心世界社会主义的前途命运，探讨世界社会主义面临的问题和前景，总结20世纪社会主义的历史经验，特别是苏东社会主义国家演变的沉痛教训，是当前各国马克思主义者都关注的重要问题。拉扎尔夫人的上述话语，表达了各国马克思主义者共同探讨社会主义理论，推动社会主义事业前进的强烈愿望。

中国共产党人和中国广大马克思主义理论工作者，对于研究和发展科学社会主义学说肩负着特殊的历史责任。正如江泽民同志在纪念中国共产党成立 78 周年座谈会上的讲话中所指出的：我们共产党人的根本政治信仰是社会主义和共产主义，世界观是马克思主义的辩证唯物主义和历史唯物主义，这是任何时候都丝毫不能动摇的，一个党员特别是领导干部，如果在思想上动摇了这些根本的东西，也就动摇了共产党人的根本政治立场，必然偏离正确的政治方向。江泽民同志还专门就世界社会主义跟踪研究做出重要批示。这充分体现了中国共产党第三代领导集体对世界社会主义运动的关注，对研究马克思主义和用科学理论武装广大党员干部的高度重视。

理论研究和创新，是社会变革和社会进步的先导。面对国际国内出现的新情况、新问题，加强对马克思主义和社会主义问题的研究，具有重大而深远的意义。立足于时代的新高度，结合新的实践经验，研究和发展社会主义理论，已经成为马克思主义在当代发展的突出问题。这是一个十分光荣而艰巨的历史任务，我们应该为此付出极大的努力。

"解放的头脑"[*]

——写在《大众哲学》重新出版之际

（2000年10月18日）

摆在面前的这本著作，使我们仿佛回到了60多年前那个风雨如磐的岁月。当时，正值"九一八"事变后不久，国民党反动势力对内残酷镇压革命、镇压人民，对外投降日本帝国主义，民族危机空前严重。"中国向何处去"这一问题以无比尖锐与急迫的形式，提到每一个有良知的中国人面前。

正是在这样一个历史大背景下，针对人民大众，特别是广大青年在思想深处产生的种种疑惑和问题，时任《读书生活》杂志编辑的艾思奇同志，在1934年11月至1935年10月的约一年时间里，连续发表了24篇有现实针对性、发人深省的哲学论文。这就是后来结集出版的《大众哲学》。这本书并无高深莫测的道理、艰涩难懂的词句，但却以平凡的真理和朴实无华的文字赢得了无数的读者，在新中国成立前就印行了32版。这本看似平淡的小书，在当时所起到的振聋发聩的作用，只有亲身经历过的人才能深切地体会到。不少在黑暗中徘徊、摸索的青年，正是读了它，看到了希望，看到了光明；不少青年正是在《大众哲学》的启发和影响下，奔向革命，奔向抗日前线，奔向革命圣地延安。

---

[*] 这是作者为《大众哲学》重版所作的序。

著名的民主人士、学者、《读书生活》杂志的主编李公朴先生热情地赞扬了它的开拓性价值:"这本书是用最通俗的笔法,日常谈话的体裁,融化专门的理论,使大众的读者不必费很大的气力就能够接受。这种写法,在目前出版界中还是仅有的贡献。"① 我本人时至今日仍能清晰地回味起最初阅读它时在心灵深处所迸发的那种愉悦和激动。艾思奇同志在他24岁时写就的《大众哲学》,是中国学者把马克思主义哲学大众化、通俗化的开山之作,曾长时期地影响了我国的哲学界。就是今天,人们读它,仍能获得莫大的教益。《大众哲学》的成功,雄辩地说明:哲学,特别是马克思主义哲学,是能够对社会变革、对人民大众的社会生活产生重大影响的。哲学,是普遍之至道,是人类文明的一道亮丽的彩虹。

哲学,作为系统化、理论化的世界观和方法论,历来被看作是最高意义上的"智慧之学"。马克思主义创始人则进一步揭示了哲学与社会变革、哲学与历史进步之间的内在联系。他们把哲学称为"时代精神的精华"和"文明的活的灵魂"。② 在他们看来,不同时代的真正的哲学,是每个时代最精深的思想成果,是每种社会文明的精神实质的集中体现。

马克思在谈到德国人民的解放时,曾用非常明确的语言指出:"这个解放的头脑是哲学。"③ 这个比喻非常精辟地说明了先进哲学的巨大社会功能。从历史上看,哲学首先是"头脑的解放",即解放思想的科学;而思想的解放,又是启动和引导整个解放事业的中枢,从而成为"解放的头脑"。从社会变革的意义上看,任何一次巨大的社会变革总是以理论变革为先导,理论变革无不以思想观念的空前解放作为前提,而吹响人类思想解放的第一声号角的,往往就是代

---

① 《大众哲学》编者序,生活·读书·新知三联书店1979年版,第1页。
② 《马克思恩格斯全集》第1卷,人民出版社1995年版,第220页。
③ 同上书,第16页。

表时代精神的哲学。社会越是向前发展，人们的社会实践越是复杂，社会生活越是丰富多彩，就越是需要哲学，越是需要我们重视哲学，学好哲学，运用哲学，发展并创新哲学。人们头脑中的哲学无时不在起作用，问题是要清醒地意识到那是一种什么样的哲学。真正的哲学不是贵族或有闲阶级的奢侈品，不是装饰门面的彩旗，不是单纯谋生的手段，不是追名逐利的敲门砖。一句话，真正的哲学不是僵死的教条，而是思想解放的强大武器。

马克思主义哲学是整个马克思主义思想体系的基础和灵魂，是无产阶级政党和广大劳动人民认识世界、改造世界的强大思想武器，是哲学迄今为止所取得的最高成果。正是由于马克思主义哲学科学地揭示了人类社会历史发展的客观规律，人们对自身的历史发展的认识，才打破了长时期受唯心主义历史观束缚的局面，由此踏上了科学的大道。马克思主义哲学的诞生，是人类文明史上空前的思想大解放。从诞生之日起，它就是一个开放的体系。它不是教义，而是方法；不是教条，而是人们的行动指南。它为后人不断地丰富、发展它留下了无比广阔的空间，并不断地吸纳着人类创造的一切科学成就，发展和丰富着自己。不断地解放思想，研究新情况，解决新问题，是马克思主义哲学的天职和生命力所在。马克思主义哲学一旦被教条化、凝固化，就会走向它的反面。

马克思主义哲学从来不故作神秘。把理论神秘化与把理论教条化，是一对孪生兄弟，二者都是为马克思主义所反对的。在马克思主义经典作家看来，哲学要真正成为"解放的头脑"，就必须紧紧把握时代脉搏，为人民大众所掌握。正因为"人民最精致、最珍贵和看不见的精髓都集中在哲学思想里"[①]，所以，哲学本质上是属于全体人民的智慧，而不是少数人的专利。它产生于实践，也应该而且

[①]《马克思恩格斯全集》第1卷，人民出版社1965年版，第120页。

必须由广大人民来掌握。哲学也只有为人民大众所掌握，它的生命力才是持久的，才能变成指导社会变革的巨大的物质力量。不能设想，哲学，特别是马克思主义哲学，只是停留在书斋和头脑里，只是少数专业哲学家才有权或有能力研究的一门学问。

我们的事业需要一大批马克思主义哲学的专门理论家、思想家（从目前来看，这样的人才不是太多而是太少了），但同样，甚至更加需要把马克思主义哲学通俗化、大众化的专门人才，而且二者并不矛盾。难道深刻的思想只有通过艰涩的语言才能表达？隽永的哲理与通俗化根本绝缘么？我看未必。哲学的通俗化是一个表达形式问题，无论内容深浅，其表达都应明白易懂。"生造除自己之外，谁也不懂"[1]的概念、词句，只能说明思想的贫乏。哲学的通俗化说到底是一个哲学大众化的问题，不能理解为哲学的庸俗化。哲学的庸俗化我们要反对，哲学的大众化我们要提倡。"是真佛只说家常"[2]嘛！

艾思奇同志作为一个爱国知识分子，从走向社会的第一天起，就自觉地选择了用马克思主义哲学作武器批判旧世界、开创新时代的道路，并且在这条道路上工作了一生，战斗了一生。他为传播马克思主义真理、为学习研究马克思主义哲学做出了卓越的历史性贡献，赢得了党和人民的赞誉。毛泽东同志曾高度评价他的著作"相当深刻"。他是毛泽东同志倡导的让哲学走出课堂的杰出实践者。艾思奇同志走过的道路不是平坦的，不是没有坎坷和风险的，在这条道路上他也不是没有闪失的。用今天的眼光来看，《大众哲学》也许不是很完美的著作，而它的作者生前也从未把它看作一个高不可及的范本。艾思奇同志曾经形象地把《大众哲学》比作"干烧的大饼"，而非"装潢美丽的西点"。我们也不应苛求它完美，毕竟，我

---

[1] 参见《鲁迅全集》第4卷，人民文学出版社1981年版，第364页。
[2] 九华寺的一副对联："非名山不留仙住，是真佛只说家常。"

们今天对马克思主义哲学的理解，比起20世纪30年代的人们来说是大大地深化了。但是，《大众哲学》所体现的思想与时代相结合、理论与实际相结合、哲学与人民相结合的精神，永远值得我们肯定并发扬光大。艾思奇同志终其一生所体现出的对马克思主义哲学的坚定信念和科学精神，永远值得我们学习。

我们即将推开21世纪的大门。中国人民正在中国共产党的领导下，高举邓小平理论伟大旗帜，满怀信心地把建设有中国特色社会主义的伟大事业全面推向新世纪。今天的中国早已不再是20世纪30年代积贫积弱、四分五裂的中国。中国已开始步入小康社会，中国人民也不再只满足于"干烧的大饼"，而不去追求漂亮的"西点"了。时代变了，历史使命变了。为了实现21世纪中华民族的伟大复兴，抓住各种机遇，迎接各种挑战，战胜各种风险，我们更加需要哲学，需要哲学的大发展、大普及，需要在理论上进行更深的开拓，需要进一步解放思想，敢于和善于创新，不断开创马克思主义哲学的新境界。一句话：需要理论创新和精神动力。

从这个意义上说，《大众哲学》虽然已经成为历史的一部分，但是《大众哲学》所体现出的，为马克思主义经典作家所倡导的，让哲学成为"解放的头脑"、让哲学掌握群众的精神并没有过时，而且永远不会过时。我们相信，迈向21世纪的我国哲学界，必将进一步弘扬这种精神，创造出更多更新更好的哲学成果，开辟出一个大众哲学的新时代。

是为序。

共创人类美好未来[*]

（2000年11月2日）

女士们、先生们：

在霜叶红于二月花、物情潇洒的深秋，我们聚会北京，怀着对今日世界的深切关注和对人类未来的美好憧憬，共同探讨21世纪人文社会科学面临的新任务及其发展趋势，很有意义。我代表中国社会科学院，对各位同仁的莅临表示热烈的欢迎，并衷心预祝会议取得圆满成功！

人文社会科学是人类认识世界、改造世界和完善人自身的一种强大思想武器。人文社会科学研究，关注人类的前途和命运，不断揭示社会真理，为解决人类社会发展的各种问题，提供理论、知识和方法。人文社会科学知识的教育和普及，对于人类形成美好道德风尚，培育崇高理想境界，具有深远影响。人文社会科学素养，是任何具有创新能力的现代民族所必备的。人文社会科学和自然科学技术是现代社会的基石，是保障人类社会可持续发展的无尽的资源。

人文社会科学的发展，体现着它所处时代的精神和特点。它的内容、形式、结构和功能的变化，都反映着那个时代经济、社会、政治和文化的诸多特征和需求。它描述和解释了人类的成就和苦难、发展与挫折、理想与失望、向往与徘徊、欢乐与悲哀、胜利与失败。

---

[*] 这是作者在"21世纪社会科学与人文科学的展望"国际研讨会上的演讲。

人文社会科学家，应当是时代的社会良心和智慧；其研究成果，应当体现该时代可能达到的文明程度和思维水平。

每个时代，总有属于它自己的问题。人文社会科学的地位和作用，从根本上来说，取决于它把握、认识和解决时代课题的程度和水平。面向新世纪的人文社会科学，必须紧紧抓住21世纪人类面临的重大课题，在对时代重大问题的准确把握、敏锐反映和科学解答中，构筑学科发展的生长点。

人类历史已进入新的千年，21世纪的曙光已现。从人文社会科学整体的发展来看，新世纪面临哪些综合性的重大课题呢？

明天的世界是今天的世界的发展。只有从历史发展的本质内容中去探寻未来变化的方向。

回顾20世纪百年的历史进程，人类既取得了空前伟大的成就，同时又经历了空前的灾难，这是一个充满矛盾的大变革的世纪。20世纪，科学技术取得了前所未有的革命性进步，从而极大地推动了社会生产力和世界经济的空前发展；同时，人类经历了两次世界大战的灾难和人类生存环境的巨大破坏。波澜壮阔的争取民族解放和国家独立的运动，瓦解了历时几个世纪的殖民统治体系；而强权政治和霸权主义依然存在。经济全球化和信息革命，为发展中国家提供了经济发展的机遇，同时也扩大着"数字鸿沟"。冷战体制消失了，冷战思维仍然在作祟。

20世纪人类社会历史发展表明，人类社会在物质技术方面的巨大进步，为创造人类的幸福提供了空前未有的能力，但社会公正和普遍的幸福并未实现。相反，世界上贫富的差距在加大，环境、资源、能源、人口、犯罪、安全等全球性问题日益严重。这些问题不仅在整体上影响着人类的全局利益、长远利益，也分别影响着各个国家、民族、地区的人们的生存和发展。

全球性问题日益尖锐化，给人类敲响了警钟，引起了各国政府和社会公众的广泛注意。人们开始对工业化以来形成的传统的发展观念、发展模式、发展道路、发展战略进行反思。可持续发展越来越成为人们的普遍共识。随着冷战的结束和经济全球化的发展,建立新型的国际经济政治秩序,就全球性问题开展各国间的对话与合作,已经成为不可阻挡的世界性潮流,和平与发展已成为当今时代的主题。

解决社会现实中诸多问题的迫切需求,推动了人文社会科学在 20 世纪的大发展。

人文社会科学不仅在高等教育中获得了重视和大的发展,而且其研究成果在解放和发展生产力、推动文明进步以及促进人的全面发展方面的作用,也明显增强。

由于社会现实问题的复杂性不是单一学科所能解决的,人文社会科学研究越来越具有明显的综合化特点。跨学科、跨文化研究突破了 19 世纪形成的各学科的界限,人文社会科学已形成了一个多学科、多层次的,从理论研究到应用研究的完整学科体系。人文社会科学研究已不限于个人研究方式,具有明显的"大科学"模式,并且进入规划科学阶段。

20 世纪的人文社会科学,已经成为社会公众广泛注意并寄予期望的科学。人文社会科学研究,与自然科学不同,公众对它也应有不同的期望。由于学者们的背景各异,表现出来的研究思路和研究方法也是丰富多彩的,同一问题的研究,可能有多种观点和不同的结论。但他们敏锐的洞察力和充满智慧的创见,能够开拓人们的视野。他们的研究不一定面面俱到,但能提供独特的视角;他们未必百分之百正确,但能给人以启迪;他们也许给不出答案,但能拓展人们的思考空间。20 世纪的人文社会科学,以多种形式增强了人们对社会重大问题的感受能力、判断能力、理解能力和驾驭能力,丰富了人们的精神生活。

女士们、先生们：

新世纪的钟声就要敲响了。新世纪伴随着技术、经济、社会、政治和文化的巨大变革来到我们面前，人类社会进入了一个崭新的时代。以信息科技和生命科技为主导的高科技的飞速发展，将使社会生产力发展跃进到一个崭新的质的阶段，以知识为基础的经济迅速发展，经济全球化的进程势不可当。

新的时代为每个国家和民族的发展，提供了难得的机遇，同时蕴含着众多的未知和风险。新世纪为人类展现出美好的光明前景，使人们对未来充满希望和憧憬，但也使未来笼罩上阴影，使人不无忧虑和担心。

我记得，狄更斯在描写人类社会进入工业文明时代时，曾经写道：这是一个最坏的时代，这是一个最好的时代……这是一个令人绝望的冬天，这是一个充满希望的春天。我们面前什么也没有，我们面前什么都有。

借用狄更斯的这一描写，可以很好地说明人类进入信息文明时代所面临的状况。当今，人类掌握的技术手段所能创造的财富可呈指数曲线增长，如果把它们全部致力于和平与发展，消除贫困，创造人的幸福和自由发展，21世纪将是一个最美好的时代，人类将迎来一个充满希望的春天，我们面前什么都会有。

21世纪，应该是建立公正合理的国际政治经济新秩序，和平与发展的世纪。

21世纪，应该是探索新的社会发展模式，实现可持续发展的世纪。

21世纪，应该是确立人类新的价值观，创建新的制度文明的世纪。

21世纪，应该是尊重世界文化的多样性，推动世界各民族文化共同发展的世纪。

人文社会科学要深入研究这些时代的重大课题。

思想没有国界，科学研究从来就是一种国际性的现象。不同文明的人文社会科学思想的洪流，像江河一样奔向世界科学的汪洋大海。当代人文社会科学的国际合作与交流趋势日益增强。全球性问题，吸引着各国人文社会科学家开展广泛的合作研究；信息网络为各国文献信息资源共享，为各国思想和研究成果的交流，提供了极为便捷的手段。

当然，人文社会科学研究的国际化趋势，并不排除它在每个国家有其历史的、民族的特点。要充分意识到世界文明的多样性，承认和尊重这种多样性。生物多样性，对保持生命维持系统和生命进化是至关重要的；同样，人类文明的多样性，对人类社会的存在和发展也是至关重要的。各国人文社会科学家要相互尊重，互相学习，紧密合作，携手共进。普遍性与特殊性、共性与个性的有机结合，是当代人文社会科学的一大特点。各具特色的各国和各民族的人文社会科学研究，相互促进和共同繁荣，形成了姹紫嫣红、百花盛开的现代人文社会科学的百花园。

具有五千年悠久历史的中华文明，曾经是人类文明的四大发源地之一。她的丰富的人文社会科学思想，一直在人类社会历史发展中发挥着重要作用，并引起各国学者的浓厚兴趣和注意。现在，我把新中国五十年来人文社会科学事业的发展，向各位作一简要的介绍。

我国政府高度重视人文社会科学的发展。"百花齐放，百家争鸣"，是我国发展和繁荣人文社会科学事业的指导方针。五十年来，尽管在前进的道路上有过曲折，但新中国人文社会科学事业仍然获得了长足的发展。

我国人文社会科学研究事业已具相当规模。全国设有人文社会科学专业系科的大学815所，并附设研究机构1754个。全国各省和中心城市的社会科学院46个。国家和地方政府部门的研究机构298

个。全国从事人文社会科学教学和研究的人员已超过 30 万人。

中国人文社会科学现已形成一个学科门类齐全、从理论性研究到应用性研究的较为完整的学科体系。研究方法取得了不少突破和创新。

中国人文社会科学研究取得了一系列重要的理论成果。哲学、宗教学、史学、文学、语言学等人文学科，在对中国传统思想、文化和汉语及方言的研究方面取得可喜的成就；考古学的发现和研究为世界瞩目；社会科学围绕改革开放和现代化建设，做了一系列理论探索和创新。例如，马克思主义特别是邓小平理论研究、国情研究、社会主义市场经济、民主法治理论研究、农村改革与发展、一国两制、对外开放、社会保障体系研究、可持续发展研究等，都取得了重要进展。

当然，我们也清醒地认识到，与时代飞速发展的需要相比，在某些方面与世界人文社会科学的发展相比，我们还有差距与不足，还存在着不少的困难与问题。

我们要更积极地广泛开展国际交流与合作研究。中国的改革开放、社会主义市场经济的发展和现代化建设，为人文社会科学研究提供了广阔的"实验基地"。悠久的中华文化是人类宝贵的精神遗产。我们热切地欢迎各国的人文社会科学家，积极参与我国的研究工作。我国将积极参与全球性问题的研究。

我们将虚心学习、借鉴和吸取世界各国、各民族一切优秀文明成果，为我国人文社会科学的发展和现代化建设服务。我国政府鼓励各种形式的国际学术交流与合作，为中外学者创造尽可能好的条件，共同研究中国，研究世界。

女士们、先生们：

德国的思想家和诗人亨利希·海涅有一句名言："思想走在行动

之前，就像闪电走在雷鸣之前一样。"21世纪开创人类崭新文明的伟大实践，呼唤着人文社会科学理论的创新。理论的一个重要作用，就在于通过对未来发展的洞察力和预见能力，帮助人们开辟一条创造性的通向美好未来的道路。

让我们携手合作，不畏艰难险阻，解读时代课题，繁荣和发展人文社会科学，共创人类美好的未来。

机遇与挑战[*]

(2000年11月10日)

同志们：

值此世纪更替、千年交接之际，我们中越两国社会科学理论工作者，继今年6月北京研讨会之后，今天聚会河内，再度探讨有关社会主义前途和命运的重大问题，意义非常深远。它有力地证明，中越两国不仅在地理上山水相连，唇齿相依，而且在事业上也是志同道合，休戚与共。在此，我代表中国社会科学与理论工作者代表团，向越南同志对会议的周到安排，对我们的热情接待，表示诚挚的谢意。

站在新世纪的门槛上，回首百年，我们首先看到的，是世界历史起伏跌宕而发生的巨大变化。20世纪是人类辉煌壮丽的一百年，将永垂史册。

20世纪生产力的迅猛发展，科学技术的辉煌成就，社会文明的显著进步及其达到的高度，远远胜于以往任何世纪。但是，由资本主义制度带来的两次世界大战，以及种种社会痼疾和全球性危机，又使人类遭受到空前残酷的浩劫和灾难。20世纪最伟大的历史事件和社会进步，就是社会主义制度先后在一批国家的创立和发展，由此促进了全球民族解放运动的壮大，殖民统治体系迅速瓦解，并推动了第三世界国家的兴起，开创了人类历史的新纪元。而社会主义

---

[*] 这是作者在"社会主义：越南的经验、中国的经验"越中理论学术研讨会上的主旨报告。

和资本主义国家之间的斗争、共处与合作,则直接地决定了近百年来世界历史的进程。

回首百年,我们更为激动的是,中华民族历经残酷磨难,通过艰苦卓绝的抗争,开始走向全面振兴。

一部中国近代史,既是中国遭受西方列强蹂躏的屈辱史,更是中国人民不屈不挠、前赴后继的斗争史。20世纪的一百年是中国人民英勇革命的一百年。从1900年八国联军攻入北京,中国面临亡国灭种的空前危机,到2000年中国进入小康社会,是中华民族史上,社会发生最深刻的历史性变革,开始走向繁荣富强的一百年。在这一百年中,中国社会经历了三次历史性的伟大革命:孙中山先生领导了辛亥革命,推翻了数千年的封建君主专制制度;中国共产党和毛泽东同志领导了新民主主义革命,推翻了帝国主义、封建主义和官僚资本主义"三座大山",建立了新中国和社会主义制度;在改革开放新时期,我们党和邓小平同志领导中国人民建设有中国特色的社会主义,为实现社会主义现代化而进行了大胆的理论和实践探索,并取得了举世瞩目的成就。

百年巨变的历史进程,使中国人民懂得了两条最基本的颠扑不破的真理:一是,没有共产党,就没有新中国;二是,只有社会主义才能救中国,只有社会主义才能发展中国。这一百年的伟大实践,通过把马克思主义基本原理同中国的具体实际相结合,产生了两大理论成果,这就是毛泽东思想和邓小平理论。在21世纪新的征途上,中国人民将继续坚定不移地用马列主义、毛泽东思想和邓小平理论,来指导我们的整个事业,并在社会主义现代化建设的实践中不断丰富和发展马克思主义。

纵观全球风云变幻,可以看到,当今世界正在发生着极其深刻的变化。为了获得在新世纪发展与进步的主动权,现在世界各国都在加紧谋划,积极准备,增强应对能力。能否抓住机遇,迎接挑战,争取主动，是直接关系到中华民族在新世纪的前途与命运的重大问题。展望21世纪，我们中国共产党人的坚定信念和庄严历史责任，就是高举马克思主义的伟大旗帜，深入研究重大时代问题，正确应对形势，加快发展自己，积极推进有中国特色社会主义的伟大事业。

下面，我想就21世纪初期中国面临的机遇与挑战，向同志们介绍一下我们的思考。

一　有利条件和机遇

从国际上看：

第一，和平与发展仍然是当今时代的主题，世界和平就是发展的最大机遇。世界形势总体上趋向缓和，谋求和平与发展是世界各国人民的共同愿望，也是我们这个时代不可阻挡的历史潮流。当前，世界上绝大多数国家，主张在国际事务中，不论国家大小强弱，都应一律平等。推动国际格局走向多极化，是时代进步的要求。这一切不仅为我国集中精力进行国内经济建设，而且还为我们充分利用外部条件来加快自身发展，提供了历史机遇。

第二，经济全球化是当今世界经济发展的必然趋势，是全球生产力和科学技术发展的必然要求。这种趋势在21世纪将进一步加强。中国将坚持趋利避害的原则，积极参与经济全球化进程，充分利用经济全球化提供的可能和机遇，更好地利用国际国内两种资源、两个市场，争取以更快的速度发展本国经济。

第三，高新技术革命和全球范围的产业结构调整，为世界经济带来了新的发展。科学技术无疑是人类社会发展的根本动力，是第一生产力。20世纪80年代以来，新技术革命尤其是信息技术革命，对全球经济产生了巨大影响。随着信息技术的发展，全球范围内的产业结构调整还将不断进行。这为包括中国在内的广大发展中国家吸收较为先进的技术，实现产业结构调整、升级和加快发展，提供了可能和机遇。

从国内来看：

第一，我国生产力水平已经迈上了一个大台阶。人民生活总体上第一次达到了小康水平，这是中华民族发展史上一个新的里程碑。1978—1999年，中国GDP年均增长9.1%，市场繁荣，商品丰富，人民生活得到显著改善。这就为我们抓住新的历史机遇，加快发展，提供了重要条件。

第二，社会主义市场经济体制已经初步建立。二十多年来，随着改革逐步推进和深化，经济体制已发生了根本性变化。一是初步形成了以公有制为主体、多种所有制经济共同发展的所有制结构。二是初步形成了商品、资金、技术、人才等生产要素的多层次市场体系。目前我国90%以上的商品价格和80%以上的投入品价格主要由市场决定，市场机制已经在资源配置中发挥越来越明显的作用。三是国有企业改革取得重大进展。目前，重点国有工业企业，已经有多数完成了企业改制。一批国有和国有控股企业的技术装备水平明显提高，竞争能力大大增强。四是政府管理经济的方式发生了重要转变。政府管理经济的重点，转向建立宏观调控体系，保持经济总量平衡，抑制通货膨胀，促进经济结构优化，以实现经济持续、健康、稳定增长。

第三，教育和科技实力明显增强，国民文化素质得到很大提高。到1999年，青壮年文盲率已经降到5.5%以下，学龄儿童入学率达99.1%；普通高等学校在校学生达到413万人，大专以上文化程度的人口占总人口比重上升至2.9%。新中国成立后，中国政府对科技事业的发展非常重视。1978年以来，随着综合国力的不断增强，科技事业也得到较快发展。

更重要的是，我们已形成了尊重知识、尊重人才的良好社会风气,"科教兴国"已成为基本国策。

第四,社会主义民主法制建设取得很大成就。我们积极推进政治体制改革,依法治国,建设社会主义法治国家。健全了人民代表大会制度,改革了干部人事制度,通过精简机构,转变政府职能,实现了政企分开、权力下放等一系列改革。社会主义法制建设不断发展,社会主义现代化建设的法律框架已初步形成。改革开放以来,全国人大共制定了300多件法律和一批法律问题的规定,国务院共制定了700多件行政法规。如何遏制和铲除腐败,建设一个廉洁、勤政、务实、高效的政府,是全国人民十分关心的问题。中国共产党和中国政府对这个问题高度重视,加大了惩治腐败的力度。最近我们依法处理了一批身居高位的腐败分子,表明了我们打击腐败的决心。这些都为我们抓住机遇,加快发展,提供了制度和法治上的保证。

第五,最重要的是,我们党有了建设有中国特色社会主义的基本理论和基本路线,积累了推进改革开放和现代化建设的新经验和新方法。这一理论、路线、方针和政策深入人心,受到全国人民的衷心拥护。实践证明,我们的做法完全符合中国实际。这既是我们的根本优势,也是我们的最大机遇。

分析和研究有利条件和机遇,就是研究成功的可能性,就是为了充分利用有利条件,更好地抓住历史机遇,以实现我们的发展。在看到有利条件和机遇的同时,还必须深入地分析和研究不利因素与挑战。这是我们认识任何事物所必须坚持的唯物辩证法的基本观点。

二 不利因素和挑战

从国际上看:

第一,尽管国际局势总体上趋于缓和,但是,霸权主义和强权政治还在不断发展,世界和平还面临着威胁;不公正、不合理的国际政治经济秩序仍在继续;南北国家发展差距、贫富悬殊越来越大;民族、宗教、领土、资源等因素引发的局部冲突此起彼伏;各种分裂势力、宗教极端势力和国际恐怖势力给国际社会不断带来危害;环境、毒品、难民等全球性问题日益突出。一句话,我们这个星球仍不太平,它们将直接或间接地影响到我国的发展。

第二,现代科学技术和经济全球化的发展,远没有使世界各国普遍受益。更令人担忧的是,目前,发展中国家的经济安全、经济主权正面临着空前的压力和挑战。作为发展中国家,中国加入WTO之后,势必面临激烈的来自发达国家在经济、科技实力方面的竞争压力。如何在进一步扩大开放,接受主要由发达国家制定的"游戏规则"的同时,更好地维护国家利益和民族文化优秀传统,是我们面临的又一挑战。

第三,战略上"西强我弱"的态势在较长时间内不会改变。美国利用唯一超级大国的地位,一方面继续大幅度增加军费开支,大力发展自己的"硬力量";另一方面,继续凭借其经济和信息资源的优势,通过文化、意识形态等"软力量"输出其价值观,谋求建立美国控制下的世界秩序。因此,社会主义国家面临的渗透与反渗透、遏制与反遏制、演变与反演变方面的斗争,将是长期的、复杂的和曲折的,有时甚至是尖锐的。对此,我们必须保持高度的警惕和清醒的头脑。

从国内来看:

第一,中国人口多,底子薄,资源相对不足,仍然是基本国情。中国现在人口已超过12亿,许多重要的资源如淡水、耕地、森林、矿产等的人均占有量,不足世界平均水平的三分之一。从长期看,人口压力和资源短缺压力将变得更加沉重,这是中国发展的硬约束。

第二,经济和社会生活中,还存在许多深层次的矛盾和问题。

如：产业结构不合理，地区经济发展不够协调，市场体系还不成熟，科学技术和教育还比较落后，企业的整体素质和竞争能力不高，就业压力增大和部分地区生态环境恶化，收入分配差距较大，贫困人口、下岗职工等部分群众生活还相当困难，等等，这些都严重地制约着经济发展。

第三，在新的形势下，我们党的建设也面临着新的挑战和前所未有的新情况、新问题。从总体上看，我们党的队伍是好的，但是，一些消极甚至腐朽的东西不断滋生，党员领导干部中的违纪犯法、腐化堕落案件时有发生。近年来有些案情之恶劣，涉案人数之多，严重地败坏了党的形象，人民群众对此深恶痛绝。腐败将意味着死亡！如何有效地遏制腐败，铲除腐败温床，关系党的生死存亡，是我党所面临的重大历史课题和挑战。

第四，在思想文化领域内，有人鼓吹历史虚无主义，主张指导思想多元化，否定马克思主义的指导地位；有人主张全面私有化，全盘西化，否定社会主义；社会上拜金主义、享乐主义和其他封建主义、资本主义腐朽思想的影响，还有一定影响；一些政府工作人员漠视群众疾苦，官僚主义、形式主义和虚报浮夸作风等问题，还在一定范围内严重存在。

不利因素与挑战是客观存在的。必须对此进行深入分析和研究。解决困难，战胜挑战，就是发展，就是进步。这是社会发展不可逾越的过程。

三　正确把握机遇与挑战的关系

纵观21世纪初的内外形势，中国既有难得的发展机遇，也将面临严峻的挑战。从一定意义上说，继续推进建设有中国特色社会主义事业，就是不断抓住机遇和迎接挑战的过程。这就要求我们，必须从关系社会主义的前途、命运和中华民族兴衰成败的战略高度，正确认识、把握机遇和挑战的辩证关系，善于抓住机遇，迎接挑战，加快发展自己。

机遇和挑战作为同一事物的两个方面，在不同的历史时期和不同的历史条件下，具有不同的表现方式和特点。中国古代的先哲有句名言"祸兮福之所倚，福兮祸之所伏"[①]说的就是这个道理。

在社会历史领域，同样一件事情，对不同的国家、阶级而言，则往往具有不同的性质和意义。在一些国家看来是大好机遇，对另一些国家也许正是更残酷的挑战；对一些国家而言是大机遇，对另一些国家或许只是小机遇。在分析判断机遇和挑战的问题上，我们的基本观点是，权衡利弊，坚持把人民利益同历史进步紧密地结合起来。

把握机遇与挑战的辩证关系，更为重要的是分析、研究二者在一定条件下的相互转化。事物内部矛盾着的两个方面，可在一定的条件下向着自己相反的方向转化。

中国加入WTO，参与经济全球化进程，既是机遇，又是挑战。如果我们积极创造条件，应对得当，就有可能利大于弊，成为发展机遇。反之，则有可能弊大于利，变成严峻挑战。WTO不是金矿，任人挖掘，而是一个充满变数的竞争市场，激烈而残酷，优胜而劣汰。奥运会不是一个奉送金牌的慈善机构，而是一个顽强拼搏、向运动极限挑战的赛场。

21世纪初的世界，就是这样一个"竞技场"，合理与不合理为伴，正义与邪恶相生，机遇与挑战并存。奥运会的失利，仅仅是拿不到金牌而已，而世界市场竞争上的失误，则将带来重大的危险和损失。我们必须正确估量，恰当把握机遇和挑战的各种相关因素，

[①] 《老子·五十八章》。

善于化不利因素为有利因素，化消极为积极，变被动为主动；善于抓住各种机遇，化挑战为前进的动力。在这里必须承认，在机遇和挑战面前，人不是无能为力的，不是无所作为的。人是有能动性的，是完全可以有所作为的。问题不仅在于认识世界，更重要的在于改造世界。

能否抓住机遇，不断加快发展，历来是关系革命和建设事业兴衰成败的大问题。得时则昌，失时则亡。1927年，中国大革命失败后，面对白色恐怖的严峻形势，中国共产党毫无畏惧，紧紧抓住国民党新旧军阀混战等历史机遇，大力发展红色武装，开辟了以农村包围城市、武装夺取政权的革命道路。昔日星星之火，终成燎原大势。

1978年，在结束十年"文化大革命"、百废待兴的重要历史关头，我们党基于对当时世界局势的冷静思考，认为：虽然战争的危险还存在，但制止战争的力量也在增强，争取一个较长时期的国际和平环境是可能的。这为我们实现工作重点的战略转移，实行改革开放，一心一意地搞经济建设，提供了难得的历史机遇。由此开始，我们党领导中国人民，开创了改革开放和社会主义现代化建设的新时代。

对于一个无产阶级政党来说，理论上的成熟从来都是政治上成熟的前提。政治上成熟的一个显著标志在于，每当处于重大转折时期，在每一历史发展阶段，党能够不断研究分析所面临的机遇和挑战，不失时机地提出实践的新任务，以引导、激励和凝聚人民，激发他们的聪明才智，去实现自己的伟大任务。

放眼21世纪，尽管霸权主义、强权政治还会发展，尽管社会主义运动遇到暂时的曲折，尽管我们前进道路上还会有各种困难和风险，但是我们仍然确信，当今各国发展的最大历史机遇，就是世界上爱好与追求和平的力量，占据着主导地位，人类争取到一个较长时期的国际和平环境是可能的。这样，我们就可以集中精力加快发展。中国的根本问题在于发展，解决中国的问题，归根结底靠发展。

四　抓住机遇，迎接挑战，加快发展自己

最近，我们党的十五届五中全会指出："对于当今世界形势的深刻变化和发展趋势给我国带来的机遇和挑战，我们要有清醒的认识，要有紧迫感和忧患意识。"[①] 这是我们党对于中国进入 21 世纪所面临处境的客观估计。依据这样的认识，正确应对国际国内局势，抓住机遇，迎接挑战，我们才能加快社会主义现代化建设。

大家知道，20 世纪末期，世界社会主义遭受了严重挫折。但这种历史曲折，并不能证明社会主义的"失败"或"终结"，更不能证明资本主义制度会永世长存。社会主义必然代替资本主义，这是社会历史发展的客观规律。我们共产党人在即将到来的 21 世纪，必须加强实践和理论探索，紧紧依靠人民群众，搞好本国的社会主义事业。21 世纪必将是社会主义发展的新世纪，是人类更加辉煌的新世纪。

在新世纪，中国人民的历史任务，就是高举马列主义、毛泽东思想、邓小平理论伟大旗帜，解放思想，实事求是，坚持我党的基本路线一百年不动摇，实践我党的建设有中国特色社会主义经济、政治、文化的基本纲领，按照"三步走"的战略步骤，推进社会主义现代化建设。

我国在 21 世纪初期的总目标是，国民经济保持较快发展速度，经济结构战略性调整取得明显成效，经济增长质量和效益明显提高。到 2010 年，国内生产总值比 2000 年翻一番，使人民的小康生活更

---

① 参见《人民日报》2005 年 10 月 12 日第 1 版。

加宽裕；建立起比较完善的社会主义市场经济体制，国家的综合实力进一步增强；再经过十年努力，到中国共产党建党一百年时，各项制度更加完善，形成一整套比较成熟、比较定型的制度，国民经济再上新的台阶；到21世纪中叶，即中华人民共和国成立一百年时，达到第三步发展目标，人均国内生产总值达到中等发达国家水平，基本实现现代化，初步建成富强、民主、文明的社会主义国家。

我国人民在以江泽民同志为核心的党中央领导下，正在按照这个发展目标及其战略思路，抓住机遇，迎接挑战，团结奋斗，稳步前进。在这里，我想就中国在21世纪初期发展中的几个原则问题，谈一点看法。

第一，坚持和发展马克思主义。马克思主义的生命力在于：必须把其基本原理与本国的具体实际相结合；必须随着社会实践的发展而不断丰富和发展。只有把马克思主义同当代中国实践和时代特征结合起来，才能解决中国社会主义的前途和命运问题。这是我们共产党人的历史任务。

我党的历史经验告诉我们，在对待马克思主义态度问题上，既要反对教条主义，又要反对经验主义。面对新世纪的机遇和挑战，我们既要坚持又要发展马克思主义。不坚持就谈不上发展，不发展就不可能坚持。不发展的东西，僵化的东西，必然失去生命力，没有价值。马克思主义的生命力、科学性，正在于它的实践性，在于它的发展性品格。

为此，我们要紧密结合改革开放和现代化建设的伟大实践，认真研究和总结国际国内社会主义建设正反两方面的经验，密切关注当代科技进步和人类社会发展的一切优秀成果，从哲学、政治经济学、科学社会主义等各个方面，坚持、丰富和发展马克思主义，科学地回答当今时代所提出的一系列重大问题，指导我们的实践沿着正确的方向前进。

第二，坚持、探索和发展社会主义。社会主义是前无古人的开创性事业，是一个不断探索、不断改革、不断进行体制创新、不断自我完善的历史过程。社会主义就是一个不断通过改革而发展、创新的社会。社会主义制度还很年轻，具有远大的前程和旺盛的生命力。这种生命力的源泉，不仅在于社会主义制度必然创造出比资本主义更高的劳动生产率，而且在于它通过自我完善、体制创新，适应和促进现代化社会化大生产的发展，为发挥劳动人民的积极性、创造性，开辟无比广阔的空间。改革是一个伴随着发展的历史进程。社会主义制度本质上是发展的制度，是创新的制度。不断地发展，就要不断地改革。

改革是我国社会主义制度的自我完善和发展。社会主义经济体制、政治体制和其他相关体制的改革，必须配套进行。在我国当前的改革中，有两大历史性任务：一是，深化经济体制改革，建立和完善社会主义市场经济体制；二是，继续推进政治体制改革，建设社会主义法治国家。要发展和健全社会主义民主，但绝不搞政治上的"多元化"。我们所建设的社会主义民主政治，必须有利于坚持四项基本原则，真正实现人民当家作主；必须有利于解放和发展生产力，促进经济发展和社会全面进步；必须有利于维护国家统一、民族团结和社会稳定；必须有利于增强党和国家的活力，调动一切积极因素。

第三，加强和改善党的领导，确保党的先进性和党的机体充满生机活力。坚持共产党的领导地位、执政地位，是社会主义事业最根本的政治保证。而要加强和改善共产党的领导，就必须以马克思主义建党学说为指导，结合当代共产党人的历史使命，加强和改进党的建设。如何使中国共产党始终"成为中国先进社会生产力的发展要求、中国先进文化的前进方向、中国最广大人民的根本利益的忠实代表"，是我们党在新世纪面临的伟大历史任务。中国共产党将按照"三个代表"重要思想，全面加强党的建设，加强和改善党的领导，使我们党始终充满蓬勃的生机和活力，始终成为中国社会主义事业的中流砥柱。

第四，坚持以经济建设为中心，以发展为主题，促进社会全面进步。发展是硬道理，是人类社会永恒的主题。人类社会发展的基础是生产力的发展。社会主义的本质首先是解放和发展生产力，况且我国是在生产力十分落后的国度建立起社会主义制度的，因而应始终把发展社会生产力放在第一位，逐步创造出高于资本主义的劳动生产率，这是解决其他一切社会问题的根本基础。我们在抓紧物质文明建设的同时，要进一步加强社会主义精神文明建设。要坚持"两手抓、两手都要硬"的方针。绝不能以牺牲精神文明为代价，来换取一时的经济发展。只有"两个文明"协调发展，才能使社会全面进步。

第五，坚持扩大对外开放，积极参与国际合作和竞争，谋求平等和共同发展。我国将始终不渝地奉行独立自主的和平外交政策，主张在和平共处五项原则的基础上，发展同一切国家的友好合作关系。我国要进一步扩大开放，积极参与经济全球化的发展进程，加强对外的经济、科技和文化的交流与合作，在竞争中提高综合国力。在国际事务中，中国一贯主张所有国家平等参与、共同发展，反对霸权主义和强权政治，维护世界和平，与各国人民一道，为建立公正合理的国际政治经济新秩序而努力。中国永远是世界和平的强大力量，永远不称霸。在对外交往中，中国绝不干涉别国内政，也坚决反对别国干涉中国内政，反对国内外敌对势力"西化"、"分化"和"弱化"我国的政治图谋。

对即将到来的 21 世纪，人们充满了憧憬。世界要和平，国家要发展，人民要幸福，社会要进步，这一大趋势是不可阻挡的。历史总是要走向光明、不断进步的。在新的世纪，人类将创造更加美好的未来。

同志们，社会主义事业是正义的事业，而正义的事业终究是不可战胜的。我坚信，只要我们共产党人和人民一道，继续把马克思主义与本国实际进一步结合起来，不断开拓前进，社会主义事业在21世纪必将获得新的发展，新的胜利。

祝本次研讨会圆满成功！

祝中越两国人民的友谊万古长青！

人权对话与交流[*]

（2000年11月20日）

尊敬的罗宾逊夫人，各位来宾：

首先，请允许我代表中国社会科学院热烈欢迎罗宾逊夫人一行访问北京，并对您多年来致力于国际人权事业，倡导不同政治制度、不同历史和文化之间的人权对话表示感谢和赞赏。欢迎您参加此次关于经济、社会、文化权利的研讨会，同我们的学者就共同关心的问题进行讨论。

享有充分的人权，是中国人民长期以来追求的理想。中华人民共和国成立前，中国无数志士仁人为了实现这个理想进行了艰苦卓绝的探索和斗争。但是，在半殖民地半封建的中国，中国人民的人权遭到帝国主义列强的野蛮践踏，不仅公民权利和政治权利没有保障，而且由于帝国主义对中国的财富和资源的掠夺，中国人民的经济、社会和文化权利也失去了基本的保障。

中国人民从痛苦的经历中认识到，国家主权是人权的前提和保障，没有国家的独立，就不会有个人的尊严。中华人民共和国的成立，结束了中国100多年来任人宰割的屈辱历史和长期战乱的动荡局面。占人类总数近四分之一的中国人民以国家主人的姿态站立起来了。

在过去的50年中，中国政府致力于人权的保护和发展，为消灭

---

[*] 这是作者在"经济、社会、文化权利研讨会"上的致辞。

贫穷落后，建设富强、民主、文明的社会主义国家，保障和发展人权，进行了不懈的努力，取得了很大的成就。特别是改革开放二十多年来，中国经济的迅速发展，为中国公民经济、社会和文化权利的发展提供了丰富的资源。中国公民的工作权、享受社会保障的权利、受教育的权利、参加文化生活的权利、享受科学进步及其所产生的利益以及知识产权保护等方面的法律保障，已经成为中国社会全面进步的一个重要方面。

在此我愿举几个例子加以说明。例如，1949年中华人民共和国成立时，中国人的平均预期寿命是35岁，1999年是70.8岁，比发展中国家的平均人均寿命高出10岁，达到了中等发达国家的水平。1949年以前，中国儿童入学率仅为20%，现在我国儿童入学率达到了99.3%。在世界贫困人口逐年递增的形势下，由于中国政府采取了有效的政策措施，近20年来中国有2亿人口脱离了贫困。1999年世界银行和联合国开发计划署对此给予了极高的评价，认为"中国政府在减少贫困人口方面的成就是举世瞩目的"，"是一个例外"。

再如，中国在进行市场经济改革和面临巨大人口压力的情况下，一方面努力保障公民的劳动权，另一方面逐步建立和健全社会保障体系。到1999年10月，中国的668个城市和1638个县城全部建立了最低社会保障制度。

为了保护人权，我国近年来制定了大量的相关法律，公民通过法律机制保护自己权利的可能性大大提高了。例如，《行政诉讼法》赋予公民对侵犯自己权利的政府部门及其工作人员提起诉讼的权利，《国家赔偿法》对由于政府侵权行为给公民造成的损害给予赔偿。当然，我们也注意到，法律和法律的实施之间存在着距离，这个距离需要通过法律教育和完善机制来逐步缩小。

1997年10月，中华人民共和国主席江泽民代表中国政府签署了联合国《经济、社会与文化权利国际公约》，郑重地表达了中国政府致力于人权事业的承诺。今年 10 月 28 日，全国人民代表大会常务委员会第十八次会议对提请审议《公约》的议案进行了审议。审议的结果表明，我国批准《经济、社会与文化权利国际公约》的条件日趋成熟。

由于《公约》涉及我国经济、社会及文化生活的方方面面，有些问题仍然需要进一步研究，中国社会科学院的学者正在积极地参与这项工作。我国的立法机关对批准《公约》持积极态度，主张在认真准备的基础上适时尽早批准《公约》。我们相信，随着中国经济的发展和社会的全面进步，中国人民享有的人权会更加充实。

中国是一个具有悠久历史的文明古国，中华文化曾经为国际人权保护的理论和实践提供了智慧和原则。中国孔子的"己所不欲，勿施于人"[①]的思想，曾经对联合国人权宪章的起草产生了很大的影响。中国人民从自己的历史、文化和国情出发，对人权形成了自己的见解和主张。

我们认为，人权是人类共同的理想。但是，人权不是抽象的，它是由具体的政治和法律制度所保护的。不同的文化传统，经济发展的不同阶段，都会对人权保护的具体方式产生影响。一个国家、一个民族，有权利根据自己的实际情况决定自己的人权保护制度，有权利决定自己人权保护的优先选择。

我们正处在一个经济全球化的时代。这个时代的特征之一是，由于经济的全球化，一个国家的人权保护状况更多地受到国际环境的制约。跨国公司、国际组织，以及整个国际社会，对人权的保护都负有越来越大的责任，我们需要一个更为公正合理的国际政治经济新秩序以有效地保护人权。联合国人权高专办公室在这方面负有重要使命。

---

① 《论语·卫灵公》。

中国一贯主张并且积极促进国际人权领域里的合作，我们希望通过对话和交流，使不同文化、不同历史传统、不同政治和社会制度制约的人权发展模式，能够得到充分理解和尊重，从而推动整个人权保护事业的进展。

罗宾逊夫人是我们熟悉的老朋友。我们诚挚地希望您能够常来中国看一看，多了解一些中国的现实、历史和文化，多与我国学者交流。

预祝研讨会圆满成功。